SEXTO
SENTIDO

Título original: SECOND SIGHT
Traducido del inglés por Luz Monteagudo
Diseño de portada: Editorial Sirio, S.A.

© de la edición original
2010 Judith Orloff

© de la traducción
Editorial Sirio

© de la presente edición

EDITORIAL SIRIO, S.A.
C/ Rosa de los Vientos, 64
Pol. Ind. El Viso
29006-Málaga
España

EDITORIAL SIRIO
Nirvana Libros S.A. de C.V.
Camino a Minas, 501
Bodega nº 8,
Col. Lomas de Becerra
Del.: Alvaro Obregón
México D.F., 01280

ED. SIRIO ARGENTINA
C/ Paracas 59
1275- Capital Federal
Buenos Aires
(Argentina)

www.editorialsirio.com
E-Mail: sirio@editorialsirio.com

I.S.B.N.: 978-84-7808-765-5
Depósito Legal: B-16.569-2011

Impreso en los talleres gráficos de Romanya/Valls
Verdaguer 1, 08786-Capellades (Barcelona)

Printed in Spain

Dra. Judith Orloff

SEXTO
SENTIDO

editorial Sirio, s.a.

«Sincera, bien escrita [...] suscita preguntas sugerentes» —*Elle*

«Uno de esos pocos libros con potencial para crear ondas expansivas y revoluciones dentro de un ámbito profesional. Una declaración noble y estimulante de una valerosa profesional de la medicina» —Larry Dossey, doctor en medicina

«Orloff trató de evitar su intuición durante su etapa como estudiante de medicina hasta que se encontró atrapada en una profesión que depende de los fármacos para silenciar el espíritu... Escuchar sólo la mente, y no el alma, es, según Orloff, un tipo de locura» —*San Francisco Chronicle*

«Verdaderamente especial [...] Orloff es médico del alma, del corazón y de la mente» —*Philadelphia Daily News*

«Si alguien puede construir un puente entre lo paranormal y el mundo de Sigmund Freud, esa persona es Judith Orloff» —*New York Post*

«La sensibilidad de Judith Orloff fusiona el mundo del espíritu con el de la materia y pone al lector en contacto con los misterios más profundos de la vid.» —Deepak Chopra

«Fascinante [...] Orloff escribe con sabiduría y humildad sobre sus inicios como médico con habilidades extraordinarias. Muy recomendado» —Dean Ornish, doctor en medicina

«Debes abrir este libro y tu mente. Es una obra llena de luz y valor. Sé, por experiencia propia, que *Sexto sentido* es un buen maestro» —Bernie Siegel, doctor en medicina

«Somos mucho más de lo que nos hemos permitido ser. La misión de Judith Orloff es ayudarnos a comprender esta simple verdad» —Louise Hay

«Una intensa odisea espiritual y personal. El autorretrato de Orloff como psiquiatra intuitiva rebosa con el amor y la verdad de su extraordinario don» —Norman Lear

Todas las historias de este libro son auténticas. Sin embargo, he querido proteger la intimidad de mis pacientes y, por ello, no he utilizado sus verdaderos nombres. También he cambiado algunos detalles personales para asegurarme de mantener la confidencialidad.

A la memoria de mis padres

«Durante los primeros días que siguieron a esa visión, me sentí enferma por la conmoción... Mi sangre irlandesa hacía que me preguntara si eso no sería lo que la gente del campo llama *sexto sentido*. No me atrevía a hablar de la visión con nadie... Al darme cuenta de que había algo en mí que hacía que ciertos acontecimientos se registraran en algún lugar de mi ser, me sentí abrumada por el miedo. Además, comencé a observar que esos acontecimientos podían suceder tanto cerca como lejos de mí, podían estar sucediendo en el presente, podían haber sucedido en el pasado o podían suceder en el futuro...»

EILEEN GARRETT (1893-1970), *My Life*

INTRODUCCIÓN

En mi ejercicio de la profesión médica, combino la intuición con la medicina convencional. Esta mezcla, para algunos médicos que se guían por las estadísticas, es una herejía. Pero mi trabajo, para mí, no es sólo un trabajo: es lo que más me apasiona en la vida. Escucho y diagnostico dolencias a mis pacientes y a quienes acuden a mis talleres con mi intelecto y mi intuición, poderosa sabiduría interior que va más allá de la mente lineal. Yo experimento la intuición como un destello de percepción, como una corazonada, como un presentimiento o en forma de sueño. Siempre presto atención cuando se me eriza el cabello, cuando siento ese cosquilleo maravilloso que me dice «¡sí!, vas bien». Y nunca actúo si no lo siento. Utilizo mis habilidades intuitivas como un complemento a mi preparación médica a la hora de determinar diagnósticos y decidir tratamientos. Al combinar mi intuición con los conocimientos médicos convencionales, puedo ofrecer a mis pacientes lo mejor de ambos mundos.

En este libro comparto contigo mis luchas y mis triunfos hasta que llegué a conciliarme con la intuición en mi vida personal y profesional. Aunque escuchar la intuición es algo sagrado para mí, y mi voz intuitiva habla alto, claro y sin miedos, esto no siempre ha sido así. Como hija única de padres médicos, con veinticinco facultativos en mi familia, provengo de un linaje de científicos empedernidos. De niña, tenía sueños y premoniciones que se hacían realidad. Al principio, mis padres consideraron que se trataban de meras coincidencias, pero pronto se sintieron tan desconcertados que me prohibieron hablar de ello. Así, crecí avergonzada de mis habilidades, convencida de que en mí había algo que no estaba bien.

Sentí la necesidad de escribir *Sexto sentido* porque anhelaba liberar mi voz intuitiva y ayudar a otras personas a hacer lo mismo. Como psiquiatra y profesora auxiliar de psiquiatría en UCLA (Universidad de California, en Los Ángeles), trabajo dentro del sistema médico convencional, el cual, a menudo, venera al intelecto a expensas de la intuición. Tardé siete años en escribir *Sexto sentido* porque tuve que enfrentarme al miedo de lo que pensarían mis colegas de profesión. ¿Es adecuado el uso de la intuición en la práctica médica? ¿Es fiable? ¿Sería criticada por el colectivo médico al que me sentía tan honrada de pertenecer? Finalmente, mi pasión por escribir este libro me hizo continuar porque creí, y sigo creyendo, que poner la ciencia por encima de la intuición puede hacer un flaco servicio a los pacientes. No tenemos que elegir entre intelecto e intuición; la verdadera sanación abarca estas dos formas de conocimiento.

El gran regalo que me llegó con la publicación de *Sexto sentido* fue que me permitió salir del «armario intuitivo». Ya no podía refugiarme en el anonimato, recelosa de que me condenase un mundo extremadamente cerebral que se ha olvidado de ver. Tenía que adoptar una actitud firme sobre el valor de la intuición en la sanación. Ciertamente, crecer siempre implica un riesgo. Pero, una vez que estuve segura del poder y las bondades de mi mensaje —y observé la gran ayuda que representa la escucha intuitiva en la sanación—, ignoré mis miedos. Las recompensas por seguir esta llamada y no permitir que el miedo me detenga continúan siendo transformativas y enriquecedoras. Como podrás ver, debo mucho a este libro y siempre será algo muy especial para mí.

Desde que salió la primera edición de *Sexto sentido*, ha sido maravilloso presenciar un renacimiento, en numerosos aspectos de la sociedad, relacionado con la integración de la intuición, desde cómo nos ocupamos de nuestra salud hasta nuestra economía, oportunidades de negocios y relaciones. En la actualidad, todo tipo de personas están convencidas de la utilidad de escuchar nuestra voz interior, y la idea de que es algo irracional va desapareciendo poco a poco. Las mentes y los corazones se están abriendo. Casi la mitad de los norteamericanos hacen uso de alguna de las diferentes modalidades de la medicina alternativa, como la acupuntura o la homeopatía, bien solas o como complemento a los tratamientos convencionales. El Instituto Nacional de Salud financia varios proyectos de investigación sobre terapias holísticas, desde cómo el yoga puede aliviar el insomnio hasta la práctica del *qigong* como ayuda al tratamiento del cáncer. Ciertos estudios sobre mapeo cerebral han demostrado que nuestros cerebros están conectados a través de experiencias espirituales —en la actualidad, más de cien facultades de medicina ofrecen cursos de espiritualidad—. La «ciencia de la meditación» ha embellecido la portada de la revista *Time*.

Al mismo tiempo, la medicina occidental convencional está despertando. La ciencia más vanguardista asocia la intuición a un «cerebro» diferente, localizado en el estómago, llamado sistema nervioso entérico, una red neuronal con capacidad para aprender y almacenar información. Además, los investigadores de Harvard han relacionado la capacidad global para la intuición con los ganglios basales, una parte del cerebro que nos informa de que algo no va bien y que debemos actuar. La revista *Science* sostiene que cuando nos quedamos dormidos pensando en una decisión, el «pensamiento inconsciente» produce elecciones más acertadas que cuando pensamos en exceso, especialmente cuando se trata de asuntos importantes. En mi vida privada y profesional, soy una gran partidaria de la escuela de toma de decisiones «duérmete pensando en ello». Como sostengo en *Sexto sentido*, se gana una tremenda percepción cuando se entra en la creatividad salvaje de los sueños y la mente inconsciente.

En estos últimos años, el valor de la intuición incluso ha sido reconocido en el mundo de los negocios y el liderazgo. La revista *Harvard Business* indica que cerca de la mitad de los directivos confían actualmente en su instinto para dirigir sus empresas, en lugar de basarse sólo en cifras y hechos. La revista *Forbes*, por su parte, llama a la intuición «el intestino dorado». Grandes mentes como Conrad Hilton, Bill Gates u Oprah Winfrey han reconocido que es una clave esencial para el éxito. De hecho,

Donald Trump ha declarado: «He construido un imperio multimillonario gracias a mi intuición».

Desde la primera publicación de *Sexto sentido*, también he experimentado cambios milagrosos en mi propia relación con la intuición. Hasta ese momento, durante trece años, me había dedicado a la práctica médica, cinco días a la semana, y apenas daba conferencias. Soy una persona tranquila y tímida, básicamente introvertida, que necesita pasar tiempo a solas. Pero *Sexto sentido* me catapultó a un círculo mayor, me permitió ser quien soy realmente y transmitir mi mensaje abiertamente. He disfrutado al dirigirme a audiencias de todo el mundo para animarlas a reivindicar su intuición. He hablado con todo tipo de grupos en iglesias, prisiones, sinagogas, hospitales, universidades, centros de desintoxicación para alcohólicos, empresas, organizaciones a favor de los derechos humanos y hospicios. Me siento orgullosa de decir que he sido la primera «psiquiatra intuitiva» que ha sido invitada a hablar en la convención de la Asociación Americana de Psiquiatría, donde los peces gordos de nuestra profesión van desde los más conservadores hasta los conservadores. He sido tutora de varios estudiantes de medicina de UCLA y de psiquiatras en periodo de prácticas, y también he impartido seminarios sobre la intuición para profesionales de la salud. Resulta crucial que el personal sanitario aprenda a confiar en su intuición y la utilice en servicio de los demás, ya que es nuestro legado universal, un lenguaje que todos pueden aprender.

No obstante, a pesar de los cambios positivos generalizados que he observado en la práctica de la medicina, todavía encuentro cierta resistencia a la intuición entre algunos profesionales más convencionales. Mi estilo, sin embargo, no es tratar de convencer a nadie de nada. He descubierto que, con los escépticos, es mejor limitarse a exponer las diferentes formas de aplicar la intuición en la práctica médica —por ejemplo, enseñar a los pacientes a escuchar su instinto visceral para que puedan elegir relaciones más sanas—. También he observado que cuando estos médicos escépticos, o sus seres queridos, pasan por problemas de salud, se vuelven más receptivos a las medicinas alternativas, a medida que descubren las limitaciones de los tratamientos convencionales. A pesar de que las crisis tienen un gran poder para hacernos despertar, no necesitamos esperar a que éstas se nos presenten para abrirnos al poder de la sanación intuitiva.

Cada día, mi propia comprensión de la intuición continúa desarrollándose. He visto cómo su vibrante inteligencia nos enseña nuevas formas de ser —cómo mantenernos más conscientes, más en contacto con los sentidos, más receptivos al abanico de señales, siempre disponibles, cuando tomamos una decisión—. Me considero una estudiante de por vida de la intuición. Siempre la enseño junto con la expansión del corazón: un proceso de crecimiento espiritual y una búsqueda de la compasión sin límites. No se trata de una habilidad extrasensorial que nos permita acceder a cierta información, como los números de la lotería. Eso no tiene ningún interés para mí. Más bien mi intención es usar la intuición en interés de la salud y la sanación. Hace años, me dejaba deslumbrar por los intensos momentos intuitivos, las sincronicidades, los *déjà vus* y las premoniciones —todos esos sucesos apasionantes que menciono en este libro—. Con el paso del tiempo, sin embargo, me han llegado a fascinar igualmente hasta los más breves momentos intuitivos —sintonizar con un amigo que sufre y saber exactamente qué decirle, manejar una situación difícil en el trabajo o saber tranquilizar a tu pareja en los momentos más duros—. Estas interacciones sinceras son extremadamente positivas. Todavía me emociono al observar cómo *Sexto sentido* ha tocado profundamente las vidas de muchos lectores. Desde que comencé a escribir con franqueza sobre mi camino de aceptación de la intuición, me he convertido en la salvaguarda de aquellas personas que desean compartir experiencias similares. Gente de todo el mundo me ha hablado de sus intuiciones: «No puedo hablar de esto ni con mi mujer, ni con mis amigos, ni con mi terapeuta». Tenían miedo a ser criticados, a que se burlaran de ellos o a que los tacharan de irracionales o locos. Quienes contactaban conmigo estaban deseosos de poder hablar con alguien que los aceptara y los comprendiera. Con *Sexto sentido* encontraron el permiso para sentirse orgullosos y cuidar este valioso e íntimo aspecto de sí mismos. Espero que a ti también te ayude a hacer lo mismo.

Este libro ofrece un camino para todas aquellas personas que se sientan atraídas por la intuición, y muestra cómo hacer de ella una parcela libre y excepcional de la vida. En la primera parte, «Inicios», leerás mi historia personal acerca de cómo crecí siendo un niña intuitiva y cómo más tarde integré esas habilidades en la medicina. En la segunda parte, «Enseñanzas», comparto contigo diferentes técnicas prácticas para desarrollar la intuición, los sueños y la conexión con tu propio camino espiritual. Nuestra sociedad, intelectualizada en exceso, apenas apoya la intuición. Pero la búsqueda de su desarrollo siempre será relevante, no sólo con el propósito de confiar más en uno mismo, sino también con el de profundizar en la percepción y la compasión hacia los demás. El mensaje de *Sexto sentido* tiene un carácter intemporal.

Durante la última década, he pasado de luchar por encontrar mi voz intuitiva a sentirme muy cómoda con esta parte esencial de mi ser. Es verdaderamente maravilloso desarrollar confianza en el poder interno, sentir la paz y la armonía que aporta la convergencia de los diferentes aspectos del ser. Este proceso en evolución no deja de fascinarme; se trata de un encuentro entre todo lo que es y lo que puede ser. Esto es lo que nos puede ofrecer la aventura de desarrollar la intuición.

Actualmente, sin importar lo que me suceda, y especialmente cuando mi corazón se rompe en mil pedazos o me siento sola, mi intuición y mi conexión espiritual me hacen más fuerte. Tanto si una situación parece prometedora como claramente deprimente, tengo recursos para ver más allá de lo que resulta obvio, para mirar la imagen más profundamente. Siempre me he esforzado por observar todos los aspectos de cada situación y no actuar precipitadamente arrastrada por el miedo, sino dirigida por una firme sensación de certeza. La bendición de la intuición es que nos permite sintonizar con una verdadera autoridad interna y, de ese modo, nos ofrece una alternativa al impulso de volver a reaccionar a los guiones negativos que mantenemos en nuestra cabeza.

Espero que mi historia personal te inspire, que mi viaje a través de la intuición pueda ayudarte a confiar en ti mismo. Todos estamos inmersos en este viaje espiritual. De lo que sí estoy segura es de que, si haces caso a tu voz intuitiva, no podrás equivocarte: es la mejor amiga que puedas tener. Sé fiel a ella. La intuición tiene que ver con otorgarnos poder a nosotros mismos y no conformarnos con las ideas de los demás acerca de cómo deberíamos ser. Tiene que ver con sensibilizarnos acerca de quiénes somos, con toda la gracia que de ello resulta.

Judith Orloff, doctora en medicina.
Marina del Rey, California

PREFACIO

de Thomas More,
autor de *El cuidado del alma*

Desde hace algunos siglos, hemos trabajado en la creación de una cultura moderna que ofrece muchas ventajas y comodidades, y que parece ser el resultado de la evolución natural del ingenio humano. No dudamos en pregonar que se trata del mayor logro de la creatividad humana. Sus valores filosóficos —racionalismo, mecanicismo y secularización— tocan todas las áreas de la vida, desde la educación hasta la medicina y la política, y nos producen la sensación, tal vez la ilusión, de que comprendemos la naturaleza, el cuerpo y la mente humanos, y de que podemos controlarlos por el bien de todos.

Debe de haber algo profundamente atractivo en esta filosofía del modernismo, porque no deja de extenderse por todo el planeta y de engullir pueblos que han mantenido durante mucho tiempo viejas tradiciones de actitudes intuitivas, mágicas, religiosas y eróticas hacia la vida, calificadas de anatemas por los gustos modernos. Pocas personas parecen ser conscientes de los peligros del modernismo, de los rígidos límites que establece en lo que se cataloga como comprensión y experiencia humana «normal». Nos hemos convertido en expertos en las dimensiones materialistas de la naturaleza y la cultura, y, al mismo tiempo, somos incapaces de hablar de las muchas experiencias significativas y profundas de la vida de una persona corriente.

En el contexto de esta increíblemente limitada visión de la vida humana, *Sexto sentido* representa un profundo alivio. La historia de Judith Orloff es tan conmovedora como instructiva; revela lo difícil, y al mismo tiempo gratificante, que es abrirse a las formas de conocimiento y empatía que la moderna idea de lo que es normal ha mantenido excluidas. Su honestidad acerca de sus propias experiencias y su forma de abordar la intuición, los sueños, las impresiones, la sanación y la colectividad pueden ofrecer al lector titubeante el valor necesario para aceptar sus propios dones, su individualidad y su compasión incondicional.

Judith Orloff nos muestra, a través de su propia historia personal, cómo todos, hasta los más conscientes y con mayor talento, interiorizamos la limitada visión del mundo moderno cada vez que dudamos en confiar en nuestra intuición, y nos inquietamos al actuar sobre la base de nuestras percepciones y conocimientos más sutiles. A través de emotivas historias de parejas, padres y pacientes, Judith nos ofrece importantes lecciones sobre los profundos lazos que vinculan la intuición y la colectividad, el conocimiento profundo y el amor. Con su propio ejemplo, nos enseña a confiar en las certezas menos racionales del corazón; nos muestra cómo sentirnos más cerca de lo que nunca imaginaríamos de la gente que nos rodea y cómo vivir con una sensibilidad ética menos defensiva al basarnos en una fuente de conocimiento y reflexión más profunda.

Sexto sentido no es un libro que defienda una idea. No enarbola ni apoya el delicado tema del conocimiento intuitivo con jerga técnica, sino que presenta historias sugerentes y sinceras que ofrecen valiosas lecciones sobre el desarrollo de las capacidades intuitivas. No podemos ensanchar los límites de los valores de la edad moderna si no nos liberamos antes de sus modos de expresión. Las historias que cuenta —íntimas, sinceras y cautivadoras— me conmueven y me convencen mucho más de lo que lo harían los experimentos, estudios y estadísticas. En ciertas ocasiones, me permito imaginar un futuro en el que prescindamos de todas nuestras actitudes de superioridad hacia el pasado y las culturas tradicionales, en el que la intuición se practique con inteligencia y elegancia. Creo que una vez que ampliemos nuestras formas de conocimiento y de reacción ante la vida, descubriremos las soluciones a muchos problemas personales y sociales, soluciones que se nos escapan en nuestro mundo de medicina de alta tecnología y filosofía moderna. No podemos encontrar respuestas a nuestros problemas porque hemos cerrado nuestras mentes a los métodos y enfoques adecuados.

Sexto sentido es un libro que se define más por el corazón que por la mente. Su propósito no es convencer al mundo de un punto de vista específico o hacer un gran despliegue de logros y poderes. Sus buenas intenciones me han llevado a confiar en él y a aprender de él. Invito al lector a mantener una apertura de corazón acorde, y, tal vez, descubrir el alma profunda que se esconde más allá de todas las capas de modernas creencias y expectativas. Esa alma, con sus poderes poco comunes, particulares y, a menudo, inexplicables, puede hacer que cualquier vida se vuelva vibrante, alentadora y profundamente significativa.

PRÓLOGO

El teléfono sonó a primera hora de la mañana de un sábado. El novio de Christine, una de mis pacientes, la había hallado inconsciente sobre el suelo de su apartamento. Tras haber ingerido una sobredosis de medicamentos, algunos de los cuales yo misma le había prescrito, se encontraba en estado de coma en la unidad de cuidados intensivos de un hospital cercano, en Los Ángeles. No daba crédito. Durante unos minutos me quedé sentada, totalmente paralizada. ¿Cómo era posible? En mis sesiones con Christine, nada apuntaba a un intento de suicidio. Mi formación en medicina no me había preparado para algo así. Me sentía angustiada, llena de reproches hacia mí misma. Entonces, de repente, me di cuenta de que una parte de mí sospechaba que esto podía suceder. Una premonición me había advertido de ello, pero no la había tenido en cuenta; no la había escuchado.

Cuando la conocí, apenas habían pasado seis meses desde la apertura de mi consulta privada de psiquiatría. Desde el principio supe que no sería fácil trabajar con ella. Había una barrera invisible entre ambas que me resultaba frustrante y molesta. Hasta mis preguntas más discretas la irritaban, como si violaran su intimidad. Cada vez que necesitaba que se abriera, la calistenia mental me agotaba. Tenía la impresión de que siempre quería terminar las sesiones enseguida y marcharse de mi consulta tan pronto como fuera posible.

Durante años, había ido de psiquiatra en psiquiatra, en busca de alivio para su depresión. Le habían prescrito todo tipo de antidepresivos, pero, o bien no le hacían efecto, o bien los efectos secundarios no compensaban los beneficios. Cuando le hablé de un nuevo medicamento que había dado buenos resultados con otros pacientes, accedió de mala gana a probarlo. Durante los siguientes meses, seguí meticulosamente su evolución.

Una mañana, antes de una cita con Christine, me encontré atrapada en un atasco en la carretera. En medio de la caravana de vehículos, comencé a recordar fragmentos del sueño que había tenido la noche anterior. En mi sueño, Christine deambulaba de noche por un laberinto de calles del centro de Manhattan. Los sonidos de la ciudad la envolvían, y, por momentos, desaparecía de mi vista, engullida por la oscuridad. Al mirarla en la distancia, parecía sola y perdida, como si buscara algo. La llamé, pero estaba demasiado lejos para oír mi voz. El sueño me sorprendió. Había dejado de soñar por completo durante mi etapa en la facultad de medicina. O, al menos, ya no podía recordar mis sueños. Hacía años que no era capaz de recordarlos con tanta precisión. Me pareció extraño haber soñado con ella porque no habíamos conectado demasiado a nivel emocional y rara vez pensaba en ella fuera de las sesiones.

Más tarde, ese mismo día, mientras la acompañaba desde la sala de espera a mi despacho, le pedí disculpas por llegar con unos minutos de retraso. No parecía molesta, lo cual resultaba extraño en ella. Normalmente, solía enfadarse si me retrasaba. Cuando nos sentamos una frente a la otra, observé que estaba bronceada y parecía animada. «Por primera vez en muchos años —me dijo—, mi depresión parece ir mejorando. El medicamento me ha ayudado mucho. Ya no me siento tan aislada ni tan asustada».

La observé y recordé su aspecto en las anteriores citas: hombros caídos, ojos sin brillo, mirada alicaída, tono de voz monótono y una espesa capa de maquillaje. Aquel día, se había sentado bien erguida, con la mirada animada y llena de vida; su voz era fuerte y su rostro, brillante y natural. Durante los últimos seis meses, había apreciado otras señales positivas, mejorías lentas pero firmes, indicios de que los antidepresivos daban buenos resultados. Escuché lo que me contaba acerca del inicio de una nueva relación amorosa. Sabía que acababa de reconciliarse con una hija, de quien se había distanciado durante un tiempo, y que planeaban irse juntas de vacaciones. Me sentía complacida: Christine salía de su aislamiento, estaba decidida a recuperarse y hacía planes para el futuro.

Mientras hablaba, miré por la ventana y observé una formación de nubes blancas ondulantes. Durante un momento, dejé de escucharla, ensimismada con los cambios de formas que se producían en el cielo. Me parecía como si su voz sonara a kilómetros de distancia y sus palabras me alcanzaran a cámara lenta. Sin embargo, me mantenía totalmente lúcida. Me sentía llena de tranquilidad, como rodeada por un manto de nieve recién caído. Todo resultaba sereno, tranquilo y silencioso. Respiraba con facilidad y mi cuerpo estaba relajado. No sé cuánto tiempo duró ese lapso, pero, en ese estado de profunda tranquilidad, y, a pesar de todo lo que ella decía, algo me golpeó de repente: Christine estaba a punto de intentar suicidarse.

Sentí este conocimiento repentino como una flecha que da en el blanco o como un acorde que suena con claridad. Pero tener premoniciones cuando se es médico resulta raro y amenazador. Una parte de mí trataba de negarlo y bloquearlo. Me sentí débil, a punto de desmayarme. Se me hizo un nudo en el estómago.

Aquel día, Christine era mi última paciente. Era viernes y me sentía agotada. Abandoné la consulta bastante tarde, una vez que hube desviado las llamadas para que otro psiquiatra las atendiera durante el fin de semana. Pero la posibilidad de que intentara suicidarse persistía.

Aquella noche, salí a dar un paseo con una amiga en Santa Mónica Canyon, una zona arbolada de Los Ángeles, lejos de la polución y el tráfico del centro. El aire era fresco y fragante, increíblemente cálido, como el de un día de primavera. Pasamos por un tranquilo vecindario rodeado de árboles y, finalmente, comencé a relajarme al admirar las flores silvestres en plena floración, aunque la imagen del rostro de Christine no dejaba de aparecer en mi mente. La veía como la había visto en mi sueño, desorientada y sola, mientras yo la seguía por las calles de Manhattan. Por supuesto, no tenía ninguna evidencia de que trataría de terminar con su vida. De hecho, la lógica apuntaba en dirección contraria.

Al recordarlo, traté de racionalizar mi miedo, de buscarle una explicación. Sólo al final del paseo, cuando mi amiga percibió mi turbación, me decidí a hablarle de mi premonición. Mi amiga, una mujer muy práctica, no le dio mucha importancia y me sugirió que hablara de ese tema con ella durante la siguiente sesión, a fin de aliviar mi ansiedad. Me mostré de acuerdo. Si su reacción lo justificaba, exploraríamos sus sentimientos más profundamente. De momento, puesto que evolucionaba tan bien, no había necesidad de precipitarse. Pero nunca vino a esa sesión: la siguiente vez que la vi, estaba conectada a un aparato que la mantenía con vida, en una austera y mal ventilada unidad de cuidados intensivos. Al no tener en cuenta mi premonición, había traicionado a Christine y también a mí misma. No podía pensar con claridad. Me sentía como Alicia tras atravesar el espejo: de repente, ya no había puntos de referencia, nada que me resultase familiar. Durante casi una década, había trabajado día y noche. Me sabía de memoria los libros de medicina. Conocía todas las señales que indicaban mejoría, y también todas las de peligro. Una y otra vez, me preguntaba a mí misma qué era lo que había pasado por alto. Los cimientos de mi profesión se desmoronaban bajo mis pies. Finalmente, tras escudriñar todos los libros de medicina de mis estanterías, llamé a David, un amigo y colega que había finalizado sus prácticas hacía pocos años. David trató de asegurarme que no había olvidado nada, pero yo no estaba tan convencida. Con respecto a la medicina, tenía razón. Sin embargo, no era mi competencia médica lo que me preocupaba. Lo que me causaba estupefacción era mi flagrante indiferencia ante la información intuitiva que hubiera beneficiado a Christine, que hubiera podido decidir entre la vida y la muerte. Pero había ignorado mis impresiones porque provenían de una fuente que no se ajustaba al modelo tradicional.

Durante mi etapa de prácticas, había optado por confiar en el método científico más que en mi intuición, la cual, en comparación, parecía inexacta y poco fiable. Para tomar decisiones importantes, que podían afectar a las vidas de las personas, había elegido un sistema que parecía más concreto e irrefutable. Había dejado de tener en cuenta el hecho de que tal sistema, a pesar de sus virtudes, en raras ocasiones nos ofrece la versión completa de la historia.

Durante meses, fui al hospital a diario. Comprobaba los gráficos médicos y observaba la respiración superficial de aquel cuerpo tendido en una cama blanca, cubierto con unas sábanas sin apenas arrugas. Escuchaba el resollar y el traqueteo del respirador que estaba a su lado. Observaba el gotero intravenoso. Christine, pálida y gris, se asemejaba a un fantasma. Anhelaba oír su voz, presenciar algún signo de vida que aplacara mi culpa. Pero allí sólo había una calma mortal.

En numerosas ocasiones, corría las cortinas que rodeaban su cama y me sentaba a su lado, mientras revisaba mentalmente su caso desde todos los ángulos posibles y pensaba en todas las formas en las que hubiera podido abordar con ella el tema del suicidio. En mis estudios de medicina, había aprendido las directrices que hay que seguir, las reglas en las cuales se puede confiar. Basarse en una premonición para tomar una decisión médica hubiera sido un sacrilegio. Nos habían enseñado que mucha gente no considera conscientemente el suicidio hasta el último momento. Tales pensamientos pueden rondar por sus mentes, desapercibidos y desatendidos, y sólo salen a la superficie cuando los pacientes están solos, lejos del alcance del terapeuta. De modo que era a través del subconsciente como mi premonición hubiera podido ayudarla.

Durante mis años de estudio, las únicas menciones que encontré a las premoniciones y otras habilidades intuitivas en los libros de texto de medicina eran catalogadas como signos de profundas disfunciones psicológicas. Me enorgullecía de mi posición de miembro activo de la Asociación Americana de Psiquiatría, de mi trabajo como médico adscrito a prestigiosos hospitales y de gozar del respeto de mis colegas. Sin embargo, sentada al lado de Christine, sentía como si dos partes de mí hubieran colisionado. Podía ver mi rostro de cuando era una niña, a comienzos de la década de los sesenta, superpuesto sobre mi rostro actual: dos imágenes inconexas, una sobre la otra, a punto de fundirse. ¿De qué había escapado durante tanto tiempo? Sentí un revoloteo en el pecho, una tensión fría e inmóvil. Me quedé rígida, con miedo a romperme en mil pedazos si me movía.

La certeza de mi premonición me reafirmaba y me aterraba. Pero tenía que reconocer los hechos en el caso de Christine. Si podía hacer uso de mis conocimientos médicos e intuitivos, tendría las herramientas necesarias para adelantarme al paciente, para seguir de cerca sus pensamientos y sentimientos antes de que sucediera algo irreversible. Si empleaba con cuidado mis habilidades intuitivas, éstas no ocasionarían ningún daño, y, lo que es más importante, podrían evitar sufrimientos. Mientras miraba su rostro sobre la almohada, con los tubos que le salían de la nariz y la boca, me di cuenta de que, como médico responsable, no podía seguir ignorando cierta información por el simple hecho de que me llegaba por vías que la medicina tradicional no aceptaba. Tenía que haber una forma de integrar la intuición y la medicina convencional. Juntas, se reforzarían mutuamente y tendrían más poder que por sí solas.

Tras varias largas semanas, durante las cuales nunca tuve la certeza de que fuera a sobrevivir, finalmente salió del coma. Había tratado de prepararme para la posibilidad de que no sobreviviera, pero, en mi interior, sabía que su muerte me habría destrozado. De alguna forma, me había sentido culpable por no actuar basándome en mi premonición. De modo que, a pesar de la larga pesadilla que supuso el coma, me sentía aliviada y agradecida. Ambas habíamos recibido una segunda oportunidad.

Cuando reiniciamos la terapia, mi enfoque como psiquiatra cambió. Hice un voto que se convirtió en parte de mi propio juramento hipocrático: no sólo no haría daño, sino que también fomentaría una relación terapéutica en la que pudiera entregarme por completo. No sabía cómo iba a lograrlo, pero si algo había aprendido con ella era que el castigo por no intentarlo era demasiado elevado.

Mi lucha con Christine supuso un punto de inflexión para mí, tanto a nivel personal como profesional. A partir de esa experiencia, comprendí que, a pesar del miedo que sentía, tenía que volver a abrir una parte de mí que había cerrado hacía tiempo. En realidad, había llegado a esa crítica encrucijada cuando todavía era una niña. Durante años, supe que algo me separaba de los demás, como si me guiaran una verdad o un ritmo diferentes, y luché contra ello. Al mirar mi vida en retrospectiva, puedo ver cómo una serie de acontecimientos inusuales e inexplicables ya habían dispuesto el escenario.

Parte 1

INICIOS

1

EL INICIO DE LA SABIDURÍA

Soy inmenso… Contengo multitudes.

WALT WHITMAN

Las tres de la madrugada; verano de 1968. Una noche mágica del sur de California. Tenía dieciséis años, había pasado el fin de semana en una fiesta en casa de unos amigos, en Santa Mónica, y no era consciente de mi cansancio. El suave y cálido viento de Santa Ana pasaba rápidamente entre los eucaliptos y arrastraba plantas rodadoras hacia las calles desiertas de la ciudad. Eran vientos provocativos e inquietantes, que rozaban los límites del peligro.

El escenario era Second Street, a dos manzanas de la playa, en un *bungalow* de una sola habitación, construido con tablillas de madera, donde mis amigos y yo pasábamos el rato. Éramos como animales que se acurrucan para sentir cierta seguridad, alejados de lo que veíamos como un mundo amenazador. Del techo colgaban cubrecamas de seda pintada en vivos colores; las velas, en botellas vacías de vino Red Mountain, parpadeaban en el suelo. Descalza y tumbada en el sofá, escuchaba *Girl from North Country*, de Bob Dylan. Me sentía intranquila y quería hacer algo.

Un joven de cabello rubio que había conocido hacía apenas una hora me invitó a dar un paseo por las montañas. Era un hombre tipo James Dean, tranquilo y atractivo. Llevaba una cazadora de cuero marrón y botas de *cowboy*. Un paquete de cigarrillos Camel sobresalía del bolsillo trasero de sus tejanos descoloridos. Era el tipo de hombre que siempre me había gustado, pero que nunca se había fijado en mí. No me hubiera perdido esa oportunidad por nada del mundo.

Nos abrimos paso por encima de algunas parejas que estaban acostadas en colchones estratégicamente colocados sobre la alfombra de la habitación y salimos de allí. Subimos a mi Austin Mini Cooper verde, mi compañero se sentó al volante y partimos en dirección a Tuna Canyon, uno de los lugares más oscuros y desolados de las montañas de Santa Mónica. Era un lugar remoto, considerado sagrado por los indios.

La carretera serpenteaba entre las montañas a una altitud de 457 metros. Ante nosotros, toda la costa de Malibú formaba una medialuna de luces, desde Point Dume hasta el extremo más meridional de la península de Palos Verdes. La suave brisa nocturna agitaba mis cabellos y llenaba mi olfato con el fuerte aroma de la salvia y la tierra fresca. Unos cuantos coyotes solitarios se comunicaban con aullidos en la distancia.

Durante unos segundos, el hombre que me acompañaba me miró y sentí que algo se agitaba en mi interior. Me excitaba la suavidad de su voz y la manera que tenía de moverse, pero hice todo lo posible para no mostrarlo, decidida a jugar a que no me interesaba. Sentí el calor de su brazo sobre mi cuerpo; ahora tenía la mano sobre mi pierna. Moví mi mano para tocar la suya y golpeé suavemente cada una de las yemas de sus dedos, una a una. Me sentía embriagada: era un extraño, un completo desconocido. El mayor de los riesgos. Cuanto más nos acercábamos a nuestro destino, más crecía mi excitación. Me adelantaba a lo que sucedería una vez que llegáramos a la cima de sobrecogedora vista.

Según ascendíamos, las curvas se hacían cada vez más peligrosas. Pero nosotros apenas prestábamos atención; charlábamos sin parar y experimentábamos el subidón de la potente anfetamina que nos habíamos tomado en casa, una hora antes. En la última curva antes de llegar a la cima, él no reaccionó a tiempo y la rueda delantera derecha dio fuertemente contra la gravilla del arcén. El coche comenzó a dar bandazos mientras él se esforzaba desesperadamente por controlarlo con el volante. Dio un frenazo. Oí el chirrido de los neumáticos y, después, resbalamos hacia abajo por el arcén. Nos precipitamos por el borde del precipicio y caímos en la oscuridad.

Sólo recuerdo algunos fragmentos de lo que sucedió a continuación. Sé que el tiempo se ralentizó y comencé a percibir ciertas cosas. El cielo nocturno, en lugar de estar por encima de mí, daba vueltas bajo mis pies. Podía oír extraños sonidos, similares a los de los coches de choque de los parques de atracciones. Sin emoción alguna, observé que había algo verdaderamente extraño, pero no podía determinar qué era. No llegué a experimentar pánico ante esa situación de muerte inminente. Algo cambió. Me encontraba en una especie de túnel, y me sentía segura y a salvo. No me preguntaba dónde estaba ni cómo había llegado hasta allí. En la distancia, podía oír el viento que soplaba a través de las ventanillas abiertas del coche. Me hallaba suspendida en aquel santuario de paz, mientras nos precipitábamos hacia el fondo del cañón. Sin intención de moverme o de querer estar en otro lugar, observé el túnel que me rodeaba. Era un espacio tranquilo, largo y con forma cilíndrica; sus tonos grises brillaban como si estuviera iluminado desde atrás por una fuente de luz sutil y reluciente. Aunque el túnel no parecía sólido, sus muros traslúcidos parecían extenderse indefinidamente en todas direcciones, como si estuviera formado por un torbellino de materiales vaporosos que se asemejaban a billones de átomos girando a velocidades increíbles.

Ese mundo surrealista se hallaba completamente vacío, pero era cómodo y relajante. No tenía duros bordes y parecía estar dulcemente animado. De hecho, mi cuerpo también parecía traslúcido y vibraba como si hubiera cambiado de forma para encajar en su nuevo hábitat. Me sentía profundamente en paz, contenida e independiente, en un lugar que parecía no tener límites y durar para siempre.

De repente, me vi a mí misma de niña, sentada en la azotea mientras contemplaba el espacio; fascinada por la visión del cielo y los planetas, sentía una presencia invisible. Me pasaba horas fijando la mirada en aquello que no era capaz de ver, pero que podía sentir más intensamente que ninguna otra cosa. Desde que tengo memoria, siempre creí en Dios. No tanto en el Dios del judaísmo, la religión en la que me educaron, ni en el de ninguna religión, sino en un ser omnipresente y sin forma que brillaba a través de todas las cosas y velaba amorosamente por mí. Esa misma presencia estaba ahora conmigo en el túnel, más cercana y familiar de lo que nunca había estado cuando era una niña. Envuelta en ella, como arropada por una cálida manta de cachemir en una fría noche de invierno, me sentía en un equilibrio perfecto, inmune al daño, protegida por una fuerza vital nutricia, invisible y, sin embargo, de alguna forma, tangible.

El tiempo se había detenido, cada momento se extendía hacia la eternidad. Desde lo que me pareció una gran distancia, miré por el parabrisas roto y observé la suave luz de la luna entrando a través del cañón. El coche rebotó sobre enormes cantos rodados y dimos varias vueltas en el aire mientras nos precipitamos ladera abajo. Sin embargo, no sentí que estuviera en peligro: no experimenté ni un solo momento de miedo. Con la frialdad de un observador desapegado, conté las vueltas de campana que daba el coche: una, dos, tres, cuatro, hasta llegar a ocho. Protegida por el refugio que me ofrecía el túnel, permanecí en el vacío, suspendida en caída libre, sin saber si estaba viva o muerta. Tan abruptamente como entré en ese estado, me vi empujada del túnel, de vuelta al presente, justo cuando el coche se estrellaba contra el suelo. Tras una fuerte sacudida, entre los agudos ruidos del acero que chocaba contra las piedras, nos detuvimos en seco. Las ruedas delanteras sobresalían de una estrecha cornisa y estaban en el aire. Nos manteníamos en un precario equilibrio y, de hecho, el coche se balanceaba sobre el precipicio. El impacto contra el suelo nos había arrojado al asiento trasero. Había fragmentos de cristales rotos esparcidos por el interior del vehículo, pero, milagrosamente, no estábamos heridos. Sin embargo, enseguida nos dimos cuenta de que todavía estábamos en peligro: el coche se iría hacia delante en cualquier momento y caeríamos en picado por un enorme barranco. Teníamos que salir de allí rápidamente.

Un roble, que parecía querer colarse por la ventanilla, era nuestra única salvación. Sin mirar atrás, me agarré a sus ramas y me las arreglé como pude para salir del coche destrozado. Mi acompañante me siguió y comenzamos a subir con dificultad hacia el borde del precipicio, abriéndonos paso a través de matorrales de manzanilla y mostaza salvaje, matas de arbustos casi impenetrables y chaparrales.

Para evitar problemas con la acumulación de tierra y hojas, poco firme y resbaladiza, nos agarrábamos a los matorrales, como si fueran cuerdas, para poder escalar la escarpada ladera. Mientras ascendíamos lentamente, no dejaba de preguntarme: «¿Por qué se nos ha perdonado la vida?». Se suponía que tendríamos que estar muertos. Sin embargo, nos alejábamos del lugar con apenas unos rasguños. La imagen del túnel no dejaba de cautivarme.

Nos sentimos muy aliviados cuando pisamos de nuevo tierra firme. Hicimos autostop y enseguida nos llevaron por aquellas tortuosas carreteras del cañón hasta la ciudad. Los débiles rayos rosados del amanecer comenzaban a iluminar las colinas. No creo que ninguno de nosotros pronunciara una sola palabra durante todo el trayecto, pero no puedo asegurarlo. Recuerdo pocas cosas de aquel viaje. Miraba el cielo y revivía el accidente, una y otra vez, incapaz de explicarme cómo podíamos seguir con vida. Sólo un milagro pudo habernos salvado.

Durante muchos días, deseché de mi mente los detalles de la caída, pero retuve unas cuantas imágenes inconexas. Podía recordar claramente las vueltas del coche por el precipicio y la vertiginosa sensación de ingravidez y descontrol durante la caída. Era como tomar la primera pendiente de una montaña rusa gigantesca. También recordaba cómo cada célula de mi cuerpo había gritado en señal de protesta en el instante del estrepitoso aterrizaje. En cuanto al túnel, no sabía qué pensar. Era un enigma, un misterio que durante mucho tiempo trataría de resolver.

Para mis padres, lo que había sucedido aquella noche era sólo la última de mi serie de calamidades relacionadas con las drogas. Yo era hija única y estaban desesperados. No había pasado mucho tiempo desde la última vez que mi madre me había dormido con una nana y mi padre había jugado conmigo al minigolf. Los miraba y sabía que ambos querían protegerme y hacer que mi vida fuera fácil. Pero cuanto más me ataban, más me rebelaba. Cuando comencé a tomar drogas, veía que les rompía el corazón. Sabía que temían por mi seguridad y que nuestra relación se deterioraba. Sin embargo, sentía que no tenía elección. Quería ser libre. En los últimos años, habían visto que la niña tranquila y sensible que yo era se había convertido en una persona extraña, descontrolada e inalcanzable.

Antes del accidente de Tuna Canyon, mis padres habían hecho todo lo posible por ayudarme. Mi madre, una tenaz médico de cabecera, y mi padre, un radiólogo de hablar quedo, eran destacados doctores en Beverly Hills. Tenían el apoyo del colectivo médico. Mi padre, un hombre práctico e íntegro, con éxito, pero feliz con las cosas más sencillas, me miraba con sus grandes ojos de color verde azulado como tratando de averiguar dónde estaba. Y mi madre, fuerte y sociable, con miedo a que no encajara en la sociedad, parecía decidida a enderezarme con todo su empeño e intensidad, aun a riesgo de resultar despótica. Pero yo era testaruda y rebelde. Simplemente no escuchaba; estaba convencida de que mis padres no serían capaces de entender verdaderamente mis luchas internas, tal vez porque yo no me entendía a mí misma.

Entre otras cosas, estaba harta de ser tan sensible. Sentía que nadie podía entenderme ni comprender cómo podía saber cosas de los demás sin que dijeran nada. O cómo predecía con exactitud sucesos del futuro, a menudo desafortunados. Mi padre nunca le dio demasiada importancia a esas premoniciones, incluso no hablaba de ellas. Era un hombre fiel, de pocas palabras, con una fuerte presencia. Su principal preocupación era mantener la paz familiar. Su mente buscaba lo concreto, se encontraba más a gusto dentro del mundo conocido en el que todo le iba tan bien. Se mostraba en contra de todo aquello que le resultaba extraño o diferente, sobre todo si le causaba problemas. Pero, en el caso de mi madre, mis predicciones parecían poner el dedo en la llaga. Nunca le gustaron. Le hacían sentirse molesta; temía que toda esa palabrería me impidiera ser normal. Mi madre se enorgullecía de formar parte del colectivo médico y de la comunidad judía, de ser médico de celebridades en Beverly Hills, de sus muchos amigos y de que su teléfono nunca parara de sonar. Y mis premoniciones me molestaban tanto como a ella. De hecho, hubiera hecho cualquier cosa por no tenerlas. Y las drogas lo hacían. Me ofrecían una escapatoria.

Tras mi accidente, mis padres hicieron todo lo que estaba en sus manos para protegerme. A la mañana siguiente, embalaron todas mis pertenencias de nuestra casa de Westwood y me enviaron con uno de sus amigos cercanos a Malibu Colony, una zona opulenta y bien vigilada de la playa de Malibú. Mientras decidían qué era lo mejor para ayudarme, insistieron en que me quedara allí, alejada de mis amigos y, lo que era más importante, de las drogas. Aunque sabía que sus intenciones eran buenas, fui allí a regañadientes.

Sin embargo, había llegado a un punto de inflexión. Mi encontronazo con la muerte me había afectado; pero, sobre todo, lo que había experimentado me hacía regresar a mí misma. No podía dejar de pensar en la total tranquilidad del túnel y en el milagro que, de alguna forma, desafió las leyes de la física y me permitió sobrevivir a un accidente catastrófico.

Cuando mis padres me dejaron en la casa de la playa de Malibú, una densa niebla comenzaba a hacer acto de presencia mientras el sol iluminaba la costa. Contrariada y malhumorada, me instalé lo mejor que pude. Decidida a no hablar con nadie, me senté en el sofá y encendí la televisión. Con mi camiseta rosa sin mangas y mis tejanos de campana con flores bordadas en los bolsillos, miraba, sin prestar demasiada atención, un episodio de *Star Trek*. Los amigos de mis padres enseguida irrumpieron para presentarme a un vecino. Sentí que me importunaban con la interrupción y lo miré de un modo hostil. Sin embargo, rápidamente cambié de actitud.

Jim era un hombre alto y enjuto, de cuarenta y pico años. Su abundante cabello era blanco y rizado, al igual que su barba. Sucedía, además, que se hallaba de pie, delante de un telón de fondo de rayos dorados que salían reflejados del mar, lo cual creaba un efecto de halo. Parecía una versión de Dios salida de un libro de cuentos. Quería reírme a carcajadas, aunque me contuve. Por una cuestión de principios, me negaba a cooperar, y mi risa podía ser interpretada como un cambio de opinión. Pero, ante la luz celestial de la presencia de Jim, todo ese asunto, de repente, adquirió un tinte cómico. Allí estaba yo, exiliada en Malibú, viva sin razón aparente para estarlo, y, ahora, un hombre que se parecía a Dios se dirigía a mí.

Al poco tiempo de conocerlo, se sentó a mi lado en el sofá y me formuló educadamente algunas preguntas sobre mí. Molesta por su atrevimiento, me pregunté quién sería ese hombre. Quería caerle mal, pero, de alguna forma, no lo conseguía. Sus enormes ojos marrones y sus modales, modestos y amables, me tranquilizaban. Su presencia me producía un sentimiento de aceptación, algo que raramente experimentaba con los adultos. La calidez de su voz y la ternura con la que me miraba hacían que lo viera como alguien cercano, como si ya hubiéramos estado allí sentados mil veces antes, a pesar de que no conocía a nadie que se pareciera a él ni en lo más remoto.

Conecté instantáneamente con Jim, sentí una especie de alianza mágica entre nosotros. Pero por nada del mundo estaba dispuesta a admitirlo. Había planeado comportarme de un modo mezquino, y nada me haría cambiar de actitud. Inflexible en la cuestión de ceder a las demandas de mis padres, apenas hablé con él aquel primer día. Finalmente, se levantó, se despidió y se marchó. Decidí no mirarlo, así que mantuve la mirada fija en la televisión.

A la mañana siguiente, mis padres me lanzaron un ultimátum. Como de costumbre, mi madre se encargó de hablar la mayor parte del tiempo, mientras mi padre, tranquilamente sentado, le ofrecía su silencioso, pero fuerte, apoyo. O aceptaba someterme a un tratamiento de psicoterapia o me enviarían a vivir con unos familiares de la costa este. Mi única experiencia con la psicoterapia consistía en las pocas veces que mis padres me habían arrastrado a sesiones de terapia familiar, que siempre terminaban con gritos y enfrentamientos, y tras las cuales todos regresábamos frustrados a casa. Por consiguiente, veía la terapia como una farsa, un castigo para los ineptos que no eran capaces de resolver sus propios problemas. No obstante, puesto que deseaba quedarme en Los Ángeles a cualquier precio, accedí de mala gana. Esa misma tarde de agosto de 1968, dos meses después de finalizar mis estudios en el instituto, los tres nos dirigimos a Beverly Hills en nuestro Lincoln. Me senté en el asiento trasero y observé el sombrío, pero tranquilo, rostro de mi padre en el asiento retrovisor. Los ojos de mi madre parecían impávidos, aunque cada vez que me observaban, se entristecían. Para permanecer insensible y simular que nada me importaba, me limité a repetir en silencio la letra de *Purple Haze*, una canción de Jimi Hendrix.

Nuestro destino era un modesto edificio de oficinas de cuatro plantas, con dos ascensores estrechos y largos pasillos sin ventanas. Sentados en la sala de espera, antes de la cita, la tensión que había entre nosotros resultaba cada vez mayor. Era todo lo que podía hacer para mantener la boca cerrada y no salir rápidamente por la puerta. Pasado un tiempo, una persona conocida nos saludó. Era Jim, el amigo de nuestros vecinos de Malibú, el hombre que había conocido el día anterior. Él era el psiquiatra con el que estábamos citados. Estaba furiosa, notaba que me habían engañado. Al mismo tiempo, me sentía extrañamente fascinada por él, me intrigaba la sensación de nuestra relación intangible. En contra de mi voluntad, parecía compartir cierta camaradería tácita con él, cierta afinidad. Confundida con mis sentimientos, le saludé con un gesto y murmuré un cauto «hola». Después, mis padres y yo le seguimos hasta su despacho.

En la primera sesión, estuvimos los tres. Jim tomó asiento en una silla giratoria de cuero negro y me hizo un gesto para que me sentara a su lado, en una enorme otomana de color teja. Mis padres se acomodaron muy erguidos frente a nosotros en un sofá a rayas verdes y ocres. Pronto mi madre comenzó a sollozar y le dijo a Jim lo preocupada que estaba por mí. Yo llevé las rodillas hasta el pecho y me hice un ovillo. Me sentía asfixiada por la intensidad del amor de mi madre. Me daba la impresión de que toda su atención se centraba en mí. Sabía lo mucho que se preocupaba por mí, pero temía que me engullera si le permitía acercarse demasiado. Tenía una personalidad tan dominante que pensaba que la única forma que tenía de ser yo misma era oponiéndome a ella. Y dadas su intensidad y persistencia, esta actitud me consumía toda la fuerza que poseía.

Jim escuchó pacientemente a mis padres. Después, me escuchó a mí. Me sentí extrañamente tímida a su lado, mientras observaba su anillo de casado y el movimiento de sus manos. No lo provoqué ni le interrumpí a propósito, como solía hacer a menudo con los demás adultos, especialmente con las autoridades. Al final de la sesión, me sorprendí a mí misma cuando acepté regresar para intentar llevar a cabo una «terapia».

Mis padres, aliviados al ver que finalmente cooperaba, me permitieron regresar a casa. Pero, al cabo de unos meses, Jim sugirió que viviera en lo que él llamaba una «casa tutelada». Conocía a dos terapeutas, Pat y Ray, que alquilaban habitaciones a personas que, como yo, pasaban por un periodo de transición y necesitaban apoyo. Ambos vivían en la casa, junto con sus dos hijas pequeñas, un gato y dos perros. Jim pensaba que el cambio me ayudaría a madurar y a comenzar a separarme de mis padres. Yo estaba totalmente de acuerdo; deseaba ser independiente. Mis padres se mostraron recelosos, pero habían decidido confiar en Jim y finalmente aceptaron de mala gana.

La casa me encantó desde el primer momento en que la vi. Se trataba de una construcción de dos pisos, con estructura victoriana en forma de A y pintada de color rosa, que hacía esquina con Park Avenue y Speedway, un paseo que iba a lo largo de Venice Beach. El paseo marítimo entarimado y la arena, separados de nosotros por una parcela vacía, quedaban a menos de media manzana. Por la noche, me quedaba dormida mientras oía el sonido de las olas que rompían contra la orilla. Enseguida me hice muy amiga de Pat y Ray, unos hippies de buen corazón que rondaban la treintena. Eran licenciados en trabajo social y se dedicaban a ayudar a los demás. Fui muy bien recibida en su casa.

La gran sorpresa era el resto de los residentes: Pete, un esquizofrénico con poco más de veinte años, que pasaba casi todo el tiempo solo, y Dolly, una mujer con tendencias maníaco-depresivas. Pensé: «¡Dios mío!, Jim me ha dejado entre enfermos mentales». Pat y Ray me lo confirmaron: «Sí, eso es exactamente lo que ha hecho». Y, sin embargo, no me importaba. Lo que de verdad me importaba era que me sentía libre. De todas formas, la primera vez que abrí el botiquín y dejé mi cepillo de dientes entre la torazina de Pete y el litio de Dolly, se me puso la piel de gallina. Pero, a excepción de cuando Pete oía voces y Dolly tenía sus ataques de insomnio, todos nos llevábamos bien y la vida pasaba casi sin más incidentes.

Continué mi terapia con Jim. A pesar del lazo que sentía que tenía con él, no me abrí inmediatamente. Tampoco duró mi timidez inicial. Yo era un caso difícil: peleaba con él por todo con la intención de probar hasta dónde podía llegar. Durante varios meses, falté a las citas, lo desafié y lo amenacé con no volver más. Entonces, un día, tras un año de terapia, le hablé de un sueño perturbador que había tenido con nueve años. El sueño había sucedido en un estado similar al de la vigilia; era vívido, no como los sueños normales. A excepción de mis padres, nunca se lo había contado a nadie. De hecho, lo guardé como un secreto. Como parte de mi terapia, al evocarlo, lo escribí en mi diario:

Mi camisón está empapado de sudor cuando me despierto de repente y sé que mi abuelo, que vive a tres mil kilómetros de distancia, acaba de morir. Puedo oír su voz, que me dice adiós, una y otra vez, mientras lucho por orientarme. Es medianoche, mi habitación está totalmente a oscuras. No puedo saber si estoy dormida o si es real lo que sucede. Demasiado asustada para poder moverme con normalidad, me arrastro desde la cama hasta la habitación de mis padres para darles la noticia. Mi madre, en lugar de entristecerse, sonríe y me tranquiliza: «Has tenido una pesadilla. El abuelo está bien». La seguridad que hay en su voz hace que dude de mí misma. «Desde luego que el abuelo está bien. Simplemente, he reaccionado de una manera exagerada», me digo. De modo que regreso a la habitación, reconfortada con la idea de que mi pánico no tenía fundamento, y me quedo dormida. Unas horas más tarde, mi tía llama desde Filadelfia para decirnos que mi abuelo ha muerto de un ataque al corazón.

Mientras le contaba mi sueño, Jim me escuchaba con atención, sin sorprenderse y sin interrumpirme, como yo esperaba que hiciera. Sin embargo, mostró verdadero interés y me pidió que le hablara más de él. Al principio, le conté la reacción de mi madre con respecto al sueño, que me había confundido. Se había mostrado intrigada y bastante sensible, aunque, al mismo tiempo, parecía ocultar algo, como si se esforzara por no darle demasiada importancia. Incluso después de conocer la noticia de la muerte de mi abuelo, parecía ver mi sueño como una mera coincidencia. Pero algo en sus ojos me indicaba que no creía en lo que me decía. Y yo tampoco. Estaba segura de que mi abuelo había venido a despedirse. La forma en que me miró y el tono de su voz eran demasiado vivos, demasiado reales para ser imaginados. Incapaz de resolver ese misterio, me preguntaba si, de algún modo, yo era responsable de la muerte de mi abuelo. Él y yo habíamos estado siempre muy unidos. Años antes, me había llevado sobre sus hombros y me había dicho que, incluso después de su muerte, nunca nos separaríamos, que todo lo que tenía que hacer para encontrarlo era mirar la estrella más brillante del cielo. Nuestro amor era profundo, y el pensamiento de que podía haberle hecho daño a mi abuelo me resultaba insoportable.

Mi capacidad para sacar esos sentimientos al exterior se vio reforzada por la relación amorosa que había iniciado con Terry, un artista con quien, más adelante, me iría a vivir durante dos años. Terry vivía al otro lado de la calle de la casa tutelada, en un viejo edificio de dos plantas, reconvertido en lavandería, que tenía enormes tragaluces piramidales en prácticamente cada habitación, hasta en el cuarto de baño. Cuando el sol brillaba a través de ellos, producían una luz prístina. Terry utilizaba también aquel espacio como estudio. Algo más alto que yo, tenía veinticinco años, unos ojos azules penetrantes y llevaba el cabello rubio recogido en una pequeña cola de caballo. Por lo general, usaba unos tejanos con manchas de pintura que imitaban las coloridas pinceladas de los cuadros de Sam Francis.

Terry era uno de los cuatro miembros de un grupo de muralistas que podía considerarse futurista. Pintaban escenas visionarias de desastres, como terremotos, tormentas de nieve e inundaciones. Sus murales se parecían tanto a mis premoniciones que daba la impresión de que pintaban mi vida interior. El grupo se hacía llamar «La cuadrilla de bellas artes de Los Ángeles», y hacía sus trabajos sobre enormes muros de edificios comerciales y residenciales de toda la ciudad. Eran los primeros en ese estilo y se convirtieron en figuras representativas del mundo del arte de Venice Beach.

Terry y yo nos relacionábamos a través del mundo de las imágenes y los sueños. Solía hablarle con frecuencia de mis sueños, los cuales escribía desde hacía años. Soñaba ávidamente, y me entusiasmaba despertar por la mañana y recordar mis sueños. Cuando no podía acordarme de ellos, me sentía vacía, como si me hubiera perdido algo importante. Si las imágenes persistían, su intensidad me llenaba como si se tratara de la comida más exquisita. Los sueños eran sagrados para mí. Terry y yo solíamos dar largos paseos por la noche frente a un parque de atracciones abandonado —Pacific Ocean Park—. Me hablaba de sus visiones artísticas y yo le contaba mis sueños. Las azuladas luces de mercurio, a lo largo del paseo marítimo entarimado, daban a nuestros rostros un aspecto misterioso, y Terry decía que, a veces, podía ver las imágenes a través de mí. Creía que mi habilidad para generarlas influenciaba indirectamente la calidad de sus obras de arte.

Su único deseo, desde que era niño, era ser artista, crear. Cada vez que lo observaba dibujar tranquilamente, en su rudimentaria mesa de madera de pino, hasta altas horas de la madrugada, perdido en el mundo del arte, rezaba para encontrar alguna vocación que pudiera darme tanta alegría.

Mis padres se desesperaron cuando, en el último minuto, decidí que renunciaba a la universidad para ir a vivir con un artista —de pelo largo, ocho años mayor que yo y que ni siquiera era judío—, que luchaba por abrirse camino. Ya habían pagado miles de dólares por mis estudios en Pitzer College, Claremont, donde se suponía que comenzaría al siguiente semestre, y perdieron el dinero. Se negaron a conocer a Terry. Convencidos de que, con diecisiete años, tiraba mi futuro por la borda, decidieron que no podían tolerarlo. Sin saber qué más podían hacer, me retiraron todo el apoyo económico a excepción del dinero para las sesiones de terapia.

A fin de ganar algo para mis gastos de subsistencia, conseguí mi primer empleo como dependienta del departamento de toallas de May Company. Me pagaban 75 dólares semanales. El almacén estaba entre Fairfax y Wilshire, a menos de un kilómetro de la discoteca Climax, donde a Terry le habían encargado un mural exterior. Todas las mañanas me llevaba al trabajo en su moto BMW. Los días más fríos y lluviosos, con los ojos llorosos a causa de las bajas temperaturas, nos abrigábamos con nuestras chaquetas del ejército, y yo me agarraba fuertemente a su cintura mientras pasábamos a gran velocidad por las calles de la ciudad. Nunca me había sentido tan feliz ni tan libre.

A través del amor y la perspicacia de Terry, poco a poco comencé a aceptar mis imágenes y a mí misma. Tanto si mis imágenes eran intuitivas como si no, formaban una parte muy íntima de mí, y Terry lo reconocía. Las entendía y las valoraba como nunca nadie había hecho. Era el primer hombre que yo sentía que podía «verme» realmente. Al animarme a explorar mi vida intuitiva, también me ayudó a comenzar a confiar en Jim.

Durante el curso de mi terapia, empecé a recordar lentamente otras premoniciones que había tenido en mi infancia. Por ejemplo, cuando mis padres me presentaron a Evan, un amigo suyo de Londres que solía hacer frecuentes viajes de negocios a Estados Unidos. Se trataba de un hombre impresionante, con un extraordinario éxito como empresario, que parecía tenerlo todo: una hermosa mujer, una familia maravillosa, buena salud y los medios económicos suficientes para mantener un elegante estilo de vida, además de empleados, un Rolls-Royce y un chófer, y una casa de campo en Surrey. Sin embargo, a los pocos minutos de conocerlo, me invadió una sensación de pavor, como de ansiedad en el estómago, una señal de que algo malo estaba a punto de ocurrirle. Me sentí alarmada porque veía que no había ningún motivo aparente que justificara mis sentimientos. Allí estaba el amigo con más éxito de mis padres, y yo sólo deseaba escapar de su presencia. Cuando se lo conté a mi madre, me dijo: «¿Cómo puedes sentir esas cosas? Apenas lo has conocido». Yo no sabía explicarle mis sentimientos, no podía borrarlos y me sentía muy mal por tenerlos. Por tanto, dejamos de hablar del asunto. Sin embargo, no podía evitar sentir lo que sentía. Era algo automático, instintivo. Me acordé de cómo mi perro reaccionaba con un amigo mío. Le ladraba y gruñía cada vez que venía a casa. Aquello me molestaba, así que podía imaginar cómo se sentía mi madre.

Pero, tres semanas después, mis padres recibieron una llamada de un amigo común. Para sorpresa y conmoción de quienes lo conocían, Evan se había suicidado. Esta vez mi madre no dijo que se trataba de una coincidencia y reconoció que yo debí de haber sentido algo: «Tenías razón acerca de Evan. No sé cómo lo hiciste, pero, de alguna forma, sabías que le pasaba algo». No obstante, estaba claro que se sentía intranquila y era reticente a hablar más del tema. Había un tono de resignación en su voz, una carga, una mezcla de incomodidad y tristeza. Parecía no saber qué hacer conmigo: yo era una rareza, una curiosidad de otro planeta. Mi madre había dado validez a mis palabras, pero, al fin y al cabo, me había dejado más confusa que nunca. Dejó de lado el asunto y la vida continuó como si nada hubiera sucedido. Una vez más, me sentía sola y contaminada, y temía que acabaría de un modo terrible, como atrapada por mis pensamientos en una isla desierta en mitad del océano. De modo que traté de actuar de forma normal y no hablé más de mis sentimientos. La actitud de Jim hacia estos incidentes me reconfortaba enormemente. Lo que más apreciaba era que no parecía crítico ni asustado. Cualquier psiquiatra formado en la medicina convencional podría fácilmente tildarme de «tarada» y desestimar mis experiencias. O, lo que es peor, podría haberlas analizado e interpretado con el objetivo de encontrarles un significado oculto, en lugar de considerarlas tal como eran. O podría haberme prescrito fármacos antipsicóticos para poner fin a mis habilidades. Pero Jim no lo hizo. Ni tampoco ocultó su desconcierto. Era una situación extraña: él estaba confuso y yo también. Aún así, tratábamos de hallar juntos una solución a nuestra confusión, lo cual, de forma indirecta, me hacía sentirme segura.

Cierto día, Jim me habló de una experiencia intuitiva que había tenido cuando todavía era psiquiatra en prácticas en el Meninger Institute de Kansas. Durante una tormenta de nieve, se le pinchó una rueda del coche cuando circulaba por una remota carretera local. Cuando comprendió que no llegaría a casa a tiempo, supo que su mujer se preocuparía. Realmente deseaba que ella supiera que estaba bien, pero allí no había teléfonos. Durante un determinado lapso de tiempo, que más tarde comprobarían que se trataba del mismo, su mujer tuvo un sueño en el que vio que Jim tenía un problema con la rueda, pero que se encontraba bien. No resultaba extraño que ese tipo de comunicación inusual despertara el interés de Jim por la intuición.

El relato de este incidente me conmovió, y, además, me sentí increíblemente aliviada al pensar que una persona con importantes títulos académicos también había tenido esas experiencias. Al menos, yo ya no era el único bicho raro. Eso me consoló. Además, me había arriesgado a confiar en Jim y no me defraudó. En lugar de censurarme, había mostrado un profundo respeto por lo que me sucedía. De forma que, cuando me animó a recordar otros sucesos similares, me sentí lo suficientemente segura para hacerlo.

Mi madre tenía un amigo íntimo, Harry, que era juez del Tribunal Superior de Filadelfia. Lo veía como su mentor, lo apreciaba profundamente y aseguraba que la había animado a estudiar medicina en una época en la que aceptaban a muy pocas mujeres en la facultad. Cuando yo tenía diez años, Harry se presentó para ser reelegido para el mismo puesto que ocupaba desde hacía treinta años. Para él, pocas cosas en la vida tenían más importancia que ser juez. Una semana antes de la elección, tuve el siguiente sueño:

> Me encuentro en una sala enorme, bien iluminada, atestada de gente. Harry está sobre el estrado y da un discurso. Hay tanta gente que apenas puedo respirar. Siento el pulso de la sangre en la cabeza. Tengo miedo de algo, pero no sé de qué. La voz de un hombre anuncia por un altavoz que Harry ha perdido. Él baja la cabeza, se abre paso entre la multitud y, cuando ya está a punto de marcharse, una mujer, cuyo rostro no puedo ver, se precipita sobre él y le muerde la mano. Por la expresión de Harry, sé que reconoce a esa mujer y se siente destrozado.

No quería alarmar a mi madre, especialmente tras su reacción a mi premonición sobre Evan. Pero me sentía triste y quería su apoyo, así que me arriesgué y se lo conté. Mi madre ya se anticipaba al éxito de su amigo y mi sueño era lo último que deseaba escuchar. Suspiró, me agarró por el hombro y me preguntó exasperada: «¿Por qué dices esas cosas tan negativas?». Tras las predicciones de la muerte de su padre y del suicidio de su amigo, aquello era demasiado para ella. Me senté y deseé poder retirar lo que había dicho, pero el daño ya estaba hecho.

La noche de la elección, en Los Ángeles, me senté con mis padres y esperamos ansiosos el resultado. Como si se tratara de una pesadilla, todo sucedió de la forma que mi sueño había anticipado: Harry perdió de un modo estrepitoso. El sueño habría sido menos significativo si sólo se hubiera tratado de su derrota. Pero había algo más. Aquella noche, durante las votaciones, la nuera de Harry, una mujer maníaco-depresiva que estaba bajo tratamiento psiquiátrico, sufrió un grave brote psicótico, se precipitó sobre él y le mordió brutalmente la mano. De inmediato corrió a ocultarse entre la muchedumbre. Más tarde, cuando la encontraron, fue trasladada al hospital. Por supuesto, las vidas de Harry, su hijo y su nuera se vieron profundamente alteradas aquella noche. Durante los meses siguientes, escuché muchas cosas acerca del sufrimiento que atravesaban, y no podía dejar de cuestionar el papel de mi sueño en esa situación. Aunque mis padres nunca sugirieron que mi predicción fuera de algún modo responsable de lo sucedido, yo tenía mis dudas, especialmente cuando, durante un momento de frustración, mi madre me dijo que nunca más le volviera a contar un sueño. Sabía que se sentía desconcertada por lo ocurrido; sabía que no tenía intención de hacerme daño. Simplemente, se sentía agobiada, así que la dejé en paz. Pero también era cierto que podía llegar a ser autoritaria, que era una mujer muy fuerte y que yo no podía evitar reaccionar ante ella. A partir de ese día, guardé para mí todo lo que con el tiempo llegaría a contemplar como un secreto vergonzoso.

Con la ayuda de Jim, pude llegar a experimentar la tremenda culpabilidad que sentía por haber anunciado esas predicciones catastróficas. De hecho, parecía que podía prever fácilmente muertes, enfermedades y terremotos, pero raras veces podía anticipar sucesos felices. Había crecido con la idea de que había algo malo en mí; como si, de alguna forma, provocara todos esos acontecimientos negativos que podía predecir. Me cuestionaba si yo no tendría algo que ver con la derrota de Harry o con el brote psicótico de su nuera. Ninguno de mis amigos había hablado jamás de experiencias similares. Me sentía una intrusa que no encajaba en ningún lugar.

Hablé con Jim sobre mi penúltimo año en el instituto, cuando descubrí las drogas. Aunque asistía a la University High School, en el oeste de Los Ángeles, más conocida como «Uni», la mayoría de mis amigos cursaban su último año de instituto en Palisades High, en Pacific Palisades, una zona prestigiosa de Los Ángeles, a unos dieciséis kilómetros de mi instituto. Tras las clases, mis amigos de Palisades me recogían y salíamos a «colocarnos». Descubrí que la mayoría de las drogas, a excepción de las alucinógenas, amortiguaban mis habilidades intuitivas, lo cual me hacía creer que encajaba con mis amigos. Mi anhelo de sentir que pertenecía a algo se veía temporalmente satisfecho. Pero, al margen de la cantidad de amigos que yo creía tener, una parte de mí sabía que vivía una mentira. Entonces, llegó la noche del accidente.

El túnel que había visto cuando caímos por el precipicio ¿tenía algo que ver con mis premoniciones? Ni Jim ni yo estábamos seguros de ello, pero él me enseñó a creer en la autenticidad de mis experiencias. Y, lo que era más importante, me hizo ver lo irracional que resultaba considerar que provocaba los sucesos que predecía. Me explicó que muchos niños con estos dones, al no recibir ningún tipo de formación sobre ellos, tendían a llegar a conclusiones absurdas acerca de sí mismos. Me mostró que el asunto principal no eran mis habilidades, sino mi manera de interpretarlas.

La principal preocupación de Jim acerca de ayudarme a explorar este rasgo de mi personalidad era que podía llegar a absorberme demasiado y hacerme descuidar el resto de las cosas. Él sabía de personas obsesionadas con las experiencias extrasensoriales que habían perdido el sentido de la realidad. Sin embargo, reconoció que sentía que tenía la fuerza suficiente para vivir ambos mundos.

La primera vez que me abrí a él para hablarle de mis habilidades intuitivas, tuvo que confiar en mí para aceptar lo que le contaba. Cabía la posibilidad de que inventara todas esas historias grandiosas a fin de manipularlo. Yo no podía probarle nada porque, a causa del miedo, había reprimido mis dones y éstos no regresaron inmediatamente. Sin embargo, Jim confió en mí, en parte porque creía que todo el mundo poseía este tipo de habilidades, pero, de algún modo, las rechazaban o no les daban importancia. En mi caso, fueron doblegadas por mis padres, profesores y terapeutas. Pero Jim no creía que esas habilidades pudieran llegar a desaparecer, sino que trataban de salir continuamente a la superficie, y eso era lo que asustaba a la gente. Dijo que se necesitaba muchísima energía para mantener reprimido algo tan poderoso, y que eso sólo llevaba al agotamiento y la depresión. Y añadió que sus colegas apenas apoyarían esas creencias.

A pesar de que lo que afirmaba tenía sentido para mí, había vivido tantos años aislada que todavía me resistía a su autoridad. Pasó mucho tiempo antes de que pudiera confiar plenamente en él. Aproximadamente un año después del accidente, comencé a asistir a sus sesiones de terapia de grupo. Seis de sus pacientes nos reuníamos los martes por la tarde en su consulta de Beverly Hills. Yo era la más joven y, con diferencia, la más antipática, combativa y desagradable. No era que buscara pelea; simplemente quería mantener alejados a los demás. Los otros miembros del grupo habían asistido a terapia el tiempo suficiente como para saber que necesitaba lidiar con mi rabia a fin de calmarme o abandonar el grupo. No me cabía ninguna duda de que la mayoría deseaba lo segundo.

Hacia el final de una de nuestras reuniones, John, un hombre de negocios de cincuenta y muchos años, y el último en incorporarse al grupo, empezó a hablar de su depresión. A pesar de que escuchaba lo que decía, mi atención comenzó a divagar. Debía de estar en medio de una ensoñación o un ligero trance, cuando, de repente, vi un coche en llamas con una mujer y un niño atrapados en su interior. Lancé un grito ahogado. Todos me miraron y se quedaron en silencio.

Cuando, a petición de Jim, conté la visión, la depresión de John se convirtió en angustia. Con lágrimas en los ojos, nos confesó por primera vez que su mujer y su hija pequeña habían muerto recientemente en una trágica explosión cuando su coche había colisionado en la autopista contra un camión de gasolina. En ese momento, aunque sabía por lógica que no tenía ningún tipo de implicación en el destino de su familia, me sentí responsable del dolor de John. Cada uno de mis temores de la infancia relacionados con mis habilidades intuitivas salieron a la superficie. Las voces autoacusatorias tomaron el control de mi cabeza y me sentí llena de culpa.

Una vez que la sesión hubo terminado, Jim me habló en privado. Una cosa era escuchar, semana tras semana, mis historias estrafalarias sentado en su consulta de Beverly Hills, y otra era ser testigo de una demostración en vivo. Me acordé de cuando era una niña y mi madre, deseosa de que llevara una vida normal y feliz, me había prevenido: «No hables con nadie de tus premoniciones. Pensarán que eres un bicho raro». Yo la había creído. Ahora, me preocupaba realmente que Jim no quisiera volver a verme, que hubiera decidido que yo era un caso demasiado difícil.

Mis miedos resultaron injustificados. Jim me tranquilizó y me aseguró que no estaba loca, que era la represión de mis «dones» lo que provocaba mi confusión y sufrimiento. Y que, en lugar de desprenderme de ellos, necesitaba desarrollarlos con la ayuda adecuada. Sugirió que hablara con Thelma Moss, una psicóloga e investigadora del Instituto de Neuropsiquiatría de la Universidad de Los Ángeles, especializada en el estudio de los fenómenos paranormales. Me sorprendió que existiera alguien así. En el pasado, ella ya había hablado con Jim acerca de la gran cantidad de personas que tenían dificultades para arreglárselas con sus experiencias intuitivas. Jim estaba convencido de que, si existía alguien que pudiera apreciar mis experiencias y ayudarme a aprender más de ellas, esa persona era Thelma Moss. Por primera vez en mi vida, sentí un destello de esperanza.

2

ACREDITANDO LA VOZ

Acercaos al precipicio./Podríamos caer.
Acercaos al precipicio./¡Es demasiado alto!
Acercaos al precipicio./Se acercaron
y él los empujó/y, entonces, volaron...

CHRISTOPHER LOGUE

Estaba de pie delante de mi armario revuelto. No tenía ni idea de qué sería apropiado vestir para la entrevista. No se me ocurría pensar que podía simplemente ser yo misma y vestir como quisiera. En lugar de eso, observé los ojos de mi madre, que me revisaban de los pies a la cabeza. Casi podía oír cómo me decía: «Es una pena. Eres tan guapa y no lo muestras». Solía discutir con mi madre por el tema de la ropa. Ella siempre iba impecable con sus exquisitos trajes de Chanel y sus lujosos abrigos de Armani. Quería que me pusiera vestidos. Pero a mí me gustaban los tejanos, especialmente uno con un enorme agujero en la rodilla izquierda. Normalmente me los ponía un día tras otro, y eso le molestaba. Algunas noches, hasta dormía con ellos puestos, como un acto de rebeldía. Ahora buscaba en mi armario. Quería estar cómoda, pero, sobre todo, quería encajar. Unas cuantas horas después, con un vestido escocés rojo y blanco que había comprado en Saks con mi madre, unas medias de nailon beige y unas bailarinas negras, pasé por delante de una hilera de jacarandas hasta llegar al vestíbulo de la planta baja del Instituto de Neuropsiquiatría. Me había recogido el cabello, que me llegaba hasta los hombros, en una cola de caballo para tener un aspecto menos salvaje. Parecía recién salida de la revista *Mademoiselle* y no podía haberme sentido más incómoda. Puesto que, en esa época, mi idea de las personas intuitivas se correspondía con la imagen de una gitana con un colorido vestido y una bola de cristal, o un hombre ataviado de blanco con un turbante en la cabeza, me sentía bien disfrazada.

Aquella noche, después de que Jim me hubiera sugerido por primera vez que hablara con la doctora Moss, permanecí despierta durante horas mientras escuchaba el extraño sonido de la lluvia de verano contra los cristales de mi habitación. No podía dejar de pensar. No sólo Jim me tomaba en serio, sino que había una experta en una reputada universidad que se dedicaba a estudiar los sucesos intuitivos. Me preguntaba cómo me sentiría si obtenía una verdadera ayuda. Sólo de pensar en esa posibilidad, sentía como si una luz muy brillante se encendiera en una habitación que hubiera estado a oscuras durante toda mi vida; una luz que ahora ahuyentaba mis peores miedos. Finalmente, veía la posibilidad de respirar con tranquilidad, de poder ser yo misma.

Al día siguiente, llamé a Jim y acordamos que me entrevistaría con la doctora Moss, aunque tuvo que pasar una semana antes de que pudiera verla. Durante ese tiempo, viví en una montaña rusa emocional. Jim me envió una copia de un artículo de *Los Angeles Times,* que presentaba a la doctora Moss como una precursora en su campo, una científica inconformista que deseaba investigar aquello que los psicólogos tradicionales solían evitar. Tras leer el artículo, noté una sensación de ansiedad en el estómago. ¿Por qué una investigadora tan respetada tendría interés en conocerme? Las dudas sobre mí misma me paralizaban. Tal vez era mejor olvidarse de todo. Pero no podía. Me sentía demasiado intrigada, tenía demasiada curiosidad, estaba demasiado hambrienta de orientación. Sin embargo, me sentía dividida: emocionada, por un lado, ante la perspectiva de que pudiera comprenderme, y por otro, con mucho miedo a que me defraudasen.

El día de nuestro encuentro me desperté con una sensación de optimismo que era nueva para mí. Sin embargo, en el momento en que llegué a la Universidad de Los Ángeles, mi confianza comenzó a tambalearse de nuevo. Eran las diez de la mañana y ya hacía mucho calor. La lluvia de la noche había convertido la ciudad en un inmenso baño de vapor. El edificio del Instituto de Neuropsiquiatría, donde se hallaba el despacho de la doctora Moss, era un enorme centro médico de ocho plantas, frío e impersonal, en medio del campus universitario. Mientras caminaba por los largos pasillos, me sentía sola y asustada, y dudaba de que pudiera encontrar algún día las respuestas que necesitaba.

La doctora Moss me recibió en la puerta. Tenía un aspecto autoritario; aparentaba cuarenta y pico años, y debía de medir un metro sesenta. Tenía el cabello corto y oscuro, y unos ojos castaños penetrantes que trasmitían una fuerte y apasionada determinación, una capacidad de estar totalmente presente con dedicación y atención. Vestida como para la portada de una revista de moda, me sentía como una niña ingenua al lado de esa profesional ataviada con su bata blanca de laboratorio, pero enseguida me recibió en su despacho con una cálida sonrisa. Mi corazón latía a toda velocidad y, a pesar de que hizo todo lo posible para que me encontrara cómoda, estaba muy nerviosa cuando me pidió que me sentara. Sin duda se dio cuenta de lo cohibida y tensa que me sentía, así que charlamos durante unos minutos hasta que comencé a calmarme.

—Gracias por venir —dijo—. He hablado con Jim por teléfono y me gustaría examinar tus habilidades intuitivas con una técnica llamada psicometría. ¿Sabes de qué se trata?

—No —respondí.

—Es la capacidad de recibir información específica sobre personas, lugares y sucesos mientras sujetamos en la mano un objeto relacionado con ellos —dijo mientras me entregaba un manojo de llaves—. Sujeta esto y relájate —continuó con una voz tranquila y reconfortante—. Simplemente permanece abierta a las impresiones que te vayan llegando.

Nunca había hecho nada parecido, pero seguí sus instrucciones.

—Cierra los ojos y concéntrate en las llaves —me pidió—. Describe lo que te llegue aunque te parezca raro. Yo tomaré notas, pero trata de verme como una observadora imparcial. No reaccionaré ni te daré ningún tipo de información hasta que hayamos terminado.

Mientras hablaba, la tranquilidad que trasmitía se hacía cada vez más profunda. Mi cuerpo siguió su ejemplo y se relajó. En poco tiempo, mi ansiedad comenzó a desaparecer. En un principio dudé, pero, después, me oí decir:

—Éstas son las llaves de una casa. Son las llaves de tu casa.

Era imposible averiguar qué indicaba su expresión facial. Perdí la concentración, por lo que me resultó difícil llevar mi atención a las llaves. Entonces, gradualmente, llegó a mí una imagen nítida. Vi una casa de estilo colonial en un vecindario con fuertes pendientes, tal vez en un cañón. Estaba a punto de contárselo cuando mi mente crítica censuró con rapidez la imagen e insinuó que simplemente visualizaba una casa que había visto anteriormente en algún lugar –hay muchas de ese estilo en los alrededores de Los Ángeles–. Lo que había visualizado podía haber sido un recuerdo aleatorio del pasado.

—No consigo ver demasiado –le dije a la doctora Moss, convencida de que era mejor no mencionar nada antes que arriesgarme a equivocarme.

— Está bien. Sólo dime lo primero que te llegue a la mente. No te preocupes por equivocarte.

—No estoy segura –contesté indecisa, pero decidida a arriesgarme–. Veo una casa con columnas en el frente. De un blanco descolorido o, quizá, beige.

Aunque no sabía si me estaba imaginando la casa o si ésta era real, mi incertidumbre daba paso al entusiasmo.

—Quédate con esa imagen –dijo en el mismo tono neutral–. Imagina que ni siquiera estoy aquí.

Buscaba desesperadamente alguna señal de que estaba en la pista acertada, al menos algún tipo de apoyo o de confirmación; sin embargo, no obtuve ninguna respuesta. Cerré los ojos, a punto de rendirme, pero entonces llegó a mi mente un recuerdo en el que no había reparado desde hacía años. De adolescente, cada vez que tenía algún problema, me subía al pino más alto de nuestro vecindario. Desde las ramas más altas, tenía una vista panorámica de Westwood. A salvo de las miradas de los demás, observaba toda la ciudad, desde los altos edificios de apartamentos de Wilshire Boulevard, en el este, hasta la inmensa torre del teatro Bruin, en el centro de Westwood. A menudo me retiraba a ese lugar protegido cuando quería estar sola o alejarme de todo. Al recordar ese sitio tan especial para mí, mi tensión comenzó a desaparecer y sentí el cuerpo más ligero. Después, lentamente, las imágenes empezaron a cambiar y fluyeron una tras otra sin esfuerzo. En unos segundos, me encontraba de nuevo delante de la que ahora estaba segura que era la casa de la doctora Moss. Sabía que estaba despierta, sin embargo, no se trataba de una ensoñación: la escena resultaba sorprendentemente realista. Lo más extraño era que sabía perfectamente que estaba en su casa y en su despacho al mismo tiempo, igualmente presente en ambas. Era como si dos realidades separadas se hubieran superpuesto, una sobre la otra, algo que a nivel intelectual parece imposible, pero que, no obstante, a un nivel más profundo, resultaba de lo más natural.

Mientras me acercaba a la entrada principal, me sorprendí ante la cantidad de detalles que podía llegar a percibir.

—Veo una puerta principal con una pequeña ventanita en ella –dije.

Me centré en la fachada de la casa y aparecieron más imágenes, como si observara una película a cámara lenta. Con los ojos cerrados, la oscuridad me ofrecía una pantalla sobre la que se proyectaban las diferentes imágenes. Pero la experiencia era muy diferente a la de la visión ordinaria. La imagen aparecía sobre el fondo y permanecía uno o dos segundos, mientras la miraba. Después, le seguía otra imagen. Examiné cada una de ellas con atención y pude apreciar las sutiles variaciones que no hubiera percibido en la vida real. La riqueza de las imágenes me asombraba, ya que parecían tener vida propia, como salidas de un paisaje o un retrato pintado con vivos colores. Pronto mis sentidos comenzaron a sobrecargarse, y lo que veía empezó a ser demasiado para poder asimilarlo. Con brusquedad, mi mente lógica tomó el control y comenzó a analizar tímidamente las imágenes en lugar de dejar que fluyeran. Y, cuanto más las analizaba, menos impresiones se producían. Finalmente, empezaron a desvanecerse y me quedé en silencio. Después, abrí los ojos y miré a mi alrededor. La doctora Moss me preguntó qué había sucedido.

—La casa ha desaparecido –reconocí frustrada. Quería parar, admitir que no era capaz de hacer lo que me pedía.

—No te preocupes –me animó a continuar–. Dedica unos segundos a relajarte. Respira profundamente. Calma tus pensamientos y visualízate de nuevo en la casa, como si estuvieras realmente allí. Permanece atenta a cualquier olor, imagen o sonido que te llegue. Pero no fuerces nada. Fíjate en esos detalles y después deja que se vayan.

Cuando regresé al silencio, me encontré en un porche.

—Hay hermosos arbustos por todas partes. El aroma a jazmín inunda el ambiente y puedo oír a lo lejos el sonido de un cortacésped.

La doctora Moss me indicó que continuara. Ahora, apenas podía contenerme. Descubrir que era capaz de entrar a voluntad en la escena y oler las fragancias, observar el paisaje, el diseño y la arquitectura de una casa que nunca había visto era como descubrir que podía volar. Mis capacidades parecían no tener límites. Por primera vez supe que no había ninguna razón para tener miedo. Me sentí restablecida, segura y dispuesta a no permitir que esa experiencia se me escapara. Deseosa de continuar, abrí la puerta principal y entré en la sala de estar.

—La casa está decorada de un modo agradable, pero en ningún sentido lujoso. No hay nadie –continué–. Espero no tropezarme con nadie. No quiero entrometerme.

No había rastro de personas, pero sabía que estaban allí. La doctora Moss no vivía sola. Tenía hijos, uno o dos, y podía sentir que un familiar cercano la visitaba muy a menudo. El ambiente era cálido y familiar. Eso me sorprendió: sospecho que había pensado que trabajaba todo el tiempo. Su vida no era como yo me la había imaginado, pero, de cualquier modo, la relacionaba con ella, y traté de no mezclar mis ideas preconcebidas con lo que veía realmente. Con anterioridad nunca se me habría ocurrido pensar que era posible dirigir o enfocar conscientemente mis premoniciones para observar detalles como haría en la vida real. Por lo general, mis visiones siempre surgían de un modo imprevisto, como destellos, y me ofrecían una visión general de la situación, para desaparecer después. La posibilidad de poder girar la cabeza, hacia la derecha o la izquierda, para explorar, por ejemplo, las diferentes partes de la habitación, o incluso la opción de flotar por encima de ella, me parecía increíble. Había entrado en un mundo totalmente nuevo.

Después me vi de pie en el centro de un gran dormitorio.

—Ahora estoy en la otra parte de la casa, pero no he dado un solo paso para llegar hasta allí –expliqué a la doctora Moss, al tiempo que trataba de expresar mi regocijo sin dejar de observar–. Veo una cama de matrimonio ancha con un cabecero de madera y un edredón de tonos claros. Hay dos mesillas de noche de madera a ambos lados de la cama. La de la derecha sólo tiene un cajón donde guardas unas notas que has escrito. La pared que se halla frente a la cama tiene dos ventanas grandes. Entre las ventanas, hay un tocador que llega aproximadamente a la altura de la cintura. Hay una vieja foto descolorida; parece que eres tú; rodeas con el brazo a una adolescente de rostro animado. A la derecha, hay un armario con tus ropas. Dejaste la puerta abierta.

Inmersa en la lectura, me había olvidado de dónde estaba. Mi única realidad era la casa, sus habitaciones, pasillos, aromas y colores. Todas mis anteriores preocupaciones habían sido reemplazadas por una intensa curiosidad que absorbía cada momento de la experiencia, como si la hubiera esperado toda mi vida.

Cuando la doctora Moss me dijo que era el momento de terminar, me sentía increíblemente estimulada. Lo que había hecho me parecía natural y preferible a mi vida ordinaria. Tan preferible que, de hecho, enseguida me di cuenta de que una parte de mí no quería regresar, sino que deseaba quedarse allí para siempre. Comencé a sentir que el estómago se me encogía, una sensación de pérdida, de tristeza, como si me hubieran sacado de mi casa.

Quizá la doctora Moss advirtió lo que me sucedía porque, para reorientarme, me pidió que respirara profundamente, comenzara a sentir los brazos, las piernas y los dedos de los pies, y me preparara para dejar la casa y volver a su despacho. Esto me dio el tiempo necesario para recuperarme y orientarme. Después, abrí los ojos y miré a mi alrededor. La doctora Moss estaba sentada tranquilamente en su mesa y sonreía con calidez. Pero, aun así, necesité un par de minutos para aclimatarme. Sentía algo parecido a las sensaciones que persisten tras despertar después de haber tenido un sueño extraordinario, con una parte de mí en ambas realidades pero sin estar totalmente presente en ninguna de ellas.

—¿Qué tal lo hice? –pregunté con cautela, con miedo a la respuesta.

Se inclinó hacia mí y respondió:

—Increíblemente bien. La mayor parte de tu lectura fue bastante precisa.

Sus palabras me sorprendieron; estaba desprevenida, y casi no podía hablar. Oí que me decía:

—Estás bien. De hecho, siempre has estado bien. Nunca ha habido nada de que preocuparse.

Me sentía liberada, ligera, como si hubiera ganado una carrera de la que nadie me había creído capaz. Y ahora nadie podía negarlo. Había ganado sin haber creído en mí misma.

—¿Quieres decir que soy vidente? –pregunté.

—Bueno, ésa es otra palabra para referirse a la intuición –respondió–. Así que sí, lo eres.

Trataba de no parecer demasiado emocionada. No me atreví a mostrarle ninguna de mis inseguridades a la doctora Moss, pero estoy segura de que se dio cuenta de ellas. Tuvo la prudencia de no presionarme para que me abriera; supongo que sabía que necesitaba tiempo para asimilarlo todo. Con un tono científico y minimizando el carácter extraordinario de la situación, procedió a informarme sobre la lectura. En eso, la doctora Moss se parecía a muchos otros científicos que, en su esfuerzo por ser objetivos, dejan de lado las emociones. Escuchar sus palabras sobre lo que había sucedido era como estar sentada en clases de álgebra y escuchar cómo el profesor revisa los principios de un nuevo teorema. La doctora Moss me confirmó cada detalle específico que había descrito sobre su casa.

—Es bastante frecuente que las personas intuitivas perciban una cantidad excepcional de detalles —me informó—. De hecho, muchas de ellas me han informado que, en ese estado altamente receptivo, los colores parecen más brillantes y los objetos más definidos y fascinantes que en la vida ordinaria. Matices que normalmente pasan desapercibidos destacan con un vigor que, de otra manera, no estarían presentes.

Yo escuchaba con atención, inmóvil. A pesar de mi juventud e inexperiencia, la doctora Moss me trataba como a un igual, sin hacer uso de sus méritos o conocimientos para establecer su superioridad. Por mi parte, ni una sola vez interpreté su comedido apoyo como una falta de entusiasmo o interés. En lugar de eso, lo contemplé como una muestra de profesionalidad. Resultaba evidente que sentía un profundo respeto por las habilidades que había mostrado, y que, al mismo tiempo, evitaba glorificarlas o presentarlas como algo que no fuera totalmente normal. Me sentía inmensamente afortunada al escuchar sus respuestas y observar la inteligencia de esta investigadora nada sentimental y, sin embargo, bastante humana. Me explicó que, con la práctica, podría aprender a dirigir mis habilidades, las cuales, ahora, al hallarse en un estado inmaduro y sin formar, salían a la superficie de un modo espontáneo, sin control consciente. Pero continuó y me dijo que, cuando las habilidades intuitivas están afinadas, uno puede ver en la vida de otra persona, siempre y cuando ésta esté abierta a ello. Me dijo que si la persona permanece cerrada y aislada, es mucho más difícil recibir información sobre ella. La clave ahora era practicar y obtener confirmación de mis lecturas. Dijo que todos tienen algún grado de habilidad intuitiva, pero que sentía que yo poseía un talento especial.

Y, entonces, cuando ya estaba claro que tenía que comenzar con su jornada de trabajo, me preguntó: «¿Te gustaría trabajar aquí, en el laboratorio, como intuitiva y ayudante de investigación?». Me quedé muda un instante y dudé de que hubiera oído bien. Pero no me había equivocado. ¡Quería que formara parte de su equipo en UCLA! Acepté inmediatamente y acordamos encontrarnos en el laboratorio al día siguiente.

A las once en punto, estaba frente al NPI, un imponente gigante de ladrillos rojos que se elevaba amenazante. Dos grandes puertas automáticas se abrieron y caminé por el ancho pasillo central hasta el ascensor. Durante las últimas veinticuatro horas había pensado en cómo sería el laboratorio. Lo veía como un lugar enorme que ocupaba una planta entera, con teléfonos que sonaban continuamente. Me imaginaba a un grupo de científicos, hombres y mujeres, todos con gafas de carey negro y batas blancas de laboratorio como la de la doctora Moss, y también me preguntaba qué pensarían de mí. Salí del ascensor en la séptima planta, torcí a la derecha y enfilé un pasillo de azulejos beige hasta que llegué a la sala 23-189. Me quedé allí un momento, tomé aire profundamente y, despacio, empujé la puerta.

Al principio creí que me había equivocado. Sentí pánico. El laboratorio no tenía nada que ver con lo que me había imaginado. Algo confusa, traté de tranquilizarme. Después, vi a la doctora Moss, que me indicaba con la mano que entrara. Me sentí tan aliviada que, por un instante, tuve el impulso de saltar a sus brazos y pedirle que me abrazara —una idea pésima para cualquiera que se esfuerce por parecer madura—. El laboratorio consistía en una sala grande, ligeramente mayor que un buen dormitorio. No había importantes científicos en batas blancas, ni se hacían experimentos en ese momento. Sólo había dos jóvenes de mi edad, vestidos con tejanos, que organizaban montones de fotografías en blanco y negro sobre unos estrechos escritorios de formica que ocupaban la pared de la izquierda. Sonrieron y me saludaron.

En el centro del laboratorio se hallaba una enorme estructura rectangular metálica, de un metro cuadrado aproximadamente, llamada cámara de privación sensorial. En ella tomaban las fotografías Kirlian, una técnica que permite fotografiar los campos energéticos que rodean al cuerpo. La cámara, con una única ventana minúscula que filtraba todos los sonidos audibles y casi toda la luz, se iluminaba artificialmente desde dentro y podía dar cabida cómodamente a cuatro personas. Me recordaba a un frigorífico gigante y estaba tan sellada como una cámara acorazada. Asomé la cabeza y vi el equipo fotográfico de su interior. Aunque apestaba al fuerte olor del líquido de revelado, me gustaba aquel espacio.

Me parecía misterioso, como si allí tuviera lugar algo secreto. El resto del laboratorio era funcional, con unos cuantos escritorios, montones de ficheros y dos teléfonos. Si miraba por la ventana, podía ver en la distancia Westwood Village a la izquierda y los linderos del campo de atletismo de UCLA en la zona norte del campus, a la derecha.

La doctora Moss era extraordinariamente afable. Insistió en que la llamase Thelma, y yo no podía evitar sentirme como en casa. Uno de los hombres, Barry, me sirvió una taza de café y me invitó a sentarme. Barry, responsable de muchos de los proyectos de investigación, era psicofisiólogo e intuitivo. Un hombre bajo y delgado, de hablar acelerado, que daba la impresión de conectar con realidades que los demás no percibíamos. Excéntrico, dinámico e inteligente, me cayó bien desde el primer momento. Aquel día, la doctora Moss me indicó que trabajaría con él. Durante las siguientes semanas, le seguí obedientemente y observé todo lo que hacía.

El laboratorio pronto se convirtió en mi paraíso personal. Era un lugar de reunión en el que científicos, estudiantes, sanadores y especialistas en parapsicología compartían sus investigaciones y teorías. Por primera vez en mi vida, tuve la oportunidad de conocer a otras personas intuitivas. No había anticuados videntes con bolas de cristal, turbantes y manchas de coloretes y de pintalabios rojos, sino hombres y mujeres con verdaderos trabajos que vestían y actuaban —la mayor parte del tiempo— como el resto del mundo. Sentía como si me hubiera despertado en un planeta diferente, un planeta más cuerdo, donde no se me consideraba un bicho raro. Era como si me hubieran admitido en una sociedad secreta, escondida y protegida por la discreta fachada del Instituto de Neuropsiquiatría, que muy pocas personas conocían.

Me sentía como una niña en la fiesta de carnaval más espectacular que jamás hubiera podido imaginar. A nadie le importaba qué vestía ni quiénes eran mis padres. Y, lo más importante, me animaban a ser todo lo intuitiva que pudiera, sin reglas ni restricciones. A excepción de Jim y Terry, nunca antes me había sentido tan incondicionalmente aceptada. Todas las personas que conocía, todas las cosas que veía —las sanaciones, las fotografías Kirlian de campos energéticos o las demostraciones de doblar cucharas con la mente— me acercaban más a mí misma y a todo lo que había permanecido oculto en mi corazón.

Aunque habían pasado varios años desde la última vez que mis padres y yo hablamos de premoniciones, parecía como si ese aspecto de mi vida, ahora, bajo el auspicio del Instituto de Neuropsiquiatría de UCLA, ya no les resultaba tan insoportable. Ese cambio de actitud fue gradual, pero la universidad era un mundo conocido que ellos respetaban. A pesar de que me dedicaba a estudiar fenómenos que los científicos más convencionales no tomaban en serio, si Jim y UCLA aprobaban lo que yo hacía, tal vez, entonces, tenía algún valor. Puesto que las premoniciones de mi infancia estaban definidas dentro de un contexto académico, éstas se volvían más aceptables: mi madre comenzó a volver a hablar de ellas y mi padre mostró un interés evidente.

Tras mis aventuras con las drogas, mis cambios de trabajo o mi decisión de abandonar la universidad, esto para ellos era un progreso. En cuanto a Thelma, a pesar de que mis padres eran bastante escépticos, trataban de ver su trabajo con una mentalidad abierta, principalmente porque era psicóloga. En conjunto, me sentí aliviada con sus reacciones, aunque todavía me mantenía cautelosa. Poco a poco, comenzamos a confiar mutuamente. Sin embargo, ciertas reacciones de mi madre adquirían a veces un tono que me hacía dudar. Decía que las experiencias intuitivas de mi infancia eran algo que ella no comprendía y, una y otra vez, expresaba su miedo a que éstas me impidieran encajar e hicieran que la gente me viera como una lunática. Mi madre consideraba que observar las normas sociales era muy importante y daba gran valor a las opiniones del colectivo médico. Yo lo sabía. Pero presentía que, detrás de eso, se ocultaba otra verdad. En cualquier caso, trabajaba como «ayudante de investigación» en el Instituto de Neuropsiquiatría, algo que, por lo que parecía, todos aceptaban.

A pesar de ello, no abordaba mi trabajo en el laboratorio con una actitud de excesiva gravedad. Lo veía más como una especie de juego. No examinaba profundamente lo que presenciaba ni tampoco era demasiado crítica con ello. Al fin y al cabo, cuando un prisionero sale de la cárcel, tras haber pasado muchos años en ella, no se cuestiona su libertad. Para mí, simple y llanamente, el laboratorio era un maravilloso regalo.

Antes de las drogas y el accidente, solía bailar sola en mi habitación durante la puesta de sol. Con los brazos extendidos, imaginaba que volaba como un águila sobre un cañón o giraba sobre mí misma como un derviche danzante, libre y sin control. Después, cuando mi vida se volvió más dura y complicada, me cerré. Y ahora comenzaba a abrirme de nuevo. Algunos días, tras mi trabajo en el laboratorio, regresaba a casa y ponía música de Miles Davis, Vivaldi o los Rolling Stones, dependiendo de mi humor, y dejaba que mi cuerpo se moviera a su antojo. Mientras el sol se ponía en el océano, sin que nadie me mirara, extendía de nuevo los brazos y empezaba a bailar.

ঙ৩৩৩

Estaba naciendo, pero los nacimientos raras veces son fáciles. Necesitaba toda la ayuda del mundo. Menos mal que estaba Barry para darme un codazo y despertarme. Si no hubiera sido por él, habría pospuesto indefinidamente mi entrada en su grupo especial. Realmente quería probarlo, pero el solo pensamiento de intentarlo me aterraba. Una vez a la semana, los miembros de ese grupo se reunían para desarrollar sus habilidades intuitivas, y no se trataba de una simple clase en la que pudieras esconderte en la última fila y limitarte a escuchar. Si asistía, tenía que participar y hacer mis lecturas en alto delante de todos. ¿Qué pasaría si no podía? ¿Si no era capaz de hacer lo que me pedían? Aunque me había ido bien con Thelma, temía que mi éxito en esa lectura sólo se hubiera debido a la buena suerte. Había salido de mí, pero no tenía ni idea de cómo lo había hecho ni de cómo repetirlo.

—Ni siquiera tienes que abrir la boca. Sólo siéntate allí y observa —me aseguró Barry. Su promesa de no esperar nada y no presionarme tranquilizó. No tenía escapatoria.

Un viernes a la ocho de la noche, me encontraba sentada en una silla de plástico verde de una enorme sala de conferencias del piso C del Instituto de Neuropsiquiatría. Tenía dieciocho años y miraba a los cinco extraños que estaban sentados frente a mí. Para mi sorpresa, todos eran hombres atractivos y agradables. Que me pudieran gustar los integrantes del grupo y lo divertido que podía ser eso, era algo que no había considerado. Durante ese periodo de mi vida, todavía solía ver a los demás como «enemigos», especialmente cuando tenía que tratar con mis habilidades intuitivas, y me costaba creer que no se burlarían de mí. Pero ellos me prestaban mucha atención. Eso me hacía sentir bien, y comencé a relajarme. Barry me los presentó: Jim, un antiguo policía con aspecto de modelo masculino; Kerry, un compañero de trabajo de Barry que llevaba un collar con una concha y una camisa de flores hawaiana; Steve, guionista de televisión; Dick, astrónomo, y Peter, químico. Todos se conocían entre sí. Yo era la novedad y me trataban como a una reina. La atención que me brindaban me aportó una seguridad increíble. Mis silencios duraban como máximo treinta segundos, y hasta lograron convencerme para que fuese la primera «transmisora».

Para comenzar, Barry apagó la luz y la habitación se volvió tan oscura que apenas lograba ver el perfil de mi brazo. Después, todos nos cogimos de la mano. En medio del círculo había un micrófono y una grabadora para registrar nuestras respuestas. Barry fue el primero en hablar y dirigió con suavidad una visualización para relajarnos. Creo que me quedé dormida porque, a los cinco minutos, di un brinco al oír la voz de Barry.

—Envía un nombre, Judith. Elige a alguien que conozcas muy bien y mantén a esa persona en tu conciencia —me indicó.

Después, continuó para explicar que los demás informarían de cualquier impresión que les llegara sobre esa persona, por muy ridícula que ésta les pareciera. Seguí sus instrucciones y dije el nombre en voz alta, «Geordie», un amigo de la familia a quien conocía desde hacía años. Después, me senté de nuevo y esperé. Se produjo un largo silencio que me pareció eterno. Como era de esperar, lo primero que pensé fue que había hecho algo mal. Al poco tiempo, oí un estallido de carcajadas. Barry se reía:

—No puedo creer lo que me está llegando. Veo un bote de *baco-bits* en la estantería de la cocina. Casi puedo saborearlos. Comida. Comida. Sólo puedo pensar en comida.

Todos se rieron. Por un instante, me sentí tensa, con miedo a que se estuvieran riendo de mí. Steve continuó:

—Parece Palisades o Brentwood. No está mal. No me importaría vivir allí.

Comencé a relajarme y a sentirme menos cohibida, aunque seguía atónita ante la precisión de sus comentarios. Jim fue el siguiente en hablar:

—No dejo de oír una palabra que se repite, una y otra vez, en mi cabeza. Suena algo así como «Hummel» o «Himmel», pero no sé qué significa.

—Puedo ver una imagen de Geordie. Es un hombre delgado, de cuarenta y tantos años, con el cabello liso y castaño que le llega hasta la cintura —expuso Peter.

Durante diez minutos, por turnos, ofrecieron sus impresiones hasta que, finalmente, todos terminaron. Después proseguimos con la siguiente fase: confirmación de la información. Barry me indicó que rebobinara la cinta para que todos la escucháramos y que la parara sólo cuando las afirmaciones fueran correctas. Se trataba de un método para reforzar a los «receptores» cada vez que tenían un «acierto». Me había resultado muy difícil mantenerme tranquila durante la lectura. Durante la fase de confirmación de información, no dejé de parar la cinta y apenas podía creerme la cantidad de «aciertos» que habían tenido. Peter había visto muy bien a Geordie: en la cuarentena, de constitución delgada, alto, con cabello largo castaño a menudo recogido en una coleta. Steve había hablado de su casa, la cual, de hecho, se hallaba en Pacific Palisades. La palabra que Jim había tratado de entender era «Hormel», el apellido de Geordie. Pero lo más sorprendente de la sesión vino de Barry. Aunque Geordie era un ferviente vegetariano, su familia era la propietaria de una conocida empresa de alimentación llamada Hormel Meats. Fabricaban productos en conserva, chóped y otro tipo de carnes preparadas. ¡Los *baco-bits* que Barry había visto daban en el blanco!

Tras esa tarde, continué reuniéndome con el grupo. En cada sesión, una persona enviaba la información y las otras la recibían. Semana tras semana, íbamos a nuestras reuniones en el Instituto de Neuropsiquiatría, y los que insistíamos en la práctica notamos un tremendo progreso en nuestras habilidades intuitivas. En un comienzo, durante mis primeras reuniones con el grupo, solía quedarme en blanco, aunque el resto de los integrantes sí recibían imágenes e impresiones. Tal vez se debía al miedo escénico o a las expectativas que tenía tras haber hecho mi lectura psico-métrica con Thelma. A pesar de ello, seguí asistiendo y, finalmente, las imágenes comenzaron a llegarme, una o dos por sesión. Las compartía con el grupo; a veces eran acertadas y otras no, pero lo importante para mí era que hablaba de ellas y el grupo me apoyaba.

Pocos meses después, ya podía leer intuitivamente los nombres que el grupo enviaba y siempre me confirmaban la información cuando esta-ba en lo cierto. Sin embargo, interiormente, no podía dejar de pensar que si mi lado intuitivo salía a la superficie, terminaría por destruirme. Pero, como todavía seguía entera y me sentía mucho mejor que antes, el flujo de impresiones que recibía iba en aumento. Ocasionalmente, no obstante, me refrenaba si una imagen me parecía demasiado rara, como en una ocasión en la que vi un extraño fabricante de estatuillas de plexiglás, que, según supe después, montaba un puesto en los carnavales de una ciudad. Descubrí que esas imágenes tan concretas e inusuales eran, por lo general, las más acertadas, las que no debía censurar. Durante ese periodo, comencé también a tener sueños intuitivos, mis lecturas en el grupo se hicieron cada vez más precisas, tanto Thelma como Barry me pidieron que hiciera lecturas como parte de mi trabajo en el laboratorio, y empecé a recibir informaciones sobre mis amigos que, más tarde, comprobaba que eran correctas.

Cierto día, un hombre con un maletín de cuero se unió al grupo durante quince minutos y después se marchó. Se coló en la sala cuando las luces estaban apagadas y, aunque sabíamos que estaba allí, nadie quiso interrumpir la lectura. Tardamos en reaccionar para averiguar quién era o cómo había llegado hasta allí, pero cuando quisimos hacerlo, el hombre ya se había ido. Más tarde, descubrimos que era un interno que se había escapado de uno de los pabellones psiquiátricos de seguridad de los pisos superiores. Esa misma noche, el hombre se arrojó delante de un coche. En la sala de urgencias, le contó al psiquiatra que lo atendía que lo que había presenciado en nuestra reunión le había desequilibrado, y de ahí su intento de suicidio.

De hecho, el hombre ya estaba desequilibrado y sufría de esquizofrenia paranoide. Mientras en el grupo todos tratábamos de escuchar con atención las voces en nuestra cabeza, él ya se sentía abrumado por sus propias voces. Centrarse en lo que decíamos fue lo peor que pudo haber hecho; sólo logró alimentar su psicosis. No tenía la estabilidad emocional suficiente para hacer este tipo de trabajo. Este suceso fue una dura lección. A partir de entonces, comenzamos a seleccionar cuidadosamente a todos los participantes, y no admitíamos en nuestras sesiones a nadie que presentara graves problemas psíquicos.

Un miembro regular de nuestro grupo nos llevó a reafirmarnos en esta postura. Dottie, editora cinematográfica de una productora de películas, hizo algunas predicciones sorprendentes: el ataque al corazón de su madre varias semanas antes de que sucediera, el accidente de circulación de un amigo y el gran terremoto de Los Ángeles. Desafortunadamente, se dejó seducir por sus capacidades intuitivas y comenzó a verse a sí misma como una persona excepcionalmente dotada, hasta como una elegida. Después, empezó a tener miedo, y se obsesionó con la necesidad de saber de dónde provenía esa capacidad. Quería respuestas, pero no le gustaban las que nosotros le dábamos. Aunque pensábamos que había un componente espiritual en nuestro trabajo, también considerábamos que la clarividencia era una capacidad humana que todo el mundo podía desarrollar. Dottie nos escuchaba, pero estaba convencida de que sus habilidades indicaban una relación especial con Dios. Se veía a sí misma como una profetisa, de la talla de los profetas de la Biblia. Tras hablar con un sacerdote, se convenció de que era la voz de Dios lo que oía y se volvió una fanática religiosa. Aparentemente de un día para otro, abandonó su trabajo, renunció a sus posesiones terrenales y se hizo monja. Lo último que supe de ella era que vivía en un convento de clausura en la costa de Nueva Inglaterra.

Todas esas experiencias, positivas y negativas, me abrieron los ojos. El mundo de la intuición, al igual que el otro mundo, también era imperfecto, también tenía sus dificultades y recompensas. Al involucrarme más profundamente, me vi obligada a abandonar mis ilusiones románticas sobre el hecho de ser intuitiva. Sólo entonces pude contemplar esta habilidad como lo que realmente es: un don y una responsabilidad que puede llegar a complicar la vida. Al observar que algunas personas se volvían narcisistas, emocionalmente inestables u obsesionadas con la espiritualidad, supe qué caminos tenía que evitar. Estaba aprendiendo que los individuos intuitivos no eran perfectos: tenían los mismos problemas que todo el mundo, y tal vez algunos problemas más. Integrar la intuición en la vida cotidiana y mantener el equilibrio no era una tarea sencilla. Aunque, en un principio, cuando llegué al laboratorio, idealizaba excesivamente a las personas intuitivas que conocía, poco a poco aprendí a evitar a aquellas con grandes egos. De hecho, la mayoría de la gente que conocí allí manejaba sus habilidades con humildad y respeto. El propio don requería ese respeto. Saber cosas sobre los demás no nos da derecho a hacer un mal uso de ese conocimiento. Sin embargo, cuando las habilidades intuitivas se emplean de un modo correcto, nos ofrecen intensidad, color, profundidad y nuevas dimensiones de la vida.

La intuición también me ayudó a conocerme mejor y a apreciar más a los demás, a poder verlos con mayor claridad. Lo más duro era practicar continuamente con el grupo y que éste fuera testigo de mis errores. Odiaba equivocarme delante de los demás, pero continué con ellos. Era la única manera que tenía de mejorar mis habilidades. De todas formas, en el laboratorio, todo lo hacíamos con amor y risas, lo cual facilitaba mucho las cosas. El grupo era un escenario idílico. La prueba de fuego, sin embargo, era emplear la intuición en el mundo exterior.

Cuanto más practicaba, más presente tenía mi infancia. Mi confusión y todas mis preguntas sin respuestas salían a la superficie desde lo que me parecía un tenebroso lodazal oculto en mi interior. Poco a poco, aprendí a verlo de otra forma, y al final era como bañarse en unas cálidas aguas curativas y emerger limpia y purificada desde dentro.

છ૪૦ઝ

A excepción de cuando miraba una película de terror en la televisión, nunca había pensado demasiado en el tema de los fantasmas. Aunque sentía claramente que el espíritu de mi abuelo estaba a veces conmigo, éste no tenía forma ni aspecto humano. De vez en cuando me despertaba a mitad de la noche y sentía su presencia, pero nunca tuve miedo. Sólo sentía amor hacia él. Por otra parte, o bien consideraba que los fantasmas eran entes que había que temer, o bien no creía en ellos en absoluto (Casper personificaba ese tópico). Fui más allá de ese estereotipo cuando, en una de mis primeras tareas en el laboratorio, tuve que trabajar con Barry en la investigación de llamadas de personas que informaban de la existencia de «fantasmas» en sus casas. El laboratorio recibía al año entre treinta y sesenta llamadas de ese tipo. Por lo general, alguien llamaba, se andaba con rodeos y, después, contaba que en su entorno sucedían cosas extrañas. Hablaban de aparatos electrónicos que se encendían y se apagaban sin control, objetos que volaban por la habitación, ruidos que no sabían de dónde provenían —voces o pasos—, apariciones y luces. Interesante... ¡No se trataba en absoluto de un abuelo! Pero ¿qué era todo eso? No podía esperar a verlo.

Cierto día, recibimos la llamada desesperada de una madre divorciada de unos treinta y tantos años. Juraba que había sido atacada por varios espíritus en su casa de Culver City. De hecho, su hijo de dieciséis años nos contó que un día presenció cómo su madre era zarandeada de un lado a otro, como una muñeca de trapo, por una fuerza que él no podía ver. Después de ese suceso, el cuerpo de la madre presentaba enormes cardenales. Estaban desesperados. Cuando entrevistamos por separado a cada uno de sus hijos, todos contaron que habían sido testigos de dos apariciones en su casa. Todos los miembros de la familia insistían en que aquellas formas que habían visto eran demasiado vívidas para no ser reales. Cuando Barry contó el caso, no me creí ni una sola palabra. Parecía algo totalmente inventado. Consideré que esas personas o bien tenían alucinaciones, o bien mentían. Pensaba que ni siquiera merecía la pena investigar el caso y que lo que realmente necesitaban era la ayuda de un profesional. Sugerí que los remitiésemos a algún psiquiatra y olvidarnos del asunto. Mi reacción fue tan negativa que, finalmente, tuve que preguntarme qué era lo que me molestaba tanto de todo aquello. Al fin y al cabo, había estado en el túnel y había sentido la presencia de mi abuelo. Aunque, por mucho que lo intentara, no podía expresar claramente el motivo de mi desconfianza, sabía que, en lo más profundo de mis experiencias, siempre existía un componente de amor. La total ausencia de amor en el relato de esa familia hacía que éste me pareciera desagradable. Barry, por su parte, estaba de acuerdo en que todo parecía muy exagerado, pero quería comprobarlo.

Aunque tanto él como Kerry, otro investigador del laboratorio, sospechaban que la madre estaba emocionalmente desequilibrada, decidieron visitarla en su casa de Culver City. Más tarde me contaron que, cuando llegaron, las puertas de los armarios de la cocina parecían abrirse y cerrarse espontáneamente. Y aunque la visita tuvo lugar durante un otoño extremadamente cálido, la habitación donde se habían producido los supuestos ataques estaba tan fría como el interior de un frigorífico.

Durante una investigación que duró diez semanas, Barry y otros miembros del equipo descubrieron lugares fríos en varias partes de la casa y un intenso hedor en uno de los dormitorios. En diferentes ocasiones, más de veinte observadores del laboratorio advirtieron unas bolas de luz que giraban y volaban por la habitación. Para evitar las influencias externas, cubrieron las ventanas con edredones y colchas gruesas, pero esas precauciones sólo lograron incrementar el brillo de la luz en la oscuridad. Al mismo tiempo, el medidor Geiger, que anteriormente había permanecido constante, cayó de repente a cero.

En cierto momento, las luces comenzaron a tomar forma, y crearon la imagen parcial y tridimensional de un hombre. Desafortunadamente, aunque se tomaron fotos con un buen número de cámaras, éstas no registraron las imágenes. Más tarde, tras un despliegue particularmente elaborado, Barry fotografió uno de los lugares fríos de la habitación. Cuando revelaron el carrete, en el centro de la foto descubrieron una bola de luz de unos treinta centímetros de diámetro. En el transcurso de las investigaciones, Barry invitó a Frank DeFelita, quien previamente había hecho un programa especial sobre fantasmas en la cadena NBC, a visitar la casa. DeFelita trajo el equipamiento para el documental y tuvo la suerte de presenciar varios fenómenos extraños (más adelante escribiría una novela sobre estos extraordinarios sucesos, *The Entity*, que después fue llevada al cine). Por mi parte, mi trabajo en el proyecto consistía en contar las impresiones que tenía cuando estaba en la casa. El mayor desafío era distinguir entre mis reacciones emocionales y la inequívoca fuerza que sabía que existía fuera de mí. Como persona intuitiva, aprendía a apreciar los aspectos más sutiles. Todos los que estábamos allí nos sentíamos tensos y con los nervios de punta. Pero, además, sentía el torbellino y el zumbido de una energía caótica e inquietante que me presionaba. Físicamente, era como una presión monótona, como una cinta ajustada alrededor de la cabeza, que iba y venía. Lo más extraño era que, en el momento en que abandonaba la casa, esa sensación de opresión desaparecía. Desafortunadamente, aunque me emocionaba la idea de descubrir las luces y los rostros que muchos investigadores habían observado, yo no los presencié. Barry y otras personas estaban todo el tiempo en la casa, mientras que yo sólo pude visitarla un par de veces. Aprendí que ese tipo de fenómenos no suceden a nuestro antojo. Tienes que estar allí en el momento preciso para poder verlos.

Más allá de la cuestión de qué vio o no vio el equipo, la mayoría de nuestras percepciones energéticas coincidían. Además, por un lado estaba la casa —desmoronada y declarada dos veces insalubre— y por otro los miembros de la familia, aterrados por los sucesos que no podían explicar. A pesar de que no se quejaban, debió de haber sido una tremenda carga para ellos, con todos esos extraños en su casa y la gran cantidad de equipamiento que llevamos. Apenas hablé con ellos de cuestiones personales; me limité a preguntarles por los sucesos. De hecho, tenía miedo de acercarme demasiado a ellos, como para evitar que se me transmitiera todo aquello. Barry creía que la mayor parte de los casos de fantasmas son malinterpretados, incluso cuando las manifestaciones son auténticas. Consideraba que los hechos inexplicables, normalmente, tenían poco que ver con la casa en cuestión. Más bien, para él, se trataba de una extensión de la rabia o la frustración que había en la familia, un derivado inconsciente de las emociones humanas que producía manifestaciones físicas (psicoquinesis), como objetos que vuelan por la habitación y luces que se encienden y apagan. Del mismo modo que la mente afecta a nuestro cuerpo, también puede afectar a nuestro entorno. La opinión de Barry era que, en la mayor parte de los casos, son las personas quienes están embrujadas, no las casas. Su teoría se vio confirmada cuando la familia se trasladó y los fenómenos extraños se reprodujeron en la nueva vivienda. Sin embargo, los miembros de la familia se negaban a ver que se trataba de un problema de psicoquinesis creado por sus mentes. Si lo hubieran aceptado, se habrían visto obligados a responsabilizarse, a dar los pasos necesarios para cambiar. La mayoría de las personas que experimentan este tipo de perturbaciones prefieren seguir siendo víctimas.

Las experiencias en esta casa, así como otras similares, tuvieron un valor incalculable para mí. Me obligaban a discernir y a identificar la autenticidad de circunstancias que normalmente hubiera calificado de sensacionalistas. La información que percibía de un modo intuitivo era, para mí, la más convincente. No sabía si la energía que había sentido en Culver City provenía de un fantasma, pero tenía la certeza de que era auténtico y de que había realmente una presencia. Incluso en ese caso, tal como sugirió Barry, podría haberse tratado de una simple extensión de la angustia familiar. Imagina que la ansiedad se multiplica por mil y toma vida propia. Eso era lo que yo sentía. Sin embargo, pisaba un terreno desconocido y sentía a mi manera. Mientras trabajaba con Barry, no percibía demasiado visualmente, pero comenzaba a intuir diferentes presencias. Paso a paso, me preparé para aceptar que existen todo tipo de seres —incluso espirituales—; una realidad que más tarde llegaría a aceptar totalmente. Por el momento, sólo trataba de mantener la mente abierta, ver las nuevas situaciones sin prejuzgarlas y dejar espacio a todas las posibilidades.

Esto no quiere decir que fuera por la vida con anteojeras e ignorara el sentido común. Simplemente sucedía que, con anterioridad, mis habilidades intuitivas no habían sido tenidas en cuenta por mis bienintencionados padres, profesores y amigos, quienes no estaban dispuestos a admitir lo que no podían comprender. Eso me había hecho daño, y estaba decidida a no cometer los mismos errores. Durante mi infancia y adolescencia me molestaba tanto que no me escucharan que, ahora, me esforzaba por escuchar a los demás. No había nada malo en mantener cierta dosis de escepticismo, pero también procuraba adoptar una sana actitud de asombro y tener la humildad de reconocer que ignoraba muchas cosas.

༺ༀ༃ༀ༃ༀ༃༃

Silencio absoluto. La sensación era como orbitar en una nave espacial a millones de kilómetros de la Tierra. Si escuchaba con atención, podía llegar a oír el casi imperceptible sonido de la sangre al recorrer mi cuerpo. Me alegré de haber traído mi jersey. El personal de mantenimiento había vuelto a poner el aire acondicionado a tope y me estaba helando. Sentía la piel de gallina en las piernas.

Los martes a las cuatro, me encerraba en la cámara de privación sensorial y revelaba las fotografías Kirlian. Siempre he tenido algo de claustrofobia, de modo que, para mí, era un gran logro ser capaz de estar allí. Tenía que hacer tanta fuerza para cerrar la puerta, con un volante de acero similar al de una cámara frigorífica, que temía no poder volver a abrirla. Cuando la goma que recubría el interior de la puerta golpeaba contra el marco metálico, producía un sonido horrible, terriblemente alarmante. ¿Qué ocurriría si me quedaba allí encerrada? Con el tiempo, sin embargo, llegué a acostumbrarme. La magia de aquel lugar superaba mis miedos. Thelma me había encargado un experimento con plantas en el que utilizaba la cámara Kirlian para analizar los cambios estacionales de cinco plantas durante el periodo de un año. Me han atraído las plantas desde que tengo uso de razón y siempre me he rodeado de ellas en casa. Mi apartamento en el paseo marítimo de Venice Beach era una pequeña jungla de una sola habitación con macetas por todas partes. Las plantas colgaban de ganchos del techo, cubrían el borde de la bañera y ocupaban hasta el último hueco del suelo y la ventana. Hacía algo más que simplemente tocarlas y hablar con ellas: estaba en contacto con ellas, sentía sus espíritus. Nadie me enseñó a hacerlo, sino que empecé por mi cuenta y se convirtió en una costumbre secreta, completamente normal para mí. Así que no es nada sorprendente que esta oportunidad de trabajar tan de cerca con las plantas me entusiasmara. De la abundante colección de plantas que tenía en casa, seleccioné meticulosamente unas cuantas para el proyecto: una hiedra terrestre, un geranio, un ficus, una violeta africana y una tradescantia. Llegué a conocerlas tan bien que comencé a considerarlas mis amigas.

La primera vez que vi la fotografía Kirlian de una planta, me emocioné con su frágil belleza. Es aun más hermosa que la aureola humana, la cual, en una foto en blanco y negro, sale disparada del borde hacia fuera como la llama de un espléndido fuego blanco. Una fotografía Kirlian de una simple hoja revela detalles de toda su estructura interna. Cada veta está perfilada por minúsculas burbujas grises con una pequeña mota blanca en el medio, similar al núcleo de una célula. En color, estas burbujas parecen iluminarse como un cable de luces de navidad sobre las ramas de un árbol. La imagen es bidimensional, pero da la impresión de que está en constante movimiento, contrayéndose y expandiéndose, como si respirara. Más allá de los bordes externos de la hoja, hay una radiante descarga azul y purpúrea, cuya intensidad varía según la especie y la estación.

Las fotografías Kirlian registran el campo de energía sutil que rodea tanto a todas las formas vivientes como a los objetos inanimados, una energía que no es perceptible a través de ningún otro sistema. El campo puede extenderse más allá del cuerpo hasta un metro o más, y es tan nuestro como los brazos y las piernas. Algunas personas intuitivas pueden verlo o sentirlo, pero la mayoría no tiene la capacidad de percibirlo. La noción de los campos de energía despertó mi interés y expresó en palabras algo que intuía desde hacía tiempo. Explicaba la razón por la cual, cuando era una niña, podía saber en cuestión de segundos si la persona que acababa de conocer me gustaba o no. Este «conocimiento» no tenía nada que ver con su comportamiento ni con su aspecto. Más bien era una clara sensación en el estómago. A veces, casi podía sentir extensiones invisibles que salían de la persona en cuestión y me informaban sobre ella. Sucedía antes de llegar a intercambiar la primera palabra. A veces, sentía que estaban bien; otras no.

Esto es algo que no llegué a cuestionarme hasta que mi madre se molestó con lo que ella llamaba «juicios instantáneos» sobre sus amigos. Creía que yo no les daba una oportunidad, pero no lo podía evitar. Lo que sentía era totalmente evidente para mí. Y más tarde, mis impresiones iniciales resultaban, muy a menudo, acertadas.

En el laboratorio, decidida a demostrarle mi valía a Thelma, hice todo lo posible para que el proyecto saliera a la perfección. La técnica fotográfica que empleaba era simple. Una vez dentro de la cámara, colocaba una sola hoja directamente sobre una placa fotográfica de 30 x 30 cm y presionaba un botón. Eso era todo. Después, sólo había que revelar las fotografías. Tomaba unas diez fotos diferentes del anverso y el reverso de cada hoja, comparaba los resultados y los anotaba en mi libreta. Mis registros eran meticulosos. No falté ninguna semana. Todos los martes a las dos, seleccionaba cuidadosamente algunas hojas de mis plantas de casa, las guardaba en sobres y las llevaba a UCLA. Después, las organizaba según el día y el mes, en diferentes secciones dependiendo de la especie. Las fotografías Kirlian en color son impresionantes, pero por desgracia resultaban demasiado caras para el presupuesto del laboratorio, de modo que mi registro de plantas era, básicamente, en blanco y negro.

Mimaba a mis plantas y me sentía como una madre que mira a sus hijos crecer; advertía hasta el más mínimo detalle en ellas. Observaba los cambios con el paso de los días. Las hojas parecían estar conectadas entre sí de alguna forma, y reaccionaban al unísono a los cambios estacionales. Durante el otoño y el invierno, los campos de energía alrededor de las hojas se encogían, como si se replegaran sobre sí mismas. En abril, unos cuantos tentáculos de luz se extendían más allá del cuerpo de las hojas, y se estiraban de la misma manera que cuando nos desperezamos tras un profundo sueño. En junio se producían los cambios más llamativos; de repente, cada hoja desplegaba un tupido halo y permanecía así hasta septiembre.

Observé que las plantas no sólo reaccionaban ante las estaciones, sino también ante las personas, con visibles cambios en sus campos de energía. Cierto día, un conocido psiquiatra de la Universidad Johns Hopkins, de Baltimore, visitó el laboratorio. Era un hombre desagradable, arrogante y enérgico. Tuvimos claro que mantenía una mentalidad cerrada con respecto a nuestro experimento: el propósito de su visita no era aprender sobre nuestra investigación, sino desprestigiarla. Así que decidimos gastarle una broma. Primero fotografiamos un tipo de hiedra y medimos el diámetro de su campo. Después, sabiendo de antemano lo que sucedería, le pedimos que pusiera el dedo índice al lado de la planta. El hombre observó sorprendido cómo el halo de la hiedra retrocedía y se encogía hasta quedarse reducido a la mitad de su tamaño original. Nuestros sentimientos sobre aquel psiquiatra concordaban con los de la hiedra. Al final del día, cuando por fin se marchó, todos nos sentimos aliviados.

Cuanto más me involucraba en el proyecto con las plantas, más frustrada me sentía por mi incapacidad para reproducir el «efecto de hoja fantasma» que Thelma había mencionado en su investigación. La hoja fantasma era el espectro de la hoja entera o «la huella energética» que permanecía intacta aunque parte de ella hubiera sido cortada. Es algo similar al «dolor fantasma» que experimentan muchas personas inmediatamente después de haber sufrido una amputación. Ya no tienen el brazo o la pierna, pero todavía sienten el dolor en el mismo lugar donde antes se localizaba. Un mes tras otro, fotografié al menos diez variedades de hojas diferentes, pero nunca logré capturar en la película el perfil de la parte de la hoja que faltaba. Thelma me contó que algunas personas tienen una habilidad especial para lograrlo, que la captura de la hoja fantasma tenía poco que ver con el equipo fotográfico o con la hoja en sí, y que, de alguna forma, dependía de alguna cualidad del fotógrafo. Había un estudiante universitario de Santa Bárbara, llamado Ron, que tenía una habilidad especial para fotografiar el efecto de la hoja fantasma. Solía ir a trabajar al laboratorio los fines de semana. Muchos de nosotros tuvimos la oportunidad de verlo trabajar y observamos que no había ningún truco. Thelma dijo que se trataba de un don; aparentemente no había ninguna otra razón que explicara cómo lo hacía. Yo estaba de acuerdo en que Ron hacía unas fotografías fascinantes.

Cuanto más trabajaba en la fotografía Kirlian, más quería saber. Durante un año, pasé muchas horas encerrada en la cámara de privación sensorial, sin voces humanas y sin teléfonos. Tan sólo el zumbido distante de la lámpara fluorescente sobre mi cabeza. Únicamente las plantas y yo. Me llegué a entender muy bien con ellas. Cuando ponía la mano por encima de las hojas, podía sentir una corriente de energía, ondas de calor, un aumento de masa y presión, y una vibración que me cosquilleaba la mano aunque la elevase a unos treinta centímetros. Tanto con los ojos abiertos como cerrados, siempre sucedía de la misma manera. Más adelante, con la práctica, aprendí a sentir esos campos energéticos de un modo intuitivo, sin tener que acercar la mano. Sólo con mirarlas, podía localizar con precisión las extensiones de los bordes de las hojas. A veces, observaba un brillo dorado alrededor de ellas y podía relacionarlo con lo que sentía en la palma de la mano, aunque lo más frecuente era que la extensión del campo simplemente se registrara en mi cuerpo, lo cual me producía una sensación física.

No existía una explicación científica acerca de la fotografía Kirlian sobre la que los parapsicólogos estuvieran de acuerdo. Podría ser cierto que los campos energéticos no se registraran en absoluto y que las hermosas fotografías que veíamos se debieran a un agente común, como el efecto de la humedad del objeto en la película. Eso, sin embargo, era menos importante para mí que las impresiones intuitivas que tenía cuando trabajaba con la fotografía Kirlian. Allí radicaba su gran valor. Con o sin fotografías, comenzaba a confiar en mi propia experiencia.

Durante esa época, muchas de las cuestiones a las que antes no encontraba una explicación se volvieron más claras para mí. Como una tarde en el aeropuerto, en la que me llegó tanta tristeza del hombre que estaba sentado a mi lado que no podía centrarme en la revista que leía. Pensé para mis adentros: «Estás loca. Te lo estás imaginando». Pero la tristeza desapareció en cuanto me fui al otro lado de la sala. Siempre me había preguntado por qué resultaba tan saludable rodearse de plantas y de ciertas personas. No tenía que ver con lo que hicieran o dijeran, sino con lo que sentía al estar cerca de ellas. A través de mis investigaciones con las plantas, me di cuenta de que, cuando era más joven, no inventaba las cosas ni trataba de ser «expresamente desagradable». Simplemente, advertía ciertas cualidades de la gente que los demás no podían percibir. Para una persona intuitiva, el campo de energía de un ser humano es tan real como la fragancia de su perfume, su sonrisa o el tono rojizo de su cabello.

Este trabajo dio validez a lo que había sentido durante mucho tiempo: los seres humanos son algo más que sus cualidades físicas. Una esencia palpable sale de ellos. Anteriormente, no contaba con un método para confirmar que lo que sentía era verdad. Pero, ahora, sentía que una nueva pieza encajaba en el puzle.

࿄࿄࿄

Circulaban muchos rumores en el Instituto de Neuropsiquiatría. Un conocido intuitivo israelí, Uri Geller, había accedido a participar en un experimento del laboratorio. Llegaba en un par de semanas y hasta la encargada de recepción me había interrogado para conocer todos los detalles de la noticia. Uri se atribuía unos logros increíbles: doblar varillas de metal sin llegar a tocarlas o reparar relojes con la mente. Era una persona controvertida y provocadora. A nadie le resultaba indiferente, y cada uno de los miembros del equipo estaba convencido de que su opinión personal sobre él era la acertada. Nancy, una empleada del registro médico y miembro de la Iglesia fundamentalista cristiana, lo acusaba de hacer «un trabajo diabólico». Jean, una intuitiva, se mostraba inflexible al afirmar que lo que hacía era auténtico. Stan, un farmacólogo escéptico que trabajaba al fondo del pasillo, juraba que era un impostor, un simple mago muy habilidoso que pretendía engañarnos. Y yo no sabía qué pensar.

El día de la visita, el laboratorio se convirtió en una especie de hervidero; nuestro pequeño espacio se hallaba repleto de investigadores, estudiantes, científicos y otras personas intuitivas que habían venido a presenciar las hazañas de Uri. Estaba tan atestado de gente que tuvimos que rechazar a todo aquel que no había sido expresamente invitado. Un amigo de Barry, editor de *Popular Photography* para la costa oeste, estaba allí para rodar un documental sobre el acontecimiento. El ambiente del laboratorio era electrizante. Nos disponíamos a recibir a una celebridad.

Uri llegó con toda la parafernalia de las grandes estrellas. Era un hombre atractivo de unos veintitantos años, de cabello negro ondulado y ojos brillantes, que caminaba como si fuera el dueño del lugar y se pavoneaba por la sala como el gallo ganador de una feria de pueblo. Era carismático en el sentido más descarado del término. Como un niño pequeño necesitado de atención, buscaba ser el centro y no se sentía satisfecho hasta lograrlo. Tenía cierto aire juvenil y seductor. Aunque traté de resistirme, me dejé cautivar por sus encantos.

Había comenzado su carrera como animador del ejército israelí y recorrió su país con sus funciones de lectura intuitiva y doblamiento de metales. Un reconocido parapsicólogo, Andrija Puharich, lo vio actuar en un club de Tel Aviv y se quedó tan impresionado con sus habilidades para doblar anillos a distancia que lo llevó a Estados Unidos. Según he sabido, sus actuaciones comenzaron como una mezcla de magia y verdaderas capacidades intuitivas, pero eran pocos los que podían discernir entre ellas.

Tras su teatral entrada en el laboratorio, se sentó al lado de Thelma, en una silla de la esquina más alejada, rodeado de una multitud de observadores que hacían corrillo a su alrededor. El experimento estaba programado para la una en punto. Aunque su presencia me fascinaba, la confianza que tenía en sí mismo me desconcertó. Me contentaba con estar algo apartada y mirarlo en la distancia, pero Barry me tomó de la mano y me llevó más cerca para asegurarse de que pudiera ver. Mientras observaba a Uri, recordé haber oído que, en sus actuaciones en Israel, trataba de adivinar intuitivamente el color de la ropa interior de una mujer seleccionada al azar. Era un truco para captar la atención, una forma de hacer reír al público. Pero yo tenía claro que no quería que me seleccionara.

Para mi alivio, el experimento comenzó con una demostración de doblamiento de metales. Thelma le entregó un tenedor normal. Uri lo tomó y, con gran ternura, lo acarició con un dedo, tan amorosamente como podría acariciar un perro o un gato. Después, lo mantuvo arriba para que todo el mundo pudiera verlo y le habló en voz alta con un tono asertivo: «Dóblate». Durante un momento, creí que bromeaba. Se dirigía al utensilio como si éste pudiese entenderle. «Dóblate, dóblate», le gritó unas cinco veces más como si esa palabra se tratara de un mantra con poderes sagrados. Después, sin ningún tipo de emoción, dejó el tenedor sobre la mesa. Todos los ojos se fijaron en él, pero no sucedía nada. Al menos al principio. Después, de repente, las puntas comenzaron a curvarse hacia dentro y el tenedor se enrolló sobre sí mismo hasta quedar convertido en una pequeña bola de metal.

Estuve a punto de gritar: «No puedo creerlo», pero pude controlarme. No quería mostrar mi asombro y crear un revuelo, de modo que hice todo lo posible por parecer adulta ante esa situación. Sin embargo, el tenedor sólo fue el comienzo. Como buen *showman* que era, procedió a doblar los objetos que había sobre una de las mesas, entre los cuales se hallaba una cubertería completa compuesta por tenedores, cuchillos y cucharas de varios tamaños. En una hora, el escritorio se cubrió de una serie de utensilios de metal destrozados que parecían haber sido aplastados por una apisonadora.

¿Qué decir cuando tu concepto de la realidad ha sido gravemente alterado, sobre todo por alguien que parece tan egocéntrico y que busca tanto llamar la atención? Uri había desafiado tanto nuestra percepción del mundo físico como nuestro escepticismo sobre la autenticidad de sus actuaciones. Yo, simplemente, me quedé de pie, sin habla, con la garganta seca. Barry, por otra parte, parecía eufórico y hablaba sin parar. Stan, el farmacólogo, tras declarar que nos habíamos dejado engañar, se marchó tan pronto hubo finalizado la demostración. Creía que, a pesar de las precauciones que habíamos tomado para asegurar la autenticidad del experimento, Uri había empleado algún truco de magia para engañarnos. Yo sabía que Uri tenía muchos críticos —magos, parapsicólogos, científicos— que estarían de acuerdo con Stan. Algunos llegaban a decir que sólo era un ilusionista con un gran despliegue de trucos, como productos químicos, imanes y metales previamente ablandados, y que sabía desviar la atención del público.

Era difícil ir más allá del revuelo emocional que Uri creaba para poder juzgarlo con imparcialidad. La opinión general entre los miembros del laboratorio era que su talento era auténtico. Normalmente, no me dejaría convencer por alguien así, pero terminó por caerme bien. A pesar de todo el bombo publicitario y aunque pudiera ser un embustero, tenía claramente un verdadero talento y cierto encanto. Aunque se excedía dándose tono, descubrí que me resultaba fácil perdonarlo. Supongo que empaticé con su necesidad de sentirse especial y ser comprendido. Al fin y al cabo, hasta hacía muy poco yo todavía tenía miedo a expresar mis habilidades intuitivas, y su audacia y su necesidad de demostrar al mundo lo que podía hacer me impactaron de un modo especial.

Una vez que se hubo marchado, Thelma me regaló una cucharada doblada como recuerdo. La dejé con cuidado en el asiento delantero de mi furgoneta Volkswagen verde y me dirigí a Venice Beach con la mente inmersa en los acontecimientos del día. Me sentía como si hubiera bebido de golpe varias tazas de café fuerte: nerviosa y, al mismo tiempo, agotada. Pero tenía que apretar el paso y volver a mi vida cotidiana. Tenía la nevera vacía y la ropa sucia llevaba días amontonada. Con la cuchara doblada en la mano y todavía un poco atolondrada, subí a duras penas las escaleras hasta el segundo piso, donde se hallaba mi apartamento. Resignada a dedicar toda la tarde a mis tareas domésticas, busqué la llave en el bolsillo. La metí en la cerradura, como había hecho cientos de veces antes, y traté de abrirla, pero no pude. Sucedía algo raro. Encendí la luz del portal y saqué la llave. Era la llave correcta, pero, increíblemente, estaba doblada. Era inservible. «¡Dios mío!, esto es cosa de Uri», pensé. Sacudí la cabeza con incredulidad. Me reí y busqué debajo del felpudo la otra llave, contenta de haber escondido allí una de repuesto.

ຮ∪ຮ∪ຮ

Tocar a una persona con el objetivo de ayudarla o sanarla puede ser más poderoso de lo que nunca hubiera imaginado. Puesto que mis padres eran médicos, conocía bien la medicina convencional. Cada vez que enfermaba, iba al médico de cabecera. Éste me examinaba el corazón y los pulmones, me hacía un montón de preguntas y, después, me daba una receta. Pero raras veces me tocaba. Ningún doctor puso jamás las manos sobre mi cuerpo de la forma en que Jack Gray, un hipnotizador y sanador que trabajaba en el laboratorio, lo hacía con sus pacientes.

Me contaron que Jack había hecho un milagro. Un hombre joven llamado Mitchell había sufrido un accidente casi mortal. Un coche colisionó de frente contra su furgoneta y, a consecuencia de ello, se había fracturado las piernas en cuarenta partes. Los ligamentos y los huesos estaban tan dañados que el equipo de traumatólogos y cirujanos vasculares llegó a la conclusión de que una de las piernas no sanaría nunca. La infección amenazaba su vida y los médicos recomendaron la amputación. Aunque Mitchell entendía que sólo trataban de hacer lo correcto, se negó a ello y decidió asumir un gran riesgo. A través de una combinación de oraciones, imposición de manos e hipnosis, Jack consiguió regenerar los huesos, los nervios y el tejido muscular, algo que los cirujanos habían considerado imposible.

Yo todavía mantenía cierto estereotipo acerca del aspecto de los sanadores intuitivos, y Jack no encajaba en él. Era bajo, delgado —casi demacrado—, y tenía unos sesenta años. Siempre llevaba trajes azules baratos y una camisa blanca, algunas veces con un pañuelo en el bolsillo de la pechera. Nunca vestía de un modo informal y parecía un hombre de negocios conservador ya retirado. Algo en él le hacía parecer de pueblo, sencillo, como si acabara de llegar a la ciudad. Era amable y cordial; aparentemente, se trataba de un hombre bastante normal. De hecho, a excepción de sus ojos grises y tranquilos y su rostro, que recordaba vagamente al de Fred Astaire, no había nada en él que llamase la atención.

Jack venía al laboratorio varias veces al mes para realizar algunos experimentos sobre curaciones. Sus sesiones de sanación eran los actos más llenos de amor que jamás he presenciado. En la cámara de privación sensorial, trabajaba con pacientes de enfermedades que iban desde el cáncer o los ataques al corazón hasta fracturas de huesos, y permitía que algunos de nosotros observáramos. En cierta ocasión, llegó una mujer con un doloroso tumor en el estómago. Se acostó en el estrecho banco de cuero de la cámara, cerró los ojos y apoyó la cabeza en una pequeña almohada de hospital. Las manos de Jack adquirieron un aspecto traslúcido mientras las movía a unos quince centímetros por encima del cuerpo de la mujer. Realizaba lo que él denominaba «pases magnéticos». Tras unos cuantos barridos de arriba abajo, por todo el cuerpo, colocó las palmas de las manos directamente sobre la piel de la mujer y las dejó unos cuantos minutos en diferentes zonas, comenzando por el corazón. Después, las llevó a la parte superior de la cabeza, la garganta, el abdomen y, finalmente, las plantas de los pies. Jack controlaba todo el proceso, incluso contaba chistes, pero la ternura con la que tocaba a esa mujer me recordaba a la de una madre con su hijo recién nacido. Cuando Jack trabajaba con sus pacientes, éstos se relajaban tanto que resultaba difícil advertir el movimiento del pecho provocado por la respiración. Parecían tan calmados que, de hecho, a veces me preguntaba si estaban vivos. Los rostros, contraídos por el dolor al comienzo de la sesión, se volvían angelicales a medida que el dolor desaparecía. Las sesiones de sanación de Jack eran contagiosas. A menudo, el simple hecho de estar allí me hacía sentirme mejor. Era como si alguien me tocara en la cabeza con una varita mágica y me despertara de un sueño rejuvenecedor.

Uno de los pacientes de Jack era una joven ama de casa, Claire, quien padecía un debilitante dolor lumbar tras haber sufrido un accidente de tráfico. Tenía un botiquín repleto de medicamentos para el dolor, pero éstos le hacían sentirse tan apática y aturdida que le impedían realizar sus actividades cotidianas. Y, además, cuando se pasaba el efecto de las pastillas, el dolor siempre regresaba. Los médicos convencionales la habían desahuciado, y Claire se sentía derrotada. Jack era su último recurso. Me resultaba duro estar cerca de ella. A los pocos minutos de verla, comenzaba a sentir un dolor sordo y persistente en la zona lumbar, seguido de una molesta sensación de ardor. Me molestaba tanto que no dejaba de dar vueltas en la silla, incapaz de hallar una posición en la que me sintiera cómoda. En un principio, pensé que mi reacción se debía al hecho de ser «extremadamente sugestionable» y decidí no hablar de ello. No me gustaba quejarme y no quería que nadie en el laboratorio me considerara una persona complicada. De modo que me horrorizaban los días en que Claire venía a su sesión. Entonces, un día, mientras sufría otra de sus sesiones de sanación, recordé que esto ya me había sucedido antes.

A veces, de niña, si alguien cercano sentía algún dolor, comenzaba a desarrollar el mismo tipo de molestia en cuestión de segundos. En cierta ocasión, durante el primer ciclo de secundaria, estaba comiendo con una amiga sobre el césped, cuando, de repente, comencé a sentir un fuerte dolor en el estómago. Cuando se lo comenté a mi amiga, ella dijo que tampoco se sentía bien y que se había levantado por la mañana con náuseas y dolor de estómago. No vi nada raro en ello hasta que, varios minutos después, se marchó, y mis molestias desaparecieron por completo. Cada vez que le contaba a mi madre ese tipo de incidentes, se preocupaba de que no me sintiera bien, pero a ninguna de nosotras se nos ocurrió relacionarlos con el hecho de que, tal vez, absorbiera el dolor de otra persona.

Aquella tarde, en el laboratorio, decidí arriesgarme. Hablé con Jack acerca de mi reacción y él no pareció sorprenderse en absoluto. Más bien todo lo contrario. Me sentí aliviada cuando sus ojos se iluminaron y me hicieron un guiño. Como el perfecto caballero que siempre era, se tomó el tiempo necesario para explicarme pacientemente que las personas intuitivas, a menudo, perciben los síntomas físicos de la gente que las rodea. Dijo que se trataba de una poderosa forma de empatía que si no se reconocía, podía resultar agobiante. Me explicó que la resistencia y el miedo que yo asociaba al dolor o a las sensaciones desagradables provocaban que esos síntomas persistieran. Sugirió que, cada vez que captara alguna de esas molestias, me relajara y las dejara fluir a través de mí, en lugar de luchar contra ellas. Dijo que necesitaría algo de práctica, pero me aseguró que aprendería a hacerlo.

Nunca vi que Jack curara el cáncer o realizara algún milagro de ese estilo, pero sus pacientes mejoraban. En un principio, esperaba ingenuamente que pudiera aliviarles todos sus síntomas, pero pronto descubrí que las sanaciones no son así. Jack daba a sus pacientes un nuevo aliento, una descarga de poderosa energía. Con ese nuevo empuje, podían continuar con su propio proceso curativo. No era un mago; simplemente era un hombre corriente con habilidades extraordinarias, algo que, para mí, lo hacía todavía más digno de mérito. A veces, cuando sus pacientes estaban a punto de tirar la toalla, él les ofrecía esperanza. Les devolvía su poder y ellos lo recibían; un intercambio que, en última instancia, inspiraba las sanaciones más profundas.

Lo que más me gustaba de Jack y otros sanadores que venían al laboratorio era lo que expresaban acerca de ciertos tabúes, como la muerte, un tema que me resultaba tremendamente fascinante. Una tarde, cuando tenía trece años, al salir del cine con una amiga, me di cuenta, repentinamente, de que mi tiempo sobre la Tierra era limitado. Sin razón aparente, me vi enfrentada a mi propia mortalidad. Por primera vez, comprendí que algún día moriría. Desde entonces, he pensado mucho sobre la muerte, aunque nunca de forma morbosa. Más bien esos pensamientos le han aportado a mi vida un sentido de inmediatez, de impermanencia, y me han ayudado a ver ciertos detalles desde una perspectiva más clara. A los sanadores no les extrañaba que los cementerios me parecieran lugares tranquilos en los que podía sentarme, meditar y conectar conmigo misma cada vez que quería estar sola. La mayoría de los sanadores que conocí en el laboratorio fundamentaban sus prácticas en unos profundos valores espirituales, y a menudo conversábamos sobre la vida después de la muerte.

De niña, siempre creí en la vida después de la muerte. Nadie me había hablado de ello y nunca me cuestioné ese tema. Para mí, el espíritu era diferente al cuerpo; el primero era más fuerte, tenía una mayor resiliencia. Me parecía imposible que el espíritu pudiera morir. Sin embargo, en la escuela hebrea y en las fiestas sagradas judías, rara vez se mencionaba el tema de la vida después de la muerte. Los sermones de los rabinos se enfocaban más en la ética y la política que en las verdades espirituales. La fe judía en la que fui educada no disponía de modelos intuitivos para instruir a los niños. Mis experiencias no parecían encajar en el molde. Así que, como joven adulta, el laboratorio me parecía un lugar seguro donde podía expresar mis creencias espirituales. Finalmente, allí había encontrado a personas que pensaban como yo y que me entendían.

Una sanadora llamada Caroline me contó una historia que me resultó muy familiar. Una paciente suya sufrió una parada cardíaca y el monitor mostró una línea plana mientras era sometida a una operación quirúrgica para sustituirle una válvula del corazón. Los cirujanos gritaron el código de emergencia, y un equipo de médicos y enfermeras se apresuró a practicarle la reanimación. Más adelante, la paciente dijo que había sido consciente de todo lo que había sucedido a su alrededor, pero desde una posición estratégica. Afirmó que se había visto transportada a un túnel, un pasillo cilíndrico sin final, repleto de una luz dorada. Entusiasmada, mientras la conmoción por lo que sucedía en la sala de operaciones se desvanecía, comenzó a caminar por el pasaje. La intensidad de la luz la hacía avanzar con un movimiento tan exquisitamente suave que resultaba difícil de resistir. Se sentía completamente tranquila y no tenía ningún interés en regresar. Después, de forma abrupta y con un solo movimiento, la expulsaron de aquel lugar y la empujaron de regreso al hospital. Se había salvado. El túnel había desaparecido.

Según su médico, había tenido alucinaciones provocadas por la falta de oxígeno en el cerebro. La tranquilizó y le aseguró que no se habían producido daños irreparables. Pero la mujer sabía que su médico se equivocaba: su experiencia era demasiado real para tratarse de una alucinación. Caroline estuvo de acuerdo con ella. Había hablado con numerosas personas que se habían mostrado muy precisas en sus descripciones acerca de estas experiencias cercanas a la muerte, y la mayoría hablaba de las mismas cosas. Cuando oí esto, me quedé paralizada. El túnel que había visto durante el accidente en Tuna Canyon ahora tenía sentido. Aunque Jim había mostrado una mentalidad abierta, la experiencia del túnel era también una novedad para él. Nunca entendió muy bien a qué me refería. No podía esperar a contarle mi historia a Caroline. Coincidía tanto con la descripción de su paciente que le conté hasta el más mínimo detalle. Me sentí como si hubiera confesado un pecado y me hubieran absuelto. Caroline se rió y me aseguró que no había hecho nada malo. Después dijo que, aunque había algunas diferencias en nuestras percepciones, su paciente y yo habíamos visitado básicamente el mismo lugar. Caroline creía que yo había estado más cerca de la muerte de lo que me imaginaba y el túnel me había salvado, me había ofrecido un santuario perfecto. Yo seguía sorprendida por las similitudes de nuestras experiencias y también por el hecho de que otras personas en situaciones muy graves hubieran estado en el túnel. Siempre me había fascinado el puente entre la vida y la muerte, la geografía del espíritu que se desplaza entre dos mundos. Ahora el túnel también parecía un pasillo de doble sentido: incluso cuando la vida física ha terminado, en ciertos casos, el espíritu puede regresar al cuerpo.

Creí haber descubierto un gran secreto. Al sobrevivir, tras haberme visto cara a cara con la muerte, tenía una idea del otro lado y de lo que se sentía en él. Me veía como una pionera que portaba un testimonio del vínculo tangible entre la vida y la muerte. Esta validación de mi experiencia personal me acercó a mí misma y me llevó a sentir respeto por la persona que percibía que estaba destinada a ser. Y, finalmente, el hecho de descubrir que había pasado por una experiencia cercana a la muerte reforzó lo que yo ya sospechaba: la muerte no era un final, sino una simple transición a otra forma. Un círculo que se había completado. Comencé a considerar la vida desde una perspectiva más amplia. Vi que los seres humanos somos bendecidos por dones que nunca habría imaginado. La habilidad intuitiva sólo era uno de ellos. Ya no estaba dispuesta a limitarme ni a aceptar las ideas de los demás acerca de mis capacidades.

El cielo no tenía techo. Era ilimitado. Y también lo era el espíritu que habita dentro de nosotros. Se necesitaba espacio para poder volar alto y sumergirse profundamente sin comedimiento ni restricciones.

3

LA PÉRDIDA DE
LA INOCENCIA

No siempre puedes tener lo que quieres,
pero siempre obtienes lo que necesitas.

THE ROLLING STONES

Estoy de pie en un espacio abierto e inmenso, y oigo una voz anónima que me da instrucciones. Me dice que debo ir a la facultad de medicina y convertirme en psiquiatra. Con un doctorado en medicina, tendré la credibilidad necesaria para continuar con mi trabajo intuitivo. Me siento como un agente secreto al que le han asignado una misión especial. ¿Cómo negarme a ello? Las palabras parecen tan acertadas que no me las cuestiono ni por un momento.

Me desperté con el amanecer, confundida, y recordé el sueño en detalle. A pesar de haber aceptado sin más, el mensaje ya no tenía sentido para mí. La cabeza me daba vueltas. Tenía que haber algún error. ¿Yo, psiquiatra? Increíble. Yo no era ese tipo de persona. Era como si hubiera oído que tenía que saltar desde un cañón a otra galaxia. Me sentí víctima de una broma pesada y pensé que, en cualquier momento, alguien saldría por detrás de la cortina y se echaría a reír a carcajadas.

Al ser hija de médicos, podría haber parecido lógico que considerara seguir los pasos de mis padres, pero nunca mostré el menor interés en ello. Cuando todavía estaba en el instituto, mis padres, en un intento por ofrecerme algún tipo de orientación, me habían mandado a una psicóloga de Beverly Hills especializada en orientación profesional. La mujer me entregó un montón de tests llenos de preguntas, todas bastante ridículas: ¿te gusta cuidar las plantas?, ¿te llevas bien con la gente?, ¿te gusta trabajar con las manos?

Llevé los cuestionarios a casa y trabajé en ellos durante ocho horas. Después de calificarlos, la psicóloga y yo revisamos los resultados y, finalmente, me aconsejó: «Hagas lo que hagas, no te decantes por la medicina ni la psicología, ni por cualquier otra profesión que implique ayudar a los demás. Tu aptitud en esas áreas es demasiado baja. Serás más feliz y tendrás más éxito en una carrera relacionada con las artes».

Aquello no me sorprendió. En ese momento de mi vida, la idea de tratar con las enfermedades o escuchar los problemas de los demás durante todo el día no me atraía en absoluto. Ya tenía bastante con mis propios problemas. Además, la mayoría de los amigos de mis padres también eran médicos, así que llevaba toda la vida rodeada de ellos y no me interesaban. Yo no tenía nada que ver con ellos. Mis amigos eran artistas. Cuanto más excéntricos y raros, mejor. Y yo también deseaba ser artista.

Estaba todavía tumbada en la cama y lo que había soñado me carcomía. No conseguía volver a dormirme. Me puse mi jersey verde preferido y un viejo pantalón de chándal, y bajé a tomarme un café al paseo marítimo de Venice Beach. A excepción de la camarera, que limpiaba detrás de la barra, el local todavía estaba vacío. Avancé hasta un reservado en una esquina. Mirando a los corredores de *footing* y a los viandantes, comencé a asimilar el sueño. Había aprendido lo suficiente en el laboratorio como para saber que no debería ignorar un mensaje tan claro, aunque pareciera descabellado. Me quedé sentada allí durante horas, mientras pensaba, escuchaba las canciones de los años cincuenta de la máquina de discos y bebía café bien cargado. Incluso en el caso de que quisiera, ¿sería capaz de seguir las instrucciones del sueño? No estaba segura. Finalmente, tras pensármelo mucho, hice un pacto conmigo misma que sabía que podía cumplir: me inscribiría en la Universidad de Santa Mónica, me matricularía en una asignatura y vería cómo me iba. Era lo único que podía prometerme. Llevaba más de tres años sin asistir a clases y, aunque siempre me había ido bien con un mínimo de esfuerzo, no lo echaba de menos. Sin importarme lo absurdo que pudiera parecer mi plan, estaba decidida a probar.

Faltaban pocas semanas para el inicio del primer semestre, que comenzaba a mediados de septiembre. Pero, como me inscribí demasiado tarde, la mayoría de las asignaturas ya estaban completas. Una de las pocas opciones en las que todavía quedaban plazas libres era meteorología. Aunque ese tema no me interesaba en absoluto, me inscribí igualmente, convencida de que mi experimento estaba destinado al fracaso.

No podía haber estado más equivocada. La belleza de la lluvia, la formación de las nubes y la climatología enseguida me emocionaron. Una parte de mí estaba fascinada con todo aquello y, en esa situación tan inverosímil, descubrí que, al fin y al cabo, la universidad no me resultaba tan ajena. Cuando terminé esa asignatura, me inscribí en otras. Y, así, comenzó un nuevo ciclo en mi vida.

Nueve meses después de mi primera clase de meteorología, un día, sentada sobre el suelo de la sala de estar, mientras escribía a máquina un ensayo de inglés, de repente, la precisión de mi sueño me impactó. No había vuelto a pensar en él, pero el sentimiento era innegable. Supe con certeza que mi sueño había sido real. En ese momento, tomé la decisión de inscribirme en el curso preliminar de medicina. Me acerqué al teléfono y llamé:

—Mamá, tengo que contarte algo. Quiero estudiar medicina.

Se produjo un largo silencio y pensé que la línea se había cortado.

—Mamá, ¿sigues ahí?

—Sí, claro, cariño. Sólo estoy sorprendida. Es tan repentino... ¿Por qué no me lo contaste antes?

Me abrí y le hablé del sueño. Mi madre se había vuelto mucho más tolerante desde que yo había comenzado a trabajar con Thelma. Cuando terminé de hablar, se produjo otro largo silencio.

—¿Qué piensas de esto? –pregunté finalmente.

Mi madre parecía elegir sus palabras cuidadosamente:

—Estoy segura de que serás una médico estupenda. Si eso es lo que deseas, te apoyo totalmente. Pero es una decisión muy importante. Yo no creo en los sueños de la forma en que tú lo haces, así que nunca emprendería una carrera profesional basándome en uno. ¿Por qué no te tomas un tiempo y piensas un poco más en ello? Recuerda que nunca te gustó el instituto. Los estudios de medicina y el periodo de prácticas son una carrera de fondo.

Cuando colgué, me sentí llena de dudas. Mi madre parecía extremadamente cautelosa. Podía ver que no se oponía a que estudiara medicina. Por el contrario, estaría encantada de que hiciera algo «positivo» con mi vida, y, por supuesto, valoraba el estatus de la profesión médica. Pero tenía en cuenta mi pasado y por eso se mostraba sinceramente preocupada por mí. Tal vez tuviera razón. Estudiar medicina era una idea alocada. ¿Por qué desequilibrar mi vida tomando un camino tan complicado? Finalmente, todas sus consideraciones no sirvieron para nada. La lógica no tenía nada que ver con lo que me sentía impulsada a hacer.

Durante los primeros meses que siguieron a mi sueño, los problemas que anteriormente no percibía en el laboratorio comenzaron a hacerse más evidentes para mí. Al principio, sentía que el propósito de la investigación que llevábamos a cabo era sincero. Sin embargo, en el último año, algo había cambiado. A causa de nuestra creciente implicación con los medios de comunicación, nuestro trabajo se fue corrompiendo gradualmente. Las películas ambientadas en el laboratorio eran sensacionalistas y ofrecían un punto de vista erróneo de la intuición. Los programas de televisión eran los peores, presentaban lo paranormal con una incredulidad descarada, con importantes imprecisiones, y exageraban sobre nuestro trabajo para aumentar los índices de audiencia. Quizá ésta fue la razón por la que se me encomendó convertirme en médico. Las experiencias intuitivas se malinterpretan tan fácilmente que necesitan ser legitimadas. Aunque el doctorado de Thelma era de gran ayuda, no era suficiente para un centro médico compuesto principalmente por médicos que, a menudo, creían que su titulación estaba por encima de la de ella. Para algunos de los facultativos más conservadores del Instituto de Neuropsiquiatría, nuestro laboratorio era una vergüenza para la ciencia. Si hubieran podido, estoy segura de que nos habrían obligado a marcharnos de allí. A pesar de que el director, Jollyn West, se mostraba escéptico en asuntos de parapsicología, ofrecía a Thelma la sala del laboratorio y defendía su derecho a investigar. Pero, puesto que parecía que ella siempre tenía que arreglar los asuntos económicos del laboratorio con donaciones y su sueldo de profesora, y dependía de las colaboraciones de los voluntarios, el laboratorio no estaba realmente asegurado.

Estaba convencida de que mi única esperanza, por mucho que me disgustara esa idea, era llegar a formar parte de la comunidad médica. Si me hubiera sentado tranquilamente para pensar qué hacer, es probable que nunca hubiese decidido estudiar medicina. Pero, por suerte, no solía pensar mucho en el futuro. Cabalgaba una ola invisible; trataba de dejarme llevar y confiar.

Mi trabajo con Thelma me había proporcionado una sólida base en investigación intuitiva y una estructura a partir de la cual podía crecer, pero, ahora, ya estaba preparada para cambiar. Un factor decisivo fue que la fotografía Kirlian comenzaba a dejar de gozar del favor de los parapsicólogos, puesto que muchos datos indicaban que el efecto se debía únicamente a la humedad.

Aunque Thelma nunca creyó en esta teoría, mi entusiasmo por las fotografías Kirlian se desvaneció: deseaba hallar otros métodos para establecer la validez del fenómeno que sabía que era auténtico. Gradualmente, el laboratorio dejó de interesarme, mientras que, por otra parte, los estudios ocupaban cada vez más mi vida. Necesitaba toda mi energía y disciplina para centrarme en las clases. Con una determinación totalmente nueva para mí, me concentré en una cosa cada vez y avancé a grandes pasos. Apenas tenía tiempo para respirar. Los días pasaron volando hasta que llegó el momento del examen de admisión.

Nunca se me han dado bien las pruebas de opción múltiple, especialmente cuando mi futuro depende de ellas. La presión del examen de acceso era enorme. Tenía que sacar una nota extremadamente alta para que me admitiesen en la facultad de medicina. Pasé ocho agotadoras horas de examen, apiñada en el sindicato de estudiantes de UCLA junto a otros mil estudiantes. Cuando por fin terminé, perdí por completo las esperanzas. Esa misma noche, convencida de que había suspendido, regresé a las clases de preparación. Subí las escaleras y me senté. Estaba sola. Doblé las rodillas, llevé las piernas hasta el pecho y adopté una posición fetal. Después, comencé a mecerme. Deseaba ser de nuevo una niña y trataba de olvidar ese día angustioso. Observé, al otro lado de la calle, la casa donde había vivido durante mi infancia. Las luces encendidas le daban un aspecto cálido y acogedor, y quise ir corriendo a refugiarme en ella. Al recordar el pequeño jardín que había plantado con mi padre en la parte delantera, me vine abajo y lloré lágrimas purificadoras que había retenido durante demasiado tiempo. Acurrucada en los escalones y sumergida en los recuerdos, me sentí acariciada por ellos y me calmé. Cuando me levanté y comencé a caminar, sentí una fuerza renovada.

Mis miedos resultaron injustificados. Me aceptaron en la Escuela Hahnemann de Medicina, en Filadelfia, la universidad donde habían estudiado mis padres. Para ellos, ésta era una noticia increíble. Había logrado cambiar mi vida por completo. No sólo me pagaron las clases y el alojamiento, sino que también me apoyaron emocionalmente. De modo que, a finales de agosto de 1975, metí mis cosas en la furgoneta y, acompañada por mi perro labrador negro, conduje hacia la costa este.

Mi nuevo hogar era un estudio en una vieja casa reformada de los años veinte de color rojizo y estilo *art déco*. Estaba al lado del Museo de Arte de Filadelfia y enfrente de un convento católico de dos plantas. Mi ventana daba directamente al jardín delantero del convento y me ofrecía vistas a una estatua de Jesús a tamaño natural, totalmente blanca. A menudo, durante el invierno, la estatua quedaba mediao enterrada por la nieve. Me gustaba pensar que velaba por mí.

Los primeros meses en la facultad de medicina supusieron un gran esfuerzo para mí. Nada me resultaba familiar. Era como si un agujero negro me hubiera tragado. Mis jornadas estaban planificadas hasta el último minuto; eran mucho más rígidas que las de la etapa de preparación para los exámenes de acceso. Por la mañana temprano, el único momento que tenía para mí, paseaba con mi perro por Fairmount Park y observaba el equipo de remo que pasaba por el río Schuylkill, más allá de las orillas cubiertas de cornejos y azaleas.

Durante ese periodo, temía que una parte de mí se estuviera muriendo. Cuanto más luchaba por mantener mis claras imágenes intuitivas del pasado, más lejanas me parecían. En el laboratorio, había trabajado duramente para acceder a ellas y se habían convertido en mi salvavidas. Pero la rígida disciplina de la facultad de medicina parecía echar por tierra todos los progresos que había logrado. Estaba atrapada por mis obligaciones, preocupada por que se me quedaran en la cabeza los numerosos datos que necesitaba memorizar. Cuanto más nerviosa me sentía, más me cerraba. Para colmo, suspendí el primer examen de bioquímica. Luchaba por mantenerme a flote y necesitaba ayuda.

Los ángeles, a veces, aparecen disfrazados de formas inverosímiles. Daniel tenía el aspecto de Orson Welles y una risa que agitaba todo su cuerpo. Era el ayudante de laboratorio de las clases de anatomía y supervisaba la disección de los cadáveres. Al poco tiempo de conocernos, comenzamos a salir juntos. Una vez más, un hombre corpulento parecía ser el puente que me llevaba de una etapa de mi vida a otra. Daniel tenía un gran sentido del humor, y confiaba en él más que en la filosofía de la facultad de medicina en la que ambos estábamos inmersos.

Desde el principio, desprecié la anatomía. Me irritaba que no nos hubieran preparado mejor para abrir un cuerpo humano. Se limitaron a entregarnos un escalpelo y a ordenarnos que cortáramos. No se hizo ninguna mención al aspecto sagrado de este acto ni a las emociones que podríamos tener. No era que Daniel no comprendiera mi dilema. Simplemente no me permitía regodearme en la desesperación ni trataba de consolarme. Una noche, me encerró con él en el laboratorio de anatomía y se negó a dejarme salir hasta que le hubiera demostrado los principios básicos de la asignatura. Me enfadé con él y me quejé, pero, cuando por fin comprendí que así no conseguiría nada, me rendí. Con la música de una cinta de Bruce Springsteen de fondo, aprendí la técnica de la disección. Cuando Daniel finalmente abrió la puerta, era ya medianoche y un gran obstáculo había desaparecido de mi camino. Su energía y su inquebrantable fe en mí lograron que pudiera aprobar el primer año de medicina. Todas las noches revisábamos juntos los apuntes. Después, me hacía preguntas sobre ellos, y si le daba excusas, no las escuchaba. Cada vez que sentía que una parte de mí se perdía, me ofrecía libros que me ayudaban a cultivar mi vida interior. Daniel me presentó las exuberantes complejidades de *Cien años de soledad*, de Gabriel García Márquez, y el humor irreverente de *Ellas también se deprimen*, de Tom Robbins, obras de ficción que alimentaban mis imágenes internas y mis sueños. Leer se convirtió en mi punto de referencia para la intuición, un pozo en el que me podía sumergir, por la noche, antes de irme a dormir.

A Daniel no le inquietaba que perdiera mi don. Estaba convencido de que mis habilidades tenían la fuerza suficiente para soportar cuatro años de estudios de medicina y otros cuatro de prácticas de psiquiatría. Creía que había una integridad inherente a mi capacidad intuitiva y que, a la larga, no importaba que dejara de usarla. Estaba seguro de que, en el momento preciso, mis habilidades regresarían, aunque no sé en qué se basó para llegar a esa conclusión. Pero, como respetaba profundamente sus opiniones, decidí creerle.

Cuando, tras pasar dos años en Filadelfia, me transfirieron a la Universidad del Sur de California para terminar mis estudios, traté de aferrarme a las palabras de Daniel, aunque me resultaba cada vez más difícil. Me volqué en mis estudios y me sumergí en lo racional, lo lineal y lo demostrable. No había espacio para otra cosa.

Recuerdo una noche en que llegué tarde a casa, casi a rastras, tras una jornada de clases agotadora. Deseosa de respirar aire fresco, saqué a pasear al perro a un parque cercano a la playa de Santa Mónica. Frente a mí, en el área de estacionamiento, habían montado, de la noche a la mañana, una hilera de carpas de circo. Decidí adentrarme en aquel lugar encantado. Bajo la pálida luz de la luna, surgió un hombre alto, vestido con unos pantalones ajustados de lentejuelas, y condujo a cuatro elefantes hasta la orilla del mar. Una vez allí, hizo un gesto con la mano y los elefantes, uno a uno, echaron a correr por la arena, profiriendo salvajes barritos que me sonaron a música celestial. Me quedé boquiabierta y envidié a aquellas hermosas criaturas. Me invadió una oleada de tristeza. Supe que mi voz intuitiva se debilitaba y la dulce libertad que había conocido se me escapaba.

Durante mi tercer y cuarto año, hacía guardia cada tres noches en el centro médico de la Universidad del Sur de California, un inmenso edificio de trece plantas que se alzaba sobre los suburbios del este de Los Ángeles. Dormía allí sobre un camastro, en una habitación que compartía con otros cuatro médicos. Nuestros localizadores sonaban continuamente, y me consideraba afortunada si lograba tener una o dos horas de sueño ininterrumpido. Cuando dormía, no soñaba nada.

Una noche en la que me encontraba especialmente agotada, me invitaron a un concierto de Rod Stewart en Inglewood. La noche anterior había estado de guardia, pero las entradas habían resultado tan difíciles de conseguir que no quise dejar de ir. Rodeada de 40.000 personas que gritaban y aplaudían estruendosamente al ritmo de las canciones, apoyé la cabeza sobre el hombro de mi acompañante durante un momento, y me quedé profundamente dormida.

ಐ ಐ ಐ

En los cursos avanzados, hice mi primera práctica de psiquiatría en el pabellón 4A, la unidad de alta seguridad para los enfermos mentales más graves. Teníamos pacientes que habían tratado de suicidarse o de agredir a alguien. Por lo general, eran pacientes con trastornos psicóticos que no podían desenvolverse por sí mismos. Una noche, mientras estaba en el vestíbulo que se hallaba frente a la sala común, donde los pacientes miraban la televisión y fumaban, oí el grito de una mujer. Fue un grito penetrante que me recorrió la espina dorsal. Cuatro celadores vestidos con batas blancas y un policía armado con porra y pistola la trajeron en una camilla hasta nuestro pabellón. Cuando se acercaron, pude ver que se trataba de una hermosa joven, muy delgada y de unos veinte años, que luchaba por su vida.

Cuando la puerta del pabellón 4A se abrió de golpe, la mujer lanzó un aullido. Aunque tenía las piernas y los brazos firmemente atados con tiras de cuero, se retorcía violentamente y arqueaba la espalda como un gato salvaje. Aquellos cinco hombres musculosos hacían uso de toda su fuerza y a pesar de ello apenas podían contenerla. Había visto anteriormente a otros pacientes en situaciones similares, pero esa vez apenas podía mirar la expresión de tormento del rostro de la joven.

De repente, la camilla se estrelló contra la pared. Los cuatro celadores perdieron el equilibrio, soltaron las barras metálicas de los costados y temí que la camilla pudiera volcar. Los pacientes que estaban en la sala común observaban la escena con los ojos como platos. Nadie dijo una palabra. Di unos pasos hacia atrás, y me quedé en una esquina. No ofrecí mi ayuda: la situación me parecía demasiado peligrosa. Después, uno de los psiquiatras en prácticas, que no tendría más de veintitrés años, llegó corriendo al vestíbulo y gritó: «¡Traedme cinco miligramos de haloperidol!». Janet, la enfermera jefe, llenó rápidamente la jeringuilla con el líquido rosa brillante y le dio unos golpecitos con el dedo índice para eliminar cualquier burbuja de aire. Profundamente tranquila y sosegada, entregó la jeringuilla al aturdido médico en prácticas. Janet llevaba más de veinte años trabajando en el pabellón 4A y daba la impresión de que ese tipo de emergencias no la perturbaban en absoluto. Con mucho cuidado, me acerqué.

—¿Qué le pasa a esta paciente? —pregunté a Janet.

—Tiene un trastorno psicótico. Cree que puede predecir el futuro —contestó.

Tragué saliva.

—Se llama Rae –continuó Janet–. Es esquizofrénica. Viene mucho por aquí. Todos la conocemos.

Casi me estalla la cabeza. ¿Trastorno psicótico? ¿Predecir el futuro? ¿Por qué Janet conectaba una cosa con la otra?

El médico en prácticas inyectó el líquido rosado en la nalga izquierda de Rae, que gimió suavemente. Unos minutos más tarde, yacía sin fuerzas en la misma camilla, que previamente habían llevado a la habitación de aislamiento. Su lucha cesó en cuanto el haloperidol, un fuerte antipsicótico, comenzó a surtir efecto. Después, los celadores la sacaron de la camilla metálica, la pusieron en una cama pequeña, y la ataron boca arriba con las mismas correas de cuero, con los brazos y las piernas abiertos.

Cuando las cosas volvieron a la «normalidad», observé a Rae a través de la minúscula ventana rectangular de la habitación de aislamiento. Ahora, completamente derrotada por el haloperidol, roncaba bajo las mantas. Aquel cubículo oscuro me recordaba a la celda de una prisión. Puesto que las luces y los colores brillantes podían sobreestimular a una persona en sus condiciones, las cuatro paredes estaban pintadas con el mismo tono verde apagado que podría encontrarse en los lavabos de cualquier gasolinera destartalada. La intención era crear un efecto tranquilizador.

El joven médico en prácticas que le había administrado la medicación parecía exhausto. Se acercó a mí y me dijo: «Rae es tu paciente. Quiero que te encargues de ella». Acepté de mala gana. No tenía elección: se asignaba a cada estudiante un número determinado de pacientes y ya me tocaba encargarme de alguien.

Había decidido por voluntad propia trabajar en el pabellón 4A, la unidad de psiquiatría más complicada del hospital. Decidida a ser psiquiatra, estaba convencida de que podría arreglármelas sin problemas. Pero el caso de Rae me llenó de temor. Me identificaba profundamente con ella. Rae aseguraba tener premoniciones, y había terminado con una camisa de fuerza. Pensé que yo podría estar en su lugar, atada en aquella habitación de aislamiento. Rae era joven, hermosa y tenía toda una vida por delante. ¿Qué me diferenciaba de ella? Sabía que tenía esquizofrenia, pero ¿qué otra cosa me diferenciaba de ella? Necesitaba descubrirlo.

A la mañana siguiente, la visité. Las enfermeras me informaron que, durante la noche, había necesitado dos inyecciones más de haloperidol. Tratando de fingir que sabía lo que hacía, entré en la habitación embutida en mi bata blanca y con su historial bajo el brazo. «Soy la doctora Orloff, estudiante de medicina en prácticas. Pasaré más tarde a hablar contigo», le dije. Rae sonrió abiertamente; parecía no importarle que estuviera allí. Colaboraba y hasta era agradable en el trato. Sin embargo, me mantuve cerca de la puerta durante la entrevista. No quería correr el riesgo de acercarme demasiado, pues temía que arremetiera de nuevo contra todo: un arrebato de locura, incluso con los tobillos atados, podía resultar aterrador.

Durante las siguientes semanas, llegué a conocerla bien. Hablaba de sus premoniciones con una intensidad tan feroz que me asustaba. Se aferraba a ellas con la resolución de un profeta de mirada salvaje que pronunciara la palabra de Dios. Rae oía voces que le transmitían mensajes. Aquellas voces se equivocaban la mayoría de las veces, pero no siempre. Su madre, de quien sabíamos que nos podíamos fiar, nos dijo que las predicciones de su hija a veces se cumplían. Recientemente, había anunciado la muerte del perro de su familia, pero nadie le había hecho caso. Al día siguiente, el animal fue atropellado por un coche en un extraño accidente. Pero el valor de esas premoniciones se perdía en el flujo interminable e inconexo de sus crisis psicóticas.

En la facultad, la formación se centraba en los aspectos biológicos de la psiquiatría. A través de ese enfoque, muchos desórdenes —esquizofrenia, ansiedad, manías y depresión grave— eran considerados simples desequilibrios bioquímicos, susceptibles de ser corregidos con medicamentos (haloperidol, Valium, litio o antidepresivos). Cada mañana, en el pabellón 4A, asistía a una clase de psicopatología de una hora de duración, cuyo objetivo era enseñarnos a diagnosticar y a tratar a los pacientes de psiquiatría. Durante estas clases, me vi bombardeada por un sistema de creencias que asociaba la clarividencia con la psicosis. Aprendí, por ejemplo, que la insistencia con la que Rae hablaba de sus premoniciones era un claro «síntoma de esquizofrenia», una grave «enfermedad» mental. Según los profesores, si seguía con el haloperidol, dejaría de tener premoniciones. Y ése era el objetivo. Me sentía derrotada.

El jefe de nuestra unidad era un hombre de voz suave, de unos sesenta años, que había trabajado como psiquiatra en el hospital del condado durante toda su carrera. Había tratado a todo tipo de pacientes, y yo confiaba en su experiencia. Una mañana, le pregunté si creía que Rae poseía un sexto sentido. Respondió que no. Eso era algo inconcebible para él. Al igual que la mayoría de los médicos, no creía en ese tipo de capacidades. Mi pregunta le extrañó, pero, como se trataba de mis primeras prácticas de psiquiatría, me concedió el beneficio de la duda. Me aseguró que la predicción de Rae acerca de la muerte de su perro no fue más que una coincidencia.

No hablé con Rae de mi intuición ni de mis experiencias en el laboratorio de Thelma. En lugar de eso, me alejé de ella, me volví más objetiva y comencé a cuestionarme a mí misma. Consideré que alimentar sus ilusiones no le resultaría de gran ayuda; sólo empeoraría más las cosas, de modo que no dije nada. Me sentía confusa, llena de contradicciones. No era capaz de averiguar si una parte importante de aquella mujer había sido doblegada o si, por el contrario, tan sólo era víctima de una terrible enfermedad. Finalmente, lo que más me sorprendió fue la drástica transformación de Rae bajo la influencia del haloperidol. Tranquila y racional, ya no le preocupaban sus premoniciones ni las echaba de menos. Me hizo recordar lo aliviada que me sentía cuando era una adolescente y hacía uso de las drogas para inhibir mis habilidades intuitivas, que habían llegado a alterarme tanto que me alegraba de no tenerlas. Aunque Rae nunca lo dijo, quizá le sucedía lo mismo. A todas luces, su aspecto había mejorado con el tratamiento. Dos semanas después de haberlo comenzado, recibió el alta hospitalaria.

A través de mi trabajo en el laboratorio, había llegado a la conclusión de que las habilidades intuitivas eran algo real. Pero, de repente, habían surgido nuevas preguntas. ¿Era peligroso desarrollarlas? ¿Cuáles eran los riesgos? El laboratorio había sido una pequeña burbuja aislada de todo. En el grupo de Barry, hablábamos despreocupadamente de nuestras habilidades, casi como si se tratara de un juego. Ahora, como estudiante de medicina, me mostraba escéptica ante las aplicaciones prácticas de esas investigaciones. En el laboratorio de Thelma, había conocido a unas cuantas personas intuitivas muy equilibradas. No obstante, tal vez fueran una excepción. Ahora estaba en el mundo real y, durante mi etapa de prácticas, me vería obligada a ver muchos más ejemplos de personas intuitivas con fuertes desequilibrios.

El caso de Rae podía deberse a un don intuitivo, pero ¿y qué? Padecía un trastorno psicótico. El precio que tenía que pagar por su clarividencia era demasiado alto. Comencé a pensar que no era seguro ni apropiado animar a la gente a desarrollar la intuición. Incluso en el caso de aquellos con las mentalidades más sanas, ¿corrían el riesgo de perder su equilibrio mental si exploraban esa parte de sí mismos? El precio que había que pagar me parecía monumental. Lo que antes consideraba tan valioso ahora estaba contaminado por el horror de la realidad que presenciaba cada día. Más adelante, durante dos años, hice guardias en urgencias cada tres noches en calidad de médico y psiquiatra residente. Ese ritmo de vida no me dejaba demasiado tiempo para filosofar. Los pocos días que no tenía que estar en el hospital, los dedicaba a quedarme en casa y dormir. Durante las noches de guardia, pasaban por el centro muchos pacientes con problemas psicóticos similares a los de Rae: los pabellones psiquiátricos de seguridad estaban llenos de ese tipo de pacientes. Y el procedimiento era siempre el mismo: los policías los reducían, las enfermeras les inyectaban haloperidol y sus predicciones desaparecían gradualmente. Pronto dejé de pensar en las implicaciones de lo que hacía. Necesitaba economizar mi tiempo. Seducida por la racionalidad de la medicina convencional y asustada por los horrores que observaba, comencé a considerar las habilidades intuitivas como señales de una disfunción psicológica.

Por lo demás, me gustaba ser médico. Sentía que tenía los pies en la tierra y el control de las cosas. Desde que había llegado a la Universidad del Sur de California, había dejado de tener experiencias intuitivas casi por completo y recordaba muy pocos sueños. El flujo de imágenes que antes me inundaba había desaparecido por completo. No era más que un recuerdo distante y extraño. No pensaba en ello demasiado; me sentía agotada y desbordada de trabajo. Mi vida se movía a cámara rápida, y mientras tanto mi lado intuitivo permanecía a la espera. No tenía ni el tiempo ni el apoyo de otras personas para nutrir ese aspecto de mí misma, aspecto que había sido reemplazado por mi nueva identidad de médico.

ॐॐॐ

Las urgencias se sucedían y me acostumbré a decidir las cosas sobre la marcha. En mis prácticas de psiquiatría, eran tantos los hechos que sucedían continuamente que tuve que desarrollar una mentalidad de búnker. Era como si los médicos en prácticas libráramos una batalla continua.

Un sábado por la noche, mientras estaba de guardia en la sala de urgencias del centro de veteranos de Brentwood, llegó un veterano de Vietnam. El hombre, completamente tatuado, medía más de un metro ochenta, tenía la cabeza afeitada y llevaba una soga bajo el brazo. Me quedé horrorizada. El veterano declaró que quería morir porque su novia lo había dejado. Me miró directamente a los ojos y me amenazó con ahorcarse si no lo admitía en el centro. Consideré que alguien que llegaba a tal extremo para ingresar en un hospital debía ser tomado en serio. Inmediatamente, busqué una cama para él. Unas semanas más tarde, en el mismo centro, me encontraba en una sesión con un paciente externo que recibía un tratamiento de fuertes dosis de torazina. Era conocido por el apodo de Jackknife, y, como de costumbre, llevaba unos auriculares para ahogar las voces de su cabeza. Vestía una camiseta blanca sin mangas y lucía un colgante con una cruz de plata alrededor del cuello. Aquella tarde, algo le enfureció. Sin más, se abalanzó sobre el escritorio y me amenazó con el puño derecho. Aunque no era mucho más alto que yo, practicaba culturismo y tenía unos brazos musculosos. Afortunadamente, sabía reaccionar bien siempre que creía estar en peligro: salí disparada del despacho y eché a correr. Estábamos en la planta baja y ya me pisaba los talones cuando pasé por delante de la maceta que había en recepción. Un guarda de seguridad corrió hacia él y logró contenerlo. Me quedé de pie, a pocos metros de distancia, sin poder parar de temblar. Jackknife no dejaba de proferir amenazas mientras lo arrastraban al pabellón de seguridad, donde quedó retenido durante setenta y dos horas por ser considerado un «peligro para los demás».

Los pabellones de seguridad eran, sin lugar a dudas, zonas de guerra. No nos podíamos permitir el lujo de penetrar lentamente las diferentes capas de la psique de las personas que allí se encontraban. El tiempo era muy valioso. Teníamos que conseguir que mejoraran a gran velocidad. Las continuas emergencias me llevaron a buscar soluciones rápidas y sencillas. Y ahí es donde entraban en juego los antidepresivos y el litio. Me llegó a gustar la idea del alivio rápido, especialmente cuando el sufrimiento era considerable. Me resultaba duro observar el sufrimiento de los demás; simplemente, no tenía ningún sentido para mí. Con los fármacos, tenía la herramienta necesaria para producir un cambio rápidamente. En la clínica de trastornos de conducta, donde trabajé durante mi último año como psiquiatra en prácticas, conocí a un hombre llamado Arnie, que sufría un trastorno maníaco-depresivo. Era muy atractivo y su aspecto recordaba al de un protagonista de una telenovela. Nos lo habían enviado directamente de la prisión de Los Ángeles, tras haber pasado la noche anterior en el calabozo destinado a los borrachos. Según la policía, se había metido, totalmente desnudo, en la fuente que había delante del hotel Century Plaza, con una botella de champán en una mano y un enorme bote de gel de baño en la otra. Después, había vertido el contenido de los dos recipientes en el agua de la fuente. La espuma lo invadió todo y la zona de aparcamiento se convirtió en un auténtico desastre. El vigilante del aparcamiento trató de hacerle salir de la fuente, pero, como se negó, se vio obligado a llamar a la policía. No había llegado a la clínica por voluntad propia. Su mujer, que sabía que estábamos especializados en el tratamiento de la depresión y los trastornos de conducta, lo había sacado del calabozo y nos lo había traído. Estaba desesperada y quería que su marido recibiera la ayuda apropiada. La primera vez que lo vi, llevaba un traje completamente arrugado y fumaba con rabia un cigarrillo. Daba vueltas por mi despacho y hablaba tan rápido que apenas podía comprender lo que decía. Sin detenerse a tomar aliento, gritaba algo sobre unas acciones y un sistema de financiación que le haría ganar millones. Me hacía pensar en un muñeco de cuerda que no se podía parar. Sufría el típico episodio maníaco: tenía grandes ideas pero nada sobre lo que sustentarlas.

Le receté litio inmediatamente. Como suele suceder con estos pacientes cuando están en la fase de subida, no quería recibir el tratamiento. Pero su mujer lo amenazó con enviarlo a un manicomio si no aceptaba. Bajo esta presión, tomó las cápsulas de litio religiosamente, tres veces al día durante dos semanas. Cuando lo volví a ver, la medicación ya había surtido efecto y era una persona totalmente diferente: tranquila, inteligente y encantadora. Puesto que la clínica no ofrecía ningún tipo de psicoterapia, continué viéndolo una vez al mes, en visitas de quince minutos, para prescribirle nuevas recetas de litio. Mejoró mucho, y en poco tiempo pudo retomar su trabajo como corredor de bolsa en una prestigiosa compañía. Una y otra vez, era testigo de cómo los fármacos podían transformar la vida de una persona. Individuos que habían estado con el ánimo por los suelos durante años eran capaces de mantener sus trabajos y relacionarse, y se volvían más eficaces y productivos. Recetar medicamentos y ver que mis pacientes regresaban a la vida me hacía sentirme poderosa. Me gustaba tener el control. Anteriormente, gran parte de la psiquiatría se me antojaba demasiado vaga e imprecisa. Había que elegir entre muchas formas de abordar las enfermedades. Con los fármacos, sin embargo, las soluciones parecían claras. En lugar de pensar que podían ser útiles únicamente en determinadas circunstancias, me extralimité y me convencí de que había descubierto la respuesta final.

Había caído en la trampa de creer que había encontrado una verdad cósmica que prevalecía sobre las demás verdades. ¿Por qué gastar dinero y tiempo en psicoterapias si uno se podía curar con una pastilla? Con la inquebrantable convicción de los recién conversos, adopté la actitud más convencional, que era respaldada por la clínica, y me volví engreída. Veía a mis pacientes como «enfermos» y pensaba que mi trabajo era «arreglarlos». Y muchas veces lo conseguía. Pero, mientras me dejaba seducir por la ciencia de la psiquiatría y la posición de autoridad que me ofrecía mi trabajo, también observaba que perdía una parte muy preciada de mí misma.

Mi mejor amiga, Kathleen, vivía sola en la cima de Mount Baldy, en una pequeña cabaña encaramada sobre el borde de una ladera arbolada con vistas al lecho del río que discurría unos diez metros más abajo. Solía ir a visitarla a su casa, acompañada de mi perro. Tras las lluvias del invierno, la crecida de las aguas producía un ruido atronador que podía oírse en su sala de estar. Por la mañana temprano, envueltas en gruesos chaquetones de lana y guantes de punto, dábamos prolongados paseos a lo largo del río y buscábamos piedras poco corrientes. Antes de comenzar mis estudios de medicina, nuestros paseos eran muy tranquilos. Kathleen y yo, casi siempre en silencio, caminábamos por la orilla, río abajo. Observábamos las diferentes texturas de las piedras y los guijarros bajo nuestros pies, y casi siempre regresábamos con dos o tres ejemplares excepcionales. Pero ahora todas las piedras me parecían iguales y me resultaba difícil distinguirlas. No era que mi visión hubiera cambiado, sino que las sutiles diferencias entre las piedras se habían vuelto invisibles para mí. Finalmente, los ojos de Kathleen se encargaban de seleccionarlas. Cuando llegábamos a casa y las admirábamos sobre la mesa de la cocina, ninguna de las dos mencionaba mi cambio de visión. No obstante, interiormente sabía que una parte de mí se había quedado ciega.

Al mismo tiempo, mis habilidades intuitivas y espirituales dormidas sólo se despertaban con acontecimientos relacionados con la muerte. Durante mi etapa como interna, también tuve que hacer guardias en el hospicio del hospital Wadsworth VA, en Westwood. Se trataba de un pabellón separado a donde enviaban a los pacientes terminales que no tenían familiares. Una de mis principales tareas allí era declarar el fallecimiento de las personas. Nadie pudo prepararme adecuadamente para este trabajo, y nunca olvidaré la primera noche que pasé en el hospicio.

Me encontraba en una habitación minúscula, un cubículo de la tercera planta cubierto de azulejos. Durante la primera parte de la noche leí una novela de ciencia ficción con la intención de evadirme con la lectura o, incluso, dormir una pequeña siesta, como si fuera posible dormir cuando uno está pendiente del sonido del localizador. Recé para que la noche fuera tranquila y que las enfermeras no me tuvieran que molestar. Pero no tuve suerte. A las dos de la mañana sonó el teléfono y, en la oscuridad, busqué a tientas el auricular. La enfermera de guardia dijo en un tono monótono: «Doctora Orloff, Bill acaba de morir. ¿Puede, por favor, pasarse por aquí para escribir una nota en el informe y firmar el certificado de defunción?». Su tono era tan impersonal que parecía como si me estuviera contando que se me había pasado la hora del parquímetro. Sentí que me quedaba sin sangre en los pies y las manos. Me senté y me froté las manos vigorosamente para entrar en calor. No esperaba enfrentarme tan pronto con la muerte: había hecho todo lo posible para no pensar en ella. Además, conocía a Bill. Era un conductor de autobús retirado, de setenta y muchos años, con metástasis de cáncer de pulmón. Me obligué a salir de la cama, me puse un par de calcetines limpios, me di algunas palmaditas con agua fresca en la cara para despertar y me cepillé el pelo rápidamente.

El hospital por la noche era un lugar inquietante. Los pasillos estaban prácticamente desiertos, pero parecían atestados de la persistente presencia de todas las personas que allí habían fallecido. Con mi vestimenta verde quirúrgica y un par de zapatillas de deporte gastadas, crucé varios vestíbulos en dirección al hospicio, mientras oía el agudo sonido de las suelas de mis zapatillas contra el suelo y el ruido sordo del estetoscopio contra el pecho. Cuando llegué, la enfermera del turno de noche bebía relajadamente una lata de Coca-Cola light. Me entregó el historial de Bill y me condujo hasta su cama. Una vieja chaqueta a cuadros, que había llevado con orgullo el día en que su hija había ido a visitarlo, colgaba de una silla en una esquina. El cuerpo de Bill estaba cubierto con una sábana blanca almidonada, recién salida de la lavandería, y podía adivinarse su silueta. Lo último que deseaba hacer era descubrirlo, pero no podía quedarme allí eternamente. Al final, comencé a levantar la sábana. ¡Su rostro! ¡No podía dejar de mirarlo! A excepción de los cadáveres que teníamos que diseccionar en las clases de anatomía, nunca había visto un muerto. Bill parecía rígido y suave, como una estatua de cera. Lentamente, me acerqué y toqué su mejilla. Todavía estaba caliente.

¿Qué tenía que hacer ahora? Me quedé en blanco. ¿Cómo saber si alguien está realmente muerto? Sabía que existían algunas señales específicas, pero ¿y si me equivocaba? Tenía que hacer algo, de modo que busqué con el dedo índice el pulso carótido. Nada. Aunque tal vez éste fuera tan débil que resultaba imperceptible. Nerviosa, busqué con la mirada a la enfermera para que me ayudara, pero hablaba por teléfono. Hurgué en los bolsillos en busca de la linterna. Cuando le iluminé los ojos, sus pupilas estaban dilatadas y fijas. Aquello era un alivio: significaba que estaba realmente muerto. Sin embargo, continué con el protocolo. Le pinché la planta de los pies con el alfiler que solía utilizar en las pruebas de reacción al dolor de las exploraciones neurológicas. Nada. Después, me senté en una silla al lado de Bill y esperé. Tenía que calmarme. Pero eso me llevaría un tiempo y no quería que la enfermera advirtiera mi inquietud. Además, necesitaba pensar detenidamente.

Siempre había pensado que, cuando una persona muere, mantiene el mismo aspecto que en vida, sólo que parece más tranquila. En parte, eso era verdad, pero había algo con lo que no contaba. A nivel superficial, los rasgos eran los mismos; sin embargo, fui consciente de que ahora sólo quedaba el cuerpo, vacío, como un simple envoltorio. Pero había algo más que no podía ignorar por mucho que lo deseara: sentía que el espíritu de Bill estaba cerca de mí y observaba lo que sucedía en la habitación. No me habría sorprendido en lo más mínimo si me hubiera dado un golpecito en el hombro. Lo sentía tan real como a las enfermeras o a los celadores del pabellón. Y, entonces, fui consciente de otro sentimiento. Conforme pasaban los minutos, comprendía, cada vez más claramente, que el sufrimiento de Bill había terminado: lo que allí quedaba sólo podía describirlo como amor. Sentía la presencia inconfundible de un espíritu humano en su forma más pura. Un espíritu con vida propia, que había sobrevivido a la muerte; el cuerpo había quedado obsoleto. Aquello me llenó de asombro.

Era duro trabajar en el hospicio. Algunas noches, recibía hasta tres llamadas que me anunciaban un fallecimiento, y cada vez que era testigo de uno, algo en mí se estremecía profundamente.

Comencé a interesarme por la muerte, y estaba pendiente del momento en que el espíritu abandona el cuerpo. Durante los meses que pasé en el hospicio, tuve el privilegio de estar con varios pacientes en el momento de su muerte. En todos los casos, cada vez que se producía un fallecimiento, se creaba un silencio increíble. No era que las actividades del hospital se paralizaran ni que el personal se volviera más silencioso; se trataba de un silencio que traspasaba todos los sonidos, que penetraba todos los poros de mi ser, como si fuera parte de mi cuerpo. La sensación no era terrible ni escalofriante, sino cálida, tranquilizadora, amable, e irradiaba paz.

Intuitivamente, tenía la impresión de que se producía algún tipo de reacción química: el cuerpo moría, llegaba el silencio y entraba en él, y, tras una pausa de unos segundos o incluso minutos, su esencia se transformaba en amor. En esas ocasiones, siempre sentía que me encontraba ante el umbral de un gran misterio, en el punto en que la vida tal como la conocemos se termina y el espíritu se apodera de ella. Las noches que pasé en el hospicio reforzaron mi convicción de que el cuerpo es algo temporal y que el espíritu continúa viviendo.

No compartí estas observaciones con ninguno de mis compañeros de prácticas de UCLA. Estaba convencida de que no las comprenderían y no quería arriesgar mi posición en el grupo. Temía que me condenaran al ostracismo o que me consideraran rara. Lo que más me importaba era que me tomaran en serio. Habíamos aprendido la psicología y los aspectos prácticos de la muerte desde el punto de vista de la ciencia médica. Nunca se nos habló de teorías espirituales. Aquello era para los rabinos y sacerdotes. Nosotros nos limitábamos al día a día, a poner goteros, a recoger muestras de sangre y a terminar nuestras guardias para poder ir a casa a dormir unas cuantas horas. Por alguna razón, evitábamos los asuntos relacionados con la muerte. En un intento por querer encajar, no reconocí abiertamente lo que sabía que era verdad y reprimí el terrible conflicto que sentía. Había decidido que no sería yo quien sacase ese tema tabú. Sin embargo, mis sentimientos y pensamientos sobre la muerte me aportaban cierta tranquilidad, me ofrecían un vínculo poderoso con mi parte intuitiva. A nivel espiritual, reforzaban mi conexión con la inteligencia compasiva y trascendental que impregnaba todos los aspectos del mundo físico... y del más allá. Decidí no hablar de esa parte de mi ser, al menos de momento. Aunque podía parecerme distante, sabía que no se había ido. Mi espiritualidad, todavía viva, estaba en un lugar secreto al que nadie más que yo podía acceder.

4

SANAR LA DIVISIÓN

*El único método de pensamiento realmente valioso
para llegar a un sistema lógicamente coherente es la intuición.*

ALBERT EINSTEIN

Las vistas desde la decimoctava planta del Century City Medical Plaza eran espectaculares. En la distancia, podía ver el sol, que se ponía sobre la delgada línea de color azul intenso del horizonte, acunado por las escarpadas montañas de Santa Mónica, en el norte. Ahora, con treinta y dos años, sabía que por fin había llegado.

Acababa de abrir mi propio gabinete de psicoterapia en una de las zonas más prestigiosas de la ciudad. A cuatro manzanas al sur, se hallaban los estudios de la Fox; las oficinas de la cadena de televisión ABC quedaban a cinco minutos y, al otro lado de la calle, en Century Park East, estaban las dos torres gemelas: dos obeliscos triangulares de cuarenta y ocho plantas, construidos en metal y cristal, donde se concentraban los abogados más poderosos de Los Ángeles. Con la ayuda económica de mis padres, había alquilado un elegante estudio en el ático de un prestigioso centro médico. Había decidido que todo sería de primera calidad. Mi madre contrató a un decorador para seleccionar las mejores telas, papeles pintados y pinturas para mi consulta. La pared que se hallaba al lado de mi escritorio estaba cubierta con mis títulos de la escuela universitaria, la facultad de medicina, las prácticas en Wadsworth VA y las que realicé como psiquiatra residente en UCLA. El escenario ya estaba montado y los decorados eran excelentes.

Pero la práctica privada era un negocio arriesgado. La zona oeste de la ciudad estaba llena de terapeutas: edificios de oficinas enteros se hallaban totalmente ocupados por consultas privadas, y, probablemente, había más terapeutas por metro cuadrado en Beverly Hills, Century City y el oeste de Los Ángeles que en ninguna otra parte del país, a excepción de Manhattan. Además, nunca se me había dado demasiado bien venderme. Con una competencia tan dura, la probabilidad de que mi consulta no saliera adelante era muy alta. Pero me esforcé por desempeñar mi papel y ofrecer al mundo una imagen profesional de mí misma.

Sin reparar en gastos, mi madre me compró un nuevo guardarropa completo y un coche. Con mi salario de médico en prácticas, era inimaginable que pudiera permitirme algo así. Por la mañana, me ponía un traje de dos piezas hecho a medida, una blusa de lino o seda y mis zapatos Ferragamo de tacón, y conducía hasta mi trabajo en mi Mercedes sedán beige del 77.

Entrar en el mundo de mis padres me aportaba muchas ventajas. La medicina era un lenguaje cómodo que ellos entendían, y ahora teníamos algo en común. Cuando les comentaba cualquier cosa sobre pacientes o médicos que ellos también conocían, sabían de qué les hablaba. Nuestra relación se hizo más estrecha: estaban orgullosos de mí; y yo, de mí misma.

Pero no lo hacía para complacerlos. Me gustaba gozar de autoridad, sentir que tenía el respeto de las enfermeras y el personal, y el poder de ayudar a los demás. Tanto los profesores como los pacientes me aportaban una enorme cantidad de estímulos positivos. Sin embargo, en los momentos más tranquilos, todavía sentía que me faltaba algo. Había dejado atrás una parte de mí, aunque no lo había hecho de manera consciente. Para sobrevivir al frenético ritmo de mis estudios de medicina, había adquirido una especie de amnesia protectora. Es algo similar a lo que sucede cuando el cuerpo entra en estado de *shock*. Me cerré a ciertas sensaciones y memorias y me desconecté de mis experiencias intuitivas porque no tenía energía ni ganas de dar marcha atrás para encontrarlas de nuevo. Aunque era consciente de lo que había sucedido, me resultaba más fácil no mirar atrás. Me programé para pensar en lugar de sentir. Esto se convirtió en un hábito y, finalmente, me resigné a esa pérdida y me centré en el presente. Pero tuve que pagar un precio por ello: una vaga melancolía, la sensación de que me faltaba algo, un vacío molesto —todo camuflado por la continua presión del día a día en mi trabajo.

Además, habían pasado doce años desde mi etapa en el laboratorio de Thelma. En aquella época, era una adolescente que trabajaba en empleos temporales, dependía económicamente de mis padres y no tenía ningún tipo de vocación. Ahora, al fin, tenía una. Al formarme en medicina, había sido adoctrinada en el método científico. La investigación intuitiva, comparada con el rigor científico de la psiquiatría convencional, me parecía demasiado vaga, poco exhaustiva. Llegué al punto de valorar sólo aquello que podía demostrarse empíricamente, y prestaba poca atención al resto de las cosas.

En mi consulta, practicaba la psiquiatría tradicional. Veía a mis pacientes durante el día en la consulta y, después, por las noches, hacía visitas en los hospitales. Ésa es una rutina común para muchos psiquiatras. Puesto que estaba disponible las veinticuatro horas del día, fines de semana incluidos, mi vida giraba en torno al trabajo. Seguía el método que había aprendido: asignaba tratamientos a los diferentes síntomas y utilizaba como herramientas la medicación y la psicoterapia.

En UCLA, a pesar del énfasis que se hacía en el factor bioquímico de las enfermedades mentales, nos asignaron unos supervisores para enseñarnos psicoterapia. En mi caso, se trataba de psicoanalistas clásicos de la escuela freudiana. Para ellos, en la psicoterapia era esencial mostrarse afectuoso, pero hablar lo mínimo posible de uno mismo. La meta era permanecer como una pantalla en blanco sobre la que los pacientes pudieran proyectar su propia conducta. La teoría es que los terapeutas pueden ayudar más y mejor si evitan la interacción personal. De ese modo, algunos psicoanalistas apenas hablan durante la sesión. Se limitan a ofrecer alguna interpretación ocasionalmente y a tomar notas. A veces, hasta se sientan fuera del campo visual del paciente. Por lo general, los psicoanalistas visten de una forma conservadora, con el propósito de acentuar su profesionalidad. Teniendo esto en cuenta, no es sorprendente que pensara que podía contaminar el proceso psicoterapéutico si adoptaba un estilo que me resultara más natural. Decidida a mantener una fría distancia terapéutica, evitaba cuidadosamente revelar cualquier tipo de información personal. Permanecía erguida, no mostraba ninguna emoción y mantenía los límites establecidos entre el médico y el paciente.

También me inspiraba en el modo de proceder de mis padres con sus pacientes. Puesto que mi padre era radiólogo, tenía muy poco contacto directo con ellos. Mi madre, por el contrario, salía con sus pacientes, e incluso se iba de vacaciones con ellos, sin que su autoridad como médico se viera mermada por ello. Pero no era psiquiatra, sino médico de cabecera. La objetividad emocional y la neutralidad no eran tan importantes en su especialidad.

Mi primera paciente, Cindy, era una joven maquilladora que pasaba por un divorcio. Trabajaba en un exitoso salón de belleza de Rodeo Drive, Beverly Hills. Supo de mí a través de la dueña del establecimiento, una mujer de negocios con mucho éxito, que era amiga íntima de mis padres. Me sentía muy presionada. Quería agradar a Cindy y quería mostrarle a mi familia que podía tener éxito. Esperaba nuestra primera sesión con la aprensión de una adolescente en su primera cita.

Cuando Cindy entró en mi consulta, me sentí aliviada al observar que estaba más nerviosa que yo. Era pelirroja, de baja estatura y tenía unos veinticinco años. Se sentía tan afligida con la desastrosa ruptura de su matrimonio que lloró durante toda la sesión y gastó una caja entera de Kleenex. Todo lo que necesitaba era alguien que la escuchara con compasión, de modo que apenas abrí la boca. Los cincuenta minutos de la sesión pasaron volando. Cuando ya estaba a punto de marcharse, me dio las gracias efusivamente y programó una sesión semanal.

Una vez al mes, solía acudir al salón de belleza donde Cindy trabajaba para depilarme las piernas. Pensé que, al tratarse de un lugar con tanto movimiento, sería poco probable que coincidiéramos, y la tranquilicé asegurándole que nuestra relación era confidencial. Ella no pareció preocuparse; sin embargo, enseguida descubrí que yo sí. Era mi primera paciente y no quería perderla.

Una tarde, mientras me depilaban en una pequeña sala de la parte posterior del salón, llamaron a la puerta. Oí una voz conocida y la puerta se abrió. Era Cindy, que buscaba a una clienta e ignoraba que yo estaba allí. Nuestras miradas se cruzaron y mi rostro se puso como un tomate. Allí estaba yo, acostada boca arriba sobre la camilla de masaje, con las piernas cubiertas de cera amarilla caliente, y sólo con la ropa interior de cintura para abajo. Cindy, también avergonzada, se disculpó nerviosamente y salió de la sala. Me sentí humillada, convencida de que, según los principios psicoanalíticos, la esperanza de mantener una relación profesional con ella se hallaba en grave peligro. Sin embargo, descubrí que, al haberme visto como alguien vulnerable, se sintió más cerca de mí y su terapia comenzó a dar buenos resultados, aunque, personalmente, nunca hubiera esperado una reacción así. Pronto empecé a ver el «incidente de la depilación» como una llamada para despertar, como un mensaje que me decía: «Relájate. No pasa nada por mostrarse humana».

En cualquier caso, por mucho que me esforzara por mantener un muro entre mis pacientes y yo, éste siempre parecía derrumbarse. Me encontraba con ellos en todas partes: en la playa, en las colas del cine e incluso en fiestas en casas de los amigos. Puesto que vivíamos en el mismo vecindario, nos cruzábamos continuamente. Y, aunque en un principio esos encuentros me preocupaban, al observar la tranquila reacción de mis pacientes, aprendí gradualmente a relajarme y ser yo misma. A pesar de que trataba de desempeñar mi papel, la vida me enseñaba algo totalmente distinto y me mostraba la diferencia entre la teoría y la compleja realidad de la vida humana.

Al poco tiempo de abrir mi consulta, comencé a tratar a Eve, una viuda de noventa años que luchaba con la ansiedad que le producía el cáncer de su hija. Unos meses después, cuando su hija falleció en el hospital Cedars-Sinai, me llamó para que le hiciera compañía. Oí su llanto en cuanto llegué al vestíbulo principal. Causaba tanto alboroto que las enfermeras empezaban a inquietarse. Sin saber qué hacer, me armé de valor para entrar en la habitación.

La visión de esta frágil mujer de pelo gris, que caminaba de un lado a otro sin poder dejar de llorar y gemir, me asustó. Temí que le sobreviniera un ataque al corazón. No sabía qué decir ni cómo consolarla. Me limité a estar allí e intenté tranquilizarla; no quería mostrar lo poco preparada que me sentía ante esa situación.

Pero si se dio cuenta, nunca me lo hizo saber. Sobrecogida por el dolor, corrió llorando hacia mí y se aferró a mis hombros con sus brazos esqueléticos. No era un llanto contenido, sino un auténtico sollozo. Su diminuto pecho se agitaba contra el mío cada vez que tomaba aire. Todo ocurrió de un modo tan repentino que mi cuerpo se quedó entumecido: no estaba acostumbrada a semejante emotividad sin límites. Noté algo que podría describirse como un cortocircuito interno y, durante un momento, todo se volvió negro. Me sentí amenazada por la intensidad de sus emociones y abrumada por su necesidad, por lo que tuve el impulso de arrancarla de mi lado y salir disparada de la habitación. Pensaba que los pacientes no tocaban a sus terapeutas, ni mucho menos se acurrucaban en posición fetal sobre sus regazos, tal como hizo Eve. Eso era cosa de los familiares. Pero ahora que su hija se había ido, estaba sola. Yo era lo más cercano que tenía.

Imploraba ese calor que sólo puede alcanzarse con la cercanía física, y se aferró a mí como una niña desconsolada. Traté de cambiar de postura en alguna ocasión para que me soltara, pero ella no me lo permitía. Así que me senté sobre la cama deshecha de la habitación del hospital y la acuné. El cadáver de su hija yacía sobre una camilla, a tan sólo unos centímetros de nosotras. Cuando por fin me di cuenta de que no tenía escapatoria, renuncié a intentar ser una psiquiatra «correcta» y comencé a relajarme. La tensión desapareció y pude sentir por Eve la ternura que mi idea autoimpuesta de la profesionalidad había bloqueado. Sin cortapisas, me permití sentir cariño por ella. Podría ser mi abuela, y el amor que sentía era maravilloso.

La abracé durante más de una hora y apenas hablamos. Me limité a dejarla llorar. Cuando terminó, caminamos cogidas del brazo hasta la cafetería. Allí tomamos un café y conversamos. Pero no se trataba de una sesión normal, sino de un intercambio de anécdotas sobre su hija, un momento de recuerdos. La había conocido en el hospital, al comienzo de su enfermedad, en las visitas que le había hecho junto a su madre. Ahora, entre el ruido metálico de las bandejas y el intenso olor a tabaco, la traíamos a nuestra memoria y la honrábamos. Eso no tenía nada que ver con lo que me habían enseñado en la facultad acerca de cómo hacer una terapia. Pero era lo que Eve necesitaba, y sabía que estaba bien. Había sucedido algo crucial: ella había tenido la libertad de expresar su dolor y yo había aprendido lo importante que es ser cariñosa y auténtica.

En mi consulta, descubrí que atraía al tipo de paciente que insiste en la cercanía. Eran pacientes que no querían que me limitara a sentarme tranquilamente y a hacer gestos con la cabeza mientras ellos hablaban sin parar. No me bastaba con preguntar: «¿Cómo estás?», y después tomar notas. Me pedían que reaccionara, que me implicara emocionalmente y que les ofreciera mis opiniones. También querían que les revelara más de mí misma, y cuando lo hacía, surgía una nueva química entre nosotros, un intercambio energético que propiciaba el cambio. Seguía las pistas que me ofrecían mis pacientes y aprendía de ellos. Un estilo de terapia más distanciado podría haber funcionado para otros terapeutas, pero yo constataba que no era el apropiado para mí.

Durante seis meses, desempeñé mi papel de psiquiatra tradicional. Mis amigos médicos me enviaban pacientes y mi consulta se llenó rápidamente. Disfrutaba de la intensidad de mi trabajo, de mi agitada agenda y del torrente de adrenalina que sentía cada vez que me llamaban de urgencias, en mitad de la noche, para atender a pacientes con tendencias suicidas. Tener que enfrentarse cada día a nuevos problemas era un desafío; y ayudar a las personas a cambiar y mejorar sus vidas, un gran privilegio. Empecé a sentirme más segura de mí misma, convencida de haber encontrado mi lugar.

ဩဩဩ

Y, entonces, conocí a Christine. Como he contado en el prólogo, fue la experiencia que tuve con ella —cuando ignoré mi premonición sobre su intento de suicidio—la que me hizo frenar en seco. Por primera vez, me di cuenta de que había perdido de vista el objetivo que me había llevado a estudiar medicina. En lugar de trabajar para construir un puente entre el mundo de la intuición y el de la ciencia, me había vuelto tan escéptica —incluso acerca de mis propias capacidades— como mis compañeros.

Pero las largas noches de vigilia al lado de la cama de Christine me llevaron a reivindicar esos sentimientos y a incorporar la intuición a mi ejercicio de la medicina. Decidí que nunca más volvería a correr el riesgo de poner en peligro a un paciente como había hecho con ella. Pero, aunque eso estaba muy claro para mí, todavía desconocía qué pasos debía dar. De vez en cuando, iba al Instituto de Neuropsiquiatría; volver a aquellos pasillos y salas me resultaba reconfortante. Una tarde, poco después de que Christine hubiera salido del coma, me encontré por casualidad con Scott, quien, en aquel momento, trabajaba en un programa para posgraduados. Llevaba más de un año sin verlo. Scott era el único médico que colaboraba con el laboratorio de Thelma que yo conocía. Aunque practicaba la psiquiatría infantil convencional, apreciaba los diferentes planteamientos alternativos de la sanación y era la única persona en UCLA con la que sentía la suficiente confianza como para sacar el tema de Christine.

El encuentro no podía haber sido más oportuno. En la cafetería, en torno a una taza de té, le conté lo que había sucedido.

Una vez que hube terminado, dijo con entusiasmo: «Tienes que conocer a Brugh Joy». Y, después, sonrió y añadió: «Brugh era un médico internista muy conocido en Beverly Hills. Contrajo una grave enfermedad pancreática y los médicos le aseguraron que no había esperanzas. Sin embargo, por increíble que parezca, logró vencer a la enfermedad a través de la meditación y la autosanación. Esto lo llevó a abandonar su consulta y a dar cursos sobre intuición y desarrollo espiritual. ¿Por qué no asistes a uno de sus talleres? Tal vez pueda ayudarte a entender lo que sucedió con Christine».

El simple hecho de pensar en asistir a uno de los talleres de Brugh era un gran paso para mí. Duraban dos semanas y se impartían en un lugar remoto del desierto, a dos horas en coche de Los Ángeles. Además, durante todo ese tiempo, no se me permitiría mantener ningún tipo de comunicación con el mundo exterior. Si asistía, sería la primera vez en nueve meses, desde la apertura de mi consulta privada, que dejaba a mis pacientes en manos de otro psiquiatra.

Además de eso, mis reticencias a asistir se hicieron cada vez más profundas. Tras la premonición de Christine, no sabía qué hacer. Quería abrirme y, sin embargo, me sentía en conflicto conmigo misma. Mis estudios de medicina me habían alejado tanto del mundo de la intuición que la simple idea de volver a examinar esa parte de mí me parecía peligrosa. Tenía miedo, y me preocupaba arriesgar todo aquello por lo que tanto había trabajado. Me aferraba a la identidad que me había construido —la de médico convencional— como quien se aferra a la vida. Mi conflicto interno no cesaba. El problema radicaba en que, durante demasiado tiempo, había contemplado ese dilema en términos de todo o nada. Siempre argumentaba lo mismo: el mundo intuitivo y el de la medicina jamás podrían mezclarse. Me estaba volviendo loca y tenía que hacer algo. Finalmente, decidí seguir el consejo de Scott. Tres semanas después de nuestra conversación, llamé a la oficina de Brugh Joy, en Lucerne Valley, y me inscribí en un retiro para comienzos de septiembre. Eso me daba un mes para reflexionar sobre mi decisión, y, aunque cambié de idea muchas veces, cada vez que cogía el teléfono con la intención de llamar para cancelarlo, me refrenaba. Recordaba a Christine y no me permitía dar marcha atrás.

A las siete de la tarde del día anterior al comienzo del retiro, decidí que iría a una clase de aerobic y haría las maletas después. Salí de casa un poco más tarde de lo que había planeado. Aparqué el coche en una travesía, me eché al hombro mi bolsa de lona y corrí calle abajo en dirección al gimnasio. El sol ya casi se había puesto y el horizonte estaba débilmente iluminado con un brillo rosa pálido. Pasé con rapidez por un callejón sin fijarme bien por dónde iba y, de repente, me vi frente a un coche en movimiento. Era un Oldmobile destartalado, conducido por un anciano que iba a cuarenta o cuarenta y cinco kilómetros por hora. Me golpeó con tanta fuerza que me arrojó sobre el parabrisas.

De repente, me vi transportada a un túnel idéntico al que había visto en el accidente de Tuna Canyon. Protegida en su interior, observé la escena. Vi cómo mi cuerpo rebotaba contra la capota del coche y salía disparado hacia un muro de ladrillos del callejón. Dos adolescentes, que estaban sentados en un portal, presenciaron el accidente y corrieron a ayudarme. Supongo que parecía una acróbata ejecutando un salto mortal en leotardos negros: el impacto contra el muro me hizo rebotar y aterricé de pie, como si esperara el aplauso del público y la puntuación del jurado deportivo.

Una muchedumbre se reunió en torno a mí. El conductor, extremadamente confuso y débil, y también mal de la vista, parecía muy conmocionado. Deseaba ayudarme, al igual que los muchachos. Pero estaba bien y era, tal vez, demasiado independiente —en aquel periodo de mi vida me resultaba difícil pedir ayuda—, de modo que subí al coche y conduje hasta la sala de urgencias de UCLA. A excepción de un doloroso latigazo cervical, no me había roto ningún hueso ni tenía ningún otro tipo de lesión. Al haber estado anteriormente en el túnel, sabía qué había sucedido, pero nunca hubiera pensado que eso fuera a repetirse para protegerme de nuevo en una situación de peligro. Esta idea me pareció extraordinariamente reconfortante, y pensé que el túnel era una gran bendición.

Todos los días, muchas personas resultan gravemente heridas o mueren en accidentes. Pero las dos veces en las que había estado en grave peligro, el túnel me había salvado. Al pensarlo de nuevo y considerar lo que había sucedido, supe que estaba bien. A pesar de que los médicos no me lo aconsejaron, me preparé para el viaje. Al día siguiente, por la mañana, puse las maletas en el asiento trasero de mi coche y me dirigí al Institute of Mental Physics, en Joshua Tree.

Cuando llegué, la temperatura superaba los 45° centígrados. Unas olas de calor bien visibles emergían del asfalto que conducía a la entrada. El desierto que rodeaba el centro de conferencias era una vasta extensión de arena salpicada de cactus de un tono verde apagado. La secretaria de Brugh, una mujer robusta de mediana edad, me llevó a lo largo de un serpenteante camino de piedra bordeado de arbustos de adelfa hasta mi habitación. Agotada por el calor y el viaje, me duché y me instalé.

Aquella noche, tras la cena, cuarenta hombres y mujeres de diferentes edades se reunieron en círculo en una gran sala. Brugh, de unos cuarenta y cinco años, era un hombre ágil, pálido y de aspecto andrógino. Se había formado en la Universidad John Hopkins y en la clínica Mayo, y era miembro de la sociedad de honor Alpha Omega Alpha. Vestía tejanos y suéter, y, aunque parecía reservado, se mostró muy directo y seguro de sí mismo al explicarnos, con un tono de voz tranquilo y de modo elocuente, las reglas que debíamos seguir. No podíamos utilizar el teléfono. No podíamos salir de la finca. Nada de drogas ni de sexo. Nada de distracciones externas. Brugh quería que permaneciéramos centrados en el presente. El objetivo del curso era hacernos salir de nuestra forma condicionada de contemplar el mundo para abrirnos a una realidad diferente. Con charlas sobre los sueños, meditación, periodos de silencio, ayuno y otras técnicas, podríamos entrar en un estado más intuitivo.

A las seis de la mañana del día siguiente, el grupo se reunió de nuevo. Bajo la dirección de Brugh, hablamos de nuestros sueños. Me resultó terrible levantarme tan temprano, pero había puesto la alarma a las cinco y media, y logré llegar a tiempo. Sentada con las piernas cruzadas sobre un cojín de meditación, decidí no participar, pero, inevitablemente, esa misma mañana Brugh comenzó conmigo.

Hablé de un sueño reciente. Lo elegí porque era el único que podía recordar y no porque lo considerara especialmente relevante. En aquella época, no tenía demasiados sueños, y sólo ocasionalmente podía recordarlos. En él, caminaba por una zona residencial en un día soleado; se parecía al lugar donde había crecido, con cuidadas parcelas de césped y casas grandes. De repente, en mitad de la manzana, vi un inmenso terreno, vacío y polvoriento. Me detuve y dudé si debía entrar. El terreno no encajaba con el escenario y parecía amenazante. Sin embargo, también tenía un extraño encanto y despertaba en mí cierto anhelo. Lo miré en la distancia y sentí en su vacío algo que no pude llegar a comprender.

Eso era todo. Corto, con pocas florituras y sin un verdadero argumento. Sin embargo, me había dejado intranquila. Brugh contestó con un largo discurso acerca de su significado. Parecía interpretar una obra de teatro y el lenguaje que empleó me recordaba al de un gurú: una mezcla de intelectualismo, jerga espiritual y una actitud de sabelotodo. «El estado onírico está más cerca de nuestro ser que la realidad externa más intensa. El terreno vacío representa el gran misterio de la conciencia, tu potencial espiritual e intuitivo. Has creado una división artificial en ti misma que te impide experimentar la conciencia total.»

Brugh continuó y señaló que yo tenía ideas fijas sobre muchas cosas, y que si no me desprendía de mi inflexibilidad, ésta impediría cualquier progreso espiritual que pudiera desear. Cuando por fin terminó, me sentí avergonzada. Me resultaba desconcertante que fuera tan directo conmigo, delante de toda aquella gente, como si tratase de enfrentarme a los hechos para que reaccionara. Cuanto más hablaba, más me irritaba: ¿quién se creía que era para juzgarme?

Aquel día comí con Michael, un escritor y director de cine de Malibú, que, con el tiempo, se convertiría en un buen amigo. Michael Crichton, un hombre de 1,83 de estatura y médico graduado en Harvard, había dejado la medicina para escribir novelas, muchas de las cuales han sido adaptadas al cine. Me hacía pensar en un pájaro enorme que, con las alas extendidas, volara por encima de la tierra. Inteligente y algo cínico, no se dejaba convencer por cualquier parrafada espiritual. Había viajado por todo el mundo y conocía a personas intuitivas de muchas culturas diferentes. Michael creía que la interpretación de mi sueño por parte de Brugh se basaba más en sus impresiones profundas sobre mí que en el contenido de aquél. «¿Tiene sentido para ti?», me preguntó Michael.

Sabía que Brugh había dado en el clavo, pero todavía deseaba desmentir sus palabras. Aunque el intento de suicidio de Christine me había preparado intelectualmente para explorar mi vida intuitiva, gran parte de mí seguía asustada. Brugh se dio cuenta de eso y utilizó mi sueño para que me abriera paso a través del miedo, pero yo reaccioné a la defensiva.

La sesión de la tarde comenzó con sonidos de alta intensidad, una técnica destinada a estimular el proceso intuitivo a través de la audición de música a alto volumen y la atención a las imágenes que ésta evoca. Brugh la describió como una poderosa herramienta que puede ir más allá de la mente y ayudarnos a abrirnos. Nos pidió que nos relajáramos, que no tuviéramos expectativas y que nos mostráramos receptivos a lo que surgiera. Los cuarenta integrantes del grupo nos colocamos uno al lado del otro y nos acostamos sobre almohadones, con las cabezas orientadas hacia el centro del círculo. Brugh bajó la intensidad de la luz y puso a todo volumen la banda sonora de la película *Carros de fuego*.

Inmediatamente, sentí que la vibración del bajo salía del suelo y entraba en mi cuerpo. Temí que me reventaran los tímpanos; el ruido era terrible. La música me asaltaba; yo me replegaba sobre mí misma y luchaba contra ella. Pero, tras diez minutos agónicos, algo cambió. La belleza de lo que escuchaba puso fin a mi malestar. Mi mente se iluminó con unos fuegos artificiales de imágenes inconexas. Unos caballos salvajes que galopaban por una exuberante pradera. Una poderosa tormenta eléctrica que estallaba sobre el océano. El rostro de mi abuelo cuando era joven. Una compañía de artistas callejeros. Eran imágenes deslavazadas que se sucedían, una tras otra, según la música iba *in crescendo*.

Se abrió una compuerta. Me vi transportada a una época en la que era mucho más joven. Podía volver a ver claramente; a veces, también veía el futuro. Pero no tenía miedo. Los muros que había construido a mi alrededor ya no estaban. Me moría por volver a tener aquella inocencia y frescura; había perdido algo importante. La tristeza me invadió y me sentí desorientada y agotada.

Cuando terminó la música, Brugh encendió las luces y me vi catapultada fuera de la sesión. La sala me daba tantas vueltas que sentí náuseas. Luché por recuperar el equilibrio, abrumada por el profuso desfile de imágenes y recuerdos del pasado. Verlas resurgir tan precipitadamente, después de haberlas mantenido enterradas durante tanto tiempo, fue un verdadero impacto para mí. Sentía que me tambaleaba, como si alguien hubiera trabajado con un desatascador en mi inconsciente y hubiera retirado un tapón gigante. Cuando regresamos al círculo y compartimos nuestras reacciones, apenas me podía concentrar. Después, regresé a mi habitación y me fui directamente a la cama.

A la mañana siguiente me desperté furiosa. No sabía por qué, pero todo me irritaba. El latigazo cervical que había sufrido a consecuencia del accidente había empeorado y tenía una contractura en el cuello de la consistencia de una piedra. No podía mover el cuello en ninguna dirección. Quería regresar a casa, pero algo me impedía marcharme. Durante el desayuno, decidí comentar con Brugh esos síntomas.

—¡Fantástico! Por fin estás despertando —dijo.

—¿Despertando? Me siento fatal —respondí irritada.

Brugh me lanzó una mirada de complicidad que me irritó todavía más. Parecía tan engreído y seguro de sí mismo que sólo deseaba bajarle los humos. Sin prestar atención a mi hostilidad, continuó:

—La música es una simple catalizadora. Agudiza tus sentidos, te abre rápidamente y te hace más consciente. La noche pasada recordaste algo muy importante de ti misma y te asustaste. Luchar contra ello, sólo crea tensión. Cuando te cierras, tu cuerpo se vuelve rígido y reacciona con esos síntomas. El secreto es dejarse llevar. Confía en tus imágenes en lugar de censurarlas. Y después dime cómo te sientes.

—¿Qué tiene que ver todo esto con dejarse llevar? Ya tengo demasiado dolor. ¿Por qué agravarlo sacando toda esa tristeza? —argumenté.

—En la tristeza se halla la clave de tu dolor. No puedes escapar eternamente de ella —contestó Brugh con voz suave pero firme.

Aquello era lo último que deseaba oír. Prefería creer que mis síntomas eran sólo físicos y me sentí indignada. ¿Qué clase de médico era ese Brugh? No parecía nada compasivo. Y yo no tenía ninguna intención de volver a revivir las imágenes de la noche anterior. Tal vez en otro momento, cuando me sintiera mejor. Pero no ahora que me encontraba tan mal. Desesperada, me levanté de la mesa y me marché ofendida.

Los mareos y las náuseas fueron a más. Estaba dispuesta a abandonar. A mitad de la tarde, cansada de pelear con Brugh y conmigo misma, me eché sobre la arena del desierto, al lado de un arbusto de enebro, y caí en un profundo sueño. Dormí allí durante horas, acurrucada sobre mi toalla de playa. Cuando desperté, al anochecer, algo en mí se había liberado. A partir de ese momento, mi actitud cambió.

Observé la media luna en el cielo violeta del desierto y me sentí fresca, con una claridad excepcional. Permanecí allí, estirada y tranquila, acomodada en la suavidad de la arena. Había llegado a mí límite. Al igual que un niño que se queda rendido después de un berrinche, mi lucha había desaparecido por completo. No había tratado de dejarme llevar, sino que todo sucedió a pesar de mí. Una sabiduría insospechada se apoderó de mí, un impulso físico de inclinarme y sobrevivir bajo presión en lugar de explotar. Tanto si se trataba de la activación de una parte más sabia de mí misma como de la intervención divina, mi resistencia se había disuelto. Me vi elevada sobre un abismo insondable que la voluntad por sí misma no puede atravesar. Para superar la presión de la facultad de medicina y el periodo de prácticas, me había apoyado en la voluntad y la perseverancia. Ante cualquier obstáculo, me esforzaba, me concentraba más y lo superaba. Ese estilo me había servido durante mucho tiempo, pero ahora ya no me valía. No habría podido obligarme a cambiar. Fue un acto de gracia, totalmente fuera del alcance de mis intentos conscientes.

Jamás había experimentado antes el gran alivio que viene con la rendición. Siempre había supuesto que rendirse equivale a darse por vencido o fracasar. Pero, en ese momento, estaba radiante y exultante de energía. Un nudo espeso y rígido se había deshecho en mi interior, y sentía el cuerpo ágil y liberado. En cuestión de horas, las náuseas desaparecieron y los músculos del cuello se aflojaron. La tensión se desvaneció. Era una persona diferente. Hablaba y reía con los demás, y ya no los dejaba de lado.

En ese estado receptivo, me sentí preparada para volver a experimentar mi parte intuitiva. Para ello, contaba con dos semanas de trabajo en grupo sobre sueños, meditación, introducción a los rituales de sanación, trabajo energético (imposición de manos), y dos días de silencio y ayuno. Lejos del estrés de mi vida cotidiana, tenía la oportunidad de aclimatarme al renovado flujo de imágenes y sueños. Era como aprender a montar en bicicleta de nuevo. Al principio, me parecía peligroso y dudaba. Pero, con el aliento de Brugh y del resto del grupo, me abrí poco a poco. Trabajar con Brugh fue también un ejemplo de primera mano de cómo la intuición y la medicina pueden combinarse de un modo positivo.

Un día, Brugh fijó una cita con una enferma de cáncer, recomendada por una persona que había asistido previamente a una de sus conferencias, para recibir lo que él llamaba una «sesión de sanación». Debbie, una mujer morena y delgada, de treinta y muchos años, con un corte de pelo a lo paje y que vestía tejanos de diseño, botas de *cowboy* y una camiseta, llegó a nuestra reunión matinal y se sentó en un cojín al lado de Brugh. A excepción de su escaso pelo, que reconocí como una señal de que recibía quimioterapia, nada en ella sugería que estaba enferma. Comentó que llevaba varias semanas esperando con impaciencia esa sesión. Era azafata de vuelo, madre de una niña de cinco años y le habían diagnosticado leucemia hacía tres años. A pesar de que la habían tratado con interferón, un fármaco experimental, el recuento de leucocitos seguía siendo anormal, lo cual indicaba que la enfermedad no había mejorado. Ahora, Debbie se enfrentaba a un trasplante de médula, un procedimiento quirúrgico arriesgado que le ofrecía la posibilidad de salvar su vida. La medicina convencional no podía ofrecerle más. Y ahí era donde Brugh entraba en juego.

Brugh la entrevistó delante de todo el grupo. Me asombró su valentía al revelar detalles íntimos de su vida con una franqueza absoluta. Y, aunque Debbie me impresionó mucho, lo que más me impactó fue la meticulosidad del enfoque de Brugh. Comenzó con su historial médico completo y continuó con una evaluación de su estructura psíquica, mucho más sutil y sofisticada que cualquiera que hubiera visto en la facultad de medicina.

Guiado por su intuición, descubrió áreas de la personalidad de Debbie que, con la psicoterapia tradicional, se habría tardado años en detectar. Observé que le planteaba preguntas que no se basaban en la información que Debbie le había dado, sino que, más bien, provenían de su intuición. El ejemplo más asombroso tuvo lugar a mitad de la entrevista. Debbie hablaba de la progresión de la leucemia, cuando Brugh, de repente, le preguntó: «¿Alguna vez has perdido un hijo?». Ella palideció y, con un susurro, respondió que sí. Hacía veinte años, cuando tenía dieciocho, había dado a luz a un niño que nació muerto. El incidente había sido tan doloroso para ella que lo había ocultado durante años.

Brugh vio en la esencia de su conexión mente-cuerpo que su enfermedad tenía un fuerte componente emocional. Durante la hora siguiente, observé cómo destapaba hábilmente toda una vida de pérdidas que ella no había llorado. Su abuela, quien la había criado, había fallecido cuando ella tenía catorce años; un buen amigo había muerto hacía pocos años; había pasado por dos divorcios y por la muerte de su hijo. Su pauta había sido continuar con su vida sin ocuparse de sus emociones. Había tomado metacualona y esnifado cocaína, y, como azafata, había aceptado vuelos para poder escapar. Aunque finalmente dejó las drogas tras asistir a un programa de desintoxicación en un hospital, nunca se había ocupado de sus sentimientos de culpa y falta de valía. Brugh sentía que todo eso había contribuido al desarrollo de la leucemia. Y lo que era más importante, pensaba que si trabajaba con esas pérdidas, podía alterar el curso de su enfermedad de un modo positivo.

Como un buen capitán, Brugh atravesó la resistencia de Debbie e identificó sus puntos ciegos. Estudié cada uno de sus pasos y observé cómo combinaba la intuición con su experiencia médica y terapéutica, un arte con el que entretejía ambos enfoques. Al observar a Brugh, obtuve un modelo de cómo hubiera podido actuar con Christine. Me enseñó que era posible escuchar intuitivamente y, al mismo tiempo, ser sagaz como médico. Había otros doctores en la sala que, al igual que yo, también deseaban hacer uso de la intuición en sus trabajos. En eso no era la única, y decidí que, una vez terminado el curso, me mantendría en contacto con ellos para seguir por ese camino.

Antes de regresar a Los Ángeles, había observado que la ecléctica filosofía de Brugh incorporaba la esencia de muchas religiones, y, sobre todo, el concepto de amor incondicional. Ésa fue la base de su trabajo con Debbie, el espíritu con el que él abordaba su vida. Para Brugh, las experiencias intuitivas no eran un fin en sí mismas, sino una extensión de una conciencia espiritual compasiva. Esa conciencia podía ser nutrida y entrenada con la meditación. No se trataba de una construcción intelectual; el amor incondicional era una manera de estar en el mundo, un gran regalo que Brugh era capaz de transmitir con sus palabras y sus manos. En el laboratorio de Thelma, había conocido a muchos sanadores, como Jack y otros, pero ninguno de ellos podía generar esa fuerza de una forma tan poderosa y crear semejante impacto en los demás.

Había saboreado el amor incondicional, el vínculo espiritual que durante tanto tiempo había echado de menos. A lo largo del curso, vislumbré lo que significaba ser generoso, ver lo bueno en los demás y ayudar a alcanzar las verdaderas necesidades. De repente, fue un gran alivio no juzgar ni criticar a cada persona que conocía. Estaba tan acostumbrada a centrarme en los defectos de los demás que había desarrollado cierto tipo de ceguera, basada en el miedo, que se activaba automáticamente. No tenía ni idea de cuánto tiempo me llevaría ir más allá de mi egoísmo; la rendición permitiría que ese amor entrara en mí. El amor incondicional sólo puede alcanzarse tras un intenso trabajo espiritual, y yo estaba empezando. Sin embargo, había encontrado la promesa de lo que buscaba, y en Brugh tenía un nuevo modelo que seguir. Al regresar a casa, dispuesta a continuar con la integración de la intuición en mi vida, pude prever que el brillo del amor que sentía, sin el apoyo de Brugh y los demás para generarlo y reforzarlo, pronto se debilitaría en el mundo cotidiano. Mi gran desafío era aprender a renovar y nutrir ese amor por mí misma.

ಜಞಜ

Tres semanas después de mi regreso, fue el aniversario de la muerte de mi abuelo. El viernes por la noche, tras encender una vela en su memoria, quise hacer algo especial para conmemorar esa ocasión. Nunca he sido muy religiosa; tan sólo me limitaba a asistir a algunos servicios con mis padres durante las fiestas judías. Sin embargo, poco antes de la puesta de sol, decidí ir a la sinagoga ortodoxa de Venice Beach. Un hombre de unos treinta y cinco años, bajo, con aspecto de estudioso, y que parecía ostentar algún puesto de autoridad, me saludó en la puerta de entrada. Tenía un abundante cabello rojizo y llevaba unas gafas con montura metálica, una kipá y un chal de oración azul y blanco sobre los hombros. Me indicó un asiento libre en la zona de las mujeres y él se sentó en el lado opuesto con el resto de los hombres. Después del servicio, se acercó a mí, me dijo que se llamaba Richard y me invitó a su casa a una cena de Sabbat. Al poco tiempo, iniciamos una relación romántica. Richard, un abogado de éxito que se había divorciado recientemente, era un devoto judío y trataba de compaginar sus creencias religiosas con su agitada carrera. Me enamoré enseguida de él, y, durante los tres meses siguientes, acudí todos los viernes a la sinagoga para rezar con el grupo, con un pañuelo sobre la cabeza, tal como exigía la costumbre ortodoxa. Después, puesto que Richard no conducía durante el Sabbat, caminábamos hasta la casa de algún miembro de la congregación de los alrededores y cenábamos con ellos.

Sabía muy poco acerca de la comunidad judía ortodoxa. Un viernes por la noche, Richard me hizo algunas preguntas sobre mi familia y la conversación se desvió hacia mi abuelo. Puesto que había pasado poco tiempo desde el retiro con Brugh, me sentía bastante abierta para hablar de cualquier cosa, de modo que le conté el sueño en el que había predicho la muerte de mi abuelo. Pude percibir un cambio en su expresión cuando lo hice. Entonces, me preguntó educadamente si había tenido otro tipo de experiencias similares. Pasé por alto su evidente incomodidad y le hablé de ellas con entusiasmo, pues confiaba en que entendería. Pero no fue así. Cuando por fin terminó la velada y se marchó, un muro se alzaba entre nosotros. A la semana siguiente, me llegó una carta de Richard en la que me decía que no podía volver a verme. Desconsolada, le llamé por teléfono y le pregunté el porqué. Dijo que no quería tener una relación con una mujer con una profesión tan exigente como la psiquiatría, pero no lo creí. Sabía que había otra razón. Ruth, una amiga que pertenecía a la misma sinagoga, parecía tener una mentalidad abierta, así que me decidí a preguntarle si sabía qué ocurría. Era exactamente lo que yo sospechaba. Me explicó que Richard se había preocupado tanto por mis premoniciones que consultó a su rabino, un anciano de origen europeo. Éste le dijo que yo era una bruja y que debía cortar todo tipo de contacto conmigo. Continué acudiendo a la sinagoga durante un tiempo, pero el rumor se había extendido. Personas que anteriormente se habían mostrado amigables conmigo se volvieron distantes. Dejé de recibir invitaciones para cenas de Sabbat. Me excluyeron de todas las actividades. Semejante humillación, si hubiera sucedido antes del curso de Brugh, me habría disuadido por completo de seguir trabajando en mi intuición. Pero ahora tenía más resistencia. A pesar de que estaba dolida por el fin de mi relación con Richard y la reacción de la comunidad, no utilicé eso como una excusa para rechazar mis capacidades.

Casi inmediatamente después, tuve la oportunidad de poner a prueba la firmeza de mi nueva resolución. Anna, una de mis pacientes, trabajaba como recepcionista en la consulta de un cardiólogo de mi mismo edificio. Estaba divorciada y vivía sola desde hacía años en una pequeña casa de Culver City. Rondaba los sesenta años, era de baja estatura, tenía los ojos de un tono azul claro y siempre llevaba el cabello gris impecablemente peinado. Nacida en el condado de Orange, había llevado una vida tranquila, nunca había viajado y seguía una rutina diaria que consistía en trabajar y regresar a su casa para mirar la televisión.

Anna inició la terapia con el objetivo de resolver una relación conflictiva con su hijo. Sin embargo, al poco tiempo desarrolló una forma de cáncer de pulmón especialmente agresiva que se metastatizó muy pronto en el cerebro. El cáncer no mejoraba ni siquiera con enormes dosis de radiación y quimioterapia. En un periodo de seis meses, pasó de ser una mujer sana y vital a estar postrada en la cama. Después, tras recibir un tratamiento de quimioterapia, sufrió un derrame cerebral que la dejó incapacitada para caminar. Como venir a mi consulta le resultaba agotador, permanecimos en contacto a través del teléfono. A pesar de este último revés, el oncólogo no perdía la esperanza de que se recuperara. Una tarde, la visité en su casa. Antes de esa cita, apenas habíamos hablado de la muerte; hasta entonces nos habíamos centrado en su recuperación.

Aunque su condición física era más estable que la de unos meses atrás, aquella misma mañana tuvo la premonición de que iba a morir. No se trataba de una vaga impresión o de un simple temor. Cuando hablamos aquella tarde, no mostró ni el menor rastro de duda de que su vida terminaría en el transcurso de las siguientes veinticuatro horas. Y ese conocimiento tan claro le horrorizaba.

En el pasado, la habría tranquilizado y le habría dicho que, dada la gravedad de su enfermedad, su ansiedad acerca de la muerte era natural. Y en cuanto hubiera dejado salir sus sentimientos, le habría hablado de sus mejorías más recientes para animarla. Pero mi instinto me decía claramente que su premonición era correcta: la sentí tan verdadera como la que yo había sentido con Christine seis meses antes. Así que, en lugar de cuestionar su validez, elegí confiar en Anna y en mí. No escuché a esa parte de mí que me advertía: «No te arriesgues. Vas a cometer un grave error». Ya había ignorado antes esa voz y había pagado un precio muy alto por ello. Esta vez, en lugar de desoír la premonición, permití que ésta me guiara. En cuanto hube tomado esa decisión, oí una voz en mi cabeza que me decía: «Guía a Anna en su muerte».

Al principio no sabía qué hacer, pero después me llegó una idea. Si la guiaba con una meditación para que pudiera establecer contacto con la muerte, en cierto modo se tranquilizaría. Sin embargo, meditaba desde hacía apenas unos meses y nunca había intentado hacer algo así. Pero me sentía extrañamente segura de mí misma, con la certeza de que tomaba la dirección correcta, como si una fuerza inteligente me guiara y me mostrara cómo hacerlo.

Anna estaba tan afligida que finalmente accedió, aunque indecisa. Le pedí que se acostara sobre la cama y cerrara los ojos. Después, comencé a guiarla con unos ejercicios de respiración para que pudiera aliviarse del estrés que sentía. Una vez se hubo tranquilizado, le dije tan dulcemente como pude:

—Visualiza tu propia muerte. Dime qué aspecto tiene.

Anna se estremeció. Sabía que sería duro para ella; no consideraba que la muerte pudiera ser algo tranquilo, sino que más bien la veía como una dolorosa separación final de sus seres queridos.

—Tengo miedo hasta de imaginarla. ¿Y si no hay nada allí? –dijo. Traté de tranquilizarla, y, entonces, con los ojos todavía cerrados, continuó–: Todo lo que veo es oscuridad. Un vacío. Nada. Un silencio aterrador.

Tengo frío, estoy entumecida. No me gusta estar aquí. –Las lágrimas le rodaban por las mejillas–. Quiero parar.

Con calma, la animé a que no dejara de centrarse en lo que veía. Aunque era duro, estaba segura de que, si continuaba, encontraría algo importante. No quería que abandonase la meditación. Durante un tiempo, permaneció en la oscuridad. Me senté sin decir nada; no deseaba interrumpirla y me limitaba a comprobar que estaba bien. Cinco o diez minutos después, de repente, comenzó a hablar de nuevo:

—Esto es muy extraño. Puedo ver una débil luz dorada, un brillo como las brasas de un fuego que viene de detrás de la oscuridad. Es magnífico, no puedo dejar de mirarlo.

Mientras Anna observaba cómo la luz se acercaba, pude ver que una gran calma la inundaba. Su respiración se ralentizó y su cuerpo se aflojó. Se quedó en ese estado durante media hora aproximadamente. Cuando la meditación terminó, su miedo había desaparecido.

—Tienes razón –susurró con los ojos como platos–, si esto es la muerte, no es nada de lo que haya que tener miedo.

Después cayó en un profundo sueño.

Eso me pareció sorprendente, no sólo por lo que Anna había dicho, sino también porque no era una persona religiosa, desconocía la literatura metafísica y no tenía ninguna creencia sobre la vida después de la muerte. Sin embargo, había reconocido instantáneamente su muerte como una luz radiante, y pudo sentir su brillo y serenidad. Sin que le hubiera hablado de ello, confirmó tanto mi propia experiencia como la de muchos sanadores que trabajaban con los moribundos. Ésa fue la última vez que vi a Anna. Al día siguiente, su hijo llamó a mi consulta para informarme que su madre había muerto. Dijo que había sido una muerte tranquila y que toda la familia había estado a su lado. Colgué el teléfono y asimilé la noticia lentamente. Habíamos trabajado juntas durante más de un año. Estábamos unidas y la echaría de menos. La muerte de los seres queridos me resultaba dura. Siempre esperaba volver a encontrarlos, ver sus sonrisas u oír sus voces. Sabía que sentiría la ausencia de Anna durante un buen tiempo. Estaba triste por su partida, pero, al mismo tiempo, aliviada. Al recordar la aceptación que vi en su rostro cuando nos despedimos, me di cuenta de que había hecho lo correcto.

Por primera vez en muchos años, había reconocido la valía de mi voz interior, la había escuchado y, al hacerlo, había procurado consuelo a

Anna. Aunque sabía que había corrido un gran riesgo, sentí vértigo, casi euforia. Puesto que lo había hecho, la próxima vez sería más fácil. No podía haber obtenido una confirmación mejor.

Esa noche, en mi camino de regreso a casa, bajé las ventanillas del coche y me sumergí en la noche. Las estrellas parecían más brillantes, el aire más fresco, mi sentido del oído más agudo. Conduje en dirección oeste, hacia la playa de Olympic Boulevard; sentía la brisa fresca en el pelo y cantaba la canción de Willie Nelson que ponían en la radio. Del mismo modo que Anna había encontrado paz en la muerte, yo descubría una nueva claridad en mi vida.

5

MEZCLA DE MEDICINAS

El hecho de que la ciencia amplíe
un solo tipo de conocimiento
no necesariamente denigra al otro.
Todos los grandes científicos han comprendido esto.

MARGARET MEAD

Sentí la piel de gallina en los brazos. Miraba la fotografía en color del hombre que aparecía en la portada del *L.A. Weekly*. Nunca lo había visto antes ni había oído hablar de él. Sin embargo, las células de mi cuerpo reaccionaron como si fuese alguien cercano. Rápidamente, pasé a leer el artículo de las páginas interiores.

Su nombre era Stephan Schwartz y era parapsicólogo, fundador y director de Mobius Group, una organización del área de Los Feliz que dirigía investigaciones intuitivas. Junto a su grupo de intuitivos, había colaborado con varios departamentos de policía, compañías de seguros y todo tipo de personas en la resolución de crímenes y la localización de restos arqueológicos, algunos de ellos bajo el agua. Inmediatamente, le escribí una carta en la que le contaba mis experiencias y la eché al buzón. Pensé que recibiría muchas otras cartas relacionadas con el artículo, de modo que no esperaba que me respondiera. Al menos, no tan pronto.

Pero, a la semana siguiente, él mismo me llamó. Hablamos durante unos minutos y decidimos encontrarnos en su casa.

En el momento en que lo vi, se produjo un reconocimiento instantáneo entre nosotros, como si nos conociéramos desde hacía años. Súbitamente supe que Stephan sería una influencia decisiva en mi vida.

Mientras hablábamos, me recordaba a un nativo de sangre azul de Nueva Inglaterra que hubiera salido directamente de un club de campo de Connecticut. Me enamoré de su cuidada belleza, de su inteligencia, de su habilidad para llevarse bien tanto con los intuitivos como con los científicos. Pronto tuve claro que su profundamente arraigada espiritualidad lo convertía en una de esas pocas personas que pueden vivir elegantemente en varios mundos a la vez. Le conté que mis habilidades habían estado dormidas durante mucho tiempo, pero no pareció importarle en absoluto. Me explicó que el regreso de las imágenes que se había iniciado durante el curso de Brugh, hacía apenas unos meses, se aceleraría con mis meditaciones. El siguiente paso era dar uso práctico a las imágenes a través de lo que él llamaba «experimento de visualización remota». Accedió a enseñarme esa técnica, empleada para visualizar acontecimientos pasados, presentes o futuros que el practicante desconoce. Dijo que, si entraba en un estado meditativo y alguien me guiaba, podía entrenarme para trabajar con mis habilidades conscientemente. Stephan estaba a punto de reemplazar a Thelma. Me inscribió para que pudiese formar parte de su equipo intuitivo. No dejé escapar esa oportunidad y comencé a trabajar.

Los experimentos de visualización remota eran un trabajo de equipo: se analizaba el conjunto de respuestas de los observadores en busca de coincidencias. Stephan había formado el grupo sobre la base de que cada uno de sus integrantes tenía una especialidad intuitiva en la que destacaba, normalmente relacionada con su carrera profesional. El núcleo central estaba compuesto por Jack, ingeniero; Hella, fotógrafo; Andre, músico; Ben, productor de cine y documentales, y Rosalyn, profesora y sanadora. Stephan sentía que yo aportaría la pieza que faltaba.

Durante el día, continuaba con mi trabajo en mi consulta privada. Después, fuera del horario de oficina, varias noches al mes participaba en los experimentos de visualización remota en Mobius, como una válvula de escape para mi expresión intuitiva. Anteriormente, siempre había sentido que tenía que sacrificar mi parte intuitiva en beneficio de la profesional. No había suficiente espacio dentro de mí para las dos. Aunque, en un principio, me preocupaba por mantener separados esos dos principales aspectos de mi vida, había comenzado una nueva etapa de total actividad en ambos mundos, el de la intuición y el de la medicina.

Cierto día, al final de una tarde de jueves excepcionalmente calurosa, Stephan me llamó para que participara en un experimento de visualización remota. Era uno de esos días de verano asfixiantes de Los Ángeles, en los que la gente se tumba apáticamente cerca de una piscina para poder robarle al aire algo de oxígeno. Conduje hasta las oficinas de Mobius, en Los Feliz, con las ventanillas bajadas. Avanzaba centímetro a centímetro entre el tráfico de la hora punta, y el sudor me caía por el cuello. Había trabajado con mis pacientes desde las nueve de la mañana, y estaba agotada. La fresca suavidad de mi cama era la única visualización de la que me sentía capaz.

Cada vez que, tras una larga jornada de trabajo, me dirigía a las oficinas de Mobius, solía sentirme así. Mi vida se había vuelto agotadora. Mi localizador sonaba a todas horas, tanto del día como de la noche. La mayor parte del tiempo me sentía agotada por las rondas en el hospital, las batallas con las compañías de seguros, y las llamadas de pacientes y familiares en situaciones de pánico. Las urgencias eran constantes y había muy poco espacio para otras cosas. Aquellas noches eran los únicos momentos que me reservaba para mí misma. El viaje de mi consulta a la oficina llevaba unos cincuenta minutos, pero, por muy agotada o irritaba que estuviera, en cuanto llegaba a Hyperion Avenue y aparcaba el coche, gran parte de mi energía regresaba. Lo sabía y eso me hacía continuar. También sabía que tenía más necesidad de estar en Mobius que de dormir.

Aparqué el coche en el área de estacionamiento. Miré agradecida el modesto edificio de dos plantas de los años cincuenta, y, lentamente, sentí que el estómago se relajaba, la mandíbula se aflojaba y mi mente se aclaraba. Durante mucho tiempo, cada vez que había tratado de sofocar mis visiones —siempre presentes y difíciles de soportar—, me había sentido encerrada en una caja minúscula. Ahora, al trabajar como intuitiva en Mobius, sentía que las paredes de esa caja comenzaban a ablandarse y derretirse. De repente, me encontraba en una realidad tan inmensa que los límites parecían haber desaparecido y supe que todo era posible. Allí se me ofrecía una miríada de imágenes, sensaciones y sonidos que estaban más allá del reino de mis percepciones ordinarias. Era allí donde podía abandonar mi claustrofóbica personalidad de «psiquiatra», un papel que ahora me parecía demasiado pequeño para mí. Era allí donde podía liberarme de todos los conceptos definidos y limitadores acerca de quién era, y convertirme en algo más.

Y, además, estaba Stephan. En Mullholland Drive, una noche después de cenar, mientras observábamos el centelleo hipnótico de las luces de la ciudad, le conté uno de mis sueños. Por entonces, ya confiaba en él lo suficiente como para arriesgarme. Para mí, los sueños son lo más personal que puedo compartir de mí misma. Inmediatamente, conectó con el sueño y, paso a paso, interpretó algunos aspectos que yo no había llegado a ver. Stephan tenía la extraordinaria habilidad de viajar a esas esferas conmigo, y yo con él. Desde entonces, hemos mantenido una amistad natural, fuerte y fluida.

Cuando llegué aquella noche para el experimento de visualización remota, Stephan me saludó a través de la puerta de su oficina. Lo observé divertida: tenía el teléfono en la oreja derecha, estaba rodeado de una enorme cantidad de papeles apilados sobre su escritorio y la pantalla de su ordenador no cesaba de lanzar destellos. Allí estaba, como siempre, ocupado en varias cosas al mismo tiempo. Su vida era un circo de tres pistas y él era el maestro malabarista. La primera vez que lo vi en su oficina, tuve una visión intuitiva en la que estaba rodeado de libros y manuscritos, todos esparcidos por el suelo. Se duchaba, totalmente vestido, en medio de la sala de estar de su casa. Sin embargo, en lugar de agua, del grifo caía una luz blanca. Le preocupaba que sus libros se mojaran y se estropearan, pero le tranquilicé diciéndole que con la luz no les pasaría nada.

Stephan colgó el teléfono, me miró y sonrió. Siempre hacíamos los experimentos de visualización remota en su oficina, una pequeña sala de conferencias con vistas a un exuberante y hermoso jardín. Lo único que colgaba de las paredes era un mapa enmarcado de 50 x 50 cm de Alejandría, Egipto, donde el grupo de trabajo de Mobius había localizado varias piezas muy valiosas, hacía cinco años, en 1980. Al lado del mapa, desde el suelo hasta el techo, había estanterías llenas de libros de temas tan dispares como ciencias exactas, parapsicología o arte. Una sección estaba dedicada por completo a traducciones de poesía y prosa religiosa. El cúmulo de papeles sobre su mesa eran cartas de personas de todos los rincones del mundo que buscaban algún tipo de confirmación sobre sus experiencias intuitivas. Aparentemente desorganizado pero minucioso, con el tiempo contestaba a cada uno de ellos personalmente.

Cuando comenzamos, Stephan me explicó que aquella noche haríamos un experimento para localizar posibles restos de naufragios, pero que, para no influir en mí, no me daría más detalles. Después, desconectó los teléfonos y pidió al resto del personal que no nos interrumpiera.

Ya había participado en otras sesiones de visualización remota y estaba acostumbrada a nuestra rutina. Al igual que ya había hecho anteriormente, seleccioné a un encuestador para ese proyecto. Una vez que Stephan y yo nos acomodamos en nuestras sillas, uno a frente al otro, puso sobre la mesa una grabadora para registrar la sesión, lápices, bolígrafos, varias hojas de papel y cuatro cartas de navegación diferentes.

Cuando estuvimos preparados, cerré los ojos y me relajé. El silencio inundaba la oficina, y la presión y el estrés acumulados del día se desvanecieron hasta que entré en un estado meditativo. Vacié mi mente de todo tipo de pensamientos. La mente corriente no sirve para este tipo de experiencias. Nada de analizar las cosas. Receptividad total. Nada de pensar. Como recomienda el budismo zen, traté de convertirme en un cuenco de arroz vacío para que el universo pudiera llenarlo. Yo era aquel cuenco de arroz. Estaba vacía. Estaba preparada. Oí un sonido, una voz en la lejanía. Era Stephan. Me pidió que le diera la vuelta a la carta de navegación y que comenzara a señalar los puntos en los que podrían hallarse barcos hundidos. También me indicó que me centrara especialmente en un galeón español que había desaparecido en el siglo XVI. Además de indicar la localización de los barcos, tenía que describir el aspecto del lugar, en términos de marcadores geográficos, y lo que podría encontrarse allí.

Mientras examinaba las cartas y caía en un ligero trance, observaba hacia dónde se dirigía mi mano. Nada. Esperé. Tenía paciencia; sabía que las impresiones no llegan inmediatamente. Seguía sin llegarme nada. Pasó un minuto, tal vez dos. No podía calcular el tiempo. Después, mi cuerpo comenzó a cobrar vida propia. Estaba más atenta, más consciente y abierta. Sin centrarme en imágenes y sin pensar, comencé a llenarme de sensaciones. La mano me indicaba direcciones. La deslicé sobre el mapa; algunas zonas parecían más calientes que otras. Sentía un hormigueo, una intensidad que iba en aumento, una sensación palpable de arremolinamiento, como si millones de átomos vibraran en sincronía. Un estallido de calor tonificante recorrió todo mi cuerpo mientras la mano seguía escaneando la carta de navegación. Sentí como si me hubiera conectado a una toma de corriente eléctrica y empecé a sudar. Mi mano estaba magnetizada y se iba a puntos concretos del mapa. En una comunión inconsciente con la tierra y el agua, me fundí con ambos.

—Es una zona muy rica, de alta energía –dije–. Me quema la mano.

—¿Qué aspecto tiene? –preguntó Stephan.

—Son acumulaciones de tierra en el fondo marino. –Señalé un lugar en el mapa–. La frecuencia es muy alta, como una onda sonora que sube y baja sobre la tierra.

Animada por Stephan, observaba con una actitud ligeramente indiferente, mientras mi mano, todavía con sensación de hormigueo, marcaba círculos en el mapa que delimitaban zonas de unos mil quinientos metros cuadrados.

—Sigue, Judith –dijo Stephan–. Dibuja los objetos que crees que se pueden encontrar allí.

No sabía si mis dibujos tendrían algún sentido o si tan sólo serían un conjunto de garabatos incoherentes. Me limitaba a ser testigo de unos movimientos circulares y unas largas líneas que se conectaban entre sí. Sin dejar de observar el papel, mi mano comenzó a dibujar, primero un ancla, después un medallón en forma de cruz y, finalmente, algunos tubos de medicinas. Cuando terminé con esas imágenes, el movimiento de mi mano se detuvo. Sabía que no debía forzarla y que no servía de nada dibujar aquello que mi mente creía que podría encontrarse allí, en lugar de permitirme ser guiada, así que dejé el lápiz y paré. Durante el resto de la sesión, Stephan me hizo preguntas más detalladas sobre la localización de los barcos y sus contenidos. Finalizamos una hora después. Stephan escribió la fecha y mi nombre en la carta de navegación y la cinta, y las archivó.

Como me explicó más tarde, comenzábamos la primera etapa del proyecto *Seaview*. Un hombre de negocios de la zona le había hecho una proposición: además de utilizar magnetómetros —que localizaban metales— y practicar reconocimientos aéreos, quería que Mobius realizara visualizaciones remotas para escanear un estrecho de mil quinientos kilómetros del Gran Banco de las Bahamas en busca de barcos hundidos y tesoros. Stephan se mostró muy interesado, pero sabía que el coste de esa empresa sería prohibitivo. Con absoluta determinación, él y algunos de sus asociados obtuvieron una subvención de más de un millón de dólares para financiar el proyecto. Aquello era algo sin precedentes, puesto que, en el pasado, la parapsicología era un campo que no solía recibir ningún tipo de ayuda económica. Pero Stephan tenía la capacidad de hacer cosas que parecían casi imposibles. Era, sin duda, un pionero.

En agosto de 1985, tras haber realizado extensas investigaciones históricas, el equipo definió un área donde existía cierta probabilidad de encontrar restos de naufragios. Stephan obtuvo un permiso del gobierno de las Bahamas para dirigir una búsqueda en las inmediaciones de la zona. Posteriormente, reunió varias cartas de navegación de las zonas seleccionadas y nos las entregó para entrevistarnos, uno a uno y varias veces, durante el periodo de dos años que duraría el proyecto. Para evitar todo tipo de influencias, acordamos no hablar entre nosotros de nuestras sesiones ni de nada relacionado con el experimento.

Cuando terminamos con las visualizaciones remotas iniciales, analizamos los mapas de cada uno de los intuitivos en busca de coincidencias en las zonas. De un modo imparcial, sin sugerencias por parte de los encuestadores y sin tener en cuenta el lenguaje corporal, seleccionamos, por separado, varios lugares que coincidían. Esas seis zonas de «consenso» nos ofrecieron una dirección sobre la cual pudimos comenzar el trabajo de campo. Durante mi primera entrevista con Stephan, había señalado, entre otras zonas, la isla de Cayo Beak como un área donde podría encontrarse algún barco. Más tarde supe que otros seis intuitivos también habían señalado ese lugar. Nuestras descripciones eran sorprendentemente similares.

—Es como si la cima de esta montaña de arena desierta sobresaliera y se extendiera más allá del agua –le había comentado a Stephan en un intento por ofrecer todos los detalles posibles.

—Un conjunto de ensenadas de aguas poco profundas. No son verdaderas islas, aunque tienen una extensión de más de un kilómetro –contó Andre.

—Los bajos arrecifes que sobresalen de la superficie están desiertos, tienen poca vegetación –había dicho Hella.

Una vez que se establecieron estas zonas de consenso, ya estábamos preparados para dirigirnos a Miami. Por increíble que nos pareciera, la expedición empezaba a tomar forma. No sólo era la aventura de nuestras vidas, sino que, tanto los otros intuitivos como yo, íbamos con todos los gastos pagados y se nos ofrecía una participación en los beneficios que se derivaran de los tesoros que encontráramos. Mis padres apenas podían creerlo. Sus sentimientos acerca de mi participación en el proyecto

Mobius eran confusos. Fuera cual fuese el resultado del viaje, mi padre todavía consideraba que ese tipo de cosas, como la visualización remota, eran «diferentes». Sin embargo, estaba satisfecho con el éxito de mi consulta —me enviaban por recomendación tantas personas que no podía hacerme cargo de todas—, y como veía que mis creencias no me hacían ningún daño, mantuvo una mentalidad abierta. Por encima de todo, confiaba en mis decisiones. Aunque mi padre no creía en la intuición, creía en mí.

A mi madre, a pesar de todas sus reservas, le intrigaba el proyecto de Mobius. Apoyaba abiertamente al grupo, aunque me advertía que no fuera «demasiado lejos» con él. Como de costumbre, le preocupaba lo que otros médicos pudieran pensar y que pusiera en peligro mi consulta privada. Pero, puesto que cada vez me sentía más segura como mujer, médico e intuitiva, sus incesantes opiniones inflexibles ahora me resultaban menos amenazantes. Con el paso de los años, logramos estar más cerca la una de la otra. Ambas éramos mujeres fuertes y, finalmente, aprendimos a respetar nuestras respectivas necesidades. Con mi éxito profesional, cesaron muchos de sus miedos. Aunque todavía tenía dificultades para aceptar mi identidad como intuitiva, eso ya no representaba un obstáculo entre nosotras. Mi madre deseaba involucrarse activamente en mi vida, en la cual, en ese momento, Mobius desempeñaba un papel importante. Así que, cautelosamente, pero con verdadero interés, siguió de cerca mi trabajo en Mobius y se mostró ilusionada por conocer los detalles de nuestros proyectos.

En septiembre de 1987, tras haberme despedido de mis padres y amigos, tomé un avión con destino a Miami para encontrarme allí con Stephan, Hella, Alan y el resto de la tripulación del *Seaview*. Había leído algunas reseñas entusiastas sobre aquella embarcación de 33,5 metros de eslora: tenía capacidad para veintidós personas, estaba equipada con un sistema de navegación de tecnología punta y disponía de una cámara de descompresión para los submarinistas.

Stephan me recogió en el aeropuerto y condujo directamente hasta el astillero donde estaba atracado el *Seaview*. No tenía nada que ver con lo que me esperaba: no era precisamente un transatlántico de lujo. Se trataba de un barco muy básico, inicialmente diseñado para dar servicio a las plataformas petrolíferas del golfo de México. Acababan de reformarlo para adaptarlo a la investigación. Lo vi y quise echarme a correr, pero me controlé y subí a bordo con Stephan.

La cubierta superior recordaba a un taller de máquinas; había herramientas y equipamiento ruidoso por todas partes. Sobre las hélices había un par de compresores metálicos enormes que podían agujerear el fondo marino en el caso de que descubriéramos los restos de un naufragio. Justo debajo se hallaba la zona de los camarotes, que consistía en varias hileras de camastros de madera fina, separados entre sí por muy pocos centímetros. Eso significaba que, tanto la tripulación como los buceadores y los intuitivos, estaríamos totalmente apiñados, sin más privacidad que la que ofrecía el pequeño espacio que separaba las camas. Sólo había tres duchas para todos, y el agua caliente era limitada. Nos advirtieron que tiráramos de la cadena de los retretes sólo cuando estuvieran totalmente llenos. Y, por si eso fuera poco, estaba el incesante zumbido de fondo del motor del barco. Me pregunté cómo haría para dormir.

Había una alerta de huracán en Miami, y, con el *Seaview* en el puerto, me registré en el Holiday Inn. Necesitaba tiempo para asimilar la idea de vivir en un barco. Nunca he sido de ese tipo de personas que disfrutan en el camping o las excursiones de supervivencia. Valoro la intimidad y me encantan los largos baños de agua caliente. Pero, al cabo de unos días, cuando el tiempo mejoró, me instalé cautelosamente en el barco junto al resto de la tripulación. Colgamos cortinas alrededor de cada camastro para asegurarnos un mínimo de privacidad, y zarpamos a las cinco de la mañana con rumbo a Bimini y el Gran Banco de las Bahamas. En ese momento, observé cómo el puerto de Miami se hacía cada vez más pequeño en la distancia y una ola de regocijo evaporó todos mis miedos. Aquel mismo día, al anochecer, me senté en la proa y, mientras observaba los relámpagos que iluminaban el cielo, reflexioné sobre lo lejos que había llegado.

Tumbada, balanceando los pies descalzos fuera de la borda, con pantalones cortos de algodón y una camiseta blanca sin mangas, me sentí libre por primera vez en muchos años. El *Seaview* era una ciudad en miniatura, llena de actividad e impulsada por un propósito especial de misión colectiva. Muchos de nosotros estuvimos de acuerdo con la descripción de Stephan: «un centro de trabajo integrado por mentes, almas y cuerpos unidos con el Espíritu». Teníamos una meta concreta, pero todo el proyecto estaba determinado por un impulso espiritual, aunque no abiertamente religioso. Todos nosotros teníamos en común que habíamos sido contratados por Stephan y que creíamos en la inteligencia divina y en la interconexión de todas las cosas. El propósito del *Seaview* era crear una comunidad, tanto espiritual como científica. Comenzábamos el día con una meditación en grupo, en la cual pedíamos que se nos guiara hacia la acción correcta, conforme al plan divino.

Nuestro trabajo comenzaba a las ocho de la mañana y, a veces, se prolongaba hasta altas horas de la noche. No parábamos en todo el día; trabajábamos codo con codo en la planificación de nuestros programas, la visualización remota y la puesta en común de nuestros descubrimientos sobre ciencia e intuición. La emoción era contagiosa; siempre había alguien que aportaba una nueva teoría, un nuevo sueño o una nueva esperanza. Al final de la jornada, me sentía felizmente cansada, y, a pesar del bramido constante del motor, que hacía vibrar los costados de mi camastro, dormía más profundamente que nunca.

Cuando analizamos la primera zona de consenso al sur, cada uno de los intuitivos hicimos una visualización remota más precisa para delimitar el área de la posible ubicación de los navíos, con el objetivo de facilitar la labor de los submarinistas. Hicimos esto individualmente y se nos pidió que sintiéramos de forma intuitiva la localización de la nave. Se colocaron boyas para señalar los lugares seleccionados, cuyo fondo marino sería más adelante explorado por los buceadores. Mientras algunos de nosotros nos encargábamos de la visualización remota de esa zona, el resto de los intuitivos se dedicaban a otras áreas.

Una mañana, poco después del amanecer, el mar era de un profundo azul turquesa, tan transparente que podíamos ver bancos de peces iridiscentes y tortugas que nadaban bajo la superficie. Uno de los buceadores y yo subimos a un pequeño bote neumático equipado con un radar reflector. Nos sentamos en silencio en mitad del océano, a treinta kilómetros de la costa sur de Bimini. Con los ojos cerrados, mientras escuchaba el murmullo solitario de las pequeñas olas que golpeaban suavemente contra la proa, me centré en mi trabajo. En cuestión de segundos, me llegó la imagen de una posición. Las visualizaciones resultaban mucho más sencillas sobre esas aguas cálidas y amnióticas; las imágenes fluían de un modo más natural que cuando estaba en tierra, y adoptaban un cierto ritmo, continuo y sin brechas, algo que no llegaba a sentir en la ciudad. Recibía información sólo con escuchar y observar las aguas. Conforme las imágenes tomaban forma en mi mente, visualicé un saliente bajo el agua, al lado de una corriente cálida de burbujas, dentro de la zona que habíamos delimitado, a 41 grados al norte y 47 al este, muy cerca de donde estábamos. Raras veces me llegaba la información en forma de cifras, de modo que me sorprendió la claridad de la visión.

Quince minutos más tarde, encontramos el lugar. Lanzamos una boya de *styrofoam* y señalamos su ubicación en una carta náutica. Después, el submarinista se sumergió para registrar la zona y me quedé sola a bordo del pequeño bote. El *Seaview* quedaba ahora fuera de mi alcance visual. A mi alrededor, sólo podía ver la vasta extensión del océano. Sentía el calor del sol sobre los hombros; el mar brillaba como un diamante. Después, como salido de la nada, apareció un grupo de siete delfines azules. Salieron a la superficie y rodearon el bote mientras movían las aletas al unísono y emitían unas notas agudas que me recordaron a un sonido cautivador que, en cierta ocasión, había oído en un sueño. Durante un momento, creí hallarme en el cielo.

De repente, el buceador emergió a la superficie del agua y gritó: «¡He descubierto un barco!». Estaba exultante, ilusionada porque mi lectura hubiera sido acertada. Subió al bote y me contó que se trataba de un velero de aproximadamente doce metros de eslora, que parecía tener unos diez años y que reposaba sobre un montículo de arena. Aunque el velero no tenía ningún valor arqueológico, el descubrimiento constituía en sí una alentadora señal de que, en nuestro primer día de trabajo de campo, ya estábamos sobre la pista correcta. Mi único fallo era que mi meta durante las visualizaciones remotas había sido demasiado general. Me había concentrado en descubrir una embarcación hundida, pero no había especificado de qué tipo.

Durante todo el viaje, el equipo de intuitivos trabajaba cuatro horas seguidas, tomaba un descanso y, después, trabajaba otras cuatro horas, bien en el análisis y la lectura de las cartas de navegación, bien junto a los buceadores. El trabajo siempre era colectivo. Tal y como Stephan dijo, teníamos una macromente, un extraordinario circuito de energía: los que hacíamos la visualización remota éramos la parte intuitiva de esa mente; los científicos, la parte analítica; el resto de la tripulación, la mente física. Y Stephan era el coordinador. Estábamos poderosamente conectados de un modo invisible; unidos por nuestras metas compartidas y una intensa cercanía física.

Todos los intuitivos practicábamos la visualización remota, pero cada uno de nosotros gozaba de una habilidad especial que complementaba a las de los demás. Las habilidades que teníamos en nuestra vida cotidiana, por lo general, se revelaban también en nuestras impresiones intuitivas. Hella, artista y fotógrafo, tenía un don especial para las descripciones y era capaz de ver formas geométricas, colores, sombras y adornos. En una zona donde más tarde encontramos los restos de un naufragio, había hablado de «vigas cilíndricas que se extienden en dirección a la luz y ponen en peligro el mástil de la nave. Bajo cubierta, envueltos en la oscuridad, están los tablones rectangulares que forman el suelo». Jack era ingeniero y apuntaba hacia los detalles técnicos; veía «juntas metálicas que conectan las jarcias del barco en los puntos de tensión, creando el ángulo preciso para permitir libertad de movimiento y la máxima flexibilidad mecánica». Michael, el escritor y director de cine que había conocido en el taller de Brugh, tenía una destreza especial para la visualización espacial, y vio esa misma nave como «vigas rectangulares carcomidas, apiladas unas sobre otras, como palillos que forman una pirámide». Ben, director de una cadena de televisión, era muy habilidoso a la hora de ofrecer una visión general de la escena, como si pudiera observarla a través de su cámara: «Veo una nave de dos plantas. Los camarotes están bajo cubierta, hay una pequeña cocina en la parte de arriba, con varias secciones para almacenar los alimentos a estribor. La cubierta es inmensa; tal vez tenga treinta metros o más». Y yo, como psiquiatra acostumbrada a escuchar y a conectar con las emociones, me centré en los restos de un barco de esclavos; la intensidad del sufrimiento de los esclavos me llevó a señalar con precisión la ubicación del navío. Podía sentir el tormento de los cautivos, atados con grilletes, privados de alimentos, enfermos y desesperados.

Al final de la semana, el *Seaview* puso rumbo al norte para investigar una zona de consenso de una extensión de diecisiete kilómetros, cerca de Cayo Beak. Una noche de lluvia, en que las nubes presagiaban una fuerte tormenta, lanzamos al agua cinco boyas de color naranja a pocos kilómetros de una pequeña isla desierta de piedra caliza, que se asemejaba mucho a la que algunos intuitivos habían descrito anteriormente en Los Ángeles. Stephen se mostraba reticente a investigar esa zona porque era muy frecuentada por submarinistas y, durante cientos de años, había sido una de las zonas del Gran Banco de las Bahamas donde más búsquedas de tesoros se habían realizado. El magnetómetro no indicaba una alta probabilidad de encontrar un navío grande y, además, no estábamos seguros de que las condiciones atmosféricas fueran favorables. Teníamos todas las razones del mundo para saltarnos esa zona. Pero si nuestra expedición tenía algo de diferente con respecto a las demás, era que no se basaba únicamente en la lógica. En la cena, Hella, Alan y yo animamos a Stephan a quedarnos en aquel lugar. Cuando nos llevó aparte, uno a uno, para poder hacerse una idea de nuestras impresiones individuales, todos coincidimos en que sentíamos que allí podíamos hallar algo valioso. A pesar del tiempo y de lo que indicaba el magnetómetro, nuestros instintos nos decían que deberíamos quedarnos allí. Stephan nos hizo caso. Consideraba que quienes hacíamos las visualizaciones remotas éramos su radar y, finalmente, estuvo de acuerdo en quedarse en Cayo Beak otras veinticuatro horas.

Según las lecturas que habíamos hecho, tanto en Los Ángeles como a bordo, en ese lugar se ocultaba un navío de un valor incalculable. Los submarinistas exploraron a conciencia el fondo marino, pero regresaron con las manos vacías. Sin embargo, cuando ya estaban a punto de abandonar y regresar al *Seaview*, uno de ellos observó una línea de coral de fuego por debajo de una espesa mata de zostera marina. Aunque allí no había indicio de ningún barco, guiado por su intuición, rompió el coral con un martillo, lo que dejó al descubierto una hilera de clavos de metal, el mismo tipo de clavo que se utilizaba antiguamente para unir la cuaderna del barco con la quilla. Los buceadores salieron a la superficie y mostraron entusiasmados las piezas de metal. Todos nos reunimos emocionados en cubierta para saludar a los héroes que regresaban de la batalla.

Desafortunadamente, era época de huracanes en las Bahamas. Una gran tormenta se acercaba desde la costa de América del Sur y estaba a punto de azotar en cualquier momento. Tras haber pasado doce días en el mar, una goleta privada vino a recogernos a Hella, a Alan y a mí para iniciar nuestro viaje de regreso a casa. Con especial atención al tiempo, el *Seaview* permaneció en el mar otra semana más, durante la cual Stephan y el resto de los buceadores recogieron nuevas muestras de metales, maderas y clavos. Después, el *Seaview* regresó al puerto de Miami, donde se le realizaron nuevas reformas y añadidos. Seis semanas más tarde, la tripulación, a excepción del equipo de intuitivos, volvió al enclave de Cayo Beak y descubrió un navío intacto de más de treinta metros que se hallaba oculto bajo un denso manto de arena y zostera marina. Se determinó que se trataba de un mercante americano, el bergantín *Leander*, desaparecido en 1834, en aguas cercanas a Cayo Beak.

El descubrimiento de ese navío, tras ciento cincuenta años de intensa búsqueda por parte de muchos exploradores, era un valioso hallazgo arqueológico e histórico, puesto que, de todos los restos de naufragios que se habían encontrado en la zona del Gran Banco de las Bahamas, el *Leander* era uno de los mejores conservados. Permaneció inalterado, enterrado bajo el fondo marino, durante más de un siglo. Imagina lo que es desenterrar un navío completo, oculto bajo la arena, cuyo aspecto apenas ha cambiado con respecto al que tenía antes de hundirse. No sólo sirvió para saber cómo se construían los veleros a comienzos del siglo XIX, sino que ofreció un verdadero testimonio de los artilugios personales empleados en aquella época. Entre los restos del naufragio se hallaron varias pertenencias de los pasajeros, algunas de las cuales ya las habían descrito anteriormente el grupo de intuitivos: una navaja de afeitar con el mango de nácar, varias partes de un equipo de dibujo y una aceitera de peltre. El hallazgo de varios frascos pequeños fue de especial interés, puesto que sólo en raras ocasiones el vidrio logra resistir la fuerza de las corrientes y los continuos embates de la arena de los peligrosos bancos calizos.

La búsqueda de otros naufragios continuó y, en total, se encontraron dieciocho navíos hundidos, la mayoría recientes. Gran parte de ellos fueron descubiertos primero a través de las visualizaciones remotas y, después, confirmados por el magnetómetro. Lo que más me asombraba era que los intuitivos habíamos señalado esos lugares dos años antes de haber viajado a las Bahamas y sin haber estado nunca allí. El tiempo y el espacio no se interponían en nuestro camino. La información ya estaba allí y la percibíamos intuitivamente. Más adelante, a través del uso de compresores, nuestra tripulación halló un extenso rastro de madera de color que cubría el fondo marino. La madera de color se utilizaba para crear los rojos intensos y los negros de las pinturas renacentistas, y se transportaba desde España al Nuevo Mundo. Era una madera tan valiosa que sólo los galeones y los grandes barcos mercantes la transportaban. Aquel rastro sugería que existía una alta probabilidad de descubrir un galeón español de los siglos XV, XVI o XVII.

Lo más emocionante era que la madera de color no tiene ningún componente metálico, y eso significaba que ningún artilugio tecnológico podía localizarla. Se trataba de un ejemplo excepcional de cómo la intuición desempeñaba un papel esencial en nuestro proyecto. Otros miembros de nuestro equipo, los arqueólogos e historiadores, establecieron la fecha de la madera y su valor. Como siempre, los intuitivos colaboraron con los que se encargaban de los aspectos más analíticos y tecnológicos. (Aunque por aquel entonces no lo sabía, la financiación del proyecto pronto llegaría a su fin. Recientemente, se ha reanudado la búsqueda del galeón español y, en el lugar donde se hallaba el rastro de madera de color, se han encontrado los restos de un navío con varias docenas de esmeraldas. Los trabajos en la zona continúan.)

El día que partimos de las Bahamas para regresar a Los Ángeles, sentí que dejaba atrás una parte de mí. Cuando el hidroavión blanco de dos motores despegó en Bimini, miré con tristeza cómo los perfiles dorados de las islas se hacían cada vez más pequeños. Y, sin embargo, me sentía triunfante, henchida del espíritu aventurero del proyecto, de la camaradería que se había desarrollado entre nosotros y del conocimiento de que la ciencia y la intuición podían mezclarse de un modo hermoso. A bordo del *Seaview*, había sido un valioso miembro de la familia intuitiva. Eso equivalía a darle la vuelta a mi infancia, era una reivindicación. La unidad —la comunidad— de nuestro increíble viaje me había emocionado profundamente. El *Seaview* era un sueño que se había convertido en realidad.

∞∞∞

Una vez de vuelta a casa, todos contemplamos nuestro experimento con verdadero alborozo. Nuestra meta había sido dirigir un proyecto arqueológico intuitivo y, puesto que habíamos localizado dieciocho navíos hundidos, nuestro éxito confirmaba el valor práctico de las visualizaciones remotas. Pero nuestra expedición significaba mucho más para nosotros. Nuestro viaje a bordo del *Seaview* había sido una peregrinación espiritual, una misión en la que habíamos puesto el corazón. La energía de grupo que se deriva de tal inspiración es deslumbrante. Aprendimos que la intuición es una habilidad técnica muy eficaz que, en ciertas ocasiones, supera la capacidad de radares, sonares y magnetómetros. Y, además, la intuición nos había ofrecido una información vital sobre la naturaleza humana: todos formamos parte de una red interconectada y tenemos la capacidad de acceder a las informaciones que residen más allá de los confines de la mente racional. Al explorar nuestro lado intuitivo, descubrimos que estamos conectados a un todo mayor, a una sabiduría que nos permite conocer la grandeza y todos los posibles logros que los seres humanos podemos alcanzar.

Al haber vislumbrado ese gran misterio, me sentí impresionada por lo mucho que todavía desconocíamos. Me di cuenta de que sólo estábamos en los inicios de nuestro aprendizaje del trabajo con nuestra parte intuitiva. Las preguntas se agolpaban en mi mente: ¿de dónde viene en realidad esa información?, ¿cómo se almacena?, ¿podemos acceder a ella de un modo más coherente? Y, lo que me resultaba más intrigante, ¿cómo podía usar las visualizaciones remotas en mi consulta de psiquiatría? Hasta ahora, me había mostrado muy recelosa a la hora de incorporar la intuición en las sesiones con mis pacientes. Si tenía una premonición clara, le prestaba atención, pero eso sucedía raras veces. No disponía de una rutina formal para integrar los aspectos más sutiles de la intuición. Había necesitado unos cuantos años de trabajo en Mobius para aprender a confiar en mis habilidades. Mi consulta era muy importante para mí y no quería experimentar con ninguna técnica antes de sentirme cómoda con ella. No obstante, mi experiencia a bordo del *Seaview* me había aportado seguridad en mí misma. Estaba preparada para iniciar una nueva fase en mi trabajo.

෨෨෨

Si era capaz de describir con precisión un lugar, una persona o, incluso, un suceso antes de que éste tuviera lugar, podía aplicar el mismo principio para obtener información sobre mis pacientes, en especial sobre los más recientes. Basándome en eso, decidí que, antes de entrevistarme con un paciente, trataría de sintonizar con él. Después, podría comparar mi lectura con la información que éste me proporcionara durante la primera sesión. Esa exploración inicial sería una oportunidad ideal para probar la fiabilidad de la visualización remota en lo concerniente a mi trabajo como psiquiatra.

Una mañana, después de haber realizado durante varios meses algunas visualizaciones remotas de algunos pacientes y haber descubierto que eran acertadas, recibí una llamada en mi servicio telefónico de contestación de una mujer llamada Robin. Le dijo al operador que buscaba una nueva terapeuta y que quería fijar una cita conmigo. Nadie me la enviaba y no explicaba qué buscaba. Sólo dejó su nombre y un número de teléfono que correspondía a la zona de San Fernando Valley.

Escribí esa información en un cuaderno y la dejé sobre mi escritorio. A la hora de la comida, la primera pausa ininterrumpida que tuve en toda la mañana, me reservé diez minutos para hacer una lectura de Robin. Apagué el teléfono, me acomodé en el sofá y cerré los ojos. Me centré únicamente en su nombre. Mi conciencia se movía entre los sonidos, los olores y las imágenes de lo que me rodeaba. Vacié la mente. No tenía ninguna pregunta específica; me limitaba a permanecer abierta a las impresiones que podía recibir. En cuestión de segundos, me sentí agitada e inquieta. Era extraño, pero Robin me producía repulsión. Tenía la sensación de ser empujada en direcciones contrarias. Había algo en ella que me hacía desconfiar. Me descubrí cuestionándome los motivos por los que querría venir a verme. Aunque sabía que ocultaba algo, no podía saber de qué se trataba. Todo lo que llegaba a ver era una imagen nítida de una botella de whisky en la mesa de una cocina y un fuerte olor a alcohol que inundaba el ambiente.

Lo apunté todo en mi cuaderno de notas, con la intención de compararlo más adelante con lo que Robin me contara acerca de sí misma. Pero la lectura me había dejado en tal estado de inquietud que tenía serias dudas acerca de si debía encontrarme con ella. Era muy extraño: nunca antes había sentido una señal de alarma tan clara, ni siquiera con los pacientes más difíciles. Además, el hecho de que mis anteriores visualizaciones remotas hubieran sido tan acertadas alentaba mi decisión de aplazar mi cita con Robin. Sin embargo, decidí esperar. Unas horas después, recibí una llamada de un hombre llamado Young, del bufete de abogados del distrito de Los Ángeles. Me contó que se le había asignado un pleito contra Robin.

—Por orden judicial, tiene que recibir psicoterapia y tratamiento psiquiátrico a causa de un problema de adicción a las drogas y al alcohol —me contó—. También tienes que saber que dos de sus anteriores psicoterapeutas han contactado con el abogado del distrito para presentar una denuncia contra ella. Parece que Robin se ha obsesionado con ellas. La acusan de acoso.

Young me dijo que Robin solía presentarse sin previo aviso en las consultas de sus terapeutas y que las llamaba a todas horas del día y de la noche. La Corte Superior, finalmente, había emitido un interdicto. Como sabía que Robin planeaba iniciar un tratamiento conmigo, me sugería que no la aceptara como paciente, ya que para ella sería mejor un terapeuta de sexo masculino.

Me mostré de acuerdo con él y le agradecí la llamada, aunque no mencioné en absoluto mis impresiones intuitivas. Me sentí aliviada al ver de lo que me había librado. Robin parecía la pesadilla de cualquier terapeuta. Todo podía haber sucedido de una forma completamente diferente, pero, gracias a la visualización remota y a la oportuna llamada de Young, me libré de un problema innecesario.

Más tarde, telefoneé a Robin para comunicarle que no podía atenderla. Le informé que había hablado con el señor Young y que ambos le recomendábamos que buscara un terapeuta masculino. Aunque se mostró enfadada y reacia a esa sugerencia, más adelante supe por Young que siguió mi consejo. Tanto él como yo esperábamos que, con la ayuda de ese hombre, Robin mejorara.

A partir de entonces, adopté la costumbre de hacer lecturas de los nuevos pacientes antes de la primera cita. Éstas me ofrecían una información rápida y sencilla de sus principales problemas, tanto físicos como emocionales, y me servían como indicadores durante el curso de la terapia. La visualización remota terminó por convertirse en una bendición. Me ayudaba a revisar las muchas llamadas que recibía durante el día. Si, durante una lectura, observaba que un paciente y yo no congeniaríamos, renunciaba a encargarme de él. Sin embargo, en esos casos siempre trataba de recomendarles algún terapeuta, elegido instintivamente, que se ajustase más a ellos. Eso no sólo les ahorraba dinero, sino que también nos ahorraba tiempo a ambos. Por las reacciones que obtenía después, supe que se me daba bien encontrar el terapeuta adecuado para cada caso: las relaciones terapéuticas que fomentaba solían producir buenos resultados.

Poco a poco, entre los experimentos que realizaba en Mobius y el uso de la visualización remota para analizar a mis pacientes, comencé a confiar más en mis habilidades intuitivas. Al practicarlas continuamente, avivé la llama que las mantenía con vida. Como las incluía cada vez más en mi trabajo, las sentía menos ajenas. Al principio, juzgaba mis impresiones intuitivas con recelo, como si fueran extrañas, y escudriñaba atentamente cada uno de sus aspectos. Sin embargo, con el paso del tiempo, al saber que no iban a volverse contra mí y que la calidad de mi trabajo mejoraba, bajé la guardia y me relajé. Había sido excesivamente cauta con ellas, pero como no dejaba de comprobar los beneficios de la visualización remota, me sentía más segura y ya estaba preparada para dar un paso adelante.

La visualización remota se había revelado como una valiosa herramienta para utilizar antes del primer encuentro con un paciente. Pero ¿por qué no usarla con los pacientes que ya estaban en terapia conmigo? Del mismo modo que había hecho con Robin, sintonicé con el nombre de algunos de ellas, aunque en esa ocasión me permitía mayor espacio para experimentar. Probaba en cualquier lugar donde me sintiera cómoda, en lugar de limitarme a mi consulta: en casa, sentada frente a un pequeño altar, cerca del mar o en la bañera, en la oscuridad, rodeada de velas. Primero, vaciaba la mente de pensamientos o metas. Después, con la mente en calma, dirigía la atención al nombre del paciente y permitía que las impresiones me llegasen. Era como abrir la puerta y esperar a que alguien entrara. Sin expectativas. Sin juicios. Era testigo de las escenas que se desarrollaban ante mí. Me concentraba pasivamente en la tonalidad del nombre, y creaba un ambiente abierto que me llevaba a recibir imágenes y sensaciones vivas. Tras haber conocido a Brugh y haber estudiado, durante varios años, meditación oriental con un profesor en Los Ángeles, llegué a comprobar que al meditar se establece una conexión con lo divino. De ese modo, nuestra conciencia intuitiva se expande y podemos ver más claramente a los demás. En consecuencia, abordaba cada visualización remota con una actitud reverencial y consideraba sagrado el nombre que mantenía en mi mente.

Cynthia asistió a terapia conmigo durante un año. Era una animada periodista de veintiséis años, graduada en Harvard, que había acudido a mí a causa de algunos problemas con su novio, director editorial del periódico donde trabajaba. Habían mantenido una relación inestable durante cinco años: él quería que ambos pasasen más tiempo juntos y que Cynthia redujese su carga de trabajo. Era diez años mayor que ella y deseaba formar una familia, pero Cynthia defendía su derecho a tener un trabajo prestigioso y no deseaba plantearse esa cuestión hasta que pasasen unos cuantos años. Él, furioso, alegaba que, con el tiempo, nada cambiaría. Pero después daba marcha atrás, y se reconciliaban apasionadamente. Durante unas semanas, él evitaba mencionar el tema; sin embargo, inevitablemente, siempre se volvía a producir otra discusión. Una noche, tras una disputa particularmente dura, le anunció que la dejaba. A la semana siguiente, se llevó sus pertenencias de la casa que compartía con ella, se negó a contestar sus llamadas y a hablar con ella en el trabajo. Cynthia se sentía traicionada y abandonada. A pesar de sus desacuerdos, amaba a ese hombre y se aferró a la esperanza de que podrían resolver sus diferencias. Pero él no estaba dispuesto a intentarlo. Desolada, lloró durante varios meses.

Sabía lo importante que era para ella llorar la pérdida. Se sentía cada vez más deprimida, obsesionada con una reconciliación que parecía improbable. Necesitaba más información para saber cómo ayudarla, y decidí que, tal vez, la visualización remota podría orientarme.

Me senté frente al pequeño altar de mi casa, entré en un estado meditativo y me centré en el nombre de Cynthia. Unos minutos después, me llegó una imagen muy nítida de su novio (lo había conocido en una sesión de terapia de pareja con Cynthia). Parecía feliz; con el brazo, rodeaba el hombro de otra mujer. Ambos parecían muy enamorados, y la mujer estaba embarazada. Me tomé unos segundos para preguntarme si, de alguna manera, me habría equivocado. ¿El novio de Cynthia, en otra relación y a la espera de un bebé? Mi mente crítica trataba de encontrar una explicación a lo que veía. A pesar de ello, decidí dejar de analizar la imagen para no perder la concentración y traté de permanecer neutral. Esperé a que la imagen se desvaneciera, cambiara de forma o me ofreciera más información. Pero se mantenía con la misma intensidad: nítida, clara e inconfundible. En meditación, con los ojos cerrados, mientras observaba la imagen que tenía ante mí, me di cuenta de que el novio de Cynthia deseaba sinceramente que comprendiera su situación para que pudiera ayudarla. En contra de mis expectativas, que en parte derivaban de lo que Cynthia me había contado de él, no transmitía malicia y estaba lleno de buenos deseos hacia ella. Ese amor revelaba la autenticidad de la imagen. Sin embargo, su posición era firme y expresaba: «Ésta es ahora mi vida; nada va a cambiar».

Tuve que confiar en el mensaje y dejar que éste orientara mi terapia con Cynthia. Tras esa visualización remota, no podía apoyar la posibilidad de una reconciliación. Sin embargo, aunque Cynthia creía en la intuición y sabía que la utilizaba en mi trabajo, decidí que, al menos de momento, no compartiría mis impresiones. Todavía no era el momento adecuado. Se sentía descorazonada, vulnerable; y ese conocimiento le habría resultado demasiado doloroso e inútil. El asunto de cuándo compartir la información intuitiva con alguien es siempre complicado. Soy consciente de las obligaciones éticas de revelación —decirle a un paciente la verdad tal y como yo la entiendo—, pero para mí todavía es más importante no provocar ningún daño al paciente de un modo intencionado. A menudo me tengo que enfrentar a difíciles elecciones. Al final, si creo que la información puede ser de utilidad para el paciente, suelo compartirla con él. Pero siempre tengo cuidado de no mostrarme como una autoridad absoluta y de no presentar la intuición como algo infalible.

Por ejemplo, si trabajo con alguien que no cree en la intuición, no me resulta útil abordar ese tema. Más bien cuento con mis impresiones como material de apoyo que me ayuda a plantear ciertas preguntas o llenar algunos vacíos. Si, por el contrario, la persona se muestra abierta a ella, puedo ser más directa. Se trata de una decisión que depende de cada caso.

Lo que vi durante la visualización remota cambió la orientación de mi terapia con Cynthia. Adopté un sutil cambio de actitud, y la animé a abandonar la esperanza de recuperar la vieja relación. Eso le permitió moverse en una dirección positiva. Pocos meses después, mucho más segura de sí misma, me contó que alguien le había dicho que su antiguo novio se iba a casar y que su futura esposa estaba embarazada. Atónita, volvió a experimentar el viejo dolor, pero ahora era más capaz de enfrentarlo. Sentí que era el momento adecuado y le hablé de mi visión, no con la intención de deslumbrarla con mi clarividencia, sino para validar la verdad de lo que le habían contado. Cuando le expliqué por qué había esperado para contárselo, no sintió que le hubiera ocultado información. Por el contrario, se alegró de que no se lo hubiera dicho antes y confesó que eso sólo habría complicado más sus problemas. La reacción de Cynthia fue muy importante para mí y me confirmó que había tomado la decisión correcta.

Con la práctica, también aprendí a hacer lecturas de mis pacientes mientras estaba con ellos en la consulta. Adquirí una mayor destreza para cambiar a voluntad mi estado de conciencia, sin tener que dedicar un tiempo aparte para meditar: la intuición se convirtió en un rasgo esencial de mi forma de escuchar a los demás. Fue un proceso gradual, pero dominé el arte de estar sintonizada en varios niveles diferentes al mismo tiempo. Las impresiones intuitivas me llegaban espontáneamente en medio de las sesiones. A veces, se trataba de una simple imagen; otras, eran varias. Descubrí que no era el número de imágenes ni la complejidad de éstas lo que importaba. En ocasiones, las impresiones más simples resultaban ser las más poderosas.

En el transcurso de los años siguientes, me sentí cada vez más cómoda con las visualizaciones remotas, y las empleaba con muchos pacientes. Me di cuenta de que ofrecían algo muy importante a la medicina. Esto se debía en parte a las impresionantes investigaciones en este campo realizadas por reconocidos científicos, tanto en Estados Unidos como en la antigua Unión Soviética. (Al final del libro, hay una lista de obras relacionadas con la investigación intuitiva.) Me interesaban especialmente los trabajos que los físicos Rusell Targ y Harold Putoff habían desarrollado en el Instituto de Investigación de Stanford durante los años setenta. Con subvenciones del gobierno de Estados Unidos, dirigieron varios experimentos de visualización remota y mostraron que, en un laboratorio controlado, hasta los principiantes podían aprender a ser intuitivos. La importancia de ese descubrimiento fue más allá del mundo académico. Targ y Putoff también enseñaron a sus alumnos a obtener información sobre el pasado, presente y futuro a través de la visualización remota, y a incorporar esta técnica en la vida cotidiana.

También me impresionó la introducción de Albert Einstein a la obra de Upton Sinclair *Mental Radio* (1930), en la cual el autor exponía las habilidades intuitivas de su mujer, así como sus experimentos, precursores de la visualización remota. Einstein escribió: «Los resultados de los experimentos telepáticos [...] mostrados en este libro van probablemente más allá de lo que un investigador cree imaginable». Sobre todo me asombraba que un genio como Einstein —cuyas teorías tenían que ser confirmadas en el mundo real— apoyara públicamente una investigación sobre la intuición. Me fascinó su visión de la realidad como algo que puede extenderse más allá de lo que la ciencia cree posible.

A través de la visualización remota, descubrí que podía acceder a todo tipo de información sobre mis pacientes —su salud, relaciones, profesiones e infancia— para encontrar bloqueos que no eran evidentes en la superficie, pero que eran muy claros a nivel intuitivo. Si un paciente se sentía atascado en su vida o si la terapia no daba resultados, podía volver a evaluar la situación a través de esta técnica. Allí donde el intelecto daba vueltas interminablemente y formulaba teorías, la intuición podía apuntar como un láser y llegar directamente al núcleo del problema. Era una poderosa lente de aumento que iluminaba un universo de información, hasta entonces no accesible para mí. Combiné la intuición con mi trabajo clínico e hice uso de lo mejor de ambos mundos.

Con la disolución de las barreras que me separaban de la intuición, sentí un enorme impulso de energía y una gran sensación de libertad. Me sentía como la directora de una maravillosa orquestra, en la que tanto los músicos como los instrumentos desplegaban todo su potencial. La música que creaba y la armonía que percibía en mi interior me indicaban que había elegido el camino adecuado. Había buscado durante mucho tiempo y ahora, finalmente, estaba en casa.

Al sentirme cada vez menos dividida, comencé a cambiar. Por ejemplo, durante muchos años había temido a la oscuridad. No se trataba de la oscuridad que se produce cuando apagamos las luces de la habitación por la noche, sino la que reside en el fondo de los cañones, en el borde de los acantilados o en la espesura de los bosques. Nunca me habían gustado las caminatas nocturnas, ni siquiera con amigos o con la luna llena. Me asustaba el poder de la noche en los lugares oscuros y remotos, como si éstos pudieran tragarme y hacerme invisible. Durante mi etapa de trabajo en Mobius, mientras permitía que la intuición se filtrara lentamente en mi consulta, mi miedo a los lugares oscuros desapareció repentinamente. Recuerdo una noche en que un amigo me pidió que, como regalo por su cuarenta cumpleaños, paseara con él por el parque Topanga. Mientras estaba sentada con él en la cumbre y miraba el profundo abismo que tenía a mis pies, observé que mi miedo había desaparecido. Había descubierto en mi interior aquello que Joseph Campbell llamó la «brújula interna», y ésta me acompañaba a todas partes. La noche se convirtió en algo diferente para mí; ya no me sentía perdida en ella. Ahora podía ver que tenía un brillo especial.

৪৩৪৩৪৩

En 1987, unos seis meses después de haber regresado de mi expedición en el *Seaview*, tuve una serie de cinco sueños consecutivos a los que no encontraba explicación. En todos ellos, recibía la visita de un hombre de treinta y pocos años, con gafas y cabello rubio. Se parecía a Terry, mi antiguo novio, y conversábamos íntimamente en la sala de estar de mi casa. Al igual que Terry, se dedicaba a las artes y era un hombre muy creativo. Esos sueños me resultaban incomprensibles: hacía más de cinco años que no veía a Terry ni oía hablar de él.

Pero en cuanto Josh, un nuevo paciente, entró en mi consulta, esos sueños cesaron por completo. Cuando lo vi por primera vez en la sala de espera, elegantemente vestido con una camisa blanca y una chaqueta de pana color teja, tardé en reaccionar. Parecía el hermano gemelo de Terry. El sueño me había anticipado su llegada. Josh era artista y productor de cine. Había llegado a mí deprimido, insatisfecho con la dirección que tomaba su carrera profesional. En su afán por complacer a su agente y a su familia y obtener buenos ingresos, había aceptado proyectos en los que no creía. Había soñado con triunfar como cineasta; sin embargo, sentía que hacía un trabajo mediocre. No tenía confianza en sí mismo y sucumbía ante la presión externa, en lugar de escuchar a su interior. Creía que se le habían acabado las ideas, que había perdido su visión artística, y, a consecuencia de ello, sus relaciones y su carrera se veían perjudicadas. Su intuición, que anteriormente le había guiado, le parecía cada vez más lejana e inaccesible. Quería que le ayudara a encontrarla de nuevo.

Josh era de esa clase de personas que, una vez que deciden asistir a terapia, avanzan a grandes pasos en muy poco tiempo. Preparado para el cambio, estaba dispuesto a explorar su pasado y descubrir dónde había perdido la pista a sus prioridades y por qué. Con la ayuda de su mujer, se permitió rechazar proyectos cuando sentía que éstos no eran apropiados para él y esperar a otros que sí le inspiraran. También comenzó a escuchar a su cuerpo —los sutiles dolores de cabeza que tenía cuando tomaba una decisión incorrecta y las oleadas de energía que sentía cuando se mantenía en aquello que creía— y, durante los siguientes meses, se volvió más sensible a sus propias necesidades. Finalmente, recibió un guión que le entusiasmó y decidió producir la película.

Hasta entonces, no había compartido mis experiencias en el *Seaview* con mis pacientes, por miedo a que no las entendieran. Sin embargo, puesto que Josh tenía los pies en la tierra y quería cultivar su intuición, decidí hablarle de ellas. Le intrigó lo que le conté de la visualización remota. El inicio del rodaje de la película comenzaba al mes siguiente, en Carolina del Sur, pero, tras haber entrevistado a un gran número de directores, sentía que no había encontrado al adecuado. El tiempo se agotaba y tenía que decidirse. Entonces, quiso probar a centrarse en el nombre de los tres candidatos con la técnica de visualización remota para cercar la búsqueda.

Esto era un nuevo giro. Nunca había enseñado a un paciente a hacer una visualización remota. ¿Qué tenía eso que ver con la psiquiatría? Y en el caso de que lo intentara, ¿funcionaría? No quería usar a mis pacientes como conejillos de Indias. Sabía que las precauciones eran importantes, aunque, por otra parte, también confiaba en la integridad de mis experiencias en Mobius. Evalué la situación cuidadosamente durante un tiempo. Si Josh hubiera sido mínimamente inestable, habría rechazado su petición de inmediato. Pero era un hombre fuerte y emocionalmente equilibrado, de modo que pensé que podríamos probar. Estuvimos de acuerdo en ver esa aventura como un experimento, un esfuerzo conjunto por explorar una nueva técnica. Si fracasábamos, no habría repercusiones negativas.

Josh aprendía rápido. Como artista, estaba acostumbrado a trabajar con imágenes, así que la visualización remota le parecía natural. Tenía una mentalidad abierta, era un buscador y se sentía atraído por aquello que le resultaba diferente. Al contrario de lo que me había sucedido a mí, no tenía miedo a la intuición. En una sola sesión, le enseñé los principios que había aprendido con Stephan.

—En cualquier visualización remota, el primer paso es pasar del plano del pensamiento a un estado meditativo y tranquilo, permanecer receptivo y permitir que las imágenes, las sensaciones físicas u otras impresiones salgan a la superficie –le expliqué.

Para que entrara en contacto con su intuición, ya le había hablado anteriormente de la meditación. De forma gradual, le resultó cada vez más fácil aquietar la mente. Su constante diálogo interno todavía le distraía en algunas ocasiones, pero al centrarse en la respiración lograba prestarle cada vez menos atención –un desafío no sólo para Josh, sino para todo aquel que desee iniciarse en la práctica meditativa.

—El siguiente paso es formular de un modo conciso la pregunta que quieres que se te responda. De esa forma te aseguras de recibir una respuesta clara. Cierra los ojos, realiza unas cuantas respiraciones profundas y comienza a meditar –le dije.

Se descalzó y se acomodó en la silla con las piernas cruzadas.

—Cuando estés preparado, dime cuál ha sido tu pregunta. Sé tan específico como puedas. Eso te ayudará a centrarte en la visualización remota –continué.

Se quedó en silencio durante un momento y, finalmente, preguntó:

—¿Qué director sería mejor para mi proyecto?

Dije el primer nombre en voz alta y le pedí que observara cualquier impresión que recibiera, sin importar lo extraña que pudiera parecerle. Al principio, le resultó difícil. En lugar de visualizar sólo a uno de los candidatos, los veía en grupo, todos juntos en un escenario.

—¿Está bien que vea a los tres juntos? –preguntó.

—Sería mucho más sencillo si observaras a cada uno por separado – contesté–. Como regla general, es mejor establecer claras divisiones entre las personas a las que haces las lecturas. De lo contrario, es posible que los rasgos individuales se mezclen, lo cual puede resultar confuso.

Tras un largo silencio, comenzó de nuevo. Aisló a uno de los candidatos y apagó el brillo de los otros dos, como si las luces dejaran de iluminarlos sobre el escenario. Me fascinó esa solución tan creativa. Sin ningún tipo de indicación por mi parte, empleó su talento artístico, al igual que habíamos hecho los intuitivos en el proyecto *Seaview*, para resolver ese problema.

Después, dijo el nombre de uno de los directores: Keith. Le di instrucciones para que no empleara más de unos pocos minutos con cada uno. Si se establece un tiempo limitado, las imágenes pueden llegar rápidamente, con cierto sentido de urgencia.

—¿Qué se supone que debo esperar? ¿Aparecerá alguna imagen? ¿Tengo que hacer algo? –preguntó Josh.

—Lo más importante es que permanezcas relajado y esperes –contesté.

Esperó, pero no le llegó nada. Finalmente, vio un pequeño lago. Keith estaba de pie, tierra adentro, temeroso de entrar en el agua. No sabía nadar.

—¡Increíble! –exclamó Josh–. Creo que no sería buena idea que trabajásemos juntos.

—Intenta no analizar ahora las imágenes. Eso llama la atención de la mente analítica. Sigue con el segundo candidato.

Sin detenerse, Josh dijo: «Diana». Inmediatamente, suspiró y se sintió aliviado. Sentía cierta simpatía por ella. Le parecía una persona creativa e inteligente; una compañera ideal para su película.

—Bien —le dije—. Ahora deja a Diana. Cambia de marcha y haz la lectura de la última persona.

El tercer nombre era Cheryl. A Josh también le gustaba y sentía que podían llevarse bien. Pero, al centrarse más en su rostro, tuvo una imagen inquietante de Cheryl en la que golpeaba la cabeza de un hombre con una espada.

—Creo que debo tener más cuidado del que pensaba —dijo riendo.

Estaba contentísimo. Como un niño emocionado que aprende a leer, había examinado cada nombre, y se sentía impresionado por cómo veía a cada uno y lo distintos que eran entre sí. Experimentó la cercanía que se produce con la visualización remota, la energía revitalizante que surge al conectar con una persona a ese nivel. Cuando terminamos, supo que su primera elección era Diana. A la semana siguiente, Josh y un grupo de directivos programaron reuniones con Keith, Diana y Cheryl. De esa forma, podría ver si sus impresiones intuitivas se confirmaban. Ese día, sintió que a Keith le faltaba confianza en sí mismo. El currículum de Cheryl era impresionante, pero Josh percibió que, tras su apariencia totalmente normal, ocultaba un rastro de ira. Al final, eligió a Diana tanto por sus credenciales como por la compatibilidad que había sentido con ella durante la visualización remota.

Cuando ya llevaban unas semanas de rodaje, Josh me llamó por teléfono:

—Hola Judith, sólo quería darte las gracias —dijo—. La directora que elegí es perfecta. El rodaje se ajusta a la programación y los asuntos del día a día marchan de maravilla. Pensé que te gustaría saber que nuestro experimento ha funcionado.

Una vez más, mi instinto estaba en lo cierto. En lugar de atormentarme con preguntas y dudas, había recibido una confirmación directa de lo que yo creía. Ese sentimiento me hizo pensar en un largo viaje a Yosemite, cuando tenía nueve años. Tras haber pasado varias horas en el coche, mis padres pararon y me dejaron corretear cerca de una gran pradera. Como un caballo salvaje, corrí de un lado a otro, entusiasmada con mi libertad, hasta que liberé toda la tensión de mi cuerpo.

El éxito de Josh me produjo una sensación de liberación similar. Aunque en la facultad de medicina no enseñaban la visualización remota, ésta me ayudaba a crearme mi propio estilo de trabajo. Tras haber pasado por un periodo de aprendizaje, emprendía una nueva transición, de estudiante a profesora. Ahora podía compartir lo que sabía con mis pacientes. La dolorosa desconexión entre mi mundo interior y el exterior había terminado; ambos comenzaban a fundirse. Había probado algo nuevo que había beneficiado a Josh, y, con ello, había ganado otra herramienta terapéutica. Colgué el teléfono, me relajé en mi silla y sonreí.

Después de Josh, comencé a enseñar la visualización remota a muchos de mis pacientes. Me di cuenta de que esta técnica podía ayudarlos en todos los aspectos de su vida. Una dificultad con la que nos encontramos los terapeutas intuitivos es que muchos pacientes creen que no pueden acceder a la intuición, o piensan que mi caso es único. Para ellos, la visualización remota es una herramienta perfecta. Todos pueden hacer uso de ella, y sus posibilidades son infinitas. Supongamos que tienes que contratar a un empleado, te estás planteando aceptar un nuevo trabajo, tienes una primera cita con alguien o estás en una encrucijada en tu vida y necesitas tomar una decisión. En todos esos casos, la visualización remota puede darte la información que necesitas, ofrecerte una perspectiva más completa o arrojar luz sobre aspectos que no has considerado anteriormente. Esto no banaliza la técnica, sino que amplía su campo de acción. Cuando se practica con sinceridad e integridad, se accede a una información extra, que facilita la toma de decisiones.

Contemplo la intuición como una extensión directa de la conexión espiritual y, por ello, nunca enseño la visualización remota como una técnica aislada. Aunque se puede mejorar la intuición sin contar con un punto de referencia espiritual, el poder que se adquiere con ella puede llegar a seducir demasiado, y en ese caso es posible que el ego pierda el control. De ahí la importancia de los valores éticos, de utilizar la intuición como un servicio a los demás —no como un juego de poder o para aprovecharse de otras personas— y de recordar nuestra procedencia divina. Ésa es la base de mis creencias.

ᏸᎷᏸᎷᏸᎷ

Rosalyn Bruyere era la primera sanadora a la que veía realizar sus sesiones en chándal. Con las uñas perfectamente pintadas de rojo, un maquillaje impecable y sudadera a juego, parecía una mezcla entre una ama de casa glamurosa y una profesora de aerobic. Aunque había tenido bastante sobrepeso, había perdido varios kilos recientemente, con lo cual desmentía la creencia popular de que los intuitivos necesitan ser obesos para mantener los pies en la tierra. Rosalyn, del equipo de visualización remota de Mobius, había fundado el Healing Light Center, una clínica y escuela de sanación en Glendale. Cuando tuvo conocimiento del último proyecto de Mobius, nos ofreció sus instalaciones.

Yo ya conocía su trabajo: unos meses atrás me había tratado a causa de un problema de estómago. Cuando me ponía las manos sobre el cuerpo y dirigía la energía hacia el estómago, me hablaba de sus hijos, su trabajo o lo que fuera que tuviera en mente. La sanación era algo tan natural para ella que no necesitaba fingir nada. Mis síntomas físicos mejoraron notablemente con su tratamiento. No sólo me ayudó a deshacer el nudo que tenía en la boca del estómago, sino que sus sesiones me dejaban con una increíble sensación de bienestar que duraba horas.

Nuestro proyecto en Mobius estaba relacionado con las alteraciones químicas de las moléculas de agua en los procesos de sanación. Se basaba en las investigaciones del biólogo Bernard Grad, de la Universidad McGill, en Canadá, en las cuales los sanadores «trataban» el agua de unas jarras y ésta aumentaba la vitalidad de colonias de células, enzimas y plantas. Nuestra intención era diseñar un experimento que ampliara el trabajo inicial de Grad. La idea era comprobar si el agua, en manos de un sanador durante un tratamiento, se alteraba de un modo significativo. Al medir los cambios mediante espectrometría infrarroja, demostraríamos que la sanación no era un efecto placebo. Stephan decidió utilizar una amplia variedad de técnicas: tacto terapéutico (normalmente usado en contextos no religiosos, como consultas médicas y de enfermería), imposición de manos (sanación por la fe), cristianismo evangélico y canalización (sanación por trance inducido). Algunos eran sanadores experimentados; otros, como yo, éramos intuitivos sin ningún tipo de formación en el campo de la sanación. No me resultó nada fácil hacerme a la idea de que tenía la capacidad necesaria para realizar ese trabajo. Creía que sólo podía practicarlo una pequeña élite, los especialmente dotados para ello. No entendía que, al igual que las visualizaciones remotas, la sanación también era una expresión de las habilidades intuitivas, un arte que cualquiera puede aprender.

La tarde del experimento, llegué pronto al Healing Light Center. Quería observar de cerca a los sanadores y, con suerte, descubrir sus secretos. Aunque no podía presenciar las sesiones terapéuticas, esperé en recepción y me fijé en ellos según llegaban. Ninguno llamaba tanto la atención como Rosalyn. Eran tan normales que resultaba asombroso. Tanto hombres como mujeres vestían de un modo sencillo y conservador, como salidos de los años cincuenta, y apenas hablaban entre ellos. Con edades comprendidas entre los treinta y los sesenta, parecía un grupo del Club de Bridge del condado de Orange.

Mi única experiencia con la sanación desde la conferencia de Brugh se limitaba a unas cuantas prácticas que había realizado con una amiga en casa. Ambas considerábamos que era agradable, pero no estábamos seguras de si se producía algo realmente. Nos sentíamos como niñas que jugaban con lo desconocido. Parecía demasiado fácil poder curar a alguien simplemente con el tacto. Sabía que la gente decía que así era, pero me resultaba difícil de creer que no hubiera algo más complicado en todo eso.

Cuando llegó mi turno, seguí a Stephan hasta una pequeña oficina en la parte posterior. Deseaba con todas mis fuerzas poder hacerlo bien. En la pared que se hallaba frente a mí, había un dibujo de Buda sentado en la posición del loto. Escuché con atención las instrucciones de Stephan:

—Permítete entrar en un estado de tranquilidad, similar al de la visualización remota. Centra tu conciencia en la intención de sanar.

Mi paciente era George, un hombre fuerte de cincuenta y muchos años, con aspecto de camionero y una áspera tos de fumador. Tenía una barba gris de tres días y llevaba una camiseta gastada, violeta y dorada, de los Lakers. Padecía un dolor persistente en la parte baja de la espalda, provocado por un disco lumbar inflamado en la base de la columna vertebral. Durante cuarenta y cinco minutos, tenía que tocar su cuerpo donde sintiera que podría aliviar su dolor. Las instrucciones eran sencillas, pero estaba nerviosa. Puesto que tenía muy poca experiencia en la sanación, me sentía una impostora, pero traté de controlar mi miedo. Pronto me dejé llevar por el desafío del experimento.

Antes de comenzar, Stephan se protegió las manos con unos guantes especiales y ató un frasquito de agua destilada a mi mano derecha. Los frascos se cambiaban y analizaban a intervalos de cinco, diez y quince minutos. Recordé las instrucciones que había recibido para aquietar la mente; me agradaba la idea de no tener que pensar demasiado en lo que hacía. George se acostó boca abajo en la camilla y le coloqué una pequeña almohada debajo de la cabeza. Después, tímidamente, le puse la palma de la mano sobre la espalda, en la zona lumbar. No sentí que ocurriera nada especial, pero no moví la mano. Pasaron unos cuantos minutos.

—George, ¿estás bien? –pregunté. Deseaba que me dijera algo.

Suspiró y, finalmente, contesto:

—Me siento muy bien. No sé qué haces, pero continúa.

Mientras dejaba que la mano pasara por diferentes partes de su cuerpo, recordé que, de niña, mi madre solía cantarme nanas y acariciarme el pelo antes de quedarme dormida. Arropada en el edredón, la ternura de las yemas de sus dedos y la calidez de su presencia me hacían sentirme protegida y a salvo. Me centré en esa imagen, y la dulzura del amor que había sentido por aquel entonces comenzó a fluir a través de mis manos en dirección a George. En ese momento, una corriente tangible pasó entre nosotros, un calor similar al producido por los rayos del sol en un día de verano. Nos acercó el uno al otro, de espíritu a espíritu. Era una conexión que ninguno de nosotros había esperado y que parecía derivarse directamente del proceso de sanación. Cuando terminamos la sesión, George resplandecía. El estrés había desaparecido de su rostro y el dolor de espalda había disminuido. Aunque siempre pensé que hay algo especial en el tacto, esta comprensión se profundizó al trabajar con George. Era extraordinario saber que podía expresar amor con las manos. Parecía tan básico y tan humano poder influir positivamente en una persona de esa forma... Me di cuenta de que podemos ayudarnos unos a otros más de lo que pensamos. Para practicar este tipo de sanación no se necesitan años de estudios. Sólo se necesita compasión, dejar de lado nuestros miedos temporalmente y extender nuestro amor hacia la otra persona. ¿Cuántos de nosotros vamos por la vida agotados por el trabajo, aislados en nuestras burbujas protectoras, sin sentir el tacto de otra persona ni una sola vez al día? Vagamos muertos de hambre, privados de una dulzura que podría llenarnos con facilidad.

Salí de allí renovada, como si hubiera acabado de caer una lluvia refrescante. Deseaba hacer algo por George, pero jamás me hubiera imaginado que él también me daría algo. Había sido una sanación mutua. En lugar de sentirme agotada, como me sucedía a menudo tras un largo día de trabajo con mis pacientes, estaba exultante. El amor que había dado a George era regenerador y regresaba directamente a mí. Era un flujo interminable: cuanto más daba, más parecía tener.

Durante el mes siguiente, Stephan estudió los resultados del experimento y, al analizar los cambios de la estructura atómica del agua, descubrió que existía una diferencia importante entre la de los frascos que habían sido tratados y la de aquellos que no. Los resultados más espectaculares se produjeron durante los primeros cinco minutos de la sesión, lo que indicaba que la sanación no era constante y sus efectos no aumentaban con el tiempo.

Tal como esperábamos, los sanadores más expertos obtuvieron mejores resultados que los principiantes. Sin embargo, estos últimos también lograron cambios sustanciales. Eso sugería que era posible alterar la composición del agua con la simple intención terapéutica. Mi trabajo con George había alentado a la sanadora intuitiva —y también a la psiquiatra— que había en mí.

 భిఖిఖి

En psiquiatría, tocar a los pacientes se considera un tabú. Sin embargo, el experimento de sanación había despertado mi curiosidad y quería saber si podía emplear el tacto terapéutico en mi trabajo. Años atrás, me había emocionado al observar las sesiones de Jack en el laboratorio de UCLA. Pero en mi consulta temía que el tacto pudiera ser malinterpretado. Si no hubiera sido por Lilly, una mujer joven que conocí a través de Mobius, nunca me habría atrevido a experimentarlo: me pidió expresamente que ese tipo de sanación formara parte de su terapia.

Lilly, la prima de un miembro del equipo de investigación, era una mujer tan hermosa que podría haber sido modelo. Lamentablemente, sufría un dolor constante provocado por una artritis reumatoide debilitante, y, a causa de las graves lesiones que padecía en las articulaciones de ambas piernas, necesitaba un bastón para poder caminar.

Durante nuestra segunda sesión, tuvo un fuerte ataque de pánico. Dominada por el miedo e increíblemente pálida, hiperventilaba y estaba convencida de que su enfermedad destrozaba su vida. No era la primera vez que sufría un ataque de pánico. Los médicos le habían recetado Valium para aliviar temporalmente su ansiedad, pero ésta siempre regresaba. Traté de consolarla mientras observaba cómo daba vueltas por la consulta y retorcía las manos, incapaz de estar sentada tranquilamente. No obstante, a pesar de mis intentos, su pánico fue en aumento. El problema es que la medicación y la terapia hablada sólo pueden ayudar hasta cierto punto. El pánico profundamente arraigado puede ser como un terremoto que sacude la esencia de la persona. No atiende a razones; se nutre a sí mismo y gira sin descanso, a veces durante meses o años, a menos que se sane la causa subyacente. Para Lilly, el Valium no era una solución, sino más bien un pequeño parche que cubría una enorme herida abierta. Necesitaba algo más y yo tenía que actuar rápidamente. La animé a descalzarse y tumbarse en el sofá. Recordé el alivio en la mirada de George. ¿Por qué no podía transmitir amor con las manos también en los casos de ansiedad?

Su cuerpo era delgado y parecía frágil; temblaba como un pájaro asustado. El pánico puede ser contagioso, así que traté de no dejarme llevar por su intensidad. Le coloqué una mano sobre el pecho, a la altura del corazón, a cinco centímetros por encima del diafragma, y la otra directamente sobre el estómago. Sentí su pulso acelerado entre los dedos. Me concentré y me sentí increíblemente lúcida y orientada; las palmas de las manos se volvían cada vez más calientes. Me senté en el sofá y me permití ser un vehículo a través del cual el amor pudiera fluir.

Para que la sanación tenga éxito se necesita transparencia; una actitud de receptividad pasiva en lugar de un decidido esfuerzo. Al igual que en la visualización remota, limpié la mente de pensamientos, pero en ese momento, en lugar de recibir información intuitiva, obtenía un dulce sentimiento de amor. Al principio, Lilly no respondía. Sin embargo, una voz dentro de mí me decía: «No abandones. Deja las manos tranquilas y ten paciencia». Presté atención y esperé. Lentamente, comencé a sentir el pulso del amor que salía de mí y entraba ella. No era un impulso fuerte, pero, al poco tiempo, tuve una sensación, casi de gozo, que iba en aumento. En cuestión de minutos, su cuerpo se relajó, su respiración se hizo más profunda y su tensión empezó a desvanecerse. Media hora después, cuando retiré las manos, pude observar una hermosa luz clara en sus ojos.

Me contó que, durante la sesión, tuvo una ensoñación. Descendía una montaña por un sendero en una clara mañana de primavera. Una brisa suave se filtraba a través de las ramas de los árboles y, con cada respiración, la brisa eliminaba suavemente su ansiedad. Cuando terminamos, toda la ansiedad había desaparecido. Nunca había presenciado una transformación tan extrema durante un ataque de pánico sin hacer uso de Valium o ansiolíticos similares.

Ninguna de nosotras había esperado un cambio tan radical; sin embargo, salió de mi consulta mucho más calmada que cuando había llegado. ¿Era Lilly extremadamente sugestionable? No estaba segura, pero, por el momento, se sentía mejor y yo estaba satisfecha. Durante mis siguientes sesiones con ella, hablábamos durante treinta minutos y el resto del tiempo trabajaba con las manos. A menudo, sentía la misma brisa de la primera sesión mientras descansaba tranquilamente. Según se acostumbró a esa sensación, aprendió a crearla por su cuenta cada vez que sentía dolor o ansiedad. Eso le sirvió como un mecanismo al que podía recurrir siempre que lo necesitaba. Al aprender a evocar las sesiones, con el tiempo fue capaz de recrear ese estado en situaciones de la vida cotidiana. Unos seis meses después, su terapia llegó a su fin. Lilly había comenzado a sanarse a sí misma. Su éxito me ofreció muchas recompensas: para empezar, descubrí una nueva aportación de la sanación a la psiquiatría tradicional, que contribuyó a mejorar mi práctica; al mismo tiempo, podía ofrecer un nuevo tipo de poder a mis pacientes.

Desde el inicio de mi trabajo con Lilly, descubrí que la sanación puede aplicarse de muchas formas, no sólo en el contexto de la psiquiatría, sino en el día a día. Si, por alguna razón, estamos irritados, sólo necesitamos colocar las manos sobre el corazón, con la intención de calmarnos, para tranquilizarnos. Cualquier persona puede beneficiarse de la paz que se deriva de su práctica. Nos sirve tanto para transmitir amor a nosotros mismos como a los demás. Y al hacerlo generamos quietud en los momentos de mayor estrés. El amor es el gran equilibrador universal. Tiene el poder de calmarnos. Al invocarlo para que nos ayude, ganamos fortaleza y aprendemos a creer en nuestra capacidad de sanar. La realidad es que siempre está a nuestra disposición, aunque muchos de nosotros no siempre nos demos cuenta de ello. Enseguida salimos en busca de médicos, enfermeras y terapeutas, y nos olvidamos de mirar en nuestro interior. La capacidad de curar con nuestras manos es un gran regalo, una cualidad innata. Una vez que accedemos a ella, su potencial, largo tiempo dormido, comienza a manifestarse.

Mi meta es enseñar a mis pacientes a cuidarse y a encontrar en sí mismos sus propios recursos para la sanación. Para ello, es esencial entrar en contacto con este amor y aprender a ser compasivo. Y esa actitud hacia la vida puede expresarse a través del tacto. Si todos generamos y comunicamos este amor, podremos crear una comunidad más unida, en la que nos apoyemos más los unos a los otros, e incluso un mundo mejor.

ৰে৪৩৪ৰ

Poco después de mi última sesión con Lilly, mi despertador me sacó de un sueño que me resultaba familiar. Se había repetido muchas veces desde 1983, cuando abrí mi consulta, pero nunca había llegado a ninguna conclusión clara respecto a él. Aquella mañana supe que ese sueño no volvería a repetirse. Siempre comenzaba del mismo modo. Anochecía, estaba de pie en mi consulta y miraba a través de una ventana que daba al mar. La luna, pálida, adornaba el cielo. La primera vez que tuve ese sueño, el mar, en la línea del horizonte a la altura de Santa Mónica, se hallaba donde está realmente, a varios kilómetros de distancia. En las sucesivas repeticiones del sueño a lo largo de los años, las olas se encontraban cada vez más cerca, y con ellas llegaba una bandada de gaviotas. Las observaba deslizarse en el cielo y remontar las corrientes de aire nocturnas, dieciocho pisos más arriba. Pero la última vez que tuve ese sueño, entre el océano y yo no había ninguna separación. El brillo del agua resplandecía por todas partes, aunque no resultaba amenazador. Me sentía cómoda con la situación, del mismo modo que me sentía a gusto con mi unión interna de medicina e intuición. Finalmente, el edificio donde se situaba mi consulta y el océano se fundían en uno.

6

LINAJE FEMENINO

Giro alrededor de la antigua torre desde hace miles de años.

RAINER MARIA RILKE

Madres e hijas. Tenía ahora cuarenta años. Durante la última década, había ejercido la psiquiatría en mi consulta, en el centro médico de la facultad de UCLA, el hospital Saint John y el hospital Cedars-Sinai. Mi dedicación a una profesión que mi madre respetaba significaba mucho para ella. En un principio, al hablar de medicina encontramos un punto en común. Mi madre me enviaba pacientes y hablábamos de sus tratamientos. Era mejor evitar temas más personales, como nuestra relación o mis novios. Para ella, ninguno era lo suficientemente bueno para mí: o era demasiado viejo o demasiado joven, o no era judío, o su posición económica no era demasiado segura... En ese caso, discutíamos, nos poníamos a la defensiva, adoptábamos puntos de vista opuestos y terminábamos enfadadas. De modo que comenzamos a ver nuestras charlas sobre asuntos médicos como un campo neutral en el que reinaba la confianza mutua.

Con el paso del tiempo, durante las cenas del Sabbat en su casa, aprendimos a hablar de casi cualquier cosa. Descubrimos un modo más tierno de relacionarnos. Esto fue en aumento, y mi madre terminó por convertirse en una amiga íntima, en una confidente. Había ganado seguridad en mí misma y ya no me sentía eclipsada por su fortaleza. Podía ser cariñosa con ella, expresar mis sentimientos y escucharla sin ponerme a la defensiva. Al darme cuenta de lo importante que eran mis padres para mí, me decidí a disfrutar del amor que nos profesábamos. Mi madre siempre tuvo miedo de mi ira, de la intensidad con la que podía enfadarme y herirla cuando no estábamos de acuerdo, y aprendió a evitar esos conflictos. Con los años, tal vez al advertir que nuestro tiempo juntas era limitado, asumió el riesgo de acercarse a mí.

En invierno de 1990, mi madre enfermó de cáncer. Veinte años antes le habían diagnosticado un linfoma de crecimiento lento, pero pudieron tratar los síntomas —unos pequeños bultos en el cuello— con dosis mínimas de radioterapia. Sin embargo, recientemente tenía febrícula con frecuencia, lo cual indicaba que la enfermedad había avanzado.

Una noche de febrero, mi madre y yo bebíamos una taza de té, sentadas en el sofá de la sala de estar, mientras charlábamos y nos sentíamos muy cerca la una de la otra. De repente, comenzó a hablarme de su madre, Rose Ostrum. Me había hablado anteriormente de la abuela, y la había descrito como un espíritu libre y una ferviente feminista. Sin embargo, como Rose había vivido la mayor parte de su vida en Filadelfia y mis padres y yo nos mudamos a Los Ángeles cuando yo tenía seis años, no había llegado a conocerla bien hasta sus últimos años de vida.

—Quiero contarte una cosa de la abuela –dijo mi madre–. Ya sabes lo extravagante que era. Un torbellino de energía, siempre con ideas extremistas. Caminaba con la cabeza bien alta y dirigía la farmacia de la familia. Y, en una época en que las mujeres no iban a la universidad, mandó a sus dos hijas a la facultad de medicina.

Sentí un matiz de urgencia en la voz de mi madre. Hizo una pausa y pareció prepararse para lo que estaba a punto de decirme.

—Judith, no sé bien cómo hablar de esto –se produjo un silencio–. El asunto es que... tu abuela tenía cierta fama en el vecindario, tenía fama de... ser curandera.

—¿Qué? –No podía creer lo que acababa de oír–. Debes de estar de broma.

Mi madre continuó con lo que se había decidido a contarme.

—La abuela también tenía una gran habilidad para predecir acontecimientos que siempre terminaban por suceder. Recibió una educación judía y en casa todos los alimentos eran *kosher*, pero creía que su capacidad para sanar y ver el futuro no tenía nada que ver con la religión. Ese talento pasó de generación en generación, entre las mujeres. Todo empezó en la época de la Gran Depresión. Muchos vecinos no podían permitirse ir al médico y, entonces, visitaban a la abuela cuando enfermaban. Ella los llevaba a un pequeño cobertizo de madera, y sin calefacción, que había detrás de la casa, les pedía que se tumbaran en una mesa y les ponía las manos. El calor que salía de ellas atravesaba la piel. Después, se sentaban y les daba alguna infusión de plantas medicinales que ella misma cultivaba. Eran recetas que había heredado de su madre.

Me sentí mareada; una oleada de calor intenso me subió al rostro. ¿Mi abuela había sido sanadora e intuitiva?

—Mamá, ¿por qué no me contaste eso antes? –dije con amargura.

La terrible mirada de angustia de mi madre me impidió continuar.

—Trata de entenderlo. Sólo quería lo mejor para ti. Tu abuela era una mujer excéntrica. Aunque la mayoría de los vecinos la querían mucho, algunas personas pensaban que era rara. Temía por ti.

—Pero ¿no puedes entender que, de haberlo sabido, no me habría sentido tan sola?

Advirtió la lucha interna en mis ojos y alargó la mano para tocar la mía.

—¡Oh, Judith! Cuando eras una niña y descubrí que tenías el don de la intuición, no quería alentarlo. No quería que se burlaran de ti como, a veces, hicieron con tu abuela.

Me sentí abrumada por tantas emociones opuestas. Estaba atónita y dolida. La cercanía que habíamos experimentado antes, ahora me parecía un engaño. De haberlo sabido, mi infancia hubiera sido totalmente diferente. Ahora me parecía demasiado tarde.

—Tal vez cometí un error –prosiguió–. Mi única preocupación era tu felicidad. No sabía qué hacer, así que quité importancia a tus habilidades para protegerte.

—Entonces, ¿qué te ha hecho sacar el tema hoy? ¿Qué ha cambiado?

—Judith, por favor, escúchame. Nuestras vidas ahora son diferentes. Mantienes tus creencias, has elegido tu propio camino, aunque no es el que yo hubiera querido para ti. Pero respeto tu decisión. Ya no estamos en pie de guerra. Y, además, tengo poco que perder.

Estaba aturdida. Una sensación de vacío muy antigua había salido a la superficie, una sensación de desconcierto, terriblemente familiar, que me había acompañado durante toda mi infancia. Mientras esos pensamientos sombríos pasaban por mi mente, luchaba por no llorar. Temía que mi ira hiciera callar a mi madre. Me daba cuenta de que era un momento especial, que mi madre, al fin, se había visto obligada a abordar el tema de mis habilidades intuitivas y mostrarme mi verdadero linaje. Quería exponer su punto de vista y aclarar las cosas de una vez por todas. Finalmente, habló de todo, pero no mencionó que estaba verdaderamente enferma, con todo lo que eso implicaba.

Nos quedamos mirando las sombras alargadas que las llamas del fuego proyectaban sobre la esquina de la pared. Traté de reponerme. Al mirar a mi madre, tan pequeña y frágil, sentí que mi rabia se desvanecía y era reemplazada por la compasión. No ganaba nada con culparla o enfadarme. Cuando reposó la cabeza en el sofá y descansó frente al fuego, tomé una decisión: no permitiría que mi ira envenenara el tiempo que nos quedara de estar juntas. En mi camino espiritual, había descubierto que cada suceso en la vida tiene su momento y un propósito. No era un error que no hubiera sabido lo de mi abuela antes. Había tenido que luchar, que crecer y que hacerme fuerte para convertirme en la mujer que era. Comencé a comprender que mi lucha para aceptar la intuición había sido vital para mi crecimiento personal. Había sido una lucha ardua y podía haber perdido. Para ganarla, tuve que ir más allá de mis límites. También era verdad que mi madre había sido una gran maestra para mí. Su inflexibilidad a la hora de mantener sus convicciones me había obligado, una y otra vez, a adoptar una posición firme. Sin embargo, había esperado toda una vida para escuchar esas palabras.

Mi madre se inclinó hacia mí; su rostro irradiaba amor. Tuve que pagar un alto precio por su decisión, pero en ese momento supe que no lo había hecho malintencionadamente. Hizo lo que pensaba que tenía que hacer. Por muy difícil que me resultara aceptarlo, y por muy enfadada que creyera que debería estar, no podía negar que también experimentaba una profunda sensación de alivio. Por fin me había contado la verdad. Y, además, se había arriesgado a que no la comprendiera. Vi que había contado con la fortaleza de nuestro amor, con la intimidad que, con tanto esfuerzo, habíamos logrado construir.

Allí, sentadas en silencio, recordé un sueño recurrente sobre mi abuela. Desnuda, y con un cuerpo entrado en carnes que hacía pensar en una belleza renacentista, me conducía a través de un laberinto oscuro de túneles bajo tierra. Bajábamos por pasajes sin salida y sólo contábamos con una vela para alumbrarnos. Me aferraba a su mano y confiaba en que conocía el camino. Había cierto anhelo y una sensación de atemporalidad en nuestra cercanía. Ahora, podía ver que estábamos unidas por un vínculo invisible. Comprendí que ese sueño me había guiado durante mucho tiempo.

Mi madre volvió a hablar y me trajo de nuevo al presente:

—Cuando era una niña, la abuela me acostaba en el sofá y, con la mano, hacía un movimiento de barrido sobre mi cuerpo, tres veces seguidas, desde la cabeza a los pies. Después, me agitaba los pies arriba y abajo, lo cual siempre me hacía reír. Y, mientras hacía eso, repetía en *yiddish*: *Grace, Grubb, Gizunt.* Según cuentan, con sus manos impartía grandeza, resistencia y buena salud. Quería ayudarme a crecer. Sólo hacía eso con los niños, para que tuvieran una larga vida y fueran hermosos. Era un complemento al trabajo de sanación que practicaba con sus pacientes en el cobertizo.

Estaba atónita. De pronto, recordé que mi madre me hacía exactamente lo mismo cuando yo era una niña. ¡Cómo me gustaba sentir la sutil fragancia de su perfume, la calidez de su tacto y la tranquilidad que venía después! Aunque me costaba aceptarlo, mi madre, en aquel entonces, era consciente de que transmitía energía, aunque se negaba a expresarlo en esos términos.

Me daba cuenta de que muchos padres pueden enviar amor con sus manos, pero lo contemplan como una expresión natural de su afecto. No piensan que es una sanación, pero, en realidad, sí lo es. Cuando una madre sostiene en sus brazos a su hijo recién nacido, su alegría y aceptación se transmiten directamente con el tacto. Si nuestro hijo se hace daño, corremos a abrazarlo, estamos a su lado y aliviamos su dolor. Nuestro impulso de reconfortar, nuestra necesidad física de contacto, se basa en nuestro deseo instintivo de dar y recibir. Ésa es la esencia de ser humano: compartir nuestros corazones, intercambiar calidez y nutrirnos los unos a los otros.

Cuando era una niña, a veces, antes de irme a dormir, y siempre que estaba enferma, mi madre se sentaba al lado de mi cama y me daba ligeras palmaditas en el estómago. Me mecía con ese movimiento hasta que me quedaba dormida o me encontraba mejor. Sentía que el amor fluía en mi cuerpo y eso me aliviaba.

—Sí –continuó mi madre–, aprendí eso de tu abuela. Sabía que era una forma de sanación, pero no quería llenarte la cabeza de ideas raras.

Respiré profundamente y pensé en la muerte de la abuela. A los ochenta años, desarrolló la enfermedad de Alzheimer; perdió la memoria y regresó a un estado infantil. Se mudó a Los Ángeles y pasó sus últimos días en una residencia de ancianos en el distrito de Pico-Fairfax, a pocos kilómetros de nuestra casa. La noche en que murió, no pudieron localizar a mis padres porque se encontraban de viaje en Europa, así que me llamaron a mí. Me contaron que se había sentado en su mecedora favorita y había comido un helado de vainilla. Una vez lo hubo terminado, le dijo a su acompañante lo delicioso que estaba y, después, se desplomó. Sin ruido y sin alboroto. Una partida perfecta. Pero, a excepción de esos detalles, apenas conocía a mi abuela. Me había perdido algo importante.

ༀༀༀ

A lo largo de ese invierno, mi madre, paulatinamente, me habló más de mi herencia intuitiva. Me contó que, cuando mi prima Sindy se puso de parto a medianoche, Melissa, su hija de cuatro años, estaba profundamente dormida, así que no supo que sus padres habían tenido que acudir precipitadamente al hospital. Phyllis, la madre de Sindy, quedó al cuidado de la pequeña. A las dos de la madrugada, Melissa se despertó y gritó desconsolada: «¡Algo le ha ocurrido a mi mamá!». Nada podía tranquilizarla. En realidad, en ese mismo momento, el parto de Sindy se había complicado. La anestesia había sido demasiado potente y Sindy no tomaba suficiente oxígeno, de modo que tuvieron que practicarle una traqueotomía. Ésta no tuvo ninguna consecuencia adversa y el bebé estaba sano, pero Melissa había sentido el peligro. Como Sindy también tiene cierto grado de intuición, no se alarmó con la premonición de Melissa. Pensó que su hija, tal vez, también era intuitiva.

Estas conversaciones sobre la familia se convirtieron en un ritual después de la cena. Los viernes por la tarde, después del trabajo, iba en coche hasta el piso de mis padres. Cuando terminábamos de cenar, mi padre, encantado de que mi madre y yo nos llevásemos bien y de que nuestra batalla por fin hubiese terminado, desaparecía oportunamente e iba a su estudio a mirar un partido de los Lakers. Mi madre y yo, con sendas infusiones de menta en la mano, nos íbamos a la sala de estar. Aunque ella siempre decía lo que pensaba, había dado un gran paso al confesarme que mi abuela Rose era sanadora. Pero pronto descubrí que, por muy audaces que me parecieran esas declaraciones, había ocultado algo todavía más íntimo. Era el secreto mejor guardado de su vida.

—Cuando abrí por primera vez mi consulta —me dijo durante una de nuestras noches de viernes—, me di cuenta de que yo también tenía algunas habilidades intuitivas y sanadoras. No tan poderosas como las tuyas o las de tu abuela, pero, en definitiva, allí estaban.

¿Mi madre sanadora intuitiva? Miré a la mujer delgada y decidida que tenía frente a mí y me pregunté quién era. Al igual que había hecho yo cuando abrí mi consulta, ella también había ocultado esa parte de sí misma.

—Sabía que la medicina moderna no tenía todas las respuestas —continuó—. Desde el comienzo de mi enfermedad, hace veinte años, mi oncólogo me recomendó dosis intravenosas de quimioterapia para tratar el linfoma. Sin embargo, yo decidí controlarlo con la mente. Nunca se lo dije a nadie, pero, cada mañana, cuando me despertaba, me colocaba las manos sobre el cuerpo y le enviaba pensamientos positivos mientras visualizaba que los tumores se encogían. Creo que de esa forma me mantuve sana: según las estadísticas, no tendría que estar viva hoy en día.

—¿Por qué no me lo confiaste? —pregunté—. Te habría entendido.

Mi madre me lanzó una mirada de descrédito.

—Cuando me lo diagnosticaron hace diecinueve años, discutíamos tanto que no me pareció conveniente contártelo. Estabas encerrada en ti misma y no era fácil comunicarse contigo. No te consideraba un apoyo. La sanación era algo privado para mí. Si hubiera hablado de ella con alguien, habría perdido su poder.

Me llegaron a la mente imágenes de nuestras frecuentes discusiones: portazos, palabras llenas de resentimiento, abandono de la casa y amenazas. Ambas éramos testarudas. Había sido una lucha de poder. Ahora podía entender por qué no había confiado en mí.

—Aprendí a ser reservada a la fuerza —continuó—. Crecí escuchando a tu abuela hablar de sus dones continuamente. Y sus premoniciones parecían realmente descabelladas. Rose predijo la era de los aviones, el transporte público y el uso del láser en la medicina. Pero, en los años veinte, nadie la creía. Yo la quería mucho, pero sólo era una niña. Me avergonzaba de ella, quería que fuera normal. Y ella no podía entender eso.

Madres e hijas. Podía ver cómo ambas habíamos tenido nuestras propias formas de rebeldía. Ella, para reaccionar contra su madre, se volvió conservadora y negó su don. Yo, en cambio, había luchado por manifestar mis habilidades intuitivas y pulirlas.

Cuanto más hablaba, más azules me parecían sus ojos.

—Cuando tenía diez años —prosiguió mi madre—, tuve la premonición de que iba a ser médico y que nada me detendría. Pero vivía en una sociedad que despreciaba a quienes eran diferentes. A mi madre no le importaba lo que la gente pensara de ella, pero a mí sí. No quería repetir sus errores, así que decidí no hablar de mi don.

Sabía que tenía buenas razones para mantener esa postura. En 1942, cuando fue aceptada en la Escuela Hahnemann de Filadelfia, la medicina era un campo casi exclusivamente masculino. Sólo admitían a un pequeño porcentaje de mujeres, comparado con el cincuenta por ciento de la actualidad. Y, por supuesto, durante mis años de prácticas, casi tres décadas después de mi madre, nunca sentí que pudiera hablar de la intuición con mis compañeros por miedo a ser juzgada o aislada. (Aunque en la época en que mi madre estudió en Hahnemann, el plan de estudios cubría tanto la medicina tradicional como la homeopática y podía estudiar legítimamente lo que su madre hacía con las hierbas, la homeopatía ya se había distanciado de la medicina convencional.)

Durante los últimos treinta años, tras nuestro traslado a Los Ángeles, mi madre había trabajado como médico tradicional de familia, en Beverly Hills, en una consulta de Bedford Drive. Sus pacientes se convirtieron en su segunda familia. Ser médico lo era todo para ella. No hacía nada que pudiera poner en peligro su trabajo. No obstante, sin que sus pacientes lo supieran, les enviaba energía con las manos. Era parte de su rutina y apenas pensaba en ello. Me pareció una lástima que no se hubiera mostrado más abierta con sus dones, pero respeté su decisión de sanar dentro del contexto de la medicina convencional. Así como a mí me había costado encajar en la personalidad de «psiquiatra», mi madre nunca habría podido aceptar la de «sanadora». Me producía tristeza que hubiera sentido la necesidad de ocultar tanto de sí misma que hubiera tenido que privarse de esos maravillosos dones.

—A veces, sabía cosas de mis pacientes antes de que me las contaran –continuó–. Escucho una pequeña voz en mi cabeza que nunca se equivoca. Mi paciente Rita es un buen ejemplo. Vino una vez a verme con un resfriado terrible. Mientras le tomaba la temperatura, la voz me dijo que le examinara las mamas. Normalmente, no hago eso por un catarro, pero seguí mi instinto. El pecho derecho estaba bien, pero en el izquierdo encontré un pequeño nódulo duro, del tamaño de un guisante. Supe que era nuevo, así que la envié a hacerse una mamografía y una biopsia.

—¿Qué sucedió? –pregunté fascinada.

—El tumor era maligno. En una semana se lo extirparon y comenzó con las radiaciones y la quimioterapia. Eso fue hace dos años. Desde entonces, no ha vuelto a tener cáncer. Si no hubiera detectado el tumor tan pronto, la enfermedad probablemente se habría extendido. Creo que, al escuchar la voz de mi cabeza, salvé la vida de Rita.

Estaba conociendo de nuevo a mi madre. Mi esfuerzo por incorporar la intuición en mi ejercicio de la medicina era una tarea que ella ya había llevado a cabo. Sin saberlo, había seguido sus pasos y continuado con la tradición familiar. Siempre había buscado una sensación de certeza en la vida, y ahora sentía que se me reconocía el rumbo que instintivamente había elegido. Más tarde, supe que la hermana menor de mi madre, Phyllis, especialista en medicina interna en Filadelfia, también era intuitiva. Siempre existió cierta competencia entre ambas, a pesar del afecto que se tenían. Sin embargo, la intuición era algo que compartían: cuando no podían hablar con nadie de sus experiencias intuitivas, se las contaban en largas conversaciones telefónicas a altas horas de la madrugada.

—En 1963 –prosiguió mi madre–, el marido de Phyllis tuvo su primer infarto. Cuando aún estaba en el hospital, ella tuvo un sueño en el que hacía una guardia con un grupo de médicos. Una vez que todos revisaron los medicamentos para las enfermedades cardíacas, supo que la heparina subcutánea era el tratamiento adecuado para su marido.

—¿Qué tiene ese sueño de intuitivo? –pregunté–. La heparina siempre se administra a pacientes con problemas cardíacos para prevenir coágulos.

—Sí, pero en los años sesenta a la heparina no se le daba ese uso. Por entonces, no existía ninguna documentación clínica que indicara que podía ser de ayuda en el tratamiento de las enfermedades coronarias. No comenzó a utilizarse hasta mucho tiempo después. Cuando Phyllis le pidió al cardiólogo que le administrara heparina, éste se negó. De modo que decidió que se la inyectaría ella misma. No tenía muchos sueños, pero cuando soñaba, solía acertar.

—¿Alguna vez habló con alguien de su sueño?

Mi madre asintió con la cabeza.

—En cierta ocasión se lo contó a un médico, pero éste la miró de una forma tan rara que nunca más volvió a sacar el tema. Quería una prueba científica, pero, por supuesto, no tenía ninguna.

El marido de Phyllis era ginecólogo, y cuando se casaron, no tenía ningún interés en la intuición. Al principio, cuando sus predicciones eran acertadas, ella pensaba que él se sentía amenazado. Lo habían educado para mantener el típico rol masculino, y ella estaba convencida de que sus premoniciones ponían en peligro su necesidad de control. Sin embargo, durante los últimos quince años observó que cada vez se sentía menos molesto con sus predicciones. Como la mayoría resultaban ser ciertas, ya no las veía como algo descabellado. Llegó a apreciar su valor antes de que su mujer le salvase la vida con una de ellas.

Desde 1942, ha habido un total de veinticinco médicos en nuestra familia: cinco mujeres y veinte hombres. El impulso sanador ha estado en todos nosotros. Pero, por lo que mi madre sabía, ninguno de los hombres era intuitivo. No podía explicarme por qué. Tal vez hay algo inherente al hecho de ser mujer que facilita el acceso a ese tipo de información, o tal vez sea un asunto genético. Quizá algunos hombres también sean intuitivos, pero no tienen el permiso cultural de las mujeres para expresarse. No estábamos seguras. De lo que sí estaba segura era de que, con cada conversación que tenía con mi madre, la estructura interna de mi ser se hacía más firme. Tras pasarme años flotando sobre mí misma, desconectada de mi cuerpo, ahora sentía como si un imán gigante me devolviera a la tierra. El suelo parecía más firme bajo mis pies. Comencé a mimarme de un modo que anteriormente hubiera temido y como jamás me había atrevido a hacerlo. Me compré ropa nueva, me hice la permanente para que mi pelo tuviera un aspecto salvaje, me apliqué tratamientos faciales regulares y, cuando me sentía especialmente valiente, me aplicaba máscara negra en las pestañas.

Durante mi primer curso en el instituto, sufrí mi primer desengaño amoroso, el cual minó la confianza que tenía en mí misma. Tenía catorce años. Sin previo aviso, mi novio me dejó por una animadora guapísima, rubia y de ojos azules, que conducía un Camaro rojo. Me culpé y pensé que no era lo suficientemente guapa o popular para mantenerlo a mi lado. Tardé varios meses en superar la ruptura, y mis inseguridades permanecieron conmigo durante años, bajo la superficie. Pero tras haber descubierto la historia de mi familia, estas creencias cambiaron por completo. Al mirar en el espejo mi rostro de retrato de Modigliani, mi piel aceitunada y mis ojos castaños que observaban, tal vez durante demasiado tiempo, a la gente, me gustaba lo que veía. El hecho de descubrir el vínculo intuitivo entre las mujeres de mi familia me fortaleció. Y permití que la riqueza de mi feminidad emergiera. En primavera de 1990, tuve un sueño:

> Me encuentro en medio del desierto, en una capilla vacía que han bombardeado. Sobre mí, se halla el techo de una catedral de cuatro plantas, con enormes ventanas triangulares en cada una de las paredes. Los rayos de sol se cuelan a través de ellas. Los restos de un pequeño altar sobresalen al frente. La atmósfera es tranquila y cómoda. Aunque no logro ver a nadie, soy consciente de la presencia de un grupo de seres invisibles y ancianos, pero no sé quiénes son. De repente, la vergüenza de mi rabia y rebeldía por estar en la tierra me vence. Una parte de mí nunca ha sentido que pertenezca a ella, y por eso nunca me he sentido obligada a involucrarme totalmente. Nunca me he dado por completo. Me escondo detrás de la sombra de mi madre, sin hablar de lo que sé. Ella era la estrella y yo permanecí en el anonimato. Me avergüenzo de mi falta de valentía. Dulcemente y con cuidado, el grupo de seres invisibles me eleva en el aire y me llena con un sentimiento de perdón. Veo mi vida con claridad y entiendo que las preocupaciones del pasado ya no son importantes. Todo es exactamente como debe ser. He sido perdonada. Ahora es el momento de compartir lo que sé con los demás.

Ese sueño me llevó a mi pasado. Cuando era joven, tenía cuadernos llenos de poesías que escribía. Eran notas íntimas sobre mi primer amor, los sentimientos acerca de mi madre o mis viajes con el LSD en el instituto, todas entrelazadas por el hilo de la separación que marcaba mi vida en ese momento. Cuando tenía catorce años, mi madre me dijo que quería publicar esos poemas. Se sentía extremadamente orgullosa de mis escritos y quería compartirlos. Deseosa de aprobación, le di mi consentimiento a regañadientes; fue una decisión que no me detuve a pensar. Editó un pequeño libro de tapa dura, y antes de que yo lo supiera, había entregado copias a toda la familia, a sus amigos y a sus pacientes. Uno de sus amigos, un profesor de música de Julliard, incluso puso música a algunos de los poemas y nos mandó una cinta. Me moría de vergüenza; mi vida interior había quedado expuesta al público. Avergonzada y vulnerable, deseaba encogerme hasta hacerme invisible. No escribí nada durante muchos años.

El sueño de perdón me aportó una gran sensación de libertad. Era como si me quitaran una capa que me había impedido moverme, una capa que no sabía que tenía. Esa misma mañana, tomé un cuaderno amarillo de mi escritorio y comencé a escribir de nuevo. Las ideas salían de mí como un torrente a través de un dique roto. La voz que había ahogado durante décadas había sido por fin liberada. El sueño me daba permiso para arriesgarme, pensar en nuevas alternativas y dar forma a mis ilusiones.

Mientras mi fuerza iba en aumento, mi madre comenzaba a apagarse gradualmente. Durante los dos años siguientes, su único impulso provenía de su gran pasión por la vida. Su cuerpo se debilitaba paulatinamente, pero siempre ponía buena cara. Nadie, excepto mi padre y algunos amigos cercanos, conocía la gravedad de su enfermedad. Su consulta seguía llena y no faltó a su trabajo ni un solo día. Todas las mañanas, ataviada con ropa de diseño, con el cabello perfectamente cuidado y un maquillaje impecable, salía de casa para atender a sus pacientes durante ocho horas, sin descanso. Nadie sospechaba que algo no iba bien.

Aunque era consciente de que el cáncer había crecido y veía que siempre llegaba agotada por la tarde, me negué a aceptar lo enferma que estaba. No quería saberlo. Esperaba que viviera eternamente. Mi madre siempre había sido animada y extrovertida. Nada le gustaba más que asistir a fiestas de gala extravagantes y eventos políticos lujosos. Dondequiera que fuese, siempre era el centro de atención, se ganaba el respeto de ser la matriarca. Ahora que la lucha entre nosotras había terminado, me aferraba ferozmente a ella; no tenía ninguna intención de permitir que se fuera. La posibilidad de la muerte era impensable. Simplemente, la apartaba de mi pensamiento.

A comienzos de octubre de 1992, mi madre me visitó en mi piso de Marina del Rey. Pusimos una manta a cuadros sobre la arena de la playa y nos sentamos a charlar. Se dio cuenta de que estaba irascible y agotada porque no había tenido ningún descanso en ocho meses. No se me daba demasiado bien dedicarme un tiempo a mí misma, así que, juntas, reservamos en mi agenda una semana libre a finales de mes. Estuve de acuerdo en tomarme un tiempo para descansar y regenerarme. La noche antes de mis vacaciones, tuve un sueño:

> Soy una niña que practica Tai Chi sobre la hierba recién cortada de un parque. Un compasivo anciano asiático me guía. Lo reconozco; ya ha sido mi maestro en otros sueños. Me dice que si muevo el cuerpo de una forma determinada, puedo aprender a cruzar a voluntad el puente entre la vida y la muerte. Trato de hacer el ejercicio y me emociona la facilidad con la que puedo cruzar ambos mundos. Mi maestro dice que, a fin de prepararme para lo que va a suceder, debo recordar que poseo esta habilidad y tener fe en que la muerte no es el final.

Me quedé acurrucada bajo el edredón, en duermevela, mientras disfrutaba del triunfo de mi talento para viajar entre los dos mundos. Pero cuando desperté del todo, las manos y los pies se me enfriaron y comencé a asimilar el significado del sueño. Era una clara predicción de la muerte de mi madre, pero no quería verla. El dolor llenó mi pecho; era un auténtico tsunami que amenazaba con devorarme. Tenía que protegerme. Era mi primer día libre en muchos meses y estaba demasiado cansada y mermada para reflexionar sobre todas las implicaciones de esa percepción. Con todo el control emocional que pude reunir, contuve mis emociones antes de que éstas tuvieran la oportunidad de crecer. Analizaría el sueño en cuanto recuperara mis fuerzas.

Descansé durante toda la semana. Me llené de sol. Leí *Entrevista con el vampiro*, de Anne Rice, una escapada al mundo sobrenatural. Medité una hora diaria y desaceleré hasta alcanzar un ritmo más sano. Cuando terminé mis vacaciones, me sentía llena de energía y con la mente fresca. Estaba impaciente por reanudar mi trabajo. Sin embargo, la noche de mi primer día de vuelta al trabajo, el peor de mis miedos se hizo realidad. Recibí una llamada urgente de mi padre. Su voz era débil, como si estuviera a millones de kilómetros de distancia:

—Judith, tu madre se ha desplomado en el suelo y tiene mucha fiebre. Está en la unidad de cuidados intensivos de Cedars-Sinai.

Me esforcé por escucharlo, por asimilar la noticia. Sus palabras sonaban lejanas, ahogadas y profundas, como si me hablara a cámara lenta. Después, me quedé paralizada. Sólo había un silencio mortal. En un único movimiento, la tierra había sido arrancada de debajo de mis pies. Sin apoyo, me caía hacia el espacio. Sola. Daba vueltas sin control.

No sé cómo me las arreglé para conducir hasta Cedars. Apenas puedo recordar el trayecto, aunque sí recuerdo sentirme aturdida, vagar por los largos pasillos del hospital y pasar por delante de un cuadro borroso de una pared. Tomé el ascensor hasta el tercer piso, donde se hallaba la unidad de cuidados intensivos, y me reuní con mi padre. Aunque había tratado a muchos pacientes terminales en esa misma unidad, algunos en coma y otros al borde de la muerte, no estaba preparada para lo que vi. Allí estaba mi madre, enganchada a una máquina que la mantenía con vida. Pero no era una extraña ni un paciente. La mujer que me había dado la vida yacía en esa cama, con tubos por todas partes: un catéter arterial en el cuello y correas en las muñecas y en los tobillos para evitar que tirara el gotero. Vociferaba y deliraba a causa de la fiebre, y ni siquiera me reconoció. Me sentí sobrecogida por el horror de aquella escena, y también por el amor que sentía tanto por ella como por mi padre.

Regresé a casa muy pasada la medianoche. Fui directamente a la cama, pero no pude dormir. Me levanté, encendí las luces y revolví en las estanterías de mi armario hasta que encontré el viejo conejo de peluche con el que dormía cuando era una niña. Después, cubierta de nuevo por el edredón, con las sábanas empapadas, me mecí aferrada al peluche. El dolor era demasiado grande; no sabía si podría soportarlo. Me aterraba la pérdida de mi madre, el pozo hueco de soledad que se me había instalado en el estómago. Mi mente no dejaba de dar vueltas; era imposible calmarse. Me levanté, me arrodillé delante del altar de meditación de mi estudio y recé con más intensidad que nunca. Finalmente, me acosté al lado del altar y me dormí bajo un grueso edredón azul pálido. Allí me sentía más segura que en mi habitación. Hacia las tres de la madrugada tuve un sueño:

Estoy en la sala de recepción de Dios y espero a ser atendida. Dios se retrasa y estoy impaciente. Su secretaria, una mujer pelirroja y radiante, de unos treinta años y con un corte de pelo a lo paje, me dice que Dios va a tardar mucho, pero que me ha dejado un mensaje. En él, Dios me pide disculpas por el retraso, pero dice que hoy está muy ocupado. Espera que no me enfade con él y que no me marche ofendida. Me promete que, cuando regrese, me dedicará todo el tiempo que desee.

Cuando amaneció, me levanté todavía conmocionada, pero más orientada. Había pedido ayuda y la había recibido. La dulce inocencia del sueño, el reconocimiento de que Dios estaba conmigo, aunque yo no lo sintiera, era tremendamente tranquilizador. La situación de mi madre no era menos dolorosa, pero el pánico y la desesperación habían desaparecido.

En veinticuatro horas, la fiebre de mi madre cesó. La visité en el hospital por la tarde. Estaba agotada y sin fuerzas, y apenas podía hablar. En un breve momento de lucidez, dijo:

—Judith, te cedo mi poder. Es tuyo y estás preparada para tomarlo.

—No seas tan melodramática —contesté.

Pero lo comprendí. Vi una imagen en la que mi madre me entregaba una valiosa fuente dorada con deliciosas frutas eternamente maduras. El regalo generacional de nuestra familia —nuestra herencia intuitiva— había sido transmitido.

Para mí, lo más difícil era ser testigo de la intensidad de su rabia por estar enferma y no tener el control. No quería morir. Se aferraba a la vida con la tenacidad de un boxeador que lucha por un premio y que, sangriento y derribado, no deja de arrastrarse hasta el cuadrilátero. A veces, cuando llegaba al hospital tras una larga jornada de trabajo, parecía un demonio de mirada salvaje que nos escupía fuego a mi padre y a mí, y nos criticaba por todo lo que hacíamos. Me esforzaba por tener paciencia; las pocas veces que perdí el control sólo logré empeorar las cosas entre nosotras. Entonces, una noche, tuve otro sueño:

Estoy en la celda de una prisión, sola, furiosa contra el universo. Elevo las manos en dirección al cielo y grito frustrada: «¿Por qué me sucede esto?». Sin esperar una respuesta, caigo de rodillas. Oigo una tierna voz asexuada, aunque no sé de quién es: «Al observar cómo tu madre se relaciona con su enfermedad, aprendes lo que es la compasión. No es fácil».

Me resultaba difícil ser compasiva con mi madre cuando me tomaba su ira personalmente, pero el sueño me enseñó a ver su comportamiento desde un punto de vista totalmente diferente. El miedo a la muerte la atormentaba. Tenía pesadillas y, a mitad de la noche, se despertaba horrorizada con miedo a morir. En cierta ocasión, durante un sueño, sus padres la visitaron y le pidieron que se uniera a ellos. Los apartó de un empujón, furiosa por el ofrecimiento. De repente, comprendí que su ira no iba dirigida a mí. Más bien necesitaba estar lo más malhumorada posible porque arremeter contra todo era su único salvavidas. Sabía que no era una decisión consciente, sino una reacción instintiva a su sentimiento de vacío espiritual. El judaísmo siempre fue muy importante para ella. Durante casi toda su vida, asistió a los servicios de los viernes por la noche y de todas las festividades judías. Eso siempre le aportó consuelo. Sin embargo, desde que había enfermado, sentía que Dios la había abandonado y le destrozaba la idea de que Dios había permitido que enfermara. Al perder la fe en la religión que anteriormente la había sostenido, sólo tenía rabia. Para sobrevivir, se aferraba a la ira. Era como la última brasa de un fuego que se apaga.

No obstante, al mismo tiempo las piezas de su armadura se rompían. Muchas noches se acurrucaba entre mis brazos y me pedía que le pusiera las manos para ayudarla a dormir. Esto se convirtió en una parte natural de nuestra forma de relacionarnos, y yo participaba en ella de buena gana. Me sentía honrada de que me permitiera ayudarla. Ya no tenía que ocultarse ni fingir. Respondía a mi tacto y llegó a confiar en mí. En cierta ocasión, me pidió que le cantara la misma nana que ella me cantaba cuando yo era pequeña. Cuando lo hice, observé que su rostro rejuvenecía. Sin importarle lo que los demás pensaran, cuando le transmitía con las manos todo el amor que podía, se relajaba como una niña pequeña y se quedaba tranquilamente dormida en mi regazo. Le decía orgullosa a todo el mundo: «Mi hija hace magia. Cuando viene a verme, no necesito pastillas para dormir. Judith me hace entrar en trance con sus manos».

A pesar de las alabanzas de mi madre, sabía que eso es algo que todos podemos hacer. Había aprendido a no desestimar el poder del amor. Si nuestros familiares o amigos están desesperados o tienen dolor, no tenemos por qué quedarnos sin hacer nada. Nuestro amor puede ayudarlos. La verdadera sanación se pone a prueba en la vida real. Ahí es donde debemos actuar, donde podemos aplicar todo lo que nos han enseñado. En mi caso, puse en práctica todos mis años de estudios espirituales con mi madre moribunda. Era como si me hubiera preparado para ese momento durante todo ese tiempo. Cuando me sentaba con ella, sentía, a menudo, la presencia de mi abuela en la habitación. Tres generaciones de mujeres reunidas alrededor del lecho de muerte de mi madre.

Antes de ese periodo, empleaba gran parte de mi energía en esforzarme por estar en paz con mi madre, en hacer que nuestra relación funcionara. Por primera vez, sentía que habíamos llegado a un acuerdo. Todas las barreras habían desaparecido. Cuando cumplí cuarenta años, pensé que ya me había hecho a la idea de que no tendría hijos. Sin embargo, en ese momento deseaba con todas mis fuerzas tener uno. Quería trasmitir los dones y no romper la cadena hereditaria.

Mi madre entró en coma a última hora del día de Navidad de 1992. Aquella misma mañana, cuando salía de su habitación del hospital, se giró hacia mí y susurró: «Te quiero, Judith». Ésas fueron sus últimas palabras. Durante la semana siguiente, cuando iba a verla por las tardes al hospital, sentía que estábamos irrevocablemente conectadas, que éramos miembros de la misma tribu. Llegué a fascinarme con la belleza de su cuerpo, con su vientre suave y rosado que subía y bajaba con cada fatigosa respiración. Cuando observé la cicatriz horizontal de la cesárea, me imaginé a mí misma como un bebé recién nacido que salía de ella y entraba en el mundo. Las barreras entre nosotras se habían desdibujado. No había tiranteces ni resistencia. Ya no había conflictos. Estábamos tan interconectadas que me resultaba difícil saber dónde terminaba ella y dónde empezaba yo.

Permaneció en estado de coma durante diez días, pero, aunque se consumía, sus constantes vitales eran estables. Había subestimado su tenacidad para aferrarse a la vida. No estaba dispuesta a dejar su cuerpo. La primera semana del nuevo año, mi madre me visitó en un sueño:

Estamos en el jardín de una terraza de un edificio de apartamentos de dos plantas en Olympic Boulevard, Beverly Hills. Mi madre parece veinte años más joven y está llena de energía. Con una mirada enigmática, le pregunto si quiere volar. Sin dudarlo, me toma de la mano y nos elevamos en el aire a miles de kilómetros por encima de la línea del horizonte de la ciudad, en dirección al sol. Le asombra la naturalidad de nuestro vuelo. Un viento fresco nos da en el rostro. Ambas estamos entusiasmadas.

Casi eufórica, me senté en la cama, pero en cuestión de minutos mi buen humor se vio ensombrecido. La imagen del vuelo era una metáfora de su muerte inminente. El mensaje pasó ante mí como un enorme letrero multicolor de neón: mi madre se irá muy pronto. Mis ilusiones de una posible recuperación se desvanecieron con ese sueño. Tenía que aceptar que ni su inquebrantable determinación ni su testarudez podían protegerla de la muerte. Aunque la sensación de inminente pérdida era insoportable, también sabía que el fin de su sufrimiento traería cierto alivio, cierta libertad al terminar la lucha. Era el momento y podía ayudarla.

En el hospital, con el rostro lleno de lágrimas, hablé con ella, convencida de que podía oírme:

—Mamá, no puedes seguir resistiéndote. Debes dejar atrás tu cuerpo. No hay nada que temer. La vida no termina cuando mueres. Simplemente, vas a otra parte. Hay muchas cosas que podrás hacer allí. No te preocupes por separarte de mí. Estaremos en contacto. Nunca dejaremos de comunicarnos.

Sabía que estaba en un coma demasiado profundo para que hiciera el más mínimo movimiento, y, sin embargo, por imposible que pudiera parecer, sentí que me apretaba ligeramente las puntas de los dedos y que, con ello, me hacía saber que me había escuchado. Le sostuve las manos y entré en un estado meditativo mientras ella yacía sobre un costado en posición fetal y respiraba pesadamente. Toda la habitación vibraba con ondas concéntricas de luz dorada, y me llené del amor absoluto y profundo que existe entre una madre y una hija.

Me tentaba la idea de quedarme con ella, pero no lo hice. Recordé cuando mi querida perra labrador de catorce años estaba moribunda. Desesperada, llamé a mi madre desde la clínica veterinaria y ella atravesó precipitadamente toda la ciudad para estar conmigo. Cuando llegó y me vio abrazada a la perra con todas mis fuerzas, me aconsejó que me despidiera de ella y me marchara. Mi madre creía que, mientras yo estuviera a su lado, lucharía por resistir. Seguí su consejo y, a pesar de lo duro que resultó, nos fuimos a casa. La perra murió al poco tiempo. Ahora seguía el mismo sabio consejo que mi madre me había dado.

La miré una última vez, hice una pequeña reverencia, pronuncié un último adiós y salí de la habitación. Caminaba en dirección al aparcammiento en una especie de trance, y una sensación inesperada de calma me inundó. No había cabos sueltos entre nosotras, ni barreras insuperables que escalar, ni asuntos urgentes que tratar. Mientras conducía desde West Hollywood al centro de la ciudad, donde tenía que ver a unos pacientes en un centro de tratamiento contra la drogadicción, sentía el aire fresco sobre el rostro. Acababa de llover y respiraba como si fuera la primera vez que lo hacía. Media hora más tarde, mi padre me llamó para decirme que mi madre acababa de morir. Me sentí llena de la divinidad de aquel momento, conmovida por la fe que mi madre tenía en mí. A pesar de su miedo a la muerte y de haber perdido la fe en su religión, había confiado en mí lo suficiente como para renunciar al control y morir. Había entrado en el gran abismo, movida por la fuerza de nuestro amor.

Durante los tres días que siguieron a su fallecimiento, no tuve contacto con ella. Esperaba percibir su presencia a mi lado, pero no sentí nada. Mi padre y yo preparamos el funeral, al que vino toda la familia de Filadelfia. El día del entierro me escondí una pluma de búho en la cinturilla de la falda y la lancé a la tierra, al lado del ataúd. Quería poner algo significativo en la tumba: esa pluma, según la tradición de los nativos americanos, simboliza la transformación de la vida a la muerte. El búho, de quien se decía que podía viajar entre lo visible y lo invisible, en ambos sentidos, la ayudaría en su travesía.

Esa noche, tuve un sueño en el que ella me traía un regalo:

> Miramos el océano desde el balcón de mi casa y mi madre me entrega una enorme esponja de lufa. Me dice: «Quiero que uses esto. Es la mejor esponja de lufa del mundo». Me siento confusa, pero la acepto. Mi madre me sonríe y desaparece.

En un principio no sabía qué pensar de su regalo. Las esponjas de lufa se utilizan para retirar las células muertas de la piel. ¿Qué había tratado de decirme? Después, me llegó la respuesta. Con su estilo inimitable, me señalaba la importancia de mudar de piel y abandonar lo viejo para dejar espacio a lo nuevo. Me pedía que no me enfocara en el dolor y el sufrimiento del pasado, que dejara de darle vueltas al horror que había sentido al verla morir. Era el momento de avanzar. Me animaba a emprender cada momento de mi vida con el mismo entusiasmo con el que ella había vivido la suya.

No puedo imaginarme cómo habría podido sobrevivir los tres primeros meses tras su muerte sin la guía de mis sueños intuitivos. Sin ellos, me habría perdido. En los días más duros, cuando me parecía imposible reunir la energía suficiente para continuar, esos sueños iluminaban mi camino. Me sentía protegida por ellos, alentada por su inteligencia y compasión.

Esos sueños atienden nuestras necesidades más profundas durante los periodos de crisis. Encienden una alarma que despierta una sabiduría interior que nos dirige. La clave es escuchar, no descartar la información recibida y seguir las instrucciones. La intuición puede venir a través de la fe. Nuestros recursos internos son más poderosos de lo que imaginamos. Incluso si estamos solos, sin el apoyo de amigos o familiares, la integridad de nuestro espíritu y la clarividencia que todos poseemos vendrán en nuestra ayuda. Cuando creemos en esto y reconocemos nuestra fuerza, obtenemos el valor necesario para enfrentarnos con lo que sea que tengamos ante nosotros.

Hasta el día de hoy, a menudo siento a mi madre conmigo. Una noche, por ejemplo, mientras me encontraba en ese estado que hay entre el sueño y la vigilia, se acercó hasta mi cama y sentí que me acariciaba el pelo con la mano. Su esencia era como un velo sutil, que podía sentir pero no alcanzar ni tocar. Cuando abrí los ojos, se había ido.

En el primer día de la madre tras su muerte, encontré una vieja fotografía suya, en la que montaba a lomos de un camello en el desierto de Egipto. Miré su rostro detenidamente y la eché mucho de menos. De repente, vi que me guiñaba un ojo. Me sobresalté y corrí a la habitación de al lado para decírselo a una amiga, quien se echó a reír y me contó que por la mañana había mirado esa misma fotografía y mi madre también le había guiñado un ojo. Ése era su estilo: sorprendernos y asegurarnos que todavía estaba allí.

El gran regalo que recibí tras la muerte de mi madre fue que mi relación con mi padre se fortaleció. Cuando ella todavía estaba viva, siempre era el centro y eclipsaba nuestra relación. Así que, aunque el amor que sentíamos el uno por el otro era muy profundo, nunca había tenido una verdadera oportunidad de florecer. Esperaba el momento adecuado para salir a la superficie. Tras la muerte de mi madre, mi padre y yo comenzamos a comunicarnos por primera vez. Hablábamos por teléfono a diario, cenábamos juntos al menos una vez por semana y conversábamos sobre nuestras respectivas vidas. Un aspecto de este cambio era que sentía que apreciaba completamente a la mujer en la que me había convertido y contaba conmigo. En nuestra relación había confianza y sinceridad.

En cierta ocasión, mi padre me contó que, cuando mi madre estaba embarazada, vio una ecografía de su vientre en la que advirtió que mi cabeza tenía exactamente la misma forma que la suya. De niña tenía muchas inseguridades acerca de mi identidad, y el hecho de que nos pareciéramos tanto me producía vergüenza. El rostro delgado, la frente prominente, la tez aceitunada y algunos simples gestos —como cruzar las manos sobre el regazo cuando me concentro— me convertían en una réplica exacta de mi padre. Hablaba con tanto orgullo de nuestro parecido que al final yo también me sentí orgullosa.

Durante una meditación, tuve una visión en la que ambos bajábamos por un camino de tierra de los cañones cercanos a Malibú, y mi padre moría de repente. De inmediato su cuerpo se desintegraba en la tierra, pero su corazón se transformaba en una hermosa estatua de jade, tan verde que parecía provenir directamente del fondo del mar. La llevé conmigo hasta casa y la guardé como un tesoro. La nueva relación que había comenzado con mi padre era esa misma joya. El día de Navidad de 1993 se cumplía casi un año de la muerte de mi madre. Al igual que en todas las navidades anteriores, llevé a cabo mi ritual de darles pan a las gaviotas al lado del mar, cerca de casa. Ese día, al menos treinta gaviotas se arremolinaron sobre mi cabeza y, entre graznidos, me cogieron trozos de pan de la mano. Cuando ya no quedaba más pan, me senté sobre la arena con las piernas cruzadas. Los pájaros se posaron en el suelo y, tras formar un círculo concéntrico, comenzaron a dar vueltas a mi alrededor. Aquella multitud de gaviotas de pecho blanco que me miraba atentamente a los ojos me hizo pensar en ángeles, puros, blancos y majestuosos. Después, en un aleteo unísono, se elevaron en el cielo azul hasta convertirse en pequeños puntos negros sobre el horizonte.

Visualicé los rostros de las mujeres de mi familia; algunas ya habían muerto, otras todavía permanecían aquí. Al igual que las gaviotas, todas estábamos conectadas. Me sentía especialmente cerca de Melissa, la hija de mi prima Sindy. Con cuatro años, ya había demostrado señales de clarividencia. Melissa tenía más suerte de la que yo había tenido. Si nos necesitaba, Sindy, su abuela Phyllis y yo estaríamos allí para apoyarla y guiarla sin miedos. Y, cuando llegue el momento, tal vez ella pueda hacer lo mismo con sus hijas. Nuestra tradición intuitiva se seguiría transmitiendo de mujer a mujer. Regresé al calor de mi hogar, feliz de saber que el legado continuará mucho después de que me haya ido.

Parte 2

ENSEÑANZAS

7

PREPARACIÓN PARA VER

*En la mente del principiante hay muchas posibilidades;
en la del experto, sólo unas pocas.*

SHUNRYU SUZUKI, ROSHI

En cierta ocasión, cuando tenía nueve años, soñé que mi abuelo, quien había fallecido recientemente, me llevaba a ver a Jesús. Allí estaba, inmenso, sentado en un descomunal escenario blanco de una lujosa sala de baile, similar a las que veía en las actuaciones de las grandes bandas de los años cuarenta que emitían por televisión. Estaba tan emocionada que apenas podía contenerme. El corazón me latía a toda velocidad. Corrí por el pasillo y me lancé a sus acogedores brazos. Jesús me abrazaba mientras mi abuelo miraba la escena. Me acomodé en su regazo y me sentí protegida y a salvo, arrullada por un coro de ángeles distantes. En ese momento, sólo sentía amor; no quería nada más. Permanecí en ese estado durante mucho tiempo, y luego me desperté envuelta en esa sensación de armonía. Era de noche. Apenas habían pasado unos minutos cuando la puerta de mi habitación se abrió de repente y mi madre irrumpió en ella. Pensaba que estaba enferma o que me había ocurrido algo.

—¿Te encuentras bien? –me preguntó.

Sentada en mi cama, todavía podía oír el canto de los ángeles.

—Acabo de ver a Jesús –le conté–. Estaba con el abuelo, en mi sueño.

—¿Jesús? –preguntó.

Sacudió la cabeza y me lanzó una mirada de tolerancia y confusión que nunca antes había observado en ella, como si no quisiera llevarme la contraria para no herir mis sentimientos.

—Sabía que te sucedía algo. Me alegra ver que estás bien. –Sonrió y me arropó. Después, susurró suavemente–: Tu abuelo te quiere mucho. Ahora duérmete.

Aquella noche, mi madre no comentó nada más acerca de mi sueño; sin embargo, al día siguiente parecía avergonzarse cada vez que yo hablaba de lo maravilloso que era Jesús. Desesperada, me pidió que me sentara y me preguntó:

—¿De dónde sacas todo eso? Te eduqué para que seas una buena niña judía. Todos tus amigos son judíos. Nunca te hemos hablado de Jesús.

Acababa de saber de aquel hombre maravilloso, pero ahora sentía que había hecho algo mal y que entraba en un terreno peligroso. No entendía nada. ¿Por qué mi simpatía por Jesús me hacía menos judía? Simplemente lo veía como un guía y amigo cariñoso.

Como era de esperar, no volví a hablar de él con mi madre ni con nadie más. Pero tampoco hablaba de los muchos otros sueños que me comunicaban el mismo mensaje de amor, aunque con diferentes personajes y escenarios. Sentía que todo eso era, de algún modo, un asunto prohibido. En cuanto a Jesús, aparecía de vez en cuando en mis sueños, aunque sólo como una parte de mi mundo nocturno. En la actualidad, lo considero mi primer maestro espiritual y mi primer descubrimiento de ese amor que, más tarde, busqué en mi trabajo con Brugh Joy, y después encontré en mis meditaciones.

Mis primeros sueños intuitivos me prepararon para ver. Fueron mi primer encuentro con la realidad de que la forma que adquiere nuestra fe es menos importante que el amor que transmite. Por supuesto, de niña no tenía la capacidad de hablar en esos términos, pero sí sabía que la bondad y la virtud que sentía eran indiscutibles, incluso si no podía hablar de esos sueños. Años más tarde, tras una década de prácticas meditativas, búsqueda y estudio con todo tipo de profesores, pude expresar con palabras ese conocimiento de mi infancia: lo más importante de la espiritualidad es el aprendizaje del amor. Cuando abordamos la intuición con este espíritu, no como un medio para acumular poder sino como un vehículo para la acción correcta, la claridad y el servicio, nuestras intenciones siempre serán puras. Es posible ser intuitivo y no poseer ninguna orientación espiritual. La intuición puede contemplarse como la expresión de una destreza humana susceptible de ser entrenada. Pero de esa forma le asignamos un papel muy limitado. En su nivel más básico, la intuición es un medio para adquirir información específica. Sin embargo, también está dotada de un impulso espiritual que la convierte en un poderoso vehículo para la sanación, en una fuerza con la que podemos contactar fácilmente a través de nuestras creencias místicas, incluso si sólo las definimos como amor.

Cuando era una niña, no sabía nada de esto. Asustada de mis experiencias intuitivas y sin un contexto en el que contemplarlas, tuve miedo de mis habilidades durante muchos años. Más adelante, cuando me hice adulta, mis maestros me dieron un importante mensaje, válido para todos aquellos que deseen abrirse y aprender a ver: para avanzar, debemos sentirnos seguros, debemos saber que, debajo de nosotros, hay una red que siempre nos protege.

Descubrí que aclarar y fortalecer nuestras creencias espirituales es una forma de hacernos con esa red. Puede que esto no funcione para ti, y eso también está bien. No obstante, si deseas prepararte para ver, necesitas un camino basado en la compasión y no en el poder. Mi enfoque es espiritual, y te animo a probarlo. Es de gran ayuda no contemplar la «espiritualidad» como un concepto rígido lleno de reglas y procedimientos. El tipo de espiritualidad que elijas es una cuestión personal: puede ser religiosa, en el sentido más tradicional, o no. Al fin y al cabo, a través de la historia, el espíritu ha adoptado numerosos nombres y rostros: Dios, la Diosa, Jesús, Buda, Adonai, Tao, Padre Cielo, Madre Tierra, o amor. Para algunos de nosotros, sin embargo, es ese lugar silencioso de nuestro interior que no tiene nombre. Cualquiera que sea la forma, la presencia compasiva de nuestra conciencia comienza a expandirse a través de nuestra conexión con lo sublime. Nos volvemos más abiertos, más intuitivamente receptivos. La visión a menudo nace de un peregrinaje interior. La búsqueda del espíritu y nuestra escucha interna afinan nuestra sensibilidad, lo cual nos lleva a una percepción mayor.

Por naturaleza todos somos videntes, aunque esta habilidad puede permanecer en estado latente. Además, el impulso de explorar la intuición puede variar. Para algunos puede ser una elección, un proceso gradual. Para otros, como es mi caso, es posible que sobrevenga de repente, lo que te lleva a comenzar irremediablemente. De pronto, tienes un sueño, una premonición, un poderoso presentimiento. Tal vez nunca te hayas considerado una persona intuitiva, o incluso hayas dudado de la autenticidad de ese tipo de cosas. Sin embargo, te encuentras sin argumentos frente a la claridad de tu experiencia. Estás en una encrucijada y algo te obliga a avanzar. ¿Niegas lo que te ha ocurrido? ¿Sigues con tu vida como hasta ahora? Imposible. Algo te dice que tienes que dejar atrás alguna idea rígida acerca de quién eres. En esos casos, buscar la intuición no es una elección: se trata de una vocación.

A una de mis pacientes, le llegó de repente y sin previo aviso. Sophie pensaba que estaba loca. Supo de mí una noche de sábado en la que miraba la televisión y yo salía en un programa de un canal público. El programa giraba en torno a los sueños intuitivos, y en él conté que mi madre me visitó poco después de su muerte. Habían pasado pocos meses desde su fallecimiento y yo todavía estaba afectada. Hablar de ella en la televisión, aunque era liberador, hacía mi pérdida más real. Cuando Sophie me escuchó, sintió el impulso de llamarme por teléfono. Era inmigrante, judía, y tenía setenta y pocos años. Vivía sola en un pequeño apartamento del distrito de Fairfax y sus únicos ingresos provenían de la seguridad social. Un año antes, su hijo había fallecido a consecuencia de una sobredosis de cocaína. Por lo tanto, compartíamos un dolor similar. Al poco tiempo de la muerte de su hijo, había caído en una depresión. En su primera sesión, me explicó la razón por la que había venido a verme:

—Tengo miedo a hablar de ello —dijo—, pero, todas las noches, después de la cena, mi hijo se sienta frente a mí en el taburete de la cocina y me hace compañía. Es tan real como tú o como yo. Sé que suena raro, pero cuando te escuché contar la historia de tu madre, pensé que lo comprenderías. La presencia de mi hijo me reconforta, pero ¿no me habré vuelto loca?

Puesto que estaba convencida de que sus dos hijas se alarmarían si les hablaba de las visitas de su hijo, yo era la única persona en la que sentía que podía confiar. Sophie, que pertenecía a una generación que no creía en la psiquiatría, había asumido un gran riesgo.

—Siempre que he tenido un problema —declaró—, lo he solucionado yo sola.

Era una cuestión de orgullo, de no caer en la debilidad. Y, sin embargo, sentía una gran necesidad de comprender su experiencia. Envuelta en un viejo abrigo de lana y con la cartera en la mano, permanecía elegantemente sentada en el borde del sofá. Aunque veía lo incómoda que se sentía, su determinación por descubrir la verdad me conmovió. Y, sobre todo, me identifiqué con su sensación de aislamiento y sus dudas sobre sí misma. Era una persona normal que tenía visiones. Eso me impresionó. No era una conversa de la Nueva Era ni una estudiante de metafísica. Además, ni siquiera se consideraba intuitiva, y la psicología era un lenguaje extraño para ella. Yo era la primera psiquiatra que veía en su vida.

Con la intención de que se sintiera más cómoda, me senté a su lado y le ofrecí una infusión. Poco a poco, comenzamos a charlar y empezó a abrirse. Finalmente, habló sin parar de su vida durante casi una hora. Supe que era judía conservadora y que iba regularmente a la sinagoga de su vecindario. Había obtenido consuelo a través de la oración y los rituales judíos tradicionales, pero se negaba a hablar de sus visiones con el rabino por miedo a que éste no la comprendiera. Nunca antes había tenido visiones y llevaba una vida humilde. Era una mujer decidida y siempre se las apañaba para salir adelante por sí misma en los momentos duros. No había nada en su conducta que indicara que padecía algún tipo de psicosis. A excepción del terrible dolor que sentía, tenía una mente aguda y clara. ¿Sufría alucinaciones? ¿Había invocado a su hijo en un momento de soledad? No lo creía.

Mis encuentros con mi madre, mi profunda creencia en la vida después de la muerte y todos los relatos que había escuchado acerca de personas fallecidas que visitan a sus parientes y amigos hicieron que me tomara en serio lo que me contaba. La descripción que hacía de su hijo parecía vívida y convincente. Me sentí inclinada a verla como auténtica. Aunque nunca se materializó ante mí, podía sentir su presencia entre nosotras —un velo sutil de calor, dotado de inteligencia, que expresaba amor y preocupación por su madre—. Es como estar en silencio en una habitación, con los ojos cerrados y rodeados de personas: que no las veamos ni las oigamos, no significa que no estén ahí. Cuando nos hallamos en calma, con la intuición bien afinada, podemos sentirlas.

El relato de Sophie no tenía nada que ver con la imaginación o la visualización. Cuando hacía mis prácticas de medicina, era testigo, una y otra vez, de hechos similares después de la muerte de un paciente. A menudo era posible sentir intuitivamente al fallecido. Sin embargo, también soy consciente de que no existe ninguna forma de comprobarlo. Es tan sólo una cuestión de creencias. Y lo más importante era la relevancia que esa visión tenía para Sophie. Aun en el caso de que no la hubiera considerado auténtica, mi enfoque habría sido el mismo: centrarme en el mensaje de su experiencia.

La medicina occidental siempre se ha sentido incómoda con las visiones, particularmente aquellas que evocan a los muertos. Teniendo esto en cuenta, no sería extraño que muchos médicos interpretaran la visión de Sophie como el producto de un desequilibrio químico puesto en marcha por el dolor. En algunos estudios se ha demostrado que el estrés extremo puede destruir los neurotransmisores, lo que provoca «síntomas» patológicos. Ese principio siempre estuvo presente en mi programa de prácticas de medicina.

Aunque fisiológicamente esto puede ser verdad, este enfoque no cuenta la historia en su totalidad y nos lleva a ver la intuición de un modo muy limitado. Sí, es verdad que cuando sufrimos una crisis, nuestro sistema reacciona y cambia. Sin embargo, ésa puede ser, precisamente, la causa de que nuestra conciencia se expanda. Por supuesto que nos sentimos mal, pero así funciona el crecimiento. La clave reside en ver las crisis como oportunidades, no sólo a nivel psicológico, sino como la puerta de entrada a la intuición.

Como psiquiatra, creo que hemos de reconocer la integridad de nuestras visiones y observarlas como una potencial apertura, de modo que podamos acceder al área con más recursos de nosotros mismos. No debemos llevar vidas paralelas o separarnos de nuestra parte intuitiva, ya que el precio que pagamos por ello es demasiado alto. Al apreciar nuestro lado más profundo y nuestras capacidades en toda su dimensión, nos procuramos una verdadera sanación emocional y espiritual. Algunos de nosotros hemos tenido la fortuna de contar con muchas oportunidades, pero para Sophie ésa era la primera. Había llegado su momento y estaba preparada.

Sophie había guardado su secreto durante muchos meses. Éste se había enquistado en su interior y alimentado su ansiedad. Cuando le dije que creía que su experiencia era genuina, me agarró la mano y la besó. El hecho de recibir la confirmación de una sola persona cuando tememos estar locos nos devuelve la confianza en nosotros mismos. Entonces, ya podemos recomponernos y evaluar lo que sucede desde un ángulo diferente, no distorsionado por el miedo.

Hay una frase en *The Covenant (El pacto)*, de C. K. Williams, que siempre ha significado mucho para mí: «En mis sueños más inverosímiles, los muertos están de nuevo conmigo, compañeros otra vez, de un modo corriente». Con este mismo espíritu, nunca he dramatizado sobre la situación de Sophie ni le he quitado importancia. La pregunta esencial que me hice a mí misma fue: ¿cómo puedo usar esta información para ayudarla a estar en paz?

—Si nuestros seres queridos sienten que tienen algún asunto pendiente con nosotros, su presencia puede persistir tras la muerte del cuerpo –le dije–. Es como si tuvieran que asegurarse de que estamos bien antes de que puedan marcharse. Cuando estés preparada, debes darle permiso para irse.

Era fácil saber por qué Sophie no podía hacerlo inmediatamente. Yo hubiera hecho cualquier cosa para mantener a mi madre con vida. Perderla había sido insoportable y sentía que era terriblemente injusto. La visión de Sphie la conectaba con su hijo, pero cuando lo dejara marchar, tendría que enfrentarse a su muerte totalmente. Conocía bien esa situación, aunque también conocía la fuerza que sobreviene al escuchar las visiones intuitivas. Esa fuerza me había dado valor para avanzar y poder compartir el legado del amor que había recibido. Eso era lo que quería transmitir a Sophie.

Su visión era el vehículo perfecto. A través de sus muchas conversaciones con su hijo, algunas de las cuales tuvieron lugar en mi consulta, poco a poco asumió su muerte. Había sido repentina, no había podido prepararse para ella, y las visiones le daban el tiempo que necesitaba. El mensaje siempre era el mismo: su hijo estaría allí mientras lo necesitara, hasta que pudiera aliviar su dolor. De hecho, su presencia era tan fuerte que hasta yo sentía que lo conocía. Durante los meses siguientes, a medida que Sophie rehacía su vida —se unió a un grupo de la sinagoga e hizo nuevos amigos—, su hijo aparecía con menos frecuencia. Finalmente, cuando estuvo preparada para despedirse de él, sus visitas cesaron por completo.

Este tipo de experiencias intuitivas son nuestro derecho de nacimiento, y nuestra tarea es reivindicarlas. Este don no sólo pertenece a una pequeña élite; sus semillas están plantadas en todos nosotros. Para cosecharlas, primero tenemos que reprogramarnos imaginando el alcance de nuestra inmensidad y desafiando a quienes pretendan empequeñecernos. La afirmación de que nuestra intuición es limitada es un mito que se fundamenta en la ignorancia y en las falsas creencias: todos tenemos múltiples facetas; todos somos seres radiantes y llenos de posibilidades.

Imagina que ves a través de la ventana un campo magnífico y que nada obstaculiza la vista. Puedes ver kilómetros de colinas verdes, el amplio cielo azul, halcones que pasan cerca del sol y el perfil de un pueblo en la lejanía. Cuanto más lejos ves, más cosas abarcas. Pero si la ventana estuviera empañada, te podrías perder muchos detalles estupendos. Lo mismo sucede con la visión intuitiva. Puede ofrecernos una belleza y percepción que, tal vez, no sabíamos que existía. Nos hemos acostumbrado tanto a contemplar el mundo a través de lentes deslustradas que hemos olvidado lo que significa ver realmente.

Tanto si eres escéptico o simplemente curioso, como si ya crees en ello, el viaje está a disposición de todos. No importa que nunca hayas tenido experiencias intuitivas o que hayas desconfiado de ellas. Cuando estés preparado para echar un vistazo de nuevo, para abrir un poco la puerta y volver a considerar la situación, todo es posible. Puesto que, a menudo, somos nosotros mismos quienes creamos nuestras prisiones, también tenemos el poder de liberarnos. Todo lo que necesitamos es dejar atrás temporalmente la incredulidad y atrevernos a romper las restricciones que durante tanto tiempo nos han refrenado. Despertar es un acto de valor.

En el proceso intuitivo hay una integridad que fluye a su propio ritmo, como un gran río que nos lleva con él si nos lo permitimos. Ser intuitivo no significa estar iluminado o ser especial. Conforme nos acostumbramos a ver, la videncia se convierte en algo completamente natural, a pesar del poco apoyo que nuestra cultura nos pueda ofrecer. La clarividencia no es algo que podamos dominar en un día, una semana o un año. Se trata de un camino íntimamente ligado al espíritu y nos conduce tan lejos como estemos dispuestos a avanzar. Nuestra conciencia espiritual nos lleva a ser honestos e impide que nuestros egos se inflen sin control. Al comienzo, has de abordar la intuición con una actitud correcta. Siempre debe tratarse con el mayor respeto; el poder que se deriva de ella puede resultar muy seductor. Por esta razón, debemos tratar de encontrar un buen maestro, sabio y humilde, que nos guíe en las fases iniciales. Cuando regresé del cursillo de Brugh Joy, busqué a alguien con quien practicar regularmente y establecer una rutina. El inicio de la búsqueda de esa persona fue una auténtica carrera de obstáculos.

En el transcurso del siguiente año, probé con un amplio abanico de gurús de Los Ángeles, desde un ama de casa de San Fernando que canalizaba a un ser de la antigüedad que traía mensajes de los muertos hasta un astrólogo intuitivo que ofrecía sus servicios a las estrellas de Hollywood. Era como un circo colorido de diversas personalidades y estilos, algunos más aceptables que otros. Pero puesto que para mí todos carecían de cierta profundidad, mi motivación para estudiar con ellos no duraba más de un fin de semana.

Un día, una amiga me sugirió que visitara a un inmigrante malayo recién llegado, cuyos métodos de meditación le habían impresionado. Me sentí intrigada. Con Brugh había aprendido que la meditación puede hacer que profundice la práctica espiritual y desarrollar la intuición. El único problema era que, por aquel entonces, comenzaba a desanimarme. Creía que ya había visto todo lo que tenía que ver en el círculo espiritual y dudaba que pudiera encontrar algo diferente. A pesar de ello, puesto que confiaba en la capacidad de mi amiga para detectar rápidamente la hipocresía y las exageraciones metafísicas, decidí fijar una cita.

Una semana más tarde, tras subir un tramo de escaleras destartaladas de un modesto edificio de oficinas de estilo años cincuenta en el centro de Santa Mónica, entré en una oficina escasamente decorada que apenas contaba con una sola mesa de formica y dos sillones gastados. Un hombre de unos cuarenta años, vestido con una sencilla camisa de algodón gris y unos pantalones que parecían de la tienda Sears, estaba sentado tranquilamente en un rincón. Sin ruidos ni aspavientos, esperó pacientemente a que me acercara. Lo miré con detenimiento y, de pronto, todo lo que vi en sus ojos eran dos pozos de luz clara que supe que había visto anteriormente. Tuve la sensación de que esos ojos siempre me habían observado y podían ver todo lo que ocultaba, tanto mis defectos como mis dones. Me sentí tan eufórica al verlo que quería explotar como un cometa a través del cielo. Y todo esto sucedió antes de que él comenzara a hablar.

Durante la hora siguiente, le conté la historia de mi vida, aunque no me lo había pedido: los detalles simplemente salían de mi boca como si se hubiera abierto una espita que ya no se pudiera cerrar. Escuchó en silencio, con un respeto absoluto, sin interrumpirme ni una sola vez. Cuando por fin terminé, habló despacio, modestamente y en un inglés poco fluido, sobre su formación y su filosofía de meditación. Hizo muy pocos comentarios acerca de mí. En realidad, no era tanto lo que decía como el resplandor de su rostro. Su forma de mirar, dulce y reservada, contenía tanto amor que, instintivamente, confié en él. Supe que había encontrado a mi maestro.

Comencé por asistir a las clases de meditación de dos horas que impartía los domingos por la mañana en una de las salas de una consulta de acupuntores en Culver City. Para mi disgusto, esas sesiones me resultaron muy frustrantes. Esperaba encontrar al menos alguna sensación de paz interior, pero en cuanto cerraba los ojos, todo lo que sentía era ansiedad. Los primeros minutos siempre eran los más duros. No paraba de removerme y mi mente hablaba sin cesar. No podía tranquilizarme. Y lo peor era que, en la sala contigua, se reunía un grupo de cristianos renacidos, cuyos fervientes himnos se oían como si estuvieran en nuestra misma sala. ¿Cómo íbamos a meditar con semejante estruendo? Sin embargo, mi profesor no se preocupaba. De hecho, parecía disfrutar de la música. Pero yo estaba impaciente e inquieta. Cuando advirtió mi incomodidad, me sonrió y me aconsejó:

—Trata de no permitir que los cánticos te molesten. Sigue meditando. Con el tiempo, te resultará más fácil.

Puesto que lo respetaba y parecía seguro de lo que decía, seguí su consejo.

Antes de esto, me resultaba difícil centrarme en casa. La meditación no era tan sencilla como cerrar los ojos y sentarse con las piernas cruzadas. Cuando el escritor y artista Spalding Gray dijo en la revista *Tricycle* «he dado vueltas en mi cojín de meditación durante casi veinte años», sabía bien qué quería decir. Lo peor era sentarse en el cojín. Cuando mi profesor dijo que «para meditar, se necesita disciplina; hacedlo sólo cinco minutos al día», pensé que resultaría sencillo. Sin embargo, no lo conseguía. Me parecía imposible encontrar ese tiempo. Tenía muchas buenas razones para no sentarme, ya que siempre aparecía algo que me lo impedía. Estaba demasiado ocupada. El teléfono no cesaba de sonar. Un vecino necesitaba que cambiara mi coche de sitio. Encontraba un millón de «buenas excusas». No era que no quisiera meditar, simplemente no lograba hacerlo.

Aproximadamente un mes después, de repente, mientras meditaba en clase, algo cambió. No sé bien cómo ni por qué. No había hecho nada diferente. Nuestros vecinos cantaban a pleno pulmón una versión muy sentimental de *Rock of Ages*. Traté de ignorar mi irritación y cerré los ojos. Como era habitual, mis pensamientos no dejaban de meter baza y surgieron con la intensidad de una radio a todo volumen en una habitación minúscula. Imagino que, finalmente, dejé de sintonizarla. Les había dado vueltas a los mismos pensamientos infinidad de veces, pero ahora la cháchara incesante se convirtió en un ruido blanco. Ya no oía mis pensamientos ni la música. En lugar de eso, había calma, una sensación de tranquilidad. Aquélla fue mi primera degustación de lo que la meditación puede aportar. Era algo que no podía forzar. Sólo tenía que sentarme, semana tras semana, aunque sintiera que no hacía ningún progreso. No me daba cuenta, pero avanzaba. El secreto era la regularidad. Al asistir todos los domingos, convertí la meditación en una disciplina. Rodeada de la energía y el entusiasmo de las veinte personas del grupo, no me distraía tan fácilmente. Y, lo que era más importante, no permitía que mi nerviosismo me detuviera. Aunque al principio era muy sutil, algo se construía. A partir de mi primer contacto con la paz que aporta la meditación, me resultó más fácil encontrarla.

Al aquietar la mente con regularidad, me acostumbré a un nuevo tipo de escucha interior. Bajo el incesante zumbido de mis pensamientos, mi objetivo siempre era regresar a la quietud. Lejos de ser un vacío, se trataba de algo vivo, dotado de una vitalidad inherente. Aunque ese estado no se debía únicamente a la ausencia de distracciones, cuando me sumergía en él la intuición resultaba más accesible. Y había más: la quietud parecía tener un lenguaje propio. Me hablaba, me contaba cosas durante la meditación y, a veces, en otros momentos. Asuntos sobre los que me sentía confusa —cómo abordar ciertas situaciones, tratar con determinadas personas o tomar decisiones acertadas— de repente se aclaraban. A través de esa disciplina de ir a mi interior y calmarme, mi voz intuitiva tomó forma y se volvió más consistente. Más que un modo de percepción esporádica y caprichosa, era algo que se convertía en parte de mi vida.

Mi maestro era taoísta y creía en una inteligencia universal —llamada Tao— en la cual convergen todos los caminos espirituales. Decía que el propósito de la meditación era contactar con esa fuerza, conocernos más a nosotros mismos y fortalecer nuestro vínculo espiritual. La meditación creaba una chispa que encendía la conciencia intuitiva, aunque ése no era su objetivo principal. Era un regalo, y no debíamos explotarlo indiscriminadamente ni hacer mal uso de él.

Y así, de esa forma, comenzaron mis prácticas meditativas. En un principio, tuve que adquirir el hábito e ir a mi propio ritmo. Los primeros meses, sólo meditaba durante las dos horas semanales de clase. Gradualmente, fui capaz de practicar yo sola y pude pasar más tiempo sentada. En la actualidad, trato de meditar al menos una vez al día. Mi momento preferido es por la mañana temprano. Antes de leer el periódico, responder a las llamadas telefónicas o preparar el desayuno, me siento tranquilamente durante, como mínimo, veinte minutos. Esto me prepara para comenzar bien el día. Cada vez que me salto mi meditación matinal, me siento más agotada y descentrada conforme avanza la jornada.

La meditación es la herramienta más poderosa que he encontrado para afinar la intuición. Nos permite superar límites cuya existencia desconocemos hasta que los superamos. La razón por la que muchas personas ignoran que son intuitivas es que están acostumbradas a escuchar sólo la mente, y la intensidad de nuestros pensamientos invalida todo lo demás. La meditación nos ofrece alternativas. Incluso si crees que no tiene nada que ver contigo, o ya lo has intentado y no has tenido éxito, con la guía adecuada todos podemos meditar.

Les enseño a mis pacientes la misma sencilla técnica que mi maestro me enseñó a mí. Primero, siéntate en un cojín, con la espalda recta y las piernas cruzadas. Si el cojín te resulta demasiado incómodo, puedes sentarte en una silla, pero siempre con la espalda recta. Si te acuestas, es muy probable que te quedes dormido. Junta las palmas de las manos como si fueras a rezar, y haz una reverencia en honor a ti mismo y a tu origen espiritual. Después viene lo más importante: la respiración. Presta atención únicamente al ritmo de tus inhalaciones y exhalaciones a medida que el flujo de aire pasa por los pulmones y sale por la boca y las fosas nasales. Si te llegan pensamientos —que llegarán—, advierte que están ahí, pero trata de no involucrarte con ellos y regresa a la respiración. Según la filosofía yóguica, es el *prana*, nuestra energía vital, la esencia de la vida. Al centrarnos en ella, nos dirigimos a un estado de quietud al que ningún otro medio puede llevarnos.

Puede que seas como yo, que siempre me he rebelado contra las normas. Si alguien me indica una manera de hacer algo, lo hago de la forma contraria. No digo que sea una cualidad recomendable, pero así soy a menudo. Teniendo en cuenta este aspecto de mi carácter, he elegido un método de meditación que va conmigo. Se trata de un método fluido, instintivo y sin demasiadas reglas. Pero la meditación es extremadamente personal. Existen muchos métodos excelentes —zen, *vipassanna*, yoga, meditación trascendental...—, algunos más rígidos que otros. Puede resultar de gran ayuda probar unos cuantos. Al final, cómo y dónde meditar es menos relevante que el resultado de la práctica.

Conozco a un jugador de *blackjack* en Reno que utiliza la meditación como un método para centrarse en medio del caos y la confusión del casino. Seguidor de la tradición hindú, cambió su nombre por el de Hanuman, el dios mono conocido por ser un devoto siervo de Rama. Durante los descansos, bajo la potente luz de los focos y rodeado del estruendo de las máquinas tragaperras y el griterío de la gente, se sienta con las piernas cruzadas y los ojos cerrados. Medita en esas condiciones tan tranquilamente como si estuviera en una montaña del Tíbet. Con la práctica, ha aprendido a arreglárselas con las distracciones externas, y logra mantenerse centrado y atento.

Para poder meditar bajo cualquier circunstancia es importante ir despacio. La meditación requiere regularidad y perseverancia. En un principio, puedes limitarte a cinco minutos diarios. Una vez que te hayas acostumbrado, aumenta el tiempo hasta veinte minutos durante las siguientes semanas o meses. Puedes permanecer en ese nivel durante una temporada, y cuando estés preparado, auméntalo a una hora. Si tienes la mente activa, no te preocupes. Se necesita práctica para sentir la quietud, de modo que trata de ser paciente. Debes tener en cuenta que si, al principio, sientes que no ocurre nada, eso no significa que hagas algo mal. No hay prisa. Limítate a centrar tu atención en la respiración todo lo que puedas. Sé amable contigo mismo. Se necesita tiempo para cambiar.

La intuición florece cuando le das espacio para crecer, y la meditación puede aportar ese espacio. Es un proceso natural que permite que la clarividencia madure gradualmente, de un modo sano. Si te ofreces el tiempo necesario para asimilar el cambio, nunca te encontrarás con algo que no puedas manejar. El proceso de abrirse tiene su ritmo natural y sólo sucede si no lo fuerzas antes de que estés totalmente preparado para ello. A veces, avanzamos a pasos de gigante; otras, sólo logramos dar pequeños pasos, o incluso retrocedemos ligeramente. Pero, a pesar de lo que pueda parecer, todo forma parte del proceso de crecimiento. Te preparas sabiamente para ver. Haz espacio para tu propio resplandor. La meditación puede ser el primer paso, una sólida despedida antes de un viaje apasionante.

Cuando era una niña, imaginaba que una nave espacial me había dejado en la Tierra. Me consolaba pensar que mi verdadero hogar, el lugar al que realmente pertenecía, estaba lejos, en las estrellas, en otro planeta. Muchas noches en las que anhelaba sentirme completa, me sentaba en el tejado y miraba el cielo mientras buscaba y sentía una presencia intangible inalcanzable. Pensaba que si contemplaba el espacio el tiempo suficiente, lo haría mío.

Más adelante, a través de la meditación, descubrí qué era lo que buscaba: una continuidad uniforme entre esa fuerza y yo. Más que ofrecerme un simple vínculo intuitivo, la meditación avivaba mi espiritualidad, tejía con mi vida una tela sagrada. Era una fuente de consuelo y reabastecimiento que amplificaba aquello que era más sagrado para mí y lo hacía reconocible para que pudiera acogerlo.

Pero no logré esto de un día para otro. Hasta que conocí a mi maestro en 1985, mis hábitos de meditación eran irregulares, sin objetivos ni forma. Había intentado meditar en la cama, recostada sobre una enorme almohada de seda; en la sala de estar me retorcía mientras trataba de adoptar la posición de la flor de loto sobre el sofá, e incluso probé en la bañera, de noche, inmersa en el agua caliente y rodeada de un círculo de parpadeantes velas votivas. Sin embargo, no lograba hacerlo bien. Me sentía como un viejo perro cansado, que cambia continuamente de posición y nunca encuentra una en la que se sienta cómodo.

Para solucionar este problema, mi profesor me sugirió que hiciera un altar. Era una idea simple pero ingeniosa, que inmediatamente me intrigó. Me había indicado con exactitud aquello que me faltaba. Para evitar mi desorden con la meditación y dejar de ir por la casa de una habitación a otra, necesitaba un lugar determinado en el que instalarme. Ideado como un tributo al Tao, nuestra fuente espiritual, un altar es un punto de contacto para unirnos a él. Mi profesor me dio muy pocas instrucciones para crearlo: tenía que estar orientado hacia el este (según la tradición taoísta es el lugar de nacimiento del poder espiritual), debía colocar una vela roja a la derecha (símbolo del conocimiento), una vela blanca a la izquierda (símbolo de la pureza) y un quemador de incienso. El resto era cosa mía.

Emocionada, comencé inmediatamente. Rebusqué en mi garaje y encontré una pequeña mesa de madera de unos sesenta centímetros de ancho que hacía años había utilizado en mi apartamento de Venice. No me había precipitado a comprar una mesa nueva, puesto que deseaba una que ya fuera parte de mí, que reflejara mi historia. De modo que la subí, le quité el polvo y la coloqué en un rincón del estudio de mi casa, enfrente del ordenador. Durante un tiempo me limité a mirarla mientras decidía qué haría. Unos días después, mientras estaba de compras en Bullock's, cayó a mi lado un rollo de tela. Tenía un hermoso estampado de mujeres asiáticas ataviadas con kimonos azules sobre un fondo beige, y me pareció perfecta. Compré un trozo lo suficientemente grande como para cubrir toda la superficie de la mesa, y una vez hube colocado la tela, dispuse sobre ella los objetos que mi maestro me había recomendado y añadí una pequeña figura de porcelana blanca de Quan Yin, la diosa de la compasión. Ya estaba todo preparado.

No sospechaba entonces el importante papel que el altar iba a desempeñar tanto en mi práctica meditativa como en mi vida. En la última etapa de la enfermedad de mi madre, a menudo me refugiaba en él cuando pensaba que ya no podía más. El bienestar que me ofrecía me llevó a dormir allí muchas noches. A veces, colocaba en él un ramo de flores coloridas o un cuenco con fruta fresca —símbolo de la belleza y la vitalidad—. Me aferraba a él siempre que lo necesitaba. Observar el rostro radiante de Quan Yin, a menudo a través de las lágrimas, me ayudaba a permanecer centrada en mis verdades, a perdonarme a mí misma cuando no cumplía aquello que me había propuesto y a empezar con fuerza al día siguiente.

Cuando mi vida se vuelve agitada, sé que siempre puedo ir a mi altar para renovarme. No importa lo estresada que esté o lo rápido que gire mi mente: el simple acto de sentarme allí, en calma, hace que todo se ralentice. Medito frente a mi altar todos los días, aunque a veces también siento la necesidad de acudir a él por la noche. Si tengo problemas para quedarme dormida, es el primer sitio al que me dirijo. Es un lugar relajante, un recuerdo constante del poder de la fe. Hace que me sienta nutrida, como si bebiera agua fresca de un arroyo de montaña.

Maggie, una de mis pacientes, no comenzó la psicoterapia ni para desarrollar la intuición, ni para meditar, ni para aprender a hacer altares. Simplemente, tenía problemas con su novio. Durante toda su vida había mantenido una serie de relaciones con hombres dominantes. Éstos querían controlarla y ella les entregaba todo su poder, lo cual la convertía en una persona pasiva y sumisa que nunca expresaba sus necesidades. Siempre le sucedía lo mismo: se sentía ignorada y poco valorada. Finalmente, tras haber estado varios años sin pareja, conoció a un hombre que la conquistó. Llevaban juntos sólo tres meses y la relación ya se había vuelto tensa. El mismo patrón volvía a repetirse y ella comenzaba a tener dudas. Era asesora de medios de comunicación y se había psicoanalizado durante mucho tiempo, de modo que comprendía intelectualmente los factores inconscientes que motivaban la elección de sus parejas. Sin embargo, todavía seguía atada a su pauta de comportamiento repetitivo. Supe que tenía que guiarla en una dirección diferente.

Maggie tenía dos tipos de amistades. Los integrantes del primer grupo, en el que estaba su novio, tenían unas ideas muy conservadoras y se burlaban de todo aquello que consideraran «espiritual». El otro grupo, por el contrario, estaba compuesto por ávidos meditadores que se dedicaban a la búsqueda de la vida espiritual. Era con las personas de este último grupo con quienes se sentía más cómoda. Sin embargo, no se involucraba demasiado con ellos por miedo a excederse. Aunque en el pasado había estudiado meditación, se refrenaba y se mostraba reacia a practicarla regularmente. Convencida de que sus amigos más conservadores verían esa actividad como algo «raro» o «irrelevante», nunca hablaba de ese tema con ellos.

Durante más de dos años, llevó una doble vida y mantuvo a sus dos tipos de amigos separados. Cuando la miraba, veía un reflejo de mí misma diez años atrás. Había luchado con una división similar. Vi mucho anhelo y mucho dolor a punto de estallar bajo la superficie. Conocía la ingente cantidad de energía que se necesita para mantener esos dos mundos separados. Maggie siempre trataba de agradar, de adaptarse a cualquier precio, incluso si eso implicaba no ser sincera consigo misma. También podía ver que estaba desesperada por cambiar pero no sabía cómo. Su incomodidad era tan grande que estaba dispuesta a probar cualquier cosa. Le sugerí que creara un altar.

Alejada de su intuición y descentrada, necesitaba un lugar específico donde recomponerse; un lugar sagrado y bien definido en su hogar donde pudiera aprender a acumular su poder. Éste fue el punto de inicio. Es una acción sencilla que siempre podemos llevar a cabo si nos sentimos confusos, perdidos o con necesidad de encontrarnos a nosotros mismos.

—Un altar es un refugio al que puedes acudir en cualquier momento del día para meditar y estar sola –le expliqué–. Es tu propio santuario... como una iglesia o sinagoga. Pero no es necesario que tenga ninguna connotación religiosa, a menos que así lo desees. Lo importante es que te sientes allí tranquilamente, encuentres la voz de tu intuición y comiences a escuchar.

Su rostro se iluminó.

—¿Un altar? Algunos amigos que meditan lo tienen. De hecho, estuve a punto de hacerme uno. Pero tenía miedo de que la gente pensara que hago cosas raras. En especial mi novio. No quería tener una discusión con él.

—Entonces, elige un rincón apartado –le aconsejé–. Una habitación trasera, el cuarto de estudio, incluso el vestíbulo. Un lugar al que no vayan tus visitas. Un altar no es un tema de conversación. De hecho, es mejor no hablar de él con muchas personas. Y no deberían visitarlo a menos que las invites a hacerlo.

Su altar tenía que ser un lugar donde se sintiera invulnerable, como en un refugio nutricio. Desafortunadamente, no disponía de lugares así en su vida. La mayoría del tiempo se sentía como si estuviera esquivando balas en un campo de batalla. Conocía ese sentimiento. La vida puede volverse frenética, incluso cuando no es nuestra intención. El altar es un refugio en el que regresamos a nuestro hogar, donde podemos quitarnos los zapatos, respirar de nuevo profundamente y reconectar con nosotros mismos.

Para mí, el altar fue sólo el principio. En la actualidad, veo todo mi entorno como una extensión íntima de mi vida interior. Trato de crear un ambiente de sacralidad en toda mi casa. Vivo al lado del mar. Me quedo dormida mientras escucho el sonido de las olas al romper contra la orilla. Durante las tormentas, el impacto del viento y el agua hace vibrar las ventanas y mueve el armazón de mi cama, lo cual me conecta con la parte salvaje de la naturaleza. Necesito mirar al horizonte. Siempre anhelo ver la amplitud del cielo. Los rayos del sol se filtran a través de los ventanales en todas las habitaciones de mi casa. Se reflejan en las piezas de cristal que cuelgan del techo y proyectan arco iris danzantes en las paredes. Sobre la mesa del comedor, hay un jarrón de cerámica repleto de flores frescas, y tengo plantas en macetas, de todos los tamaños y formas, por todas partes. Una enredadera descomunal, que baja desde el balcón, cubre las dos plantas de mi casa. Aunque para mí es importante que mi espacio vital resulte seguro y espiritualmente inspirador, no se necesita un palacio: cualquier espacio puede convertirse en sagrado si ése es tu deseo.

Como si hubiera esperado el permiso para hacerlo, Maggie se lanzó a crear su altar. Pero antes tuvo que reinventar su propio significado de la espiritualidad. Educada en el catolicismo, se había rebelado contra las restricciones de la religión de su infancia. Le preocupaba que los objetos de su altar parecieran ídolos. Al asociar los rituales únicamente con el catolicismo, tenía que empezar de cero.

Su altar era sencillo: un pequeño banco de madera, una vela blanca y redonda, y un pequeño jarrón de cristal con una sola rosa. Los altares pueden adoptar una gran variedad de formas. Los objetos que depositemos en él deben inspirarnos: figuras, cuadros, incienso, fruta, flores, velas o cualquier otro símbolo que tenga un significado especial para nosotros. Animé a Maggie a meditar frente a su altar a diario, incluso si no le apetecía o tenía un millón de cosas que hacer. Con disciplina, aprendió a dirigir la atención a su interior hasta convertir esta práctica en un hábito.

—Escucha con atención –le recomendaba– hasta que puedas percibir de nuevo la voz de tu intuición.

—¿Cómo puedo distinguir su sonido? –preguntaba–. Hay demasiadas voces en mi cabeza. ¿Cómo puedo reconocerla?

Pensé en mi trabajo en Mobius, en cómo me entrené para distinguir entre lo que era lógico o esperado y lo intuitivo. La voz de la intuición, a menudo, venía acompañada de una sensación de certeza, una claridad y cercanía, una ausencia de conflicto tan firme e imparcial que resultaba incuestionable. Al explicarle esto, también le aconsejé que fuera paciente.

—Es una voz suave, pero firme. Normalmente, se necesita algo de práctica para escucharla.

Al principio, se sentía frustrada. El molesto diálogo de su mente era implacable. Sus impulsos intuitivos resultaban tan débiles que apenas podía distinguirlos. Eso es algo muy común. El precio que pagamos por desarrollar tanto el intelecto es demasiado alto: la aniquilación de nuestros instintos. Para recuperarlos, debemos aprender a escuchar con atención. El poder del altar de Maggie y la dedicación que le prestaba lo convirtieron en una eficaz herramienta de cambio. Lentamente, su intuición comenzó a salir a la superficie; al principio eran pequeñas percepciones, pero después se hicieron más grandes. Si se sentía confusa o volvía a caer en los mismos viejos patrones de conducta con su novio, iba a su altar y escuchaba su voz intuitiva, del mismo modo que haría con un buen amigo. Cuando lo hacía, ella le mostraba la verdad; le enseñaba a escuchar y a ver.

Un altar es una forma ideal de crear un ambiente tranquilo en tu hogar y de tener un lugar donde meditar, siempre y cuando esta idea te atraiga. El simple hecho de saber que tienes un lugar especial para ti, donde puedes ser tú mismo, sin tener que fingir y sin miedos, puede resultar increíblemente tranquilizador. Te ofrece un punto de apoyo cuando todo en la vida parece desmoronarse. Tu altar puede ser un lugar de retorno a tu clarividencia, a tu conocimiento interior, a tu naturaleza mística. Restablece el sentido de lo sagrado y te alienta en tu búsqueda de la intuición. Es un recurso práctico, concreto y al alcance de todos, un recordatorio de lo sublime y un homenaje al gran misterio.

En Maggie tenemos el ejemplo de una persona que sentía curiosidad por la intuición. Jeff, sin embargo, llegó a mí lleno de miedo. Siempre se había considerado un individuo intuitivo, pero recientemente había hecho dos predicciones muy acertadas que le habían impactado gravemente.

En cierta ocasión, soñó que su hermana había contraído una grave enfermedad. Sin embargo, como sabía que su salud era excelente, le quitó importancia al sueño. Una semana más tarde, su hermana sufrió un infarto repentino mientras corría por el parque y estuvo a punto de morir. Poco después de esto, tuvo la clara premonición de que un buen amigo, que tenía problemas económicos, perdería su trabajo. En menos de un mes, su amigo se quedó sin empleo. El hecho de haber predicho esos acontecimientos le asustó y le hizo sentirse sin control. Creía que se volvía loco. Si nunca había tenido el deseo de ser intuitivo, ¿por qué tenía ahora esas premoniciones?

Me entrevisté con Jeff con la esperanza de poder identificar qué era lo que le hacía estar tan furioso. Entró en la consulta visiblemente inquieto. Impecablemente vestido con traje y corbata, era un hombre de negocios elocuente y muy educado. Todo en él indicaba orden: los zapatos exquisitamente lustrados, el cabello peinado con secador y ni un solo pelo fuera de sitio, la agenda y el teléfono móvil en una cartera de cuero marrón. Era un hombre organizado —tal vez demasiado.

Supe que era miembro de la fundación Self-Realization Fellowship, una asociación religiosa de Pacific Palisades. Todos los domingos asistía con su mujer a los servicios matinales y daba un paseo por los alrededores. Pero durante los últimos tres meses su rutina había cambiado. En lugar de pasear, meditaban en grupo durante dos horas en la capilla principal. Sus predicciones le habían llegado al día siguiente de la meditación. Nunca antes había meditado, y mucho menos durante periodos tan largos. Estaba claro que esta práctica había provocado las premoniciones. Jeff se había abierto demasiado rápido. Sin ninguna intención por su parte, al tranquilizar su mente, se volvió más intuitivo.

No estaba preparado para ese cambio. En general, le molestaban los cambios. Visiblemente alarmado, me preguntó:

—¿Por qué predije esos hechos tan terribles?

Recordé mis experiencias de niña, lo mucho que me alteraban mis tempranas premoniciones negativas, el sufrimiento de mi madre. La clarividencia, cuando no la contemplamos en su contexto y nos parece caída del cielo, puede ser difícil de asimilar. Y en ese punto era donde yo quería ayudarle: deseaba disipar sus miedos al igual que Thelma y Stephan habían hecho por mí.

—Muchos intuitivos, al principio, se sienten igual que tú –le dije–. Los desastres, las muertes y los acontecimientos traumáticos son los sucesos más fáciles de predecir. Eso no significa que seas una mala persona o que exista algo erróneo en ti. Todas las desgracias tienen una profunda carga emocional y, por consiguiente, emiten una señal intuitiva más perceptible.

Si hubiera sabido esto antes, me habría ahorrado gran parte de mi confusión. Este sencillo principio del conocimiento intuitivo, que aprendí de otras personas, fue una lección difícil para mí. No hay razón para emprender solos el viaje de la intuición. Podemos compartir nuestros conocimientos, o formar una red de apoyo, para dejar de sentirnos aislados.

—Las predicciones negativas son gajes del oficio –continué–. Por eso a los niños y a los intuitivos principiantes les llega con más facilidad un choque frontal en una autopista con cadáveres esparcidos por el asfalto que el mismo coche llegando perfectamente a su destino. Ese mismo principio también puede aplicarse cuando se trata de apreciar los matices de una pieza de música complicada. Para el oído no entrenado, los aspectos más dramáticos de la obra son los que más sobresalen. Pero, con el tiempo, podemos llegar a percibir una corriente subterránea de tonalidades que antes no distinguíamos.

Por muy lógicas o tranquilizadoras que pudieran sonar mis palabras, Jeff no parecía sentirse consolado. No quería ser intuitivo. Consideraba que era una responsabilidad desagradable. Era un hombre rutinario y prefería aquello que ya conocía.

—Si mis premoniciones fueran positivas –se aventuró a decir–, no me importaría. Serían más fáciles de aceptar. Pero saber que va a suceder una desgracia, particularmente cuando se trata de personas que quiero... no, eso no es para mí. Es demasiado doloroso. Incluso si tuviera la oportunidad de prevenirlo, no me gustaría tener que hacerlo.

Era un hombre reservado a quien no le gustaba meterse en los asuntos de los demás. Como no podía elegir qué iba o no iba a ver, decidió dejar la meditación, y sus premoniciones cesaron.

Tenía que respetar su decisión. Jeff reconoció sus limitaciones y se mantuvo fiel a ellas. Sin embargo, no pude evitar sentirme desilusionada, como si hubiera visto el lanzamiento de una nave espacial que, después, hubiera tenido que regresar a tierra por falta de combustible. De todas formas, debía tener cuidado de no convertirme en una animadora incondicional. Había superado mi miedo a la intuición, había recogido sus frutos y quería compartirlos. Pero a Jeff eso no le interesaba. Definitivamente, la búsqueda de la intuición no es para todo el mundo.

Tengo una amiga, una rubia imponente de setenta y pocos años, intrépida aventurera y viajera, que siempre quiere probar algo nuevo. Aunque tenía curiosidad por la intuición, nunca sintió la necesidad de desarrollarla. Sin embargo, como no quiere perderse nada, me preguntó durante una cena en un restaurante tailandés:

—¿Crees que yo también debería aprender a desarrollar la intuición?

Sonreí, pues sabía que esa pregunta era su manera de tratar de agradarme.

—No –le dije–, a menos que realmente quieras hacerlo. No está bien forzarla.

Pareció aliviada, y continuamos con la comida. Le permití que saliera de su apuro.

Incluso si deseas desarrollar la intuición, el camino no siempre está despejado. Eso es comprensible. Pueden surgir dificultades; sin embargo, el miedo —de que digan que estás loco, de perder el control, de que no te comprendan, de equivocarte— puede ser el gran obstáculo. El miedo es insidioso, pero no debemos permitir que nos paralice. La sociedad nos ha condicionado para temer la intuición. Si tenemos un sueño que se convierte en realidad, muchos de nosotros tenderemos automáticamente a verlo como algo «raro» o «molesto», cuando, en realidad, se trata de una habilidad natural, una muestra de nuestro conocimiento innato. Debemos deshacer nuestras creencias negativas, por arraigadas que estén. El primer paso es reconocer que el miedo está ahí, que puede retoñar, robarnos toda la inspiración y envenenar nuestros sueños.

Algunos de tus miedos pueden tener una base real. Demasiadas personas han desarrollado la intuición como un medio para controlar y manipular o, simplemente, por codicia. Por ello, no es extraño que, en gran parte de la cultura occidental, el término «intuitivo» esté tan desprestigiado. Víctima del sensacionalismo de la prensa, menospreciada por la ciencia tradicional, descartada por los intelectuales, necesitamos redefinir la intuición para que pueda recuperar su carácter sagrado. La intuición nos permite conectar con los demás más profundamente, con empatía y respeto, y unirnos como una fuerza colectiva. Necesitamos olvidar los viejos estereotipos de personas intuitivas, como los videntes con bola de cristal, y reemplazarlos con nuestros rostros y nombres. Somos los legítimos portadores de este conocimiento, los guardianes de la puerta de entrada.

Al principio, el hecho de descubrir que somos más de lo que pensamos y más capaces de lo que nunca nos habíamos imaginado puede ser desconcertante. Algunos de nosotros, inicialmente, podemos dar vueltas alrededor de este conocimiento mientras hacemos tiempo para sentirnos lo suficientemente seguros como para echar una ojeada desde nuestro escondrijo y mirar alrededor. Al fin y al cabo, entramos en un territorio desconocido. El miedo sale a la superficie, pero no tiene por qué cerrarnos. El propósito de cultivar nuestra intuición es abrirnos. Y después abrirnos todavía más. Con la clarividencia, llegamos a conocernos y nos volvemos más sensibles con nuestros amigos y familiares.

Como somos más capaces de responder a las necesidades de los demás, podemos crear armonía en nuestras relaciones; tomamos las decisiones correctas, basadas en nuestros deseos más profundos y no en nociones artificiales acerca de lo que deberíamos ser.

Ignorar esta parte de nosotros mismos puede conducir al agotamiento y la depresión. Es como tratar de funcionar sólo con dos cilindros cuando disponemos de un motor turbo que puede ir a la velocidad de la luz. Aguantamos, nos arreglamos con lo que tenemos, pero sufrimos un agotamiento crónico y avanzamos con nuestras reservas de energía consumidas.

Algunos pacientes llegan a mí en ese estado: agotados e irritados. Alejados de su voz intuitiva, se esfuerzan por abrirse camino en la vida y se obligan a tomar decisiones que no creen correctas, y que se basan únicamente en aquello que es visible: la búsqueda de lo invisible no existe. Sin un contexto espiritual, han perdido contacto con el misterio. Sin embargo, no podemos vivir en ese estado de desconexión. El vínculo se restablece cuando recuperamos la voz de la intuición. Al escucharla, cultivamos la habilidad de oír, ver y sentir, nos volvemos más sensibles a los diferentes matices de la vida, nos encontramos de nuevo con nosotros mismos, cara a cara con nuestro propio brillo. Hemos olvidado demasiadas cosas: lo maravillosos que somos, la fortaleza de nuestro espíritu, la sabiduría que poseemos... Necesitamos recuperar todo esto.

La intuición no llega de repente ni sin esfuerzo. Crece cuando prestamos atención a los matices más sutiles, cuando miramos en nuestro interior. Para muchos de nosotros la dificultad estriba en que no sabemos profundizar lo suficiente. Apenas nos adentramos por debajo de la superficie, sin atrevernos a zambullirnos. Pero, además de la meditación y los altares, contamos con otro método que nos ayuda a prepararnos para ver: el ritual.

El ritual confiere un sentido de sacralidad a nuestras actividades, que no siempre resulta obvio. Puede aportar brillo, vitalidad y un centro a nuestra vida. Muchos de nosotros no valoramos los rituales, olvidamos cómo dan forma a nuestra vida y relaciones. Imagina un mundo sin bodas, días festivos, fiestas de cumpleaños o, incluso, funerales —todas nuestras fechas señaladas y todos nuestros referentes olvidados—. ¡Cuánto perderíamos!

Del mismo modo que el ritual evoca el carácter especial de ciertos acontecimientos, también aporta color y énfasis a nuestra vida interior. Cada vez que creamos un espacio para celebrarlo, invitamos a la intuición. Cuando realizamos un ritual con humildad y respeto, éste nos permite cambiar nuestra forma condicionada de ver el mundo y cultivar el asombro por el misterio que nos rodea. Aprendí sobre la práctica de los rituales durante el curso de Brugh Joy, al poco tiempo de abrir mi consulta. Teníamos programada una tarde de sanación. Los preparativos resultaban pesados a causa de las numerosas reglas que había que seguir. Me preguntaba por qué teníamos que tomarnos tantas molestias. Los cuarenta participantes, vestidos de blanco, entramos en silencio en una inmensa sala de reunión iluminada con velas. Me encogía al pensar qué dirían mis amigos si me vieran. Por suerte no estaban allí. Sintiéndome un poco tonta y completamente cohibida, ocupé mi lugar al lado de una de las muchas camillas de masaje que había en la sala. Cuando nos llegaba el turno, teníamos que tumbarnos para que Brugh y los demás pudieran darnos «energía» a través de las manos. El escenario estaba preparado: *Canon*, de Pachelbel, de música de fondo, incienso de sándalo en el aire y coloridos ramos de flores alineados en el suelo. Esmerados detalles cuyo objetivo era crear ambiente y realzar las sutilezas de lo que se siente con la sanación.

Muy pronto, mi incomodidad desapareció. La belleza de la sala y el tierno estado de ánimo que el ambiente parecía suscitar en todos nosotros hicieron que mi experiencia de la sanación fuera profundamente emotiva. No quiero decir que no me hubiera sentido del mismo modo en un escenario menos cuidado; sin embargo, a muchos de nosotros el ritual nos proporcionó una estructura libre de distracciones, sacralizada por la música, el color, las fragancias y la intención sanadora del grupo. Particularmente cuando empezamos, necesitamos toda la ayuda que podamos obtener para descubrir nuestra sensibilidad. El ritual puede pulirla y eliminar el ruido de fondo, y nos estimula para que podamos ver más fácilmente.

Por encima de todo, nuestros rituales deben ser inspiradores. Resultan inútiles si no los sentimos o los hacemos mecánicamente. Tengo un amigo que pertenece a una iglesia ortodoxa. Reza cinco veces al día, conforme a un programa en el que cree apasionadamente. Hace poco vino a verme, disgustado porque, a pesar de sus rezos, no podía sentir la presencia de Dios. Estaba enfadado consigo mismo y creía que hacía algo mal. En lugar de evaluar el ritual y, tal vez, buscar otro que encajara mejor con él, persistía en seguir con el mismo programa. Fiel a su fe, todavía espera poder avanzar.

El tipo de ritual que elijamos es extremadamente personal; despierta un poder dormido en nuestro interior. Nuestros esfuerzos, desde los más sencillos hasta los más elaborados, adquieren significado si somos sinceros.

Otro amigo mío aprendió de su abuela un entrañable ritual. Con la llegada de la primavera, su abuela —una pintora que, en la actualidad, tiene noventa años— cepilla su larga melena gris y lanza al aire el pelo que queda en el cepillo para que los pájaros de los alrededores puedan usarlo en la construcción de sus nidos. Cuando mi amigo era pequeño, siempre hacía este ritual con su abuela en el mes de marzo. Ahora, con cuarenta años, le ha enseñado a su hija este homenaje a la primavera y la renovación, para conectar con la naturaleza y la nueva vida.

Con mi profesor aprendí un ritual que realizo dos veces al mes en honor a la luna nueva y la luna llena. Esos días, sigo una dieta vegetariana, medito durante más tiempo, recito oraciones especiales frente a mi altar y trato de ser especialmente reverente. El objetivo es el equilibrio y la purificación. Forma parte de la tradición taoísta y se ajusta perfectamente a mis creencias.

Desde que era una niña me ha fascinado la luna; de algún modo, sentía su poder y misterio. Por las noches, solía mirarla fijamente. Acostada en la cama, observaba la tenue luz blanca que se colaba a través de las rendijas de las cortinas. Me encantaba mirar cómo la luna cambiaba gradualmente de forma, cómo crecía a partir de una delgada línea apenas perceptible hasta convertirse en una esfera radiante que parecía brillar directamente en mi cuerpo. No podía separarme de ella. Siempre ha sido una parte de mí que modela mis ritmos y me acerca al cielo.

Cuando mi profesor me habló de la luna nueva como la fase inicial de un ciclo, el momento en que la llama acaba de ser encendida, y de la luna llena como la epifanía, la culminación de las fuerzas cuando alcanzan la cumbre, expresó con palabras algo que yo sentía desde hacía mucho tiempo. Me explicó que la energía espiritual es especialmente poderosa en esos dos momentos, y ésa es la razón del homenaje.

Sin embargo, debo señalar que evito participar en cualquier ritual que considere falso, sin importar lo poderoso que digan que puede ser. Pero he encontrado uno que siento auténtico y lo he convertido en una extensión de mi vida espiritual.

El ritual ha demostrado ser una herramienta de gran valor para muchos de mis pacientes. Nos aporta una dimensión práctica y orientada a la acción en nuestro trabajo y puede aclarar hasta el más turbio de los dilemas. Puedo realizar un ritual con un paciente en mi consulta o animarle a hacerlo en solitario o en grupo. Cuando se celebran en la naturaleza son especialmente poderosos. El bosque, el desierto, el mar o las montañas nos ofrecen una emoción y una cualidad original que, a menudo, no percibimos en la ciudad.

Jenny, una hermosa mujer hawaiana de larga melena negra y ojos oscuros, había estado muy familiarizada con los rituales, pero los había olvidado. A su padre lo habían entrenado como *kahuna* —hombre santo y sanador— en la isla de Kauai, donde ella creció. Le trasmitió las enseñanzas secretas a su joven hija, pero ésta las olvidó con el paso del tiempo. Jenny había tenido una vida muy protegida y estaba hambrienta de nuevas experiencias. A los diecisiete años se graduó en el instituto, dejó Kauai y se mudó a Manhattan, donde se dedicó a trabajar como modelo.

La contrató una prestigiosa agencia de modelos y, durante los años siguientes, recibió más trabajos de los que podía llevar a cabo y viajó por todo el mundo para participar en exóticas sesiones fotográficas. Tenía dinero, fama y prestigio, y, sin embargo, cada día se sentía más infeliz. Su carrera era meteórica y su rostro estaba en las portadas de las principales revistas de moda, pero sentía que algo no iba bien. Su profesión de modelo le parecía cada vez más vacía; sin embargo, no se atrevía a abandonarla. Atrapada en un estilo de vida envidiable y adulada por el público y sus amigos, se sentía bloqueada y deprimida.

Durante varios meses, en la terapia, hablamos de los pros y los contras de su profesión, pero no lograba tomar ninguna decisión. No llegábamos a ninguna parte. Pronto se hizo evidente que, a pesar de su sensibilidad e inteligencia, la terapia hablada no sería de gran ayuda. Ya había llegado a ese mismo punto con varios pacientes. Al comprender que estaba bloqueada y que no le bastaba con conocer las raíces emocionales e intelectuales de su problema, le sugerí que realizara un ritual. Recordaba que su padre le había hablado de ellos y deseaba probar con uno.

Empleamos una sesión entera para explorar los elementos que necesitaría en su ritual. ¿Qué símbolos tenían significado para ella? ¿Dónde le gustaría realizarlo? ¿Con quién? Cuanto más concretos fueran los detalles, mayor sería la posibilidad de que le transmitieran la potencia necesaria para llegar a su bloqueo. Como había crecido en la costa norte de Kauai, tenía predilección por el océano, y deseaba hacer su ritual cerca de él. Eso me dio una idea.

—Hay una antigua ceremonia celta que se hace con un círculo de piedras –le expliqué–. La aprendí de un amigo hace unos años, y yo misma la he celebrado en alguna ocasión. Puedes realizar el ritual en la playa. Es bastante sencillo. Básicamente, tienes que formar un círculo de piedras y sentarte en el centro hasta que llegue tu respuesta. En la mitología celta, las piedras representan la encarnación viva de la Madre Tierra y son muy poderosas. Se cree que el círculo tiene propiedades místicas. Actúa como una olla a presión: concentra y contiene la energía. Podría darte el impulso que necesitas.

El ritual le llamó la atención. Unos días más tarde, la mañana de la siguiente luna llena —que simboliza la culminación de un ciclo—, se dirigió en su Volvo a una pequeña playa retirada del norte de Malibú. Para la ocasión, se puso un vestido suelto de algodón blanco y recogió su melena negra con abalorios de varios colores. También llevó salvia morada, asociada a la purificación según la tradición de los nativos americanos, que había cogido en las montañas de Malibú. Tras recoger varias piedras de la orilla, formó cuidadosamente un círculo con ellas. Después, puso un cuenco de cerámica en el centro y quemó la salvia. Finalmente, se instaló dentro del círculo, cerró los ojos y pidió orientación. Durante las horas siguientes meditó y observó el flujo y el reflujo de las olas. Le había indicado que no tratara de «imaginar la respuesta», sino que permitiera que ésta saliera a la superficie. Pero, aunque seguía todas las instrucciones, no sucedía gran cosa. Como sabía que los rituales necesitan su tiempo, decidió esperar. Sin embargo, comenzaba a hacerse tarde. Empezó a sentir muchas dudas acerca del ritual y de su existencia en general. ¿Tendría la fuerza suficiente para hacer un cambio en su vida? No estaba segura. El sol empezaba a ponerse y tenía frío. Abatida e intranquila, se sintió tentada de recoger sus cosas. Pero no lo hizo. De alguna forma, conectó con la antigua sabiduría de su padre y de todos aquellos que antes habían hecho ese mismo ritual, y entendió que tenía que permanecer allí. Tras cubrirse los hombros con una manta, se acurrucó y cayó en un ligero sueño.

Fue entonces, cuando dejó de intentarlo con tanto esfuerzo, cuando apareció la respuesta. En un abrir y cerrar de ojos, se dio cuenta de que necesitaba tomarse un descanso. Merecería la pena aunque sólo fuera para ver su situación en perspectiva. A pesar de que había llegado anteriormente a esa misma conclusión a través de la lógica, la fuerza de su intuición la obligaba a actuar. Todo su cuerpo reaccionó destensándose. La certeza de su decisión, aunque iba acompañada de cierta tristeza, le causó una gran sensación de alivio. Se sentía liberada y sabía que no debía precipitarse: necesitaría tiempo para asimilarlo.

Durante las semanas siguientes, ambas tratamos de ver si su resolución era firme. Hice de abogado del diablo y le planteé algunas objeciones que sabía que sus amigos y compañeros de trabajo le harían. Pero ella no dudaba y mostraba la misma confianza que había visto en otros pacientes que habían realizado rituales similares. Una vez que han encontrado la solución adecuada, no se dejan disuadir tan fácilmente. Están dispuestos a jugarse el tipo y confiar por fin en su instinto. Una vez que tuvo claro que no cambiaría de opinión, notificó a su agencia que iba a tomarse tres meses de descanso. En enero regresó a su hogar y visitó a su familia en Kauai. Dio largos paseos por la playa con su padre y volvió a aprender sobre la tradición *kahuna*. Algo en su interior se iluminó, y deseó saber más sobre la sanación. Durante ese viaje, decidió que regresaría a vivir a las islas y estudiaría en la universidad. Aunque era consciente de que otras modelos matarían por su carrera profesional, sus creencias le dieron el valor que necesitaba para actuar. No tenía ninguna garantía de que su plan fuera a funcionar, pero estaba decidida a intentarlo.

Jenny y yo mantuvimos el contacto a lo largo de los años. En la actualidad prepara su doctorado en psicología en la Universidad de Hawai y planea abrir una consulta privada en Oahu. Sigue la tradición de su padre y entreteje su trabajo con sabiduría étnica. Está encantada con la decisión que tomó. El ritual de piedras que realizó en la playa hizo posible el cambio, y lo aprovechó cuando llegó el momento oportuno. A pesar de toda la presión que tenía para seguir en el mundo de la moda, contactó con una voz más auténtica en su interior y escuchó a su corazón.

Al proveernos de una estructura, la belleza de los rituales reside en la libertad que nos ofrecen —libertad para explorar aquello que realmente queremos de la vida, trazar nuevas direcciones y aclarar nuestras visiones y nuestros deseos, incluso si los desconocemos—. El ritual es un método para centrarnos, para dejar de ceder nuestro poder y responsabilizarnos de él. Implícitos en él están el respeto hacia uno mismo, el honor a la realidad espiritual —sea la que sea para ti— y la fe en que recibiremos la orientación que necesitamos. Esa fe es un elemento esencial para todo aquel que se prepare para ver. El ritual nos la inspira al mostrarnos, una y otra vez, la profundidad del cambio que es posible cuando actuamos basándonos en lo que sabemos interiormente.

Para hallar la orientación que deseamos en nuestras vidas, también podemos rezar. Es algo que funciona sea cual sea nuestro sistema de creencias, tanto si invocamos a una fuerza que está fuera de nosotros como a nuestra sabiduría interna. Si la meditación es una manera indefinida de escuchar al espíritu, la plegaria es un modo definido de hablar con él. A través de la oración llega la claridad y, con ella, el conocimiento intuitivo. Aunque la vida no siempre es como desearíamos que fuera, la fuerza de nuestra claridad y la comprensión del significado profundo de ciertos acontecimientos nos ayudan a seguir adelante.

Cuando era muy pequeña, mi madre me enseñó a recitar dos oraciones antes de ir a dormir —*El Shema*, una antigua oración hebrea que decía: «Escucha, Israel: El Señor es nuestro Dios, el Señor es Uno», y otra en la que yo recitaba: «Ahora que voy a dormir, rezo a Dios para que cuide de mi alma. Cuídame durante la noche, para que pueda ver la luz del día. Que Dios bendiga a Papá, a Mamá y a Judi (mi apodo durante mi infancia) para siempre. Amén»—. Bajo una montaña de mantas, cómoda y abrigada, repetía ambas oraciones todas las noches. Me hacían sentirme segura, conectada a mis raíces judías y a mi familia. Debo reconocer, sin embargo, que lo hacía más por costumbre que por devoción. Era algo que hacía para ser una «niña buena» y no porque estuviera verdaderamente motivada.

Durante muchos años, menosprecié el poder de la oración. De adolescente, recurría a ella únicamente cuando quería algo o cuando sufría mucho y no tenía a quién dirigirme. Después, si conseguía lo que deseaba o el dolor cesaba, enseguida olvidaba lo que me había ayudado. En el instituto rezaba para tener novio, para ser «popular» o para sacar una buena nota en el examen de matemáticas. Pero, si miro hacia atrás, puedo ver claramente que si todas mis plegarias hubieran sido respondidas, probablemente tendría graves problemas en la actualidad. En algunos casos, las oraciones insatisfechas han demostrado ser una bendición.

A través de la meditación y el estudio con mi maestro, llegué a ver la plegaria de un modo diferente. En cuanto tuve una experiencia directa de aquello a lo que rezaba —un amor ilimitado más inmenso de lo que nunca hubiera imaginado—, mi fe se vio fortalecida. Anteriormente, temía que si renunciaba a mis demandas, no sería escuchada, como si esa inteligencia fuera tan limitada que no pudiera responder a mis necesidades si yo no hacía una petición específica. También temía que tuviera otras cosas más urgentes que hacer. Pero al comenzar a sentir la capacidad infinita de ese amor, llegué a confiar en él.

En la actualidad, cuando rezo para mí o para otras personas, sólo pido, a excepción de alguna urgencia, el bien mayor, sin asumir que sé qué es bueno. Aunque a menudo me resulta tentador especificar «quiero esto» o «quiero aquello», sobre todo si tengo mucho dolor, intento que mis plegarias sean generalizadas en lugar de tratar de imponer mi voluntad en ellas. Creo que la verdadera elegancia de las oraciones reside en olvidarse de los resultados con la seguridad de que nuestras necesidades se verán satisfechas, tal vez no de la manera que imaginamos, pero siempre de la mejor manera. En la puerta de mi frigorífico, tengo la oración de san Francisco de Asís como un recordatorio de mis ideales. La recito todas las mañanas antes de empezar mi jornada. Dice:

> Señor, haz de mí un instrumento de tu paz:
> que allí donde haya odio, ponga yo amor;
> donde haya ofensa, perdón;
> donde haya duda, fe;
> donde haya desesperación, esperanza;
> donde haya tinieblas, luz;
> donde haya tristeza, alegría.
> Divino Maestro, que no busque tanto
> ser consolado, sino consolar;
> ser comprendido, sino comprender;
> ser amado, sino amar.
> Pues dando, recibimos;
> perdonando, somos perdonados,
> y muriendo nacemos a la vida eterna.

Esta sencilla oración muestra la filosofía básica de mi práctica espiritual. En mis trabajos de sanación, la plegaria es mi manera de dirigirme a la intuición. Puedes usar ésta o buscar alguna otra que te resulte atractiva. Pero, sobre todo, elige una que mueva algo en tu interior y te inspire a ser la clase de persona que quieres ser. La humildad con que se aborda la plegaria, sin demandar un resultado, pero manteniéndote abierto a las respuestas, crea un espacio que permite que entre la intuición. Un poema de C. K. Williams describe este proceso de un modo muy hermoso: «Vaciarme como una taza, ésa sería la plegaria; vaciarme y después llenarme con una sustancia que no soy yo». El vacío está henchido, la quietud está llena y la intuición siempre está presente cuando rezamos.

Aunque evito determinar el resultado de la oración, regularmente pido que se me guíe —para hacer lo correcto, para saber si debo intervenir o quedarme en silencio, para elegir las palabras más significativas cuando alguien está estancado, para encontrar paz interior y para ayudar a otros a encontrarla—. Rezar es algo muy íntimo e instintivo que puede ofrecernos una línea directa con la intuición. Cuando admitimos que no sabemos, nos predisponemos a contar con la asistencia de una fuerza superior.

Matt tenía una gran necesidad de que lo escuchasen, pero sentía que lo habían abandonado. Era profesor de filosofía en UCLA, tenía cincuenta años y vestía tejanos, camiseta y unas zapatillas de deporte gastadas. Se sentía fascinado por la intuición, aunque se mostraba cauteloso. Una semana después de haber asistido a una conferencia que di sobre los sueños, pidió cita conmigo. Educado en la Iglesia baptista, había mostrado una fuerte fe religiosa cuando rondaba la veintena. Pero después cayó en una profunda depresión, y ni siquiera lograba levantarse de la cama. Buscó ayuda en su religión y, casi sin fuerzas para moverse, se arrastraba hasta la iglesia los domingos. Sin embargo, su depresión no hizo más que empeorar. Tras pasar por varios psiquiatras durante algunos años, consiguió sentirse mejor gracias a una combinación de medicación y psicoterapia. En el pasado, había tenido varias premoniciones acertadas, y venía a verme para aprender más de ellas. Pero no quería saber nada de la espiritualidad. Declaró que ese capítulo de su vida había terminado.

Sus antiguas creencias le habían fallado y estaba furioso por ello, de modo que rechazaba mi sugerencia de rezar o meditar.

—No es necesario que pertenezcas a ninguna religión tradicional –le dije–. En lugar de eso, puedes descubrir tu propio camino.

—¿Por qué tendría que hacerlo? –espetó–. ¿Dónde estaba Dios cuando lo necesité?

Durante un mes entero expresó agresivamente sus protestas. Su ira lo animaba. Me identifiqué con él, pues sabía lo difícil que es comenzar de nuevo cuando la ira te consume. Me limitaba a escucharlo y a darle mucho espacio; valoraba esa liberación de tensión que tanto necesitaba y me emocionaba ver cómo se soltaba. No se trataba de esa rabia envenenada que algunos pacientes vomitan sin ninguna intención de liberarla, sino que era una rabia purificadora, una señal de que las viejas defensas se derrumbaban. La había visto antes en otros pacientes. La pérdida de la fe es tan devastadora que puede convertirse en una herida que nunca cierra. La persona trata de aguantar, niega o minimiza la pérdida, o la cubre con ira. Pero nunca se va. Matt necesitaba desahogar su rabia; debajo de ella yacía una reserva de dolor que más adelante tendría que enfrentar si continuaba la terapia. Y la curación se encontraba en lo más profundo del dolor. Se necesita tiempo y confianza para reabrir una herida semejante, y no todo el mundo está dispuesto a hacerlo. Pero Matt sí. En nuestro trabajo, nos ocupamos de su sentimiento de haber sido traicionado, y, con el tiempo, lo superó en gran parte. Sólo entonces pudo redefinir su paisaje espiritual. No se sentía cómodo con el término «Dios». No obstante, dentro del contexto de búsqueda de guía interior y comunicación con su ser superior, se mostró dispuesto a rezar. Nos sentamos en el sofá de mi consulta y cerramos los ojos. Para mí, la plegaria es una unión de mentes y corazones en la que todas las distancias desaparecen, un acto totalmente terapéutico y humilde que nos prepara para ver.

—¿Qué debo hacer primero? –preguntó. Parecía incómodo.

Como le había costado tanto llegar hasta ese punto, quería que todo resultara lo más sencillo posible.

—Simplemente reza para contactar con tu ser superior –contesté–. Después espera una respuesta. Puede ser una imagen, una sensación de conocimiento o, incluso, una voz. La forma en que te llegue no tiene importancia. Lo esencial es que aprendas a reconocerla. Simplemente, vamos a rezar juntos con tranquilidad y a ver qué pasa.

Pasaron unos cuantos minutos. Como suele suceder, la respuesta que recibió Matt no fue muy espectacular —ni zarzas ardientes ni la voz de Dios—. Más bien se trató de un cambio sutil, una sensación de tranquilidad a la que siempre podía regresar. Cuando abrimos los ojos, supo que, al haber dado ese paso, las viejas barreras habían caído y una puerta se había abierto.

Comenzó a rezar diariamente, pero no a la manera tradicional de su iglesia, sino que descubrió su propio estilo; aprendió a pedir orientación y a escuchar a su guía interior. En el pasado, solía tener muchas dificultades a la hora de tomar decisiones, y dependía de los consejos de su mujer y sus amigos. Ahora se entrenaba para elegir por sí mismo.

Una mañana muy temprano, su hijo, que estudiaba en una escuela de cine de Nueva York, llamó para decirle que le dolía mucho el estómago. Matt sintió que se trataba de algo grave y rezó para recibir orientación. Enseguida supo que tenía que volar inmediatamente a Nueva York. Tanto su mujer como su hijo pensaron que reaccionaba de forma exagerada, y que, probablemente, sólo se trataba de una gripe. Pero él canceló sus clases en UCLA, se subió a un avión y, por la noche, ya estaba en el apartamento de su hijo en Greenwich Village. Al poco tiempo de su llegada, el dolor de estómago de su hijo se intensificó tanto que tuvo que llevarlo de inmediato a urgencias. Le diagnosticaron una apendicitis aguda y esa misma noche lo operaron. Gracias a que Matt había rezado y actuado según la respuesta obtenida, sin dejarse disuadir por las opiniones de los demás, pudo ayudar a su hijo en ese momento decisivo.

Las plegarias tienen un valor enorme como fuente de guía, particularmente en los casos más urgentes. En ciertos momentos, podemos sentir el impulso de rezar, de enviar un S.O.S. alto y claro; llegamos a un punto crítico y no tenemos a quién recurrir. En esas situaciones, debemos expresar nuestras necesidades, rezar con una intención específica. En lugar de decir «hágase tu voluntad» o recitar la oración de san Francisco de Asís, podemos solicitar una intervención directa, siempre y cuando no seamos demasiado categóricos acerca de qué sería para nosotros una respuesta aceptable.

Recientemente, mi padre se llevó un susto con su salud. Durante varios meses, padeció un dolor muy intenso en la zona lumbar provocado por la artritis. Estoico por naturaleza, apenas habló de ello hasta que, finalmente, consultó a un traumatólogo, quien le recomendó que se sometiera a una operación quirúrgica. Se trataba de un procedimiento complicado que requería meses de rehabilitación y no ofrecía garantía de éxito. Sin embargo, mi padre vio que era su única esperanza y quiso fijar la fecha de la operación tan pronto como fuera posible. Mi intuición me decía claramente que la cirugía sólo agravaría el problema, y sentí pánico. Mi padre hacía caso omiso de lo que le decía y yo no sabía qué hacer. Era como observar un tren que está a punto de colisionar sin poder hacer nada para evitarlo. La persona a quien más quería en el mundo estaba en peligro. Desesperada, una mañana me dirigí a un embarcadero cercano a la playa que hay frente a mi casa. Durante años he ido a ese lugar para pensar o, a veces, rezar, mientras observo los veleros deslizarse por el canal desde Marina hasta el océano abierto. Sentada en un banco, tenía una vista panorámica de la costa de Malibú, pero me sentía completamente sola. Mientras miraba las aguas tranquilas y azules, mi único pensamiento era: «No puedo hacer esto sola». Necesitaba a alguien que me ayudara a comunicarme con mi padre. De modo que recé. Lloré en silencio, tratando de no llamar la atención, y permanecí en ese lugar durante media hora. Cuando por fin me marché, seguía sin tener una respuesta. Pero me había relajado y estaba preparada para comenzar a trabajar.

El resto de la jornada me sumergí en mi trabajo y me olvidé de la plegaria. Después, hacia las cinco de la tarde, sonó el teléfono. Era mi primo Bobby, de Ohio, que es traumatólogo. No había tenido noticias de él desde hacía más de un año. Me dijo que dentro de una semana viajaría a Los Ángeles para asistir a una convención médica, y que quería cenar conmigo y con mi padre. Con toda la confusión, no se me había ocurrido pedirle consejo a mi primo. Se me había contestado mi oración, y muy rápido. Bobby es un experto en el tratamiento quirúrgico de los problemas de espalda y una de las pocas personas a quienes mi padre escucharía.

¡Menos mal que recibimos su visita! Habló con mi padre, de médico a médico, de las ventajas e inconvenientes de la cirugía. Le explicó que había alternativas que merecían la pena. Por supuesto, yo ya le había mencionado alguna de ellas —aunque su cirujano no lo había hecho—, pero él podía llegar a mostrarse muy testarudo. Sí, yo era médico, pero también era su hija. Necesitaba oírlo de alguien que no fuera yo. Bobby era perfecto: un pariente cercano y especialista en traumatología. Mi padre escuchó y siguió el consejo que tanto mi primo como yo le sugerimos —un tratamiento con medicamentos con el que consiguió evitar la cirugía—. Incluso ha vuelto a practicar el golf los fines de semana en el Club de Campo de Hillcrest. Mi plegaria había sido escuchada y sentí un profundo agradecimiento. Aunque no siempre tenemos la garantía de obtener una respuesta tan directa, el propio acto de rezar puede ser sanador. Puede infundirnos fe, llenarnos de compasión cuando nos sentimos vacíos y darnos fuerza para sobrevivir en las circunstancias más difíciles.

Trata de no dictar la forma en que tus plegarias deben ser respondidas. La ayuda puede llegar de diferentes maneras, algunas más obvias que otras: una simple palabra de un amigo o profesor, un sueño, un mensaje en una película o un libro que llega justo en el momento preciso. Al poner en marcha nuestra conexión con lo místico, el poder fluye hacia donde más lo necesitamos. Nuestras oraciones emiten una señal intuitiva, un llamamiento a la sanación.

Cuando Grace, una paciente inmigrante que acababa de llegar de Filipinas, enfermó de neumonía bronquial, no sabía cómo podía ayudarla. Estaba demasiado enferma para recibir visitas o, incluso, hablar por teléfono. En nuestra última conversación, me pidió que rezara por ella. Y eso hice. Más tarde, me contó que, durante las dos semanas que pasó con fiebre alta, me veía en sueños frecuentemente. Grace valoraba el poder de la oración y sentía que mi presencia la reconfortaba. Creo que, a través de mis plegarias, pude contactar con ella y enviarle apoyo intuitivo a distancia hasta que se recuperó.

La oración es un recurso que nos permite invocar la sabiduría, fortalecer nuestra conexión espiritual e intuitiva, y sanar. No está indicada para obtener ganancias materiales; sería un uso incorrecto del poder. Sin embargo, al sostener que la meta es el amor, presentamos el propósito de la oración de una manera realista y situamos la intuición en una perspectiva correcta. Llena de significado, elegante y pura, la oración es un recurso que nos prepara para ver.

෨෩෨෩

Cuando combinamos la plegaria con el uso del altar, los rituales y la meditación, comenzamos a construirnos un estilo de vida intuitivo. Estas herramientas se complementan de un modo maravilloso y pueden utilizarse individualmente o en conjunto. En lugar de abordar la intuición como una habilidad aislada y mecánica, podemos convertirla en una entrañable parte integral de nuestra vida.

Si comenzamos este viaje sobre una base firme, seremos más capaces de avanzar en nuestro camino. Existe cierta magia en el comienzo, una predisposición, una anticipación. El simple hecho de dar los primeros pasos puede producir una reacción en cadena. Te encuentras en el momento preciso con las personas que verdaderamente pueden guiarte. Se presentan oportunidades que se adaptan perfectamente a tus necesidades. Se crea un flujo. Sin embargo, el ritmo puede variar de persona a persona. Cada uno debe ir a su propio paso.

Si sientes curiosidad por la intuición, pero dudas acerca de qué dirección seguir, tómate un tiempo para experimentar y ver hasta dónde quieres llegar. Habla con diferentes profesores. Escucha lo que tengan que decirte. Quédate con aquello que tenga sentido para ti y rechaza el resto. No importa que nunca hayas tenido una experiencia intuitiva. Éste podría ser el comienzo.

Quizá hayas adoptado una postura escéptica en el pasado y ahora quieres considerar de nuevo la intuición. Es importante que mantengas una actitud crítica y de discernimiento. Lamentablemente, el fraude dentro de este mundo está muy extendido, y muchas personas se dejan embaucar fácilmente o son víctimas del engaño. Ten cuidado con los charlatanes y no permitas que destruyan aquello que para ti tiene valor y es auténtico. A pesar de ello, existen auténticas joyas, personas intuitivas honestas, sinceras y con talento. En tu búsqueda de la verdad, considera hablar con ellos antes de descartarlos, y después saca tus propias conclusiones.

O tal vez seas de ese tipo de personas que inmediatamente se lanza a la intuición. Te intriga y te sientes emocionado. No puedes esperar más. Has anhelado abrirte durante demasiado tiempo. En ese caso, simplemente recuerda que no hay ninguna prisa. El entusiasmo es maravilloso, pero, tal como recomendaba el gran santo tibetano Milarepa: «Apresúrate despacio». Tómate algún momento para descansar, para evaluar la situación, y mantén los pies firmemente sobre la tierra. Sé consciente de tu propia fuerza y presta atención a los profesores que pretenden quitarte tu poder o que presumen de lo mucho que saben. Haz que tu búsqueda sea sencilla.

El misterio es lo que más me ha cautivado de la intuición. Siempre cambiante y, a menudo, escurridizo, cuanto más lo comprendo, más siento que tengo que aprender. Lo mismo sucede con la meditación, el altar, el ritual y la oración. No son técnicas estáticas. Tienen un poder fluido, transparente, y siempre nos ofrecen algo nuevo. Son ventanas a través de las cuales vislumbramos algunas verdades; nos revelan un saber intuitivo. Cuando llevamos a cabo regularmente estas prácticas, nos acostumbramos a la intuición y nos fortalecemos. De ese modo, evitamos resultar cegados por el exquisito brillo de nuestra nueva visión. Más bien podemos bañarnos desnudos en ese brillo mientras extendemos los brazos de par en par para recibirlo todo.

8

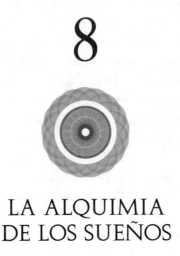

LA ALQUIMIA
DE LOS SUEÑOS

El hombre es un genio cuando duerme.

AKIRA KUROSAWA

Según el momento de mi vida, puedo ser psiquiatra, amante, amiga o hija, pero en el núcleo más profundo de mi ser, soy, por encima de todo, soñadora. Haga lo que haga, escucho el eco de mis sueños en consonancia con el ritmo de mi cuerpo y la esencia de la Tierra. Los sueños son mi brújula y mi verdad; me guían y me conectan con lo divino. Me llaman con un susurro íntimo, y siempre saben cómo encontrarme. Pronuncian mi verdadero nombre.

Cuando mi madre estaba embarazada de cinco meses, tuvo que ser operada de urgencias. Había desarrollado unos fibromas gigantes en el exterior del útero, que presionaban hacia dentro y amenazaban con dañarme. Tenían que hacer algo rápidamente. Pero la cirugía podía ser complicada: cabía la posibilidad de que se presentasen hemorragias o infecciones, o se ocasionase un aborto. Sin embargo, puesto que mi vida estaba en juego, tenía que arriesgarse. Finalmente, la operaron con anestesia general.

Muchos años después, recordé esa experiencia durante una sesión de regresión hipnótica. El interminable golpeo, el sonido del metal contra el metal y el desgarramiento de la piel de mi madre eran unas sensaciones tan vívidas que me zumbaban los oídos. Ésa fue la primera vez que tuve conciencia de estar viva. Me despertaron prematuramente en un espacio oscuro y claustrofóbico, donde un fluido salino y cálido rodeaba una forma extraña que sentía que era yo —aunque no me reconocí—. Luché por escapar de aquel lugar y regresar a casa, pero no podía hacerme una idea de dónde estaba. Me sentía incapaz de liberarme. El sonido ensordecedor se intensificó, me sentí aterrada y caí en un sueño:

Estoy delante de una pequeña casa de labranza de madera, rodeada de onduladas colinas verdes. Una mujer rubia y fuerte, con el cabello trenzado, y de unos treinta y pico años, me saluda alegremente. Hay algo en ella que me resulta sorprendentemente familiar —su delantal blanco de organdí, su voz tranquilizadora y su tacto—. Me siento aliviada al verla, segura de que la conozco de algo. Reacciono del mismo modo con su marido y sus dos hijos. Siento que son mi verdadera familia y que estoy en mi hogar. Todos hablamos y reímos durante horas, y eso alivia mi tensión.

En mis sueños prenatales, esta cariñosa familia me hizo compañía hasta que nací. Aunque nunca supe quiénes eran o de dónde venían, su presencia me reconfortaba. Deseaba quedarme con ellos, pero me aconsejaron que, por el momento, lo mejor era que permaneciera donde estaba. Me aseguraron que estaría bien y que me querían. Esas personas tan cariñosas, en especial la mujer, me explicaron lo que me restaba de mi inquietante estancia en el vientre materno.

Para mí, esos sueños son absolutamente reales; no son ni metáforas, ni representaciones simbólicas, ni deseos cumplidos. De hecho, hay pruebas científicas que sugieren que, dentro del útero, ya existe la memoria, los sueños y la fase REM. Además, esas investigaciones indican que las sensaciones pueden recordarse de una forma primitiva y que los sentidos pueden funcionar antes de que estén totalmente desarrollados. Se cree que la vida cerebral comienza entre las 28 y 32 semanas de gestación, pero la hormona asociada a la memoria entra en funcionamiento a partir del día 49 después de la concepción y las primeras células del sistema nervioso central aparecen a los 22 días. A las seis semanas el oído interno ya ha comenzado a desarrollarse, y a las ocho semanas, el oído externo ya está formado. Algunos científicos sostienen que los fetos tienen capacidad para registrar las primeras experiencias intrauterinas y que los recuerdos del tiempo en estado embrionario pueden recuperarse más adelante. Pero aunque tal vez reconozcan que soñé mientras estaba en el útero materno, lo más probable es que no puedan aceptar que, en estado fetal, haya recibido visitas de otra realidad. Esto se reduce a una cuestión de creencias. Yo sólo puedo contar lo que intuitivamente sé que es verdad.

Mis sueños prenatales no se quedaron conmigo durante mi infancia. De hecho, no los recordé en absoluto hasta que fui adulta. Tuve que desandar el camino y rescatar mis memorias para recordar lo que había sucedido. Si no lo hubiera hecho, se habría perdido una parte enorme de mi historia personal —la familia que me cuidó, y el amor y el aliento que recibí—. Pero al reclamar esa información, pude entender mejor mis orígenes, conocer el comienzo de mi vida intuitiva y valorar las raíces de mi clarividencia. Me di cuenta de que todo comenzó con mis primeros sueños, cuando estaba en el vientre de mi madre y me despertaron bruscamente. Cuando sigues el rastro de tus sueños, sin importar lo lejanos que éstos sean, puedes llenar los espacios en blanco de tu vida. Esto no debería sorprendernos: todas las noches soñamos alrededor de noventa minutos, lo que equivale a cinco años en el transcurso de una vida.

Los sueños son algo propio de nuestra especie: casi ningún otro mamífero los tiene. Aunque a menudo son efímeros, contienen una información fascinante sobre nuestra infancia, el presente, el futuro e, incluso, otras realidades, que son más accesibles en el estado onírico. Creo que el gran desafío es recuperar el conocimiento perdido. Cuando iluminamos los recuerdos ocultos, podemos encontrar, una vez más, aquello que hemos perdido.

Durante años me ha intrigado saber por qué el recuerdo más profundo de quiénes somos es tan escurridizo. Muchas tardes, mientras caminaba por los cañones, observaba cómo los halcones de cola roja se deslizaban sobre las tierras de secano y sentía que, tiempo atrás, pude volar. Aunque la razón me dice que, aquí y ahora, no puedo, volar me parece más natural que caminar. Las imágenes de mis sueños encienden esa certeza, construyen un puente sobre el abismo que existe entre quienes nos dicen qué somos y quiénes podemos ser.

Quizá el hecho de que tardemos tanto en recordar los sueños se deba a un mecanismo de protección. Si lo recordáramos todo de repente, posiblemente sería demasiado. En una ocasión vi una misteriosa película china sobre la reencarnación en la que una mujer se negaba a beber el «suero del olvido» antes de volver a nacer. Abrumada por el recuerdo de sus vidas pasadas, finalmente se suicidó. Tal vez debamos recuperar nuestra sabiduría elegantemente y permitir que emerja a su debido tiempo. Los sueños pueden facilitar ese proceso. Un estado de conciencia prístino es una línea directa con un lugar donde abunda el oro alquímico y nada carece de significado. Allí, el tiempo y el espacio no existen; todo es posible. En los sueños encontramos orientación específica para vivir plenamente. Como un lienzo en blanco, nos proveen de un medio donde tanto la intuición como el inconsciente pueden expresarse libremente. Sólo tenemos que escuchar.

Para mí, no existen los «malos sueños». Incluso las pesadillas más aterradoras, en las que uno se despierta empapado en sudor y con el corazón acelerado, están ahí para ayudarnos. Nos muestran áreas de nuestra psique que requieren atención, y es mucho lo que podemos aprender de ellas. Son sueños emocionalmente intensos, que iluminan algunos de nuestros miedos más profundos, y que pueden ser extremadamente catárticos. Una vez que te enfrentas a tus demonios, éstos ya no pueden tiranizarte.

En cierta ocasión, cuando llevaba bastante tiempo sin tener una relación de pareja y me sentía particularmente vulnerable, tuve una de esas pesadillas: una pareja de gánsters entraba en mi casa con intenciones asesinas. El hombre tenía el pelo grasiento peinado hacia atrás. La mujer, grosera y malhablada, me echaba a la cara el humo de su cigarrillo. Entraron a grandes pasos en la sala de estar, donde yo me encontraba sentada, como si la casa y yo les perteneciéramos. Aterrada ante el pensamiento de que iban a matarme, me quedé paralizada, demasiado asustada para poder defenderme. Pero, en lugar de dañarme físicamente, dijeron al unísono en tono burlón: «Judith, nunca más amarás ni serás amada por un hombre». Me desperté del sueño empapada en llanto.

Éste es un ejemplo de una pesadilla que resultó ser de gran valor. Me recordó que mis miedos se apoderaban de mí una vez más. Por aquel entonces, sabía ya lo suficiente como para no interpretarlo literalmente, por lo que lo contemplé como un mensaje que me anunciaba que un viejo patrón doloroso, y demasiado conocido, había vuelto a salir a la superficie —el sentimiento de abandono, rechazo y soledad— y requería mi atención compasiva. En lugar de verlo como un «mal sueño» o regañarme por tener esos sentimientos, reconocí su valor y redirigí mis miedos. Gracias a ello, el miedo ya no amenazaba con salir a la superficie descontroladamente, como suele suceder con los miedos inconscientes. El sueño me informaba del obstáculo al que me enfrentaba, y de ese modo pude hacerme cargo de él y continuar mi camino.

No todos los sueños son intuitivos; sin embargo, creo que todos contienen un mensaje personalizado que necesitamos escuchar. Leonardo da Vinci se pregunta en uno de sus cuadernos: «¿Por qué el ojo, cuando soñamos, ve las cosas más claramente que la imaginación cuando estamos despiertos?». La respuesta se encuentra en la pureza del medio en que se expresan los sueños. Dicen verdades que no están contaminadas por las incesantes divagaciones de la mente. Sin esas interferencias, los sueños nos proveen de un conducto natural para la intuición. Con todos los canales abiertos, podemos recibir la información que hasta entonces ha permanecido oculta.

Con el paso de los años, me he convertido en una coleccionista de sueños. Siempre estoy dispuesta a escucharlos. He registrado cientos de mis sueños y he escuchado muchos de mis pacientes, familiares y amigos. En la estructura de los sueños subyace una sabia economía; ni un solo detalle es inútil o demasiado extravagante. Para mí, son nuestra verdadera firma: puedo aprender más de una persona sólo con uno de sus sueños que durante una hora de conversación con ella.

En cierta ocasión, salí con un hombre que trabajaba de contable y parecía extremadamente conservador y tenso. Era nuestra primera cita y estaba segura de que no íbamos a llevarnos bien. Con la intención de entablar conversación, le conté que, en mi consulta, trabajaba mucho con los sueños. Su rostro se iluminó y me preguntó: «¿Puedo contarte un sueño recurrente que he tenido?». Con cierto engreimiento, le dije que sí, convencida de que sólo ratificaría lo que ya me imaginaba de él. No podía haber estado más equivocada. Me contó que, en su sueño, siempre se veía enfrentado al mismo dilema: su apartamento estaba inundado y no sabía qué hacer. Sin embargo, la solución que encontraba me impresionó. Se ponía un equipo de submarinismo y aprendía a bucear con tanta facilidad que se sentía más a gusto que al principio. Tal como lo entendí, su sueño era una brillante demostración de su flexibilidad, su capacidad para resolver problemas y su habilidad para aclimatarse a las situaciones inesperadas; unas cualidades deslumbrantes. Tras haber escuchado el sueño, sentí curiosidad por conocerle mejor. Y aunque nunca llegamos a iniciar una relación romántica, se ha convertido en un buen amigo.

A través del trabajo en mi consulta, he llegado a ver que existen dos categorías principales de sueños: los psicológicos y los intuitivos. En mi experiencia, la mayoría de los sueños pertenecen al primer grupo, cuyo objetivo es identificar y revisar emociones poco claras. Los segundos son menos frecuentes y se distinguen de los primeros en muchos aspectos. La mayoría de las veces, por ejemplo, podemos tener sueños intuitivos que no tienen nada que ver con nosotros. Y si reflejan nuestros conflictos internos o presentan alguna carga emocional, siempre contienen una parte neutral y práctica que destaca y ofrece un mensaje. A diferencia de los sueños psicológicos, pueden llegar a ser extrañamente impersonales y están dotados de una extraordinaria claridad y frescura. A menudo, me siento ante ellos como un testigo, como si estuviera en el cine mirando una película.

Algunos sueños intuitivos pueden ofrecernos orientación: observamos un suceso que nos revela cierta información relevante; una persona o, simplemente, una voz nos aconseja, o, de repente, se hace evidente la solución a un problema con el que hemos luchado durante un tiempo. Tal vez ni siquiera recordemos los detalles, pero nos despertamos resueltos a hacer algo sobre un asunto que anteriormente nos ha confundido. También están los sueños precognitivos, que prevén el futuro. En este tipo de sueños, las imágenes que recibo pueden resultarme conocidas o totalmente ajenas. Por regla general, me mantengo distanciada e indiferente a esas escenas, que parecen dictadas por una fuerza externa. Finalmente, existe otro tipo de sueño intuitivo cuyo objetivo expreso es la sanación física (mientras que la sanación emocional puede producirse en todos los sueños). En él puedo entablar conversaciones con personas que he conocido anteriormente, y éstas me ofrecen instrucciones para sanar a mis pacientes, familiares o a mí misma. En ciertos casos, el propio sueño ya produce la sanación física. Al establecer diferencias entre los sueños, trato de marcar la geografía de un territorio, a menudo, confuso; una geografía en continuo cambio y que siempre me revela algo más. En realidad, los diferentes tipos de sueños se superponen entre sí; sus elementos están entretejidos. En ese mundo, siempre soy una exploradora. La verdad universal que se desprende de los sueños es que lo que tienen que comunicarnos es intachable: siempre podemos confiar en ellos.

SUEÑOS PSICOLÓGICOS

James deseaba con todas sus fuerzas tener un sueño intuitivo. Todas las noches, tras organizar su jornada de trabajo del día siguiente, colocaba estratégicamente junto a su cama un cuaderno de notas en blanco. Todo tenía que ser perfecto para este amable hombre de negocios —aunque verdaderamente adicto al trabajo—, que abordaba sus sueños con la misma compulsión con que abordaba el resto de su vida. Se iba a dormir convencido de que le llegaría un sueño intuitivo, pero por la mañana se despertaba decepcionado. Sin embargo, una vez al mes tenía el mismo sueño recurrente, aunque no era intuitivo en absoluto.

Tenía lugar en Atlantic City, en una playa cercana al lugar de veraneo de su infancia. James camina descalzo sobre la arena, cuando, de repente, el tiempo cambia bruscamente y llega una terrible tormenta. El paisaje pasa de una tonalidad dorada a un gris siniestro. Las ráfagas de viento azotan la superficie del agua y las olas se hacen cada vez más grandes. Él lucha contra el viento, pero el agua se lo traga y está a punto de ahogarse. El sueño siempre terminaba en ese punto, y James se despertaba aterrado y exhausto.

Este sueño se le había repetido desde que era niño, pero últimamente se había hecho más frecuente. Nunca había tratado de comprenderlo. «Después de todo, sólo es un sueño. Menos mal que no es real», solía razonar. Era un duro hombre de finanzas y se enorgullecía de ser autosuficiente, de resolver por sí mismo los problemas más graves y de vivir en el presente. La psicoterapia y el análisis de sueños no eran para él. Había acudido a mí para desarrollar su intuición con el propósito de que ésta le ayudara en sus decisiones financieras.

Siempre me han sorprendido los sueños poderosos, como el que James me contó, especialmente cuando la persona que lo sueña no aprecia su significado. Sin saberlo, James se desnudaba y revelaba su miedo a una influencia no identificada pero cautivadora. Un miedo semejante nunca carece de significado. Verlo por primera vez puede ser uno de los

puntos más emocionantes y transformadores de la psicoterapia, y posiblemente dé lugar a cambios enormes.

James era ingenuo: esperaba que la intuición le llegara en un paquete bien envuelto, que pudiera abrir en cualquier momento sin tener que
mirarse más a sí mismo. Pero la intuición, a menudo, requiere de la
introspección. Cuando tienes que encargarte de asuntos emocionales
urgentes, la intuición puede ser poco clara. Este sueño le rogaba que se
enfrentara a la fuente de temor que le abrumaba desde hacía mucho tiempo.

—No te precipites –le dije–. Ocúpate del sueño que tienes y observa
a dónde te lleva.

—No creo en los sueños –contestó escéptico–. ¿Qué pueden apor-
tarme?

—Bueno –le expliqué–, los sueños te envían mensajes. Te pueden
alertar sobre una parte de ti mismo que tal vez esté cerrada. Con el paso
de los años, podemos perder recuerdos importantes, algunos de ellos traumáticos. Éstos tienden a consumir una energía que, después, ya no queda
disponible para otras cosas. Pero, una vez que recuperas esas memorias, la
energía puede liberarse. Por supuesto, te sientes mucho mejor y hay más
espacio para que entre la intuición.

James parecía absorber lentamente mis palabras. Aunque no estaba
totalmente convencido, accedió a echarle un vistazo a su sueño.

—Los sueños son como espejos –continué–. Pueden reflejar algún
aspecto de quien eres en la actualidad o bien girar sobre tu pasado. Cuanta
más emoción te hagan sentir, mejor. Incluso si tienes miedo, permanece
en él. La fuerza de tus sentimientos puede conducirnos a la respuesta.

—¿Hay algo que deba hacer? –preguntó–. ¿Cómo debemos empezar?

—Primero, me gustaría que revivieras el sueño entero aquí conmigo. Cuéntame hasta el más mínimo detalle. Llévame al sueño. Y sé
consciente de tus impresiones o sentimientos, por muy extraños que te
parezcan. Trata de relajarte y siéntate cómodamente. Después, cierra los
ojos y haz unas cuantas respiraciones lentas y profundas.

Me quedé callada. Sabía que esto era una experiencia muy nueva
para James y traté de que se relajara a su propio ritmo. El salto de la conciencia ordinaria al estado onírico puede resultar difícil para los principiantes, especialmente para aquellos que experimentan esta transición
por primera vez. El secreto para estar al mismo tiempo en dos realidades
diferentes es ser consciente de ambas. Estás inmerso en tu sueño por

completo y, simultáneamente, presencias y adviertes lo que sucede en él. Es un acto equilibrador que se puede perfeccionar con la práctica. James, a pesar de su escepticismo e inexperiencia, tenía un don innato. En apenas nada, ya estaba de nuevo en la misma playa, en medio de la tormenta. Como si el sueño le hubiera esperado, se sumergió directamente en su miedo. Sin embargo, esto no siempre es lo correcto: algunas personas se sienten tan abrumadas cuando se enfrentan prematuramente a ciertas emociones como el miedo que pueden cerrarse totalmente. Pero confiaba en su instinto y sentía que estaba preparado, de modo que no intervine. James describió sus sentimientos mientras apretaba las manos con nerviosismo.

—Soy tan pesado... Quiero escapar de aquí, pero no puedo. Apenas soy capaz de moverme.

—Bien –le animé–. Estás cerca de algo. Sé que es difícil, pero permanece en el sueño. Nunca has ido más allá de ese punto. Veamos qué ocurre.

—Las olas se estrellan a mi alrededor. Tengo miedo. La corriente me lleva hacia abajo. El agua me entra en la boca y en la nariz. Me ahogo.

De pronto, su voz sonó infantil y desesperada, como la de un niño pequeño. Ésa era la pista que yo esperaba, y la seguí. Era un puente a través del tiempo que podía llevarnos al origen de su miedo.

—James, ¿qué edad sientes que tienes?

—Es extraño –se estremeció–. Ocho, tal vez menos.

—Muy bien. Ahora, trata de hacer una cosa: deja que tu imagen en el océano se vaya y recuerda qué sucedió cuando tenías ocho años. ¿Hay algo destacable que te disguste especialmente?

Momentos después, regresó la voz del niño:

—¡Oh, Dios! –dijo, de repente, totalmente pálido–. No había pensado en ello en más de veinte años. Era cuando mi padre bebía. Fue una época horrible. A veces me castigaba sin razón y, después, me encerraba en mi habitación durante horas. Lloraba y lloraba, pero allí no había nadie.

—¿Dónde estaba tu madre? ¿No estaba cerca?

—No estoy seguro. –Dejó salir un gemido–. Cuando mi padre se ponía así, ella desaparecía. Me imagino que también tenía mucho miedo de él.

—¿Alguna vez te hizo daño físicamente?

—¿Quieres decir si me rompió alguna vez los huesos? –preguntó–. No... no lo creo. Pero me obligaba a inclinarme y me azotaba en las nalgas y los tobillos con un cinturón de cuero muy grueso. Dolía mucho. A veces los hematomas me duraban varios días. Pero nunca pasó de eso. Y, además, esa situación sólo duró dos años. Cuando yo tenía diez, dejó de beber para siempre. Me acuerdo claramente de eso porque él y mi madre siempre discutían a causa de su afición a la bebida. Le costó dejarlo. Después, todo cambió. Ya no me pegó más. Volvió a ser agradable, a ser el mismo de siempre.

Dentro de ese contexto, el comportamiento de James tenía más sentido. La adicción al trabajo era la fachada perfecta tras la que ocultarse. Frenéticamente ocupado todo el tiempo, sin apenas vacaciones, insensibilizado para no tener que sentir o profundizar en el pasado... correspondía al típico perfil de niño maltratado. Su sueño, sin embargo, hizo que sus recuerdos salieran a la superficie. Las amenazantes olas simbolizaban el peligro y la vulnerabilidad que sintió con su padre. Y sólo cuando expresó las circunstancias de este abuso y abordó sus sentimientos, pudo empezar a sanar. Necesitamos varios meses para analizarlo todo. Nuestra sesión inicial sólo fue el primer paso. Las experiencias de malos tratos en la infancia deben abordarse con delicadeza: ese tipo de recuerdos pueden ser devastadores y se necesita tiempo para profundizar en ellos. Pero, una vez que James se mostró dispuesto a desandar lo andado y enfrentarse a la realidad de las acciones de su padre y al impacto que éstas habían tenido en él, ese sueño recurrente cesó. Como era de esperar, poco después tuvo su primer sueño intuitivo. Aunque la intuición no le llegó tan directamente como había esperado, fue conducido hasta ella.

Lo que más me fascina de los sueños intuitivos es que muchos de ellos son comunes a todos nosotros. Poco importa lo diferentes que podamos parecer, nuestras luchas internas y necesidades son básicamente similares. Esto mismo puede decirse de los símbolos que nuestro inconsciente utiliza para expresarse —a veces, la forma o los temas de nuestros sueños son idénticos a los de muchas otras personas.

Por ejemplo, tanto si eres hombre o mujer, puedes soñar que tú u otra persona dais a luz cuando algo ha llegado a buen término: finalizas un proyecto, comienzas un nuevo trabajo o logras algo importante. Sean cuales sean las circunstancias, soñar con un nacimiento es una afirmación de tus triunfos y crecimiento. O, tal vez, en un sueño triunfas cuando todas las circunstancias parecen estar en tu contra: hay una inundación, un desprendimiento de tierras o una tormenta y sobrevives; logras reunir el valor suficiente para dejar una relación poco sana; reconstruyes tu casa después de que ésta se haya visto arrasada: vences a tu contrincante en un partido extenuante. Esos sueños son un reflejo de tu propia fuerza, un mensaje de aliento para que creas en ti mismo, una garantía de que, por muy dura que sea la situación, puedes salir adelante.

Después, están los sueños clásicos —casi todos los hemos tenido—, en los cuales nuestros miedos, ansiedades e inseguridades salen a la superficie. ¿Recuerdas el angustioso escenario de estar en un examen y no tener bolígrafo, o llegar tarde y no poder entrar? El examen es increíblemente difícil, crees que sabes las respuestas, pero no puedes entrar en el aula. ¿Y qué me dices de los sueños en los que alguien horrible te persigue? Está tan cerca que casi sientes su respiración y, por muy rápido que corras, no puedes escapar. O la sensación de pánico que se produce cuando sueñas que conduces cuesta abajo y, de pronto, compruebas que el freno no responde. Pisas el pedal frenéticamente pero no funciona. El coche se precipita descontrolado y no puedes hacer nada.

Recientemente, tuve uno de esos sueños angustiosos. Pasaba por un momento de bloqueo en la escritura y no estaba segura de qué dirección tomar. En el sueño, voy de compras en busca de un nuevo ordenador. Mientras busco en una cadena de almacenes de equipos informáticos, dejo mi viejo ordenador cerca de mí, en el suelo. En su disco duro tengo todo el material que he escrito, y no he hecho ninguna copia de seguridad. Concentrada en los nuevos ordenadores, me olvido momentáneamente del mío. En un instante, un vagabundo desaliñado y de mirada salvaje coge mi viejo ordenador y sale del almacén. Lo observo y me quedo tan estupefacta que mi corazón prácticamente deja de latir. ¡Varios años de duro trabajo perdidos! Corro tras él, pero ya es demasiado tarde. El hombre ha desaparecido. Este sueño plasmaba algunas de mis principales ansiedades: no ser capaz de volver a escribir y que todo el material que había escrito hasta entonces se perdiera. Me identificaba fuertemente con el escritor secuestrado por una torturadora maníaca, magníficamente interpretada por Kathy Bates, en la película *Misery*. Página a página, delante de sus propios ojos, quema la única copia de la novela en la que ha estado trabajando durante los últimos años. No podría imaginar una angustia comparable para un escritor. Me daba cuenta de que no era un sueño intuitivo porque describía demasiado bien mis propias dinámicas internas (aunque al día siguiente comprobé si había hecho una copia de seguridad de mi material). Su mensaje era tener fe en mi creatividad, no ser víctima de mis inseguridades (representadas por el ladrón) y no sacrificar por descuido (desviar mi atención) ni por buscar algo nuevo lo que ya había escrito. Suelo resistirme a lo desconocido, aunque pueda ser mejor. Y aunque resulte anticuado, siempre me siento más cómoda con lo conocido. Pero ese sueño sugería las ventajas del cambio (mi interés por los nuevos ordenadores), siempre que honrara y mantuviera todo mi trabajo.

La belleza de los sueños psicológicos radica en que pueden ayudarnos a reconocer algunos rasgos de nuestra personalidad; de ese modo, no nos dejamos seducir por aquellos que ya no nos sirven. Nos ofrecen el escenario ideal para descubrir las emociones ocultas. El miedo, la ira y los traumas pueden acumularse como toxinas, y a menudo tienen prioridad sobre la intuición. Hasta que nos hagamos cargo del mensaje y nos analicemos con compasión, esas emociones aparecerán siempre en nuestros sueños.

El entramado de nuestro inconsciente es perfecto. Tiene una paciencia infinita y sabe exactamente qué necesitamos, incluso si nuestra mente racional no está de acuerdo. También sabe priorizar. Cuando nos deshacemos de lo viejo, nuestros instintos intuitivos tienen más espacio para desarrollarse. Desde luego, es posible ser intuitivo y no hacer esto. Sin embargo, para que el desarrollo sea limpio y podamos utilizar la intuición por el bien mayor, debemos esforzarnos por conseguir transparencia. Un instrumento impecablemente afinado es mucho más valioso que uno que ha sido descuidado, pero eso requiere atención y diligencia. Y tú te mereces lo mismo. Aunque los sueños psicológicos puedan parecer menos hermosos que los intuitivos, nos ayudan a ser conscientes de nuestras motivaciones, de forma que podamos dar lo máximo de nosotros mismos. Para mí, lo más emocionante de ser intuitivo —y mi mayor alegría— es entregar el don lo más esmeradamente posible.

SUEÑOS GUÍA

El fuego se propaga rápidamente tras de mí. Estoy en un campo fértil y corro tan rápido como puedo. Las llamas lo devoran todo. Debo escaparme antes de que lleguen hasta mí. Ahora el fuego está a punto de alcanzarme; el calor me sube por la espalda. El olor del humo es nauseabundo y apenas puedo respirar. De repente, oigo una voz autoritaria, extrañamente distante y asexuada, que susurra: «Deja de correr. El fuego no puede hacerte daño si te enfrentas a él». Por puro agotamiento, decido seguir ese consejo. En el momento en que me doy la vuelta y miro al fuego directamente, las llamas desaparecen.

Este sueño me llegó en un momento en que me sentía muy enfadada con un compañero de trabajo. Anteriormente, habíamos estado muy unidos, pero cuando comenzamos a dirigir juntos una clínica, nuestras ideas eran opuestas y se creó una fuerte tensión entre nosotros. En lugar de hacernos cargo del problema, ambos nos esforzábamos heroicamente por llevarnos bien, aunque, interiormente, yo estaba furiosa. Después, tuve este sueño.

El mensaje era claro: a menos que hiciera frente a mi rabia —la cual había crecido tanto que tenía que hacer uso de todo mi autocontrol para no explotar cuando estaba con él—, el campo fértil, que representaba nuestra antigua amistad y la buena marcha de la clínica, quedaría arruinado. Pero ambos teníamos nuestro orgullo. Habíamos adoptado posiciones firmes en ciertos asuntos y los dos sentíamos que teníamos razón.

El sueño, que retrataba gráficamente la intensidad y el potencial destructivo de mi rabia, me indicaba que era seguro, y esencial, ocuparse de ese sentimiento, y que el fuego no podría dañarme si lo hacía. Rara vez he llegado a enfadarme tanto con alguien. Sin embargo, en aquel momento, mi rabia parecía abarcarlo todo. Normalmente, la reprimo o trato de limar asperezas (aunque sea consciente de ella) por temor a que me consuma. La voz que oí, cuyo tono imparcial pero enérgico me indicaba que se trataba de un sueño intuitivo, me señalaba que me preocupaba sin motivo. Me había quedado atrapada en un antiguo e insano patrón de conducta: mi tendencia a aferrarme obstinadamente a la rabia durante demasiado tiempo cuando creo que tengo razón. El sueño, además de señalar la inutilidad de mi posición, también me mostraba el caos que podía llegar a crear.

Era una situación delicada. Sabía lo importante que era airear nuestras diferencias. Por tanto, en lugar de esperar a que él hiciera el primer movimiento, decidí tomar la iniciativa. Aquella mañana, estaba tan decidida a resolver inmediatamente la situación que casi le llamo a su localizador. Pero algo me detuvo. Por fortuna, seguí mi instinto y llamé primero a mi amiga Berenice, quien estudiaba meditación conmigo.

—¡Qué asombroso que me llames! –dijo con una risa aguda al otro lado de la línea–. La pasada noche tuve un sueño clarísimo sobre ti. Estábamos las dos sentadas en una habitación con nuestro profesor, pero él no te dirigía la palabra. En lugar de eso, me miró y me dijo: «Dile a Judith que no haga nada ahora. Tiene que dejar que pase el tiempo y asimilarlo todo». No tenía ni idea de lo que significaba. Ahora sí que tiene sentido.

La claridad del sueño de Berenice me impactó: no podía haber obtenido una respuesta más firme a mi dilema. Así que, a pesar de mi impaciencia por aclarar las cosas, me tomé un par de días para tranquilizarme. Eso me daba la oportunidad de desahogar mi rabia en privado, y, de esa forma, cuando me encontrara con mi compañero de trabajo, no le echaría todo en cara sin darme cuenta. Una vez que hube reflexionado sobre el asunto, descubrí algunas soluciones y puntos concretos en los que estaba dispuesta a ser flexible. Después, lo invité a comer.

—Me doy cuenta de que he sido algo testaruda últimamente –admití–. Me gustaría que nos concediéramos un nuevo comienzo.

El rostro de mi compañero, tenso hasta ese momento, se relajó.

—Tienes razón –dijo–. Eres una persona difícil... pero yo también. Podemos hablar de eso detenidamente.

La impecable interacción entre mi sueño y el sueño de mi amiga, así como el momento en que ambos se produjeron, me confirmaron la fuerza de la orientación disponible para todos nosotros. Es una guía que podemos buscar activamente. Tanto si invocas a una fuerza bondadosa fuera de ti como a tu propia sabiduría interna, los sueños pueden responderte directamente o a través de otras personas para ayudarte. En ellos hay un profundo misterio, un poder que puede obrar milagros en tu vida si se lo permites. Cuando reconoces la delicada interacción que existe entre la orientación que recibes en los sueños y tu conciencia en el estado de vigilia, comienzas a expandir tus opciones. El simple hecho de que hayas llegado a un punto muerto a nivel intelectual no significa que la respuesta no esté ahí. La mente tiene unos límites que necesitas respetar. Al recurrir a tus sueños, puedes ver posibilidades que tal vez antes no hayas considerado.

Puedes hacer esto en cualquier situación. Cuando mi madre se estaba muriendo, la guía de los sueños me daba la fuerza y la sabiduría para seguir adelante. Si pasas por un momento difícil, pueden darte sabios consejos. Esto también puede aplicarse a las circunstancias menos graves. Tal vez te encuentres en un punto de inflexión en tu vida. O quieres llevar a cabo un cambio, pero dudas qué hacer. O, quizá, piensas en cambiar de trabajo, iniciar una nueva relación o mudarte de ciudad. Los sueños pueden ayudarte a clarificar tus elecciones.

Siempre que me siento confusa y necesito saber qué hacer, en especial cuando estoy demasiado implicada emocionalmente como para hacer una lectura intuitiva, escribo en un papel una pregunta específica y, después, la dejo en la mesita de noche. Esto formaliza el proceso. Por la mañana, escribo mis sueños y busco en ellos la respuesta. Si no me llega inmediatamente, repito la pregunta todas las noches hasta que obtengo algo que me satisface. Suelo recomendar a mis pacientes que practiquen este procedimiento, y tú también puedes hacerlo.

Ellen se sentía perdida. Era una reconocida psicóloga infantil que acababa de cumplir cincuenta años. Tenía su consulta privada desde hacía veinte y se sentía cada vez más insatisfecha con su trabajo. Había pensado en posibles alternativas, pero ninguna le atraía. Tras un año de búsqueda espiritual, llegó a mí sintiéndose atrapada y deprimida, temerosa de que tal vez fuera demasiado tarde para hacer un cambio en su vida. Puesto que siempre había sido una ávida soñadora, le sugerí que buscara ayuda en los sueños.

Aunque solía analizar sus sueños, nunca había recurrido a ellos para buscar consejo ni se consideraba una persona intuitiva. Si los sueños le ofrecían ayuda, ella les prestaba atención de buena gana. Pero eso sucedía muy raras veces; no eran un recurso fiable. Sin embargo, por la noche, antes de irse a dormir, comenzó a anotar en un papel una sencilla petición: «Por favor, ayudadme a encontrar una dirección en mi profesión». Durante algunas semanas revisamos sus sueños. Aunque parecía que no obtenía ninguna respuesta, se reveló una extraña pauta en ellos. Aparentemente sin relación alguna con su petición, en todos sus sueños aparecía una frase poco común en un lenguaje caprichoso, como «brontosauro rosa», «un cielo al revés» o «un reluciente hilo de perlas moradas».

Esas frases tenían un carácter luminoso que sobresalía y me erizaba los pelos de la nuca. Esta reacción física me indicaba que allí había algo. Sin embargo, no sabía de qué se trataba.

—Haz una lista de esas frases –le sugerí–. Les echaremos un vistazo juntas y veremos qué nos sugieren.

El resultado fueron cinco páginas llenas de expresiones que parecían sacadas de un cuento del Dr. Seuss.

—¿Esto tiene algún significado para ti? –le pregunté.

—Bueno, siempre me han fascinado las palabras raras –contestó–. Cuando era adolescente solía anotarlas, las ponía en la puerta del frigorífico y repetía algunas en voz alta para reírme.

Sentí la piel de gallina en los brazos. De pronto, comprendí. Los sueños le daban instrucciones para que escribiera.

Su rostro se iluminó como nunca antes había visto en ella y le encantó la idea. Aquella misma tarde, corrió a su casa, cogió un bolígrafo y comenzó a plasmar sus pensamientos en un papel. Expresiones estrafalarias y excéntricas, como las de sus sueños, fluían en sus páginas. Salían tan rápido que apenas podía atraparlas. Al combinar su habilidad como psicóloga infantil con su gusto por las palabras, empezó a crear cuentos, que más tarde tomaron la forma de un maravilloso libro para niños. Era una salida creativa perfecta. Sus sueños guía destaparon un talento no reconocido que le aportó una alegría inmensa. Rejuvenecida gracias a la escritura, su trabajo como psicóloga adquirió un nuevo vigor. No necesitaba cambiar de profesión; simplemente necesitaba algo que la complementara.

Ellen era la prueba de que no se necesita ningún tipo de experiencia intuitiva previa para tener sueños guía. Aunque los mensajes no siempre son claros, si prestas atención a lo que tratan de comunicarte, las pistas siempre estarán ahí. Como en el caso de los sueños de Ellen, las respuestas pueden ser enormemente creativas. Pero cuanto más te acostumbres a descifrarlos, más fácil te resultará hacerlo.

Existen algunas pistas intuitivas a la hora de analizar los sueños guía. Ciertos elementos tienen una energía especial y llaman tu atención. Puede tratarse de una sola palabra, una imagen o, quizá, una parte del sueño. Busca a conciencia ese tipo de cosas. Después, escríbelas y piensa en qué se pueden relacionar con tu pregunta. Presta atención a tus reacciones físicas: piel de gallina, escalofríos, el pelo de la nuca que se eriza, rubor, sudor o aceleración del pulso o de la respiración. Es la manera que tiene el cuerpo de decirte que estás en la pista correcta. A veces, cuando la respuesta es más evidente, puedes experimentar una sensación de ¡ajá!, como si una bombilla se encendiera sobre tu cabeza (por supuesto, esas reacciones pueden ayudarte a encontrar los elementos esenciales en todo tipo de sueños, no sólo los intuitivos). Siempre puedes escuchar el mensaje, aunque te parezca poco nítido.

Tengo un amigo que quería montar un pequeño café-librería en Venice Beach, pero no estaba seguro de que fuera el momento adecuado para hacerlo. Le sugerí que pidiera orientación en un sueño. Le pareció una idea excelente y, durante varias noches, escribió sus sueños. No podía recordar los detalles exactos, pero por la mañana se levantaba con la triste sensación de que abrir el negocio en aquel momento sería un grave error. Mi amigo, que aunque es extremadamente intuitivo puede llegar a ser muy testarudo, prosiguió de todas formas con sus planes. Cada una de las etapas del proceso, comenzando por el préstamo, resultó penosa y frustrante. Finalmente, sólo ocho meses después, tuvo que cerrar el negocio porque económicamente no iba bien.

Al igual que mi amigo, yo también aprendí a la fuerza a tomarme en serio mis intuiciones. Años antes, no había hecho caso a mi premonición sobre la tentativa de suicidio de Christine, y las consecuencias casi fueron fatales cuando se tomó una sobredosis de las pastillas que yo misma le había recetado. Durante las semanas siguientes, mientras ella permanecía en estado de coma, tuve mucho tiempo para reflexionar sobre lo que había sucedido. Para mí, ése fue un punto de inflexión en el que fui consciente del valor de la intuición y del precio que podría pagar si no la tenía en cuenta. En la actualidad, cuando me siento bloqueada y no sé qué dirección tomar con un paciente, me dirijo directamente a mis sueños —la más poderosa de mis conexiones intuitivas— o ellos vienen a mí espontáneamente.

El consejo que recibo de los sueños no tiene por qué ser trascendental para que tenga valor. Por ejemplo, hace poco soñé que una paciente esquizofrénica, a quien tengo un cariño especial y he tratado desde que abrí mi consulta, dejaba su medicación bruscamente. En el pasado, las consecuencias fueron desastrosas cada vez que lo hizo. Una vez al año, en mitad de la noche, solía recibir una llamada desde urgencias para informarme que mi paciente sufría un episodio claramente psicótico y necesitaba hospitalización. No quería que esa dolorosa y desmoralizadora pauta volviera a repetirse. Aunque, a excepción del sueño, no tenía ninguna razón para pensar que algo iba mal, la llamé al día siguiente para comprobar cómo estaba. Mi sueño, lamentablemente, había sido acertado. Una vez más, se había quedado sin sus medicamentos y no había renovado la receta. Por suerte, logré convencerla para que fuera a una farmacia y reanudara su tratamiento. Alentada por mi sueño, pude intervenir inmediatamente y ahorrarle una nueva hospitalización.

Así como se me alertó para contactar con una paciente, los sueños guía también pueden ser banderas rojas que nos advierten del peligro. A veces, aunque no hayamos desarrollado totalmente nuestras habilidades intuitivas, una alarma interna se enciende para protegernos. Los sueños guía pueden indicarte específicamente *cómo* y *cuándo* para evitar un peligro.

Hace unos años, mi amiga Lisa viajaba con varios amigos en una vieja furgoneta Volkswagen desde Taos, Nuevo México, a California. A medianoche, cansados tras haber conducido doce horas, pararon en un lugar del norte de Arizona y acamparon. El cielo estaba totalmente despejado, había luna llena y el aire era fresco. Todos se instalaron sobre el suelo del desierto y se metieron en sus sacos de dormir. En cuanto Lisa se hubo dormido, soñó que veía un par de faros brillantes que venían hacia ella por un camino serpenteante del desierto. Un todoterreno frenó a su lado y del vehículo salió un agente uniformado que, con voz grave, le dijo: «Será mejor que tú y tus amigos regreséis a la furgoneta. Está a punto de caer una enorme tormenta de arena en la zona. Es arriesgado estar al aire libre». Lisa no vio nada extraño en la visita y le agradeció el consejo. El hombre se despidió, subió a su todoterreno y se alejó.

Cuando se despertó, la noche estaba muy tranquila y no había ninguna señal de tormenta. Pero siempre se ha interesado por los sueños y sabía que tenía que prestar atención a lo que había soñado. Despertó inmediatamente a sus amigos y, a pesar de sus protestas, se las ingenió para que se metieran de nuevo en la furgoneta. Pocas horas después, el fehículo comenzó a moverse de un lado a otro. Los vientos superaban los ochenta kilómetros por hora, y las espirales de polvo y arena azotaron el desierto hasta el amanecer. La capa de escombros que se depositó sobre el parabrisas era tan espesa que resultaba imposible ver, pero gracias al sueño de Lisa, no corrieron ningún peligro.

Los sueños guía no son algo único de nuestra cultura. Durante más de cincuenta mil años, los aborígenes de Australia los han considerado sagrados. En su visión de la vida, el tiempo tiene dos dimensiones: nuestra realidad cotidiana y el plano espiritual, conocido como *tiempo del sueño*.[1] Cuando un miembro de una tribu está enfermo o tiene algún problema, las personas elegidas le envían mensajes de sanación o advertencias a través de los sueños. Los chamanes ejecutan las ceremonias del *tiempo del sueño* y transmiten las antiguas enseñanzas. Los aborígenes contemplan esa guía como algo tan natural que, incluso, la utilizan para establecer sus leyes tribales. En la película australiana *La última ola*, un abogado defiende a un grupo de aborígenes acusados de asesinato. Aunque no están dispuestos a revelarle al abogado las circunstancias del crimen, éste comienza a recibir en sus sueños la información que necesita. El problema es que no sabe cómo descifrarla. Frustrado por el silencio de sus clientes, se dirige a uno de ellos y le dice: «¿Tienes idea del lío en que estás metido?». Tranquilamente, el miembro de la tribu lo mira con sus ojos negros brillantes y responde: «No. Tú eres quien está metido en un lío. Has olvidado el significado de tus sueños».

Los nativos americanos también honran los sueños. Su ritual de búsqueda de visión, un viaje en grupo o en solitario por la naturaleza, es una petición para tener un sueño revelador o imagen que les ayude a sanar, solucionar un problema, encontrar orientación o facilitar un rito de paso —por ejemplo, un niño que pasa de la pubertad a la edad adulta—. Las búsquedas de visión son intencionadamente duras, y con frecuencia, implican ayunos de varios días o dormir sobre la tierra sin ningún tipo de protección, a veces sin ropa, incluso durante tormentas o con frío intenso. Expuesto a los elementos, el cuerpo se fatiga rápidamente. Sin embargo, en ese estado de debilitamiento, la mente es menos caótica y, por consiguiente, más receptiva a los sueños. La búsqueda sólo se considera exitosa cuando se ha obtenido la visión.

En nuestra cultura, soñar se ha convertido en un arte perdido que necesitamos recuperar. Cuando escuchamos nuestros sueños, recibimos instrucciones acerca de cómo desenvolvernos de la mejor forma posible a

---

1. *Dreamtime* (N. de la T.).

través de los obstáculos de la vida. Son una respuesta instintiva y profunda a nuestras necesidades y conflictos más recónditos. Con el paso de los años, me he entrenado para prestarles atención, de modo que tú también puedes hacerlo. No son patrimonio de unos pocos elegidos. El secreto reside en tus propias creencias. Una vez que des el primer paso y tengas en cuenta esa posibilidad, la guía que buscas te estará esperando.

SUEÑOS PRECOGNITIVOS

En algunos sueños puedes recibir orientación específica sobre el futuro, aunque el mensaje se puede presentar de diferentes formas. Existen algunas pistas para reconocer los sueños precognitivos. En ellos, con frecuencia, las imágenes son extremadamente vívidas: observas cómo se revela un suceso que puede no tener nada que ver contigo, recibes información sobre tu futuro o te despiertas y conoces detalles de acontecimientos que todavía no han sucedido. Tal vez recibas datos que te indiquen fechas, horas, lugares o la dirección que tu vida va a tomar. Más completos que un simple mapa de carreteras, los sueños precognitivos pueden anunciarte beneficios que están a punto de llegar o mostrarte el significado subyacente de los momentos difíciles. Aunque a veces puedes tener una visión anticipada de una situación totalmente extraña para ti en la que están implicadas personas que no conoces, lo más probable es que tengas sueños precognitivos sobre ti o tus seres queridos. Esto es especialmente cierto con las madres y los hijos.

En otoño de 1989, fui testigo de un vínculo intuitivo entre una madre, su hijo y un delfín llamado *Bee*. En aquella época, tenía un fuerte dolor en el cuello provocado por un disco cervical inflamado. Mi amigo Stephan Schwartz, de Mobius, me habló de un programa piloto en los cayos de Florida que tenía mucho éxito. Personas con una gran variedad de enfermedades nadaban con delfines en un parque acuático abierto, y, gracias a ese contacto, los síntomas mejoraban. Puesto que los tratamientos médicos tradicionales apenas me aliviaban y siempre me han fascinado los delfines, aproveché la oportunidad. A finales de octubre, subí a un avión con rumbo a los cayos de Florida para asistir a un curso de una semana en el Dolphin Research Center.

Durante mi estancia, conocí a varios participantes de otros programas que allí se impartían. Entre ellos estaba Cathy, una higienista dental de Enid, Oklahoma. Había traído a su hijo de tres años, Deane-Paul, quien había nacido con el síndrome de Down. Era un niño activo y fuerte, que corría de un lado para otro con una energía increíble y rezumaba vitalidad. Cathy había oído hablar del trabajo del psicólogo David Nathanson, quien reclutaba delfines para enseñar habilidades relacionadas con el habla a niños discapacitados. Una tarde, mientras comía con Cathy y su hijo, me habló de un sueño que había tenido un mes antes de quedarse embarazada. En él estaba de pie en la orilla de una playa del Caribe, y, de repente, divisó un grupo de nueve robustos delfines azules. Nadaban entre un par de enormes monolitos y se dirigían hacia ella. Cuando se acercaron, una de las hembras más grandes le entregó su bebé y le dijo: «Por favor, cuídalo por mí». Mientras sostenía al pequeño animal entre los brazos, el grupo de delfines se sumergió en las centelleantes aguas turquesas y desapareció.

Aquel sueño la confundió. Sólo había estado en el mar una vez, cuando era niña, y aunque siempre había apreciado la belleza de los delfines, nunca había estado con ellos. A pesar de la viveza y la cualidad de predestinación del sueño, el mensaje de los delfines le parecía tan insólito que no le dio mucho crédito. Ya era madre de dos niñas y no planeaba tener más hijos. A pesar de que tomaba anticonceptivos, un mes después se quedó de nuevo embarazada. Desde el principio, recibió a Deane-Paul con cariño. Sin embargo, a pesar de sus esfuerzos por enseñarle a hablar, no pronunció ni una sola palabra durante los tres primeros años de su vida. Un día en que llevó a sus hijos al zoológico, el rostro de Deane-Paul se iluminó instantáneamente cuando se detuvieron delante del delfinario. El simple hecho de verlos parecía estimularlo como ella nunca antes había visto, como si los delfines lo hubieran despertado. No mucho tiempo después, supo del programa del Dolphin Research Center, e inspirada por el sueño, decidió inscribir a su hijo.

Descubrí que, de algún modo, resultaba terapéutico pasar tiempo con los delfines: estar cerca de ellos, tocar la delicada textura de su piel y escuchar sus sonidos extraterrestres. Irradiaban una alegría y bondad que fluía generosamente entre sus cuerpos y el mío. Mi dolor en el cuello se alivió casi de inmediato, y al final de la semana, ya no necesitaba el collarín cervical. Entre baño y baño, observaba cómo Deane-Paul —una figura diminuta con el cabello rubio y un enorme salvavidas naranja alrededor de la cintura— jugueteaba y aprendía en la piscina con *Bee*, un delfín hembra. Ella era su amiga y también una compañera infatigable que, semana tras semana, llevaba en la boca tableros con enormes letras impresas. David Nathanson, un hombre entrañable que recordaba a un oso de peluche gigante y que tenía un sentido del humor maravilloso, pronunciaba las palabras en alto y Deane-Paul las repetía. De ese modo, su vocabulario aumentaba día a día. Cuando lo miraba, me daba cuenta de que no sólo aprendía a comunicarse verbalmente, sino que, además, su espíritu revivía.

Deane-Paul y su madre compartían una habitación en un apartamento cercano al delfinario. Una noche, se despertó angustiado, y su madre no conseguía tranquilizarlo. Nunca lo había visto tan afligido. No dejaba de llorar y decir «Oh, *Bee*; oh, *Bee*», y trataba de escapar del apartamento. Finalmente, se acurrucó al lado de la puerta de entrada y no dejó de llamarla hasta el amanecer. A la mañana siguiente, les dieron la noticia: *Bee* había muerto durante la noche.

El amor entre Deane-Paul y *Bee* había posibilitado que el primero intuyese la muerte del animal a través de un sueño. Al principio, se mostró muy triste y deprimido, pero su trabajo no cesó tras la muerte de *Bee*. La amistad que había entablado con otros delfines le ayudó durante ese difícil periodo, aunque su relación con ellos nunca fue tan estrecha como la que había mantenido con *Bee*. El hecho de que éste apareciera a menudo en sus sueños, en los cuales ambos volaban juntos entre las nubes, facilitó la transición. El intenso vínculo afectivo de Deane-Paul con *Bee* había iniciado la metamorfosis de un niño enmudecido y reservado a un chiquillo activo que, poco tiempo después, comenzó a asistir a una escuela pública y, en la actualidad, cuenta con un vocabulario que mejora día a día.

La vida de Cathy también cambió. Aprendió que la clarividencia es un valioso instinto en el que podemos confiar. Le anunció el nacimiento de su hijo y marcó la dirección de su sanación. En su sueño, se responsabilizaba del niño; en la vida real, le ayuda a crecer. En la actualidad, desea crear un programa similar que pueda beneficiar a otros pequeños con dificultades de aprendizaje. Al igual que le sucedió a Cathy, los sueños precognitivos pueden indicarte el camino, como un faro que alumbra una oscura carretera. Pero el hecho de vislumbrar el futuro no significa que no desempeñes un papel activo en él, ni que puedas acomodarte y pensar: «Bueno, va a suceder de todas formas, así que no tengo que hacer nada». Los sueños no son excusas para volverse holgazán o negligente. Más bien nos ofrecen orientaciones generales.

Aunque algunos sueños precognitivos se convierten en realidad, hagamos lo que hagamos, muchos de ellos simplemente nos indican posibilidades. Tú tienes la responsabilidad de tu futuro. Cuando tenía veinte años y, en un sueño, me aconsejaron que me hiciera psiquiatra, tuve que pasar por la facultad de medicina y el programa de prácticas. Si no hubiera hecho mi parte, no habría habido ningún impulso para que la visión se materializara. Como siempre, tú desempeñas el papel principal a la hora de determinar lo que sucede en tu vida, y cada elección puede producir un resultado diferente. Los sueños relacionados con el futuro no hacen el trabajo por ti. A fin de cuentas, estás vinculado a tus sueños y debes emprender las acciones necesarias para que éstos se conviertan en realidad.

Aunque hay ciertos mensajes que podemos ver como metáforas, algunos sueños pueden avisarnos de un peligro; en esos casos, debemos interpretarlos literalmente. Aparecen como salidos de la nada, suelen ser bastante específicos y, con frecuencia, no guardan ninguna relación con nuestros sentimientos o expectativas. Si seguimos sus instrucciones, obtenemos una protección extra. Al sentir el peligro, a menudo tenemos la posibilidad de evitarlo.

Éste es el caso de mi amigo Dennis, quien se disponía a acudir a una reunión de negocios en Nueva York. Dennis no tenía miedo a volar, pero cuando soñó que su avión iba a estrellarse, se alarmó. En el aeropuerto, mientras compraba su billete, su ansiedad fue en aumento. Cuando llegó a la fila de embarque, su miedo era ya tan intenso que no pudo subir al avión. Éste despegó sin él, y, al poco tiempo, se produjeron problemas mecánicos. El aparato no se estrelló, pero el piloto tuvo que hacer un aterrizaje de emergencia en el medio oeste y varios pasajeros resultaron heridos.

A veces, sin embargo, un sueño puede avisarnos de un peligro que no podemos evitar. En varias ocasiones, he soñado con un terremoto en Los Ángeles justo antes de que se produzca en la realidad. Siento claramente el temblor de la tierra, oigo el sonido de las puertas correderas de cristal al desencajarse violentamente del marco y, físicamente, pierdo el equilibrio. Me doy cuenta de que se trata de un terremoto, pero permanezco distanciada e inmutable, como si sólo fuera testigo del suceso y no una participante activa —ésta es una señal de que el sueño es intuitivo y no una indicación de que me siento insegura en algún aspecto de mi vida—. La dificultad radica en que el sueño puede surgir entre uno y diez días antes del suceso real. Además, no siempre puedo predecir la gravedad del terremoto. De modo que, aunque sé que se va a producir, en lugar de abandonar la ciudad durante un tiempo, lo único que puedo hacer es asegurarme de que tengo suficientes provisiones de agua y alimentos.

De un modo similar, una psiquiatra amiga mía tuvo un sueño en el que le disparaban al presidente Ronald Reagan. Fue testigo de toda la escena: el rostro del hombre que disparaba, el lugar donde se producía el tiroteo y que Reagan sobrevivía. Me contó que el sueño había sido tan auténtico que le parecía que estaba verdaderamente allí. Poco después, en la vida real, se produjo el intento de asesinato del presidente Reagan. En última instancia, mi amiga no tenía ningún poder para evitar el tiroteo que previó.

No necesariamente tienes que desempeñar un papel activo en los sueños precognitivos. En muchas ocasiones no van dirigidos a ti personalmente. Según te haces más intuitivo, te llega cierta información de manera automática. Tú eres simplemente un receptor capaz de captar lo que está a punto de ocurrir, tanto a nivel colectivo como en tu propia vida. Estos sueños precognitivos te ofrecen un rápido centelleo de noticias y te avisan de un acontecimiento futuro. Si no puedes evitar lo que está a punto de suceder, no tienes por qué sentirte culpable o responsable. Actuar sobre esa información puede estar fuera de tus posibilidades, aunque, en determinadas circunstancias, prepararte para lo que va a suceder puede ser de gran ayuda. Considero que todos mis sueños precognitivos son una bendición, una muestra de la profunda conexión que podemos tener con nosotros mismos y con el mundo que nos rodea.

Estos sueños a menudo me guían en mi consulta privada. En 1984, poco después de haber comenzado a trabajar como intuitiva en Mobius, tuve mi primer sueño precognitivo relacionado con un futuro paciente. Era un hombre llamado Al, a quien había conocido en una fiesta de Navidad unos días antes. Una voz tranquila y asexuada, presente en la mayoría de mis sueños intuitivos, me anunciaba: «Al va a llamarte para pedir cita». Esto me sorprendió porque sólo habíamos charlado muy brevemente aquella noche. No tenía ni idea de qué podía buscar en un terapeuta. Una semana después, cuando llamó, me sentí asombrada y encantada al mismo tiempo.

A lo largo de los años, he tenido sueños idénticos relacionados con otros pacientes, muchos de los cuales no conocía antes. El formato y el mensaje del sueño es siempre el mismo; sólo cambia el nombre de la persona. Este tipo de sueño siempre me emociona, ya que, sin excepción, las relaciones que establezco con esos pacientes parecen tener una cualidad de predestinación y se desarrollan particularmente bien. Desde el principio, se produce una química especial entre nosotros, una compatibilidad y confianza que permiten que la terapia tenga éxito. Para mí, esos sueños son una señal de que tengo que trabajar con esas personas, ya sea durante pocos meses o varios años. Sea cual sea el tiempo que dure la terapia, los resultados son sistemáticamente positivos y ambos resultamos sanados. Por muy apretada que esté mi agenda, siempre hago un hueco para los pacientes que me llegan de esta forma intuitiva.

Normalmente tengo sueños precognitivos con los pacientes que siento más cercanos o con aquellos que conozco desde hace mucho tiempo. Estoy familiarizada con sus biorritmos, puedo sentir cuándo las cosas no les van bien y sueño con ellos cuando pasan por un mal momento. En cierta ocasión, durante un retiro de meditación con mi maestro en Smoky Mountains, fui a mi habitación para dormir una siesta. Exhausta a causa de nuestro agotador programa, caí profundamente dormida y soñé que veía a una paciente, una mujer alcohólica en proceso de recuperación con la que había trabajado durante dos años, acurrucada en una silla y llorando. Como una observadora distanciada, presencié cómo se hundía cada vez más en la desesperación. Esta imagen se mantuvo con firmeza, incluso una vez que hube despertado. Aunque tenía un psiquiatra que me sustituía, sentí el impulso de llamarla. Me alegré de hacerlo. Sucedía algo importante que no podía esperar y tenía que actuar. Su novio acababa de marcharse de casa después de una fuerte pelea. Desconsolada, estaba a punto de sacrificar cinco duros años de sobriedad y tomarse una copa. Pero, por suerte, habló conmigo de sus sentimientos. Gracias a mi sueño, pude intervenir en un momento crítico y señalarle una dirección más sana.

Los sueños precognitivos pueden reflejar y mejorar la intimidad de todo tipo de relaciones, incluso aquellas que se producen en el marco de la psicoterapia. Mi trabajo con los pacientes no se limita al tiempo de sus sesiones semanales. Se establece una conexión interna, una vía que se abre para nosotros, un vínculo intuitivo global. No hace mucho tiempo, tuve un sueño en el que un paciente excepcionalmente sano me llevaba a un lado y, con aire despreocupado, me decía: «Quiero que sepas que tengo cáncer». Como si eso fuera de lo más normal, le respondí amablemente: «Gracias por contármelo». Mi neutralidad emocional, tan típica de los sueños intuitivos, se desvaneció en el momento en que desperté. La noticia me impactó y no quise creerla. Al fin y al cabo, era un hombre que no fumaba, corría quince kilómetros diarios, comía una dieta pobre en grasas y tenía muchísima energía. Con la esperanza de equivocarme, archivé el sueño y esperé. Para mi consternación, en la siguiente cita me contó que, durante un examen médico rutinario, le descubrieron una mancha sospechosa en una radiografía y más tarde comprobaron que se trataba de un tumor maligno.

La fuerza de nuestro vínculo me había permitido informarme con antelación de su enfermedad. Lo interesante es que, en aquel momento, él no sabía que tenía cáncer de pulmón; sin embargo, era él quien me lo comunicaba en mi sueño. Creo que, en realidad, una parte de él sí lo sabía y deseaba comunicármelo. Y eso fue lo que hizo. Ese sueño no tenía nada que ver con sanar el cáncer. Era un tributo a la confianza que había entre nosotros. Cuando alguien nos importa, es normal tener sueños precognitivos sobre esa persona. Las relaciones intuitivas llevan implícito el conocimiento intuitivo de asuntos muy personales, algunos de ellos bastante dolorosos, lo cual es tanto un honor como una responsabilidad. Como terapeuta, quiero conocer toda la historia. Me ayuda a permanecer alerta ante las diferentes situaciones que atraviesan mis pacientes; de esa forma, puedo estar allí para ellos.

No necesitas ser un iluminado hindú con un turbante en la cabeza para soñar con el futuro. Todo el mundo puede hacerlo. Pero, primero, tal vez tengas que redefinir algunas de tus ideas sobre el mundo. Una de ellas es que, desde el punto de vista intuitivo, el tiempo es relativo. En los sueños precognitivos, al igual que en todos los estados intuitivos, pasado, presente y futuro se funden en un todo. El tiempo no está organizado en segmentos ordenados, como nos parece desde la perspectiva del estado de vigilia. Albert Einstein hizo, en cierta ocasión, un comentario que me impactó de un modo especial: «Para nosotros, los físicos, la distinción entre pasado, presente y futuro es sólo una ilusión, por muy pertinaz que ésta sea». Cuando me concentro intuitivamente o tengo un sueño precognitivo, siento que sintonizo con un depósito colectivo donde toda la información se almacena sin tener en cuenta la estructura del tiempo. Una vez que nos acostumbramos a esta idea, acceder al futuro ya no nos parece tan extraño.

La mayor recompensa que nos ofrecen los sueños precognitivos es que nos permiten vivir en gran armonía. Es algo así como si subiéramos el volumen de una exquisita sinfonía que sonara justo por debajo de nuestro nivel de conciencia normal. En esos momentos, podemos apreciar lo que Walt Whitman dice en *Canto a mí mismo*: «Yo y este misterio aquí estamos frente a frente [...] Más allá de la contienda y de sus clamores, perdura lo que soy». Los sueños precognitivos nos revelan elementos del futuro y nos cantan nuestras propias canciones. Al escucharlas, podemos comenzar a bailar de nuevo al ritmo que nos está destinado, al compás de lo sagrado.

SUEÑOS CURATIVOS

Aunque soy de esas personas que tienen la buena suerte de acudir al médico únicamente en raras ocasiones, detesto estar enferma. Sin embargo, padecí una grave infección recurrente en los senos nasales durante seis meses. Mis visitas al otorrinolaringólogo se desarrollaban siempre de la misma forma: me drenaban la nariz, tomaba antibióticos diez días, me sentía mejor durante unas semanas y, después, los síntomas regresaban. Como no respondía a la terapia, el médico me sugirió una serie de radiografías nasales muy complicadas y una resonancia magnética para determinar si el bloqueo requería una operación quirúrgica. Puesto que no deseaba incurrir en gastos ni pasar por la molestia de las pruebas, las pospuse durante un tiempo. Pero finalmente me sentí tan harta de estar enferma que me rendí. La noche anterior a las radiografías, tuve un sueño:

Estoy acostada en la camilla de madera de una consulta médica; sólo una sábana de algodón me cubre el cuerpo. Me siento totalmente en paz, casi extasiada. No me cuestiono dónde estoy ni qué sucede. Tengo varias agujas de plata, muy finas, clavadas en diferentes partes de la cabeza y alrededor de la nariz. En una habitación contigua, mi madre sonríe; tiene un aspecto joven y saludable, y me hace una señal de autorización con la mano. Aliviada por su presencia, sé que estoy en el lugar correcto. Hay un acupuntor a mi lado y me asegura que este tratamiento hará que me sienta mejor.

Este sueño me indicó qué debía hacer específicamente. Aunque había considerado la acupuntura con anterioridad y sentía que me podía ayudar, me parecía un tratamiento demasiado largo para la vida tan complicada que tenía. En aquel momento, esperaba que los antibióticos solucionaran el problema rápidamente. De hecho, conocía a un acupuntor maravilloso que había tratado a un amigo mío durante años. Con el consejo del sueño, y particularmente porque contaba con la aprobación de mi madre, cancelé las pruebas y pedí una cita con el acupuntor. Durante los tres meses siguientes, recibí dos sesiones de acupuntura semanales y la infección cesó por completo. Esta simple solución me permitió evitar una posible cirugía, me ahorró tiempo y dinero y me libró de muchas molestias innecesarias.

El sueño me ayudó a sanar. Impulsado por mi poca afición a las pruebas médicas, me mostró cómo evitarlas. Me sentí agradecida por su claridad: no dejaba lugar a las interpretaciones. La sensación de total relajación, que casi rozaba el éxtasis, como si estuviera totalmente protegida, también fue muy convincente. Era similar a esas experiencias celestiales que había sentido con la imposición de manos de personas especialmente dotadas para ese tipo de trabajo. Esos sentimientos de bienestar son señales de sanación fácilmente reconocibles que todos podemos buscar en nuestros sueños. Creo que mi recuperación comenzó con ese sueño. El acupuntor con el que contacté simplemente se encargó de realizar el trabajo que el sueño había indicado.

Hay un instinto sanador dentro de nosotros que puede manifestarse en los sueños. Aunque es posible que ocurra a nivel emocional, mi enfoque aquí es a nivel físico, sobre el cual no he enfatizado anteriormente. Cuando dormimos, estamos abiertos a las fuerzas curativas. Con esto no quiero decir que tengamos dos tipos de poderes —uno cuando dormimos y otro cuando estamos despiertos—, sino que, en los sueños, las resistencias y las inhibiciones desaparecen y nos suceden cosas que normalmente no nos permitimos experimentar. Tanto si crees que los sueños curativos vienen directamente de lo divino como si los contemplas como una expresión de tu ser superior (para mí, ambos son lo mismo), debes saber que, cuando enfermas, tus sueños pueden acompañarte durante todo el proceso —desde la fase de diagnóstico y a través de todo el tratamiento—, e incluso ayudarte a encontrar una cura. Del mismo modo que puedes pedir orientación a tus sueños, también puedes solicitar instrucciones para tu sanación. O, como en mi caso, la información simplemente llega a ti. Los sueños nos instruyen acerca de cómo sanar, y eso puede ser muy tranquilizador. Esto es particularmente cierto en el caso de las enfermedades más graves, que es cuando más dudas y preguntas surgen. Los intervalos de tiempo entre las pruebas médicas suelen ser los momentos más difíciles. El miedo que aflora puede llegar a ser devastador. Los sueños curativos supervisan la marcha de nuestra recuperación con la ayuda de nuestra información intuitiva, la cual nos parece tan genuina y auténtica que tiene el poder de aplacar nuestros miedos.

A Robert le habían diagnosticado cáncer de colon dos años antes del comienzo de su psicoterapia conmigo. Le habían practicado una considerable resección intestinal, pero no había necesitado una colostomía. Su cirujano, una mujer sensible y muy respetada en su especialidad, le aseguró que habían erradicado completamente las células malignas. Pero, aunque el pronóstico era excelente, seguía preocupado. Odiaba los hospitales y no quería volver a pisar uno en su vida. Las pruebas radiológicas y los escáneres que tenía que hacerse cada seis meses le horrorizaban. La semana antes de las pruebas era la peor. Le faltaban unos días para la cita con su oncólogo, y llegó a mi consulta aterrado. Nada de lo que intentaba —meditación, visualización guiada o hipnosis— daba resultado. Me sentía impotente para consolarlo.

Sin embargo, unos días antes de la cita, tuvo un sueño en el que pasaba por una intervención quirúrgica en el hospital de UCLA, donde lo habían operado la primera vez. Atento y sin miedo, observaba cómo el cirujano le hacía una incisión con el escalpelo en el centro del abdomen sin causarle ningún dolor. Después, le quitaba todo el colon y pasaba los dedos sobre éste para mostrarle que estaba sano y no tenía ningún tumor. Después, se lo entregó para que lo sostuviera, y él se maravilló al ver el vibrante tejido rosado y resplandeciente. Este extraordinario suceso que, con toda seguridad, le habría perturbado profundamente si hubiera acontecido en el estado de vigilia, no le pareció fuera de lo normal en su estado onírico intuitivo.

—¿Quieres decir que estoy realmente bien? –preguntó a su cirujano en el sueño.

—Compruébalo tú mismo –respondió–. El tumor ya no está.

Robert, que trabajaba como analista informático en Caltech, nunca había tenido un sueño así y no creía en la metafísica. Yo respetaba sus creencias y no lo animé a creer en nada. Sin embargo, sentía que la intuición era algo diferente. Podía referir algún detalle sobre ella: la intuición femenina era algo común, y tanto él como otras personas que conocía habían tenido corazonadas y, a menudo, actuaban basándose en ellas. Pero ¿intuición? No. Según Robert, aquello era ir muy lejos. Dueño de una mente aguda y analítica, podía haber rechazado el sueño, puesto que no tenía ninguna base científica. No obstante, cuando despertó, le pareció tan natural que podía haber jurado que era real. Y, además, la sensación de alivio era indiscutible.

Robert había vivido bajo una tensión extrema y se había vuelto casi fóbico en relación con el regreso del cáncer. Su sueño, al inspirarle una nueva fe en que había superado finalmente su enfermedad, cambió esa situación. Cuando me contó lo que había visto, supe que no se trataba de una mera ilusión.

A veces, cuando deseamos algo intensamente, los sueños no cumplen nuestros deseos. Estos sueños, simples fantasías creadas por nuestro subconsciente, no son intuitivos ni se basan en la realidad. El de Robert, sin embargo, era diferente. La claridad con que describió la operación, la precisión de cada detalle, la intensa sensación de bienestar y la autenticidad que la experiencia tuvo para él me sonaron a verdad. En el chequeo, todas las pruebas dieron resultados normales y recibió un certificado de salud. Por primera vez desde que le diagnosticaron la enfermedad, dejó de preocuparse. Su sueño lo reconfortó más que cualquier método psicoterapéutico. Todavía sentía ansiedad con respecto a su salud, pero ya no estaba obsesionado con la vuelta de su enfermedad, y, con el tiempo, nuestro trabajo se hizo más profundo. Desde entonces, han pasado varios años y no ha vuelto a padecer cáncer.

Es fácil consolarse cuando los sueños nos traen buenas noticias, pero ¿qué ocurre con los que nos muestran algo que no queremos ver? Puedes sentirte tentado a quitarle importancia a la información, a descartarla y decir: «No pasa nada, sólo es un sueño». En realidad, aunque algunas premoniciones son difíciles de aceptar, se trata de auténticos regalos. Si a través de un sueño detectas una enfermedad en la fase inicial o encuentras enseguida un tratamiento que evite que se extienda o se complique, puedes ahorrarte un sufrimiento innecesario. En algunos casos, esos sueños curativos pueden salvarte la vida.

Un compañero me habló, en cierta ocasión, de un sueño de ese tipo que le contó un coronel retirado. En él, un agente inmobiliario le muestra una casa al coronel. La planta de arriba está muy limpia y bellamente decorada, pero la planta inferior es un desastre y de las habitaciones emana un terrible hedor a orina. En un tono de disculpa, el agente le dice: «Me temo que no puedo venderle esta casa. Tendrá que ser declarada insalubre hasta que arregle la planta baja». Decepcionado, el coronel se muestra de acuerdo con él. Habló del sueño con mi compañero de trabajo, un experto en análisis de sueños, y juntos se dieron cuenta de que podía tratarse de una advertencia —podía señalar un problema en el tracto urinario—. Llegaron a esa conclusión tanto porque ambos veían el sueño como un presagio, como por las imágenes: el abrumador desorden de la planta baja, que representaba la parte inferior del cuerpo, encajaba con el inconfundible olor a orina. Decidió consultarlo con un médico. Éste se mostró escéptico, pero le complació y le realizó un análisis de orina. Sorprendido, descubrió que presentaba minúsculos rastros de sangre, los cuales, según comprobó más tarde, eran causados por un tumor en la vejiga que requería tratamiento quirúrgico.

Unas semanas más tarde, una vez que le extirparon el tumor, tuvo un segundo sueño en el que regresaba a la misma casa. Esta vez ambas plantas huelen bien y están impolutas. El agente, satisfecho, le muestra las mejoras y anuncia: «¡Ahora esta casa está preparada para regresar al mercado!». El coronel consideró que ese mensaje le indicaba que la vejiga había sanado por completo. Más tarde, recibió la confirmación de que el cáncer había desaparecido y no volvió a tener más problemas urinarios.

Lamentablemente, a menudo dejamos pasar algunos de estos sueños porque son metafóricos y necesitan una interpretación adecuada. Según el análisis convencional, podrías verlos como intentos por resolver tus conflictos inconscientes en lugar de predicciones que te ayudan a sanar físicamente. En parte, eso es verdad; los sueños pueden tener varias capas. Pero, desde la perspectiva de la intuición, el análisis por sí solo no te cuenta la historia en su totalidad. A veces, puedes tener un sueño en el que prevés un daño en un dedo, y puede ser tan simple como eso, sin ningún significado psicológico oculto: el dedo va a necesitar cuidados. El sueño puede ser un mensaje directo y no una metáfora que necesite más interpretación. Por lo tanto, es importante observar los sueños desde sus diferentes ángulos.

En la antigua Grecia, durante el periodo del templo de Escolapio, los sueños curativos tenían un valor muy especial. Por lo general, si una persona enfermaba, la llevaban al templo y la dejaban en un dormitorio con otros pacientes hasta que tenía un sueño. Ésa era la señal que indicaba que estaba preparada. En ese momento, se entrevistaba con los sanadores, llamados *therapeuti*, quienes, según el sueño, desarrollaban el tratamiento para la enfermedad.

Para los nativos americanos, el estado onírico es más real que el mundo físico, y contiene pistas para solucionar problemas. Cuando un miembro de la tribu se ponía enfermo, buscaban la ayuda del chamán, el sanador espiritual y soñador de la tribu que podía atravesar los reinos de lo visible e invisible. A través del uso de plantas medicinales, plegarias, tambores, rituales y sueños, el chamán se convertía en un canal para recibir y administrar el conocimiento curativo. Sus instrucciones se seguían con precisión, pues las consideraban la voz del espíritu.

Tan significativos como los sueños que nos guían hacia la sanación son aquellos que en sí mismos tienen el poder de sanar. A veces, el cambio puede ser muy sutil: un dolor en el cuello que desaparece, un dolor de cabeza que se disipa o, tal vez, una mejoría en el estado de ánimo. Podemos no recordar el sueño, pero, al día siguiente, nos sentimos indiscutiblemente mejor. Después, también existen algunos casos espectaculares, como el que me contó mi querida amiga Linda.

Cuando Linda estudiaba su primer año de psicología en la Universidad de San Diego, se inscribió en un curso de introducción a los sueños. Los estudiantes tenían que aportar algunos ejemplos de sus propios sueños para analizar en clase. Pero ella, aunque siempre había tenido muchos sueños, al sentirse presionada por la tarea, no podía recordar ninguno y temía suspender el curso.

En esa misma época desarrolló un lipoma, un tumor benigno, en la base de la columna vertebral. En un mes, éste alcanzó el tamaño de una bola de billar, lo cual le causaba un dolor considerable. Trabajaba como asistente de su médico, quien le recomendó que le extirparan quirúrgicamente el tumor. Pero Linda posponía la cirugía, con la esperanza de poder evitar el estrés de la intervención y los efectos secundarios de la anestesia general.

El lipoma empeoró y le provocaba tanto dolor que, en clases, tenía que apoyar la espalda sobre una silla hinchable de playa y sentarse sobre una almohada. Sin embargo, todavía se resistía a la cirugía. Una noche, mientras luchaba por finalizar un trabajo para sus clases, comenzó a llorar. Después rezó: «No puedo concentrarme ni hacer mi trabajo. Tengo mucho dolor. Por favor, ayúdame». Exhausta, dejó de escribir y se quedó dormida.

Aquella noche, soñó que estaba sola, acostada boca arriba sobre su cama. Con los ojos cerrados, veía a su lado la clara imagen de una enorme jeringuilla hipodérmica. Aparentemente con vida propia, el extremo de la aguja le pinchó en la parte derecha del cuello y penetró por toda la espina dorsal hasta llegar al lipoma. El dolor era insoportable, no podía moverse ni tenía el control de su cuerpo, pero sus molestias desaparecieron en cuanto la jeringuilla comenzó a extraer un líquido pálido y acuoso del lipoma. Completamente consciente de lo que había sucedido, aunque lo había presenciado intuitivamente como una observadora, continuó dormida hasta la mañana siguiente.

Cuando se despertó, recordó el sueño y corrió a verse en un espejo de cuerpo entero. Delante de él, se examinó la espalda desde todos los ángulos posibles y no encontró ningún signo del lipoma. Después, se palpó la columna vertebral con las yemas de los dedos en busca de algún resto del bulto. Pero éste había desaparecido totalmente.

Esto sucedió en una época en la que Linda había empezado a meditar y a estudiar la tradición hindú. Había oído hablar de curas espectaculares, pero su profesor le había advertido que no se distrajera con ese tipo de asuntos. Aunque estaba sorprendida por su experiencia, siguió su consejo. En lugar de contemplar su sueño como algo totalmente extraordinario, aceptó agradecida la sanación, pero no le dio una importancia excesiva. Fue capaz de considerar el incidente como una confirmación directa de que podemos contar con otras realidades que pueden sanarnos físicamente.

Linda tenía la suerte de estudiar en una universidad atípica. Como cursaba psicología transpersonal, una disciplina que reconoce las realidades espirituales, su profesor le explicó que había tenido un sueño curativo. No hizo un análisis pormenorizado del sueño ni le impuso ninguna

interpretación artificial. Tampoco le atribuyó a ella unas cualidades sobre-
humanas. No obstante, reconocía totalmente el valor y la excepcionalidad
de estos sueños, y los consideraba un acto de gracia. Unos días después,
Linda volvió a ver a su médico, quien quiso examinarla para asegurarse
de que todo estaba bien. Cuando comprobó que no había ningún rastro
del antiguo lipoma, arqueó las cejas y la miró con un gesto de aturdimien-
to. Después, dijo: «¿No es interesante? Al fin y al cabo, ya no necesitas
pasar por el quirófano». Eso fue todo. Como si no hubiera sucedido nada
fuera de lo común, escribió una nota en su historial, le dijo que se vistiera
y siguió con sus asuntos. Instintivamente, Linda sabía que era mejor no
mencionar el sueño, pues temía que se sintiera amenazado o se burlara de
ella. Puesto que no quería poner en peligro su relación laboral, pensó que
era mejor no compartirlo con él. Sus creencias espirituales eran demasiado nuevas, y hasta que tuviera más confianza en sí misma, necesitaba
apoyo, no críticas. Veía su sueño como un recordatorio de que existe una
influencia trascendental activa y vital. Reforzaba su fe para seguir adelante y señalaba su disposición para dedicarse a la profesión de terapeuta y,
con el tiempo, sanadora.

Todos podemos tener sueños que sanen nuestro cuerpo físico. Pero
¿haríamos uso de ellos? Existen muchas personas que están totalmente
cerradas a esa posibilidad. Después, existe otro grupo —la mayoría de
nosotros— que, una vez que comienza a creer que un cambio físico semejante es posible, experimenta versiones más corrientes y sutiles de los
sueños curativos. Quizá alguien simplemente te toca con ternura en un
sueño y, al día siguiente, despiertas rejuvenecido y sientes que algunos
achaques leves han desaparecido. O, al quedarte dormido, te ves en una
playa de arena blanca bajo el sol y, a la mañana siguiente, descubres que
tu catarro se ha ido. Finalmente, están esas personas como Linda, cuyas
experiencias nos muestran la posibilidad de algo aparentemente milagro-
so. No te desilusiones si nunca experimentas una curación tan radical.
Linda es una sanadora intuitiva, de un talento extraordinario, que ha
hecho del mundo espiritual el trabajo de su vida. Pero tampoco pienses
que este tipo de sanación a través de los sueños es imposible ni renuncies
a tu potencial. Permítete creer —aunque en este caso te resulte difícil, al
igual que en muchos otros relacionados con la intuición: las viejas ideas
nunca mueren—. Presta atención a tus sueños y ofrécete la oportunidad
de aprender de ellos.

A pesar de los tremendos avances de la ciencia médica, todavía existen muchas cosas inexplicables. Del mismo modo que dormir ayuda al cuerpo físico, soñar puede rejuvenecer el espíritu. Si no soñamos, nos podemos volver emocionalmente inestables, confusos e, incluso, psicóticos. Los sueños nos recargan. Creo que contienen propiedades místicas: sin la traba del cuerpo, te sientes más libre y ligero, y hasta puedes volar si lo deseas. Cuando sueñas, estás más receptivo y sensible que en ningún otro momento de tu vida. Te fundes con la inteligencia benevolente que te toca y que, en algunas circunstancias especiales, te sana. Al bajar la guardia, tu armadura se rompe y puedes abrirte a las voces más amplias que gritan para ser oídas.

DIARIO DE SUEÑOS

El verdadero arte de soñar radica en recordar los sueños. Cuando registramos los detalles en un diario, ya no pueden escabullirse. Son incontables las veces que me he quedado en la cama, semidormida, en mitad de la noche, convencida de que nunca olvidaré ese sueño extraordinario que acabo de tener, pero que, al día siguiente, he olvidado completamente.

Los sueños son efímeros por naturaleza. Al llevar un diario, damos testimonio de lo intangible y asignamos un formato concreto a nuestros sueños. Cuando lo hacemos, nos convertimos en escribas y traductores sagrados. Tal como dice Thomas Moore en *El cuidado del alma*: «Nuestros cuadernos son nuestros evangelios y *sutras* privados, nuestros libros sagrados». Los diarios de sueños nos permiten honrar nuestra vida interior y son un testamento vivo de nuestras odiseas personales.

En lo alto de las estanterías de mi armario, todavía tengo muchos de mis viejos diarios de sueños, con las cubiertas gastadas y las páginas amarillentas, algunos de los cuales datan del comienzo de la década de los sesenta. Cuando los releo, puedo recordar exactamente qué ocurría en mi vida en el momento de cada sueño. Nunca me ha interesado llevar un diario normal, porque generalmente lo que sucede en los sueños me resulta mucho más interesante que la más fascinante de mis actividades cotidianas.

Cuando duermo, no estoy limitada por lo físico y me siento libre para explorar mundos diferentes. En ese momento es cuando soy más vulnerable, de modo que es vital para mí que mi entorno sea tranquilo y seguro. Como despertar abruptamente de un sueño me parece demoledor —como si me sacaran de un empujón de una habitación en mitad de una conversación—, hago todo lo que puedo para evitar que eso ocurra. Tengo un fuerte instinto de anidamiento y me gusta crearme un ambiente acogedor para poder soñar. Por esa razón, cuando viajo, me cuesta adaptarme a la habitación del hotel por muy lujosa que sea. En esos casos, mis sueños son erráticos, incompletos y difíciles de recordar. La familiaridad de mi dormitorio y la calidez de mi edredón de plumas me ayudan a tener un sueño tranquilo.

Todas las mañanas, tanto si estoy de viaje como en casa, los primeros minutos del día los dedico a revisar mis sueños y escribirlos. Antes de espabilarme por completo, me quedo tranquilamente acostada con los ojos cerrados y recuerdo las imágenes de mis sueños. Es una parte tan automática de mi rutina matinal que raras veces pienso en ello. Lo más complicado es recordar un sueño que aflora a mitad de la noche. Si consigo permanecer despierta el tiempo suficiente para encender la luz de la mesita de noche y escribir el sueño en mi diario, puedo tener problemas para volver a dormirme después. He tratado de programarme para fijar algunos detalles del sueño en mi mente, que me ayuden a retenerlo hasta el día siguiente, pero no siempre da resultado. A veces, garabateo alguna palabra o frase clave con un pequeño bolígrafo con luz, con la esperanza de poder encontrarle algún sentido por la mañana. Pero cuando los sueños son demasiado importantes para mí y siento que no puedo perderlos, por lo general decido despertarme totalmente y, si es necesario, me arriesgo a no volver a quedarme dormida.

Si tú también tienes problemas para volver a conciliar el sueño, tal vez desees utilizar una grabadora que se active con la voz. Tengo algunos amigos a quienes este método les resulta menos molesto que tener que escribir el sueño. Ten la grabadora cerca para poder registrar tus sueños sin tener que abrir los ojos o encender la luz. Después, por la mañana, simplemente tienes que transcribir lo que has grabado. Sin embargo, la grabadora no es un sustituto del diario. Para poder consultar los sueños, tienen que estar escritos y ordenados cronológicamente. Algunas noches llego a recordar hasta cinco sueños vívidos; otras, no recuerdo ninguno.

Cada persona tiene su propia pauta onírica, y los sueños tienen sus propios ciclos, un flujo y reflujo natural. Durante el invierno, un periodo de frío y reposo, y también la estación más oscura, estoy menos aguda físicamente, y mis sueños son más difíciles de recordar. Siento cómo rondan en la distancia, más allá de una frontera invisible. Cuanto más trato de aferrarme a ellos, más evasivos se vuelven. Puesto que son tan importantes para mí, me siento perdida sin ellos, como si me volviera parcialmente ciega. Pero incluso cuando me encuentro en una fase de reposo o no tengo conciencia de mis sueños, existen técnicas efectivas para recordarlos.

Mark no podía recordar sus sueños. Era un agente literario de mucho talento, y veneraba la creatividad. Creía que se perdía algo importante y acudió a mí para encontrarlo. Todas las mañanas, su mujer le hacía un relato detallado de sus sueños de la noche anterior, que parecían salidos de una película de aventuras de Steven Spielberg. Sin embargo, él siempre se despertaba con la mente en blanco. Le sugerí que comenzara a escribir un diario de sueños.

—¿Cómo puedo hacer un diario si ni siquiera sueño? –preguntó.

—El diario es una forma de honrar tus intenciones, de darte permiso para soñar. No importa lo mucho o poco que puedas recordar. Limítate a poner la fecha y escribirlo. Una línea, un color, una forma, unas pocas palabras clave o un fragmento. Cualquier pista que te dé algo con lo que puedas trabajar. No te preocupes por lo irrelevantes que puedan parecer. Simplemente, regístralos de inmediato, antes de hacer ninguna otra cosa, para no perderlos.

—Pero ¿cómo empiezo? –Mark necesitaba un plan definido.

—Antes de irte a dormir, cierra los ojos y pide un sueño. Algo en tu interior te escuchará y responderá –contesté.

—¿Qué pasa si no sueño en absoluto?

—No te rindas –le animé–. Puede llevarte un tiempo. De momento sólo inténtalo y más adelante podrás recordarlos.

Mark se lo tomó como un desafío. Estaba deseoso de empezar. Le sugerí que se comprara un diario de tapa dura para no tener que escribir las imágenes de sus sueños en cualquier trozo de papel o en cuadernos ya empezados. Es importante contar con algo especialmente destinado para anotarlos. Decidió que no permitiría que su mujer lo leyera, y ella lo comprendió. Se convirtió en su diario secreto, dedicado únicamente a sus sueños; era un lugar para ellos. Por la noche, Mark hacía su petición y, después, se quedaba dormido. Durante la primera semana, no pudo recordar ni un solo detalle, y el diario continuó vacío. Confundida, le pregunté por sus hábitos de sueño. Me explicó que era de esas personas que, una vez que apoyan la cabeza sobre la almohada, se quedan inmediatamente dormidas, y, a la mañana siguiente, salen disparadas de la cama. Normalmente, a las seis, Mark ya estaba pegado al teléfono, ocupado con sus llamadas de primera hora a Nueva York.

—Si te levantas tan rápido de la cama, pierdes tus sueños –le expliqué–. Quédate un rato tumbado con los ojos cerrados y fíjate si te llega algo. El secreto es prolongar el estado hipnogógico, el periodo entre el sueño y la vigilia. Es un momento mágico en el que eres consciente de las imágenes de tus sueños, pero todavía no te has espabilado.

—¿Hay algo específico que deba hacer?

—Simplemente, quédate tranquilo un rato acostado –le dije–. Las imágenes se formarán. Céntrate suavemente en ellas y observa a dónde te llevan. No fuerces nada. Trata de ser un observador imparcial. Las imágenes te atraerán. Al principio, te parecerán inconexas o fugaces. Pero finalmente aparecerá la escena. Es como mirar la repetición de un partido. De hecho, puedes ver la representación de tus sueños cuantas veces quieras. La diferencia es que los ves de un modo activo y puedes decidir cuándo abrir los ojos para escribirlos.

Mark luchó contra sus hábitos y dejó de saltar de la cama a toda prisa por las mañanas. Hacía todo lo que le había indicado, pero seguía sin obtener ningún resultado. Finalmente, después de algunas semanas, fue consciente de las imágenes de un sueño. Se sorprendió al ver, durante un instante, la imagen de un rostro —el de su abuela, quien había muerto cuando él tenía nueve años—. Emocionado, y sin esperar a lo que vendría después, lo anotó enseguida en su cuaderno. En otra ocasión, vio una imagen de sí mismo cuando era un chiquillo, con un pequeño cocker spaniel, su querido perro de la infancia. Al observar detenidamente, se sumergió en un sueño en el que él y su perro se perdían en una extraña ciudad lejos de su hogar. Al principio, las imágenes y los sueños parecían deslavazados, pero insistió y apuntó diligentemente cada uno de los datos. Durante los meses siguientes, las imágenes aisladas comenzaban a presentarse más conectadas y revelaron la soledad y la pérdida que sufrió de niño tras la muerte de su abuela. Al recordarlo, pudo expresar la tristeza que, hasta entonces, no se había permitido sentir.

Sus sueños no tenían un carácter épico, como era el caso de los de su mujer, pero había encontrado su propio estilo, con una elegancia sencilla similar a la de un haiku japonés. Los sueños de algunas personas son como largometrajes de gran formato a todo color, mientras que otras sólo pueden recordar algunos fragmentos o escenas aisladas. Pero el valor de las imágenes oníricas no reside ni en la forma, ni en el dramatismo, ni en la duración, sino en el acto de recuperar la información y la habilidad para utilizarla.

Desde una perspectiva puramente psicológica, un diario de sueños es un archivo de un valor incalculable. Como le sucedió a Mark, el hecho de llevar los sueños al papel nos permite desenterrar acontecimientos importantes de nuestra vida que hemos olvidado, así como encontrar el origen de nuestras pautas negativas inconscientes, de forma que podamos llevar a cabo las acciones necesarias para cambiarlas. Podemos controlar nuestro proceso de crecimiento en los sueños con las indicaciones que señalamos en nuestro diario, cuando reconocemos las sanaciones que se producen.

Una paciente mía soñó durante años que regresaba a la Universidad de Berkeley en los años sesenta y vagaba por el campus con el objetivo de encontrar algo que había perdido. Sin embargo, por mucho que buscaba, nunca lo encontraba. Tenía cuarenta y muchos años, estaba divorciada, era profesora de matemáticas en un instituto y llevaba una vida tranquila. Pero anhelaba la libertad y la sensación de aventura que había tenido en la universidad. Sus sueños le decían que había dejado atrás una parte entrañable de sí misma y necesitaba recuperarla. Una vez que dio los pasos necesarios para crear esa libertad en su vida actual —se hizo políticamente activa, participó en protestas sobre asuntos sociales y aumentó su círculo de amistades—, esos sueños se hicieron menos frecuentes, y finalmente dejaron de surgir.

Al llevar un diario de sueños, no sólo hacemos una crónica de nuestras pautas inconscientes, sino que comenzamos a identificar nuestros sueños intuitivos y a hacer uso de ellos. Nuestros diarios desempeñan un papel dinámico en nuestra vida. Albergan la guía intuitiva que necesitamos para vivir plenamente, puesto que el conocimiento que adquirimos queda registrado y no puede perderse, malinterpretarse ni olvidarse. Son un testamento vivo de la sanación que recibimos en sueños; siempre podemos recordarla y hacer uso de ella. Al contener el testimonio concreto de nuestras predicciones, nos permiten establecer una correlación entre nuestros sueños y el suceso real que tiene lugar. Cuando llevamos un registro de sueños, podemos saber inmediatamente cuáles fueron acertados y aplicar a nivel práctico el material intuitivo recién identificado.

Hace varios años, mi novio me dejó por otra mujer. Me sentí desolada y hubiera hecho cualquier cosa para que nuestra relación se arreglara. No cesaba de pensar: «Quiero que estemos juntos de nuevo», como si al repetir mi deseo como un mantra éste pudiera convertirse en realidad. Hice todo lo posible para que volviera conmigo, pero él no tenía interés en ello. Sabía que era mejor dejarlo, puesto que yo deseaba una relación comprometida y él no; pero estaba obsesionada. Una noche, pedí un sueño que me mostrara cómo salir de esa confusión.

A las tres de la mañana, en mitad de una terrible tormenta, me desperté con un número de teléfono de siete dígitos en la cabeza, que correspondía a la zona de Hollywood Oeste. Estaba agotada, pero, puesto que raramente registro números de forma intuitiva en mis sueños, supe que necesitaba anotarlo. Encendí la luz, cogí mi diario y escribí el número.

A la mañana siguiente, lo marqué sin saber qué haría si alguien contestaba. Después de dos tonos, una mujer cogió el teléfono y dijo:

—Together Again Productions.[2] ¿Dígame?

Pensé que se trataba de algún tipo de broma.

—Discúlpeme, ¿podría decirme a qué se dedica su empresa? –pregunté.

—Somos una productora de televisión. Realizamos el programa *Las películas de la semana* –contestó mecánicamente.

—Perdóneme, creo que me he equivocado de número –logré decir, al tiempo que trataba de contener la risa, antes de colgar.

Aunque mi novio y yo nunca volvimos a estar juntos de nuevo, el sueño puso un toque de humor cósmico a la situación. Había recibido una respuesta inesperada a mi petición, y me la tomé como un mensaje personal para relajarme y dejar de tomármelo todo tan en serio. Era el codazo amable que necesitaba para recordar que tenía que continuar con mi vida. Si no hubiera hecho el esfuerzo de escribir el número de teléfono, me lo habría perdido.

---

2. Producciones Juntos de Nuevo (N. de la T.).

Una vez que hemos registrado nuestros sueños, puede ser fácil distinguir cuáles son intuitivos, o podemos tardar semanas, meses e, incluso, años en identificarlos. Por ejemplo, a comienzos de la década de los ochenta, tuve un sueño en el que era la directora de una clínica. Podía ver claramente el edificio —una construcción de los años cincuenta de una sola planta, pintada de un rosa apagado—, que correspondía a uno de Wilshire Boulevard, en Santa Mónica, por el que solía pasar y que, en aquel momento, albergaba una escuela de acupuntura. El sueño era tan claro que me pareció intuitivo, pero no había nada que me sugiriera un vínculo con el edificio. Anoté los detalles en mi diario junto con la fecha del sueño y lo marqué con una estrella, como siempre hago con los sueños que sospecho que son intuitivos. (Te sugiero que hagas algo similar para organizar mejor tu diario y ahorrarte tiempo a la hora de encontrar un sueño determinado.) Siete años más tarde, para mi gran sorpresa, descubro que voy a dirigir una clínica de rehabilitación para drogodependientes que se ubica en ese mismo edificio.

Un diario es un modo ideal de hacer un seguimiento de nuestros sueños intuitivos. Aunque podamos sentir que un determinado sueño es intuitivo, si éste no se confirma enseguida, normalmente tendemos a olvidarlo. Si lo escribimos, es menos probable que eso ocurra. Después, cuando se produce el suceso que hemos soñado, podemos revisar nuestras notas y determinar qué elementos eran acertados y cuáles no. El diario de sueños nos provee de observaciones que nos infunden ánimo —tan esencial para cultivar la intuición— y nos dan confianza para crecer y desarrollarnos.

Para comenzar tu diario de sueños, te sugiero que vayas a tu librería favorita y busques en la sección de diarios y cuadernos. Los hay de muchos tipos: de cuero, de tela, con imágenes o fotos coloridas de delfines, zorros u osos en la cubierta, o decorados con mapas de estrellas, flores secas o hermosos paisajes. Elige el que más te inspire para escribir tus sueños. Colócalo al lado de la cama junto a un bolígrafo, de forma que puedas alcanzarlo fácilmente cuando despiertes. Ten a mano un bolígrafo con luz o una grabadora que se active con la voz por si deseas registrar un sueño durante la noche. Es tu cuaderno privado, al que sólo tú puedes acceder. Tienes que sentirte seguro para registrar sin censura cualquier detalle de tus sueños —incluso los fragmentos más bochornosos, delicados y reveladores—. No tendría sentido omitir esas partes por miedo a que molesten a alguien. El diario es sólo para ti. Nadie debe leerlo a menos que tú le des permiso para hacerlo.

Disfruta del tiempo que empleas para recuperar tus sueños. Esos momentos de la mañana, en los que te encuentras entre el sueño y la vigilia, son sagrados. Protégelos de las interrupciones. En ese estado, te hallas en comunicación directa con lo visible y lo invisible. Recordar los sueños es destapar aquello que está bajo tierra, y darle vida y aliento. Cuando nuestros sueños y nuestra vida cotidiana se funden, se produce una sensación de continuidad en nuestras experiencias que disuelve la ilusión de la separación. Una vez hemos alcanzado esto, comenzamos a hablar un nuevo lenguaje que se traduce a muchos aspectos de nuestra vida. Sentimos una ligereza, una comunión con la intuición que permite que ésta se instale y haga su nido. La intuición, entonces, ya no es una invitada esporádica: ha encontrado su lugar en nuestro hogar.

9

EXPERIENCIAS INTUITIVAS DE LA VIDA COTIDIANA

Reconoce aquello que está ante tus ojos,
y lo que permanece oculto te será revelado.

EVANGELIO SEGÚN TOMÁS

Era el típico sábado, el día que reservo para las compras semanales y otro tipo de tareas. Había ido a lavar el coche y a la ferretería, y, ahora, buscaba un regalo para mi padre. Main Street, en Santa Mónica, es uno de mis lugares favoritos. Adoro el olor a jazmín, lavanda y vainilla de las tiendas y las caras sonrientes de los paseantes mientras siento el calor del sol sobre los hombros desnudos. Paseaba de tienda en tienda, concentrada en mi búsqueda, cuando, de repente, pensé en Barbara, mi mejor amiga en la escuela primaria. Hacía años que no la veía. Éramos uña y carne, y lo hacíamos todo juntas —incluso había estado conmigo en Seal Beach, enfrente de la casa de veraneo de sus padres, cuando un niño me besó por primera vez—. Pero, cuando a los catorce años comencé a tomar drogas y me hice *hippy*, se separó de mí poco a poco. En una de las últimas ocasiones en que nos vimos, paseamos por nuestro vecindario en Westwood. Yo me fumé un cigarrillo y ella también encendió uno —aunque creo que lo hizo sólo para agradarme.

Sin embargo, más de veinte años después, no sólo pensaba en Barbara, sino que me vi inundada por las imágenes que me llegaban de ella. Animada por esos recuerdos, terminé mis compras y entré en Rose Café para tomar un tentempié. Mientras «escaneaba» el lugar para encontrar una mesa libre, divisé una cara que me resultaba familiar. Allí estaba Barbara, convertida en una hermosa mujer, aunque apenas había cambiado.

—Judi, ¿eres tú? —exclamó llamándome por mi apodo de infancia.

Emocionada, me senté a su lado y comenzamos a ponernos al día. Cuando le conté que era psiquiatra, sonrió calmadamente, feliz de mi éxito.

—¿Y tú a qué te dedicas? —pregunté. Había oído que se dedicaba a la fotografía.

—Bueno —se tomó un tiempo para continuar—, el momento de este encuentro es increíble... Mañana me caso.

Tuve que contener la respiración. Había existido tanto afecto entre nosotras cuando éramos niñas que el hecho de que nuestros caminos volvieran a cruzarse en un momento tan significativo me produjo un escalofrío. De niñas, siempre nos apoyábamos en los momentos más importantes. La abracé y susurré «enhorabuena», pero, al poco tiempo, ya tenía que marcharse. Mientras salíamos, mi autoridad interna más profunda me hizo saber que aquel encuentro no era una casualidad. Éramos dos viejas amigas que, una vez más, volvían a estar juntas, aunque sólo fuera por un momento. Una fusión de pasado y presente, la forma en que la intuición interviene normalmente en nuestra vida cotidiana.

En la antigua mitología celta, la isla de Avalón era un lugar místico de un poder extraordinario donde reinaba la intuición. En *Las nieblas de Avalón*, Marion Zimmer Bradley nos cuenta: «Hubo un tiempo en que el viajero, si tenía voluntad y sabía algunos secretos, podía adentrarse con su barca en el mar del Estío y llegar [...] a la isla sagrada de Avalón; porque en aquellos tiempos las puertas entre los mundos se difuminaban entre las brumas, y estaban abiertas, según el viajero pensara y deseara». De acuerdo con este mito, cuando las personas perdieron la fe en la intuición y dejaron de reconocer la influencia de lo desconocido, las nieblas se hicieron tan densas que Avalón se hizo inalcanzable y se perdió para siempre. Del mismo modo, nuestra naturaleza mística se ha vuelto borrosa. Sin embargo, está ahí para todos nosotros. Su aparente desaparición sólo es una simple ilusión. Como el antiguo viajero, estamos cegados por las brumas del miedo, el egocentrismo y la falta de fe. Hemos renunciado al misterio. Pero incluso cuando estamos dispuestos a hacer un esfuerzo para recuperarlo, ¿dónde buscamos? La buena noticia es que podemos abandonar la búsqueda: la intuición siempre está ahí, en nuestra vida cotidiana.

La intuición puede tocar tu vida de un modo espectacular, aunque a menudo lo hace de una forma tan mundana que esta simplicidad puede hacer que pases por alto la experiencia. Podrías considerar algunas situaciones intuitivas como encuentros casuales de personas, lugares y tiempo. Pero imagina que cambias un poco tu enfoque. Imagina que contemplas esas situaciones aparentemente aleatorias —conocidas como sincronicidades— como geniales coincidencias, como señales de que está en funcionamiento algo más que el simple azar. Hay cierta magia en esto; es un reconocimiento de que una fuerza superior se mueve a través de nuestras vidas y nos conecta.

Quizá hayas experimentado alguna vez un *déjà vu*, esa sensación de haber estado ya antes en un lugar que visitas por primera vez o de haber conocido anteriormente a esa persona que te acaban de presentar. No existe una base lógica para esas sensaciones, pero son tan reales que podrías jurar que son ciertas. En otros momentos, puedes advertir intuitivamente un acontecimiento tal como sucede en la realidad. Eso es intuición. Es diferente de la precognición, que es cuando predices con precisión un suceso antes de que tenga lugar. Finalmente, si alguna vez te han calificado de «demasiado sensible» y asumes con facilidad el estado de ánimo de otras personas, o incluso sientes sus síntomas físicos, probablemente tienes empatía intuitiva —una forma de clarividencia muy común, aunque poco tenida en cuenta.

En nuestro mundo moderno nos movemos a un ritmo tan rápido que no reparamos en la naturaleza extraordinaria de estas pequeñas cosas. Pero están ahí, entre líneas, donde reside el misterio, en el lugar donde encontraremos la clave para disipar las brumas.

SINCRONICIDAD

¿Alguna vez has experimentado que algo se produce en el momento preciso? Un momento en el que todo parece encajar a la perfección. Durante un breve lapso de tiempo, dejas atrás el caos de la aleatoriedad y descubres que todas las fuerzas permanecen alineadas; no has planeado nada de antemano, y, sin embargo, todo está orden. Los acontecimientos se suceden con tal exactitud que sientes como si te hubieran lanzado a un sendero predestinado. No puedes dejar de pensar en una persona y, de pronto, te la encuentras por la calle. Alguien que acabas de conocer te ofrece el trabajo perfecto. Pierdes el avión y, en el siguiente vuelo, te sientas al lado de una persona de la que te enamoras. Ésa es la sincronicidad, un estado de gracia.

En cierta ocasión en que asistí a una reunión de médicos en el hospital Cedars-Sinai, conocí a un cirujano llamado Michael. Iba impecablemente vestido con un traje de tres piezas, era atractivo, estaba bronceado y me invitó a comer. En el restaurante Hamburger Hamlet, al final de Sunset Strip, entablamos una pequeña conversación. Parecía bastante conservador; habló de su prestigioso club de campo, del golf que practicaba los fines de semana y del póker de los miércoles. Era un hombre bastante agradable, pero no era mi tipo. A excepción de nuestra profesión, no parecíamos tener nada en común. Normalmente, cuando veo que una cita no va muy bien, trato de marcharme del modo más elegante y rápido que puedo. Pero esa situación fue diferente. Aunque mi intención era comer rápido para, después, retirarme educadamente, sin saber exactamente por qué, comencé a hablarle de mis creencias espirituales. Después, de una forma brusca, la conversación giró en torno a la muerte —las palabras simplemente salían de mi boca—. Siempre que había hecho algo así en el pasado, tenía un buen motivo para hacerlo. Sin embargo, por muy extraño que me pareciera conversar de esa manera con alguien que apenas conocía, decidí confiar en mi impulso.

Supe que Michael nunca había hablado en detalle sobre la muerte, pero aquella tarde parecía no cansarse de escuchar lo que le contaba sobre la vida después de la muerte, la eternidad del espíritu y cómo aquélla no es el final, sino sólo una transición hacia otras dimensiones tan reales como nuestra vida. Durante dos horas, estuvimos sentados en las enormes sillas de mimbre de aquel restaurante que parecía sacado de la serie *La isla de Gilligan*, mientras él escuchaba atentamente y me pedía que continuara cada vez que me detenía. Durante toda la comida, no dejé de pensar que aquélla era una de las citas más extrañas de mi vida. No era que me sintiera incómoda con el tema que tratábamos, pero había algo inquietante en la forma en que se desarrollaba la conversación. Tuve la necesidad de desviarme hacia temas más comunes: la medicina, el cine o el tiempo. Pero la penetrante urgencia que vi en sus ojos y su hambre por absorber todo lo que contaba —aunque aseguró que no tenía ningún tipo de inclinación espiritual— me indicaban que allí ocurría algo. Aunque el motivo no estaba claro, era evidente que Michael necesitaba desesperadamente oír hablar de la muerte.

Finalmente, nos despedimos y nos dirigimos a nuestros respectivos coches. Mientras conducía en dirección oeste hacia mi oficina en Century City, no dejaba de preguntarme: «¿Qué acaba de suceder? ¿Por qué ha surgido un tema tan profundo con alguien que apenas conozco?». Pero antes de que tuviera la oportunidad de llegar a alguna conclusión, mi localizador sonó. Tenía una emergencia en el hospital y tenía que ir allí inmediatamente. El resto de la tarde pasó volando. Cuando terminé de ver a mis pacientes, ya era muy tarde y la conversación de la comida había quedado fuera de mis pensamientos conscientes. Un mes más tarde, un amigo me llamó para informarme que Michael había fallecido en un terrible accidente de motocicleta en la autopista Ventura. Durante un momento me quedé pasmada. ¿Michael ha muerto? Parecía imposible. Tenía toda una vida por delante. Las personas como él se casan, tienen hijos y llevan vidas de ensueño. Se supone que no mueren cuando aún son jóvenes.

Durante el resto del día, las imágenes de Michael no dejaron de pasarme por la cabeza. Aunque sólo nos habíamos visto dos veces, sentía que lo conocía desde hacía tiempo. De repente, el tema aparentemente excéntrico de nuestra conversación durante aquella comida tuvo sentido para mí. Una parte inconsciente de Michael, que había intuido su muerte inminente, anhelaba saber todo lo posible sobre ese tema. Yo había sido el mensajero.

Su temprana muerte era una tragedia. Y, sin embargo, la muerte es parte de la vida. El motivo de mi conversación con Michael parecía claro. Me sentí privilegiada de haber sido testigo de un momento tan decisivo, contenta de no haber huido. Ninguno de los dos habíamos visto el cuadro completo ni las implicaciones trascendentales de nuestra charla; no obstante, había sentido que sucedía algo importante. Ahora era evidente que un acontecimiento sincrónico nos había unido en un punto crítico de su vida. La intuición a menudo actúa de una forma sutil. Puesto que no había previsto su muerte, no tuve la opción de decírselo, en el caso de que lo hubiera considerado apropiado. (Semejante advertencia no habría garantizado que pudiera evitar su fallecimiento.) El hecho de que sea intuitiva no significa que sea una supermujer con poderes para cambiar el futuro ni que lo sepa todo sobre una persona en cualquier momento dado. Por regla general, a menos que sintonice con alguien con una pregunta concreta en mi mente, recibo sólo aquello que necesito saber. He llegado a respetar que sea así. En el caso de Michael, me sentí consolada al ver lo interconectados que estamos todos, consciente de que, en cierto modo, pude ayudar a alguien a prepararse para lo que estaba a punto de sucederle.

Afortunadamente, en nuestro encuentro supe que era mejor no imponer mi voluntad. Tal vez puedas encontrarte en una situación similar. Recuerda algún momento en el que pensabas que algo parecía no encajar. Quizá sentías que faltaba una pieza importante del puzle, pero no podías indicar de qué se trataba. Un hombre que se parece a un antiguo novio te invita a salir y, a causa de ese parecido, decides aceptar. O te encuentras con una mujer que llevas años sin ver y, aunque nunca estuvisteis demasiado unidas, sientes la necesidad de mantener una larga conversación con ella, en la cual se revela algo importante para ti. El secreto es ir de la mano del misterio. Si dejamos que una situación que no tiene sentido en un determinado momento se desarrolle de un modo natural, siempre puede aflorar un mensaje más global. Esto no quiere decir que debas exponerte a situaciones potencialmente destructivas. Necesitas mantenerte alerta, usar la cabeza y saber cuándo tienes que marcharte. Sin embargo, debes tratar de no menospreciar las implicaciones de los acontecimientos sincrónicos. En algunas ocasiones, la relevancia es obvia; en otras, como fue el caso de Michael, lleva un tiempo descubrirla. Necesitamos confiar en el ordenamiento divino de nuestras vidas.

Las sincronicidades son una expresión de nuestra relación intuitiva con el mundo que nos rodea. Me alegro cada vez que me suceden y busco orientación en ellas. Me llenan de entusiasmo y me confirman que estoy en el camino correcto. Aunque creo que todo en la vida tiene un significado, las sincronicidades son un reconocimiento directo de nuestra clarividencia; ponen de relieve nuestro vínculo colectivo. Siempre que un paciente viene a mí con el objetivo de desarrollar la intuición, le aconsejo que preste atención a los acontecimientos sincrónicos y que los registre para poder valorar su frecuencia. Esto hace que la intuición resulte más real. Me he entrenado para ser consciente de las sincronicidades, y te animo a que hagas lo mismo. Muchas de ellas pueden pasar desapercibidas si no observas con atención. En cierta ocasión, conducía por Sunset Boulevard para dirigirme a casa de unos amigos en Laurel Canyon, cuando algo me hizo girar la cabeza y mirar al coche que tenía a mi lado. Asombrada, volví a mirar: estaba segura de que la mujer que iba al volante era Jane, una paciente mía. Aunque la saludé con la mano, aceleró y me adelantó sin responderme. Después, me di cuenta de que no era Jane, sino una mujer muy parecida a ella. He descubierto que ese tipo de sucesos en los que nos confundimos al identificar a alguien a menudo tienen un significado especial y también son sincronicidades. En este incidente, mi atención iba dirigida a Jane, de modo que supe que tenía que sintonizar intuitivamente con ella y averiguar que sucedía. Enseguida sentí su desesperación. Traté de hablar con ella esa misma noche, pero no estaba en casa. Al día siguiente, cuando vino a la cita que tenía concertada desde hacía tiempo, estaba desesperada: acababan de despedirla de su trabajo de profesora que tanto le gustaba.

Puedes encontrar signos de sincronicidad por todas partes. El truco consiste en permanecer atento. Cuanto más fuerte sea tu reacción, incluso ante los indicios más insignificantes, mayor es la probabilidad de que éstos tengan un significado intuitivo. Imagina que, una tarde, te diriges en tu coche al supermercado y observas que la matrícula del vehículo que está delante de ti tiene el nombre de tu hermano. Inmediatamente, esto te llama la atención. Llevas tiempo sin verlo y te preguntas qué tal estará. Veinte minutos más tarde, mientras metes las bolsas de la compra dentro del maletero, el coche de tu hermano se detiene justo delante de ti. O, quizá, el retrato de una amiga íntima cae al suelo y el cristal se hace añicos. Y, al día siguiente, descubres que tu amiga ha tenido un accidente. O una canción que te recuerda a una antigua novia —a quien querías con locura, pero hace un año que no sabes nada de su vida— no deja de sonar en tu mente. Entonces, cuando abres el buzón, descubres que te ha enviado una carta. La clave radica en reconocer esas conexiones y dejar atrás tu manera de ver las cosas para prestar atención a la intuición que te rodea.

Algunos encuentros sincrónicos pueden ir acompañados de descubrimientos fortuitos y ser presagios de buena suerte. Cuando sacas partido de esas oportunidades, tu vida mejora considerablemente. Ese tipo de oportunidades no sólo se presentan durante importantes reuniones de negocios, fiestas extravagantes o eventos especiales. Si estás atento no se te escaparán de las manos. La sincronicidad está presente en lo más cotidiano. Puede llegarte cuando menos lo esperas: en la lavandería, en el taller mecánico o en la cola del banco.

Patty vino a verme a causa de una continua sensación de inquietud y depresión.

—No es que mi vida sea terrible –dijo en nuestra primera sesión, casi en un tono de disculpa–. No me desagrada ser bibliotecaria, pero siento que me falta algo.

Con cierto secretismo, me contó que tenía un sueño desde hacía tiempo: quería montar un pequeño restaurante de comida sana y baja en grasas, bien elaborada y preparada únicamente con ingredientes naturales procedentes de cultivos biológicos. Podía imaginar las mesas, las cortinas, el jarrón con flores en el mostrador, sobre el cual serviría el té. Pero, a pesar de todos esos detalles, su sueño le parecía demasiado complicado para intentarlo. Aunque era una excelente cocinera, a quien le encantaba invitar a sus amigos a cenar en su casa, y sus recetas creativas eran muy conocidas, no tenía ningún tipo de formación en hostelería. Además, tenía muy poco dinero ahorrado y escasos contactos de negocios. Sin embargo, su sueño no me parecía tan irreal. Si lo hubiera sido, le habría expresado mi preocupación. Al menos, quería ayudarle a explorarlo. Demasiadas personas se quedan atrapadas en trabajos que detestan o no les satisfacen. Desean escapar pero no ven una salida.

—Primero –le dije–, ten presente la posibilidad de que tu sueño se convierta en realidad. Tu creencia es esencial. Después –continué–, busca señales que puedan guiarte. Presta atención a las coincidencias y advierte si se te presenta alguna oportunidad. Si estás receptiva, a menudo aparecerán delante de ti.

Patty nunca había abordado la vida de esa manera. Me confesó que no estaba totalmente convencida, pero, intrigada, accedió a experimentar. Sin embargo, esto no quiere decir que se quedara cruzada de brazos ni que esperara a que le llegara algo caído del cielo. Creó unas cuantas recetas especiales de pasta y convenció a algunas tiendas de comidas preparadas para que las ofrecieran. Aunque sus platos se vendían bien, era evidente que tenía que aumentar su oferta para obtener algún beneficio. Pero ¿cómo? En esa misma época, asistió a un acto de antiguos alumnos de su universidad en honor a un famoso graduado. Cuando terminó el evento, un amigo de una de sus antiguas compañeras de clase mencionó que necesitaba que alguien lo llevara al aeropuerto. Puesto que le quedaba de camino, se ofreció voluntaria. Mientras iban en el coche, le preguntó a qué se dedicaba y él le contestó que tenía una cadena de restaurantes en Phoenix. Una cosa llevó a la otra y Patty compartió con él algunas de sus ideas, que despertaron inmediatamente su interés. A raíz de esa conversación, hizo un nuevo amigo, que, más adelante, le aportó consejos, apoyo y los contactos que necesitaba para comenzar a dar los primeros pasos. Patty se había entrenado para buscar las sincronicidades, y no dejó pasar la que se le había presentado. Anteriormente, ni siquiera era capaz de pensar que su sueño podría hacerse realidad, y mucho menos que apareciera alguien en su camino para ayudarle a conseguirlo. Era demasiado tímida para decir lo que quería y podría haber dejado pasar esa situación. Pero ahora, más segura de sus propias metas y receptiva a estas «coincidencias», supo cómo sacarle el máximo provecho a la conversación. Había estado en el lugar adecuado en el momento adecuado. Pero esto no fue todo. Había creado la actitud mental correcta para reconocer una sincronicidad en el momento en el que sucedía. Ese simple cambio de actitud le permitió abrirse a una oportunidad increíble.

Según aprendes a prestar más atención, descubres que existe una gran variedad de sincronicidades con diferentes propósitos. Del mismo modo que ciertos acontecimientos sincrónicos ponen de relieve situaciones que pueden beneficiarte —en tus relaciones, elecciones profesionales o decisiones importantes—, otras te pueden mantener alejado del peligro. En algunos casos, en lugar de sentirte atraído hacia algo, puede repelerte, y, más tarde, descubrir que era una situación en la que podrías haber resultado dañado. Sin esfuerzo por tu parte, ciertos factores que están más allá de tu control se alinean a tu favor. Es una bendición, simple y clara, y necesitas aceptarla como tal.

Tengo una paciente a quien, en el último minuto, le pidieron que echara una mano en el campamento organizado por el colegio de su hija de ocho años. Tenía que acudir a Ojai, a unos ciento cincuenta kilómetros de Los Ángeles, al día siguiente. El domingo por la noche, ella y su marido subieron a su Land Rover, salieron de Santa Mónica y tomaron la autopista 1 a lo largo de la costa. Muy temprano, a la mañana siguiente, el 17 de enero de 1994, un gran terremoto sacudió la ciudad de Los Ángeles —6,8 grados en la escala Richter—. El vecindario de mi paciente fue uno de los más afectados. Su casa resultó terriblemente dañada: las puertas de cristal se habían roto, una viga gigante había caído en su dormitorio, el techo se había agrietado peligrosamente y casi todas las paredes se habían resquebrajado. Es muy probable que, gracias a la llamada sincrónica que recibieron para salir de la ciudad, evitaran importantes daños físicos.

La sincronicidad era el tema favorito del psiquiatra suizo Carl Jung. La definió como «una coincidencia significativa de acontecimientos internos y externos que no están causalmente relacionados». Habló del inconsciente colectivo, un pozo universal de conocimiento, independiente de la cultura, que nos pertenece a todos. Consideraba que era la base de lo que, en la antigüedad, llamaban «la compasión por todas las cosas» y personalmente estoy convencida de que la sincronicidad procede de esta colectividad. Todos nadamos en las mismas aguas, surcamos las mismas olas, podemos sentir la vibración que produce el movimiento del otro. Muchas personas se ven como islas, pero todos estamos más unidos de lo que pensamos. Al reconocer ese hilo común, encontramos un nuevo camino para despertar y acceder a una vida más plena. Nos ayuda a recordar la interconexión global que existe entre nosotros y a disolver las barreras artificiales, lo cual nos hace sentirnos menos solos. Las sincronicidades pueden surgir con desconocidos, pero, en mi caso, son más abundantes con las personas que quiero —pequeños detalles cotidianos que son un reflejo enternecedor de nuestra cercanía y nunca dejan de calentarme el corazón—. Ni siquiera tenemos que vivir en la misma ciudad ni hablar demasiado: nuestro lazo intuitivo siempre está ahí. Por ejemplo, mi amigo Jack vive en el interior del estado de Nueva York y nos vemos muy pocas veces al año. Recientemente, me contó que había estado de vacaciones en Boulder, Colorado, y que, mientras curioseaba en una librería de segunda mano, se acordó de mí. No pensó en nada fuera de lo común, tan sólo en cosas que habíamos hecho juntos y en algunas conversaciones que habíamos tenido. Como es un ávido lector de ciencia ficción, se dirigió a esa sección y, sin dejar de pensar en mí, cogió un libro que le pareció interesante: *Una arruga en el tiempo*, de Madeleine L'Engle. Cuando lo abrió por la primera página, se quedó muy sorprendido al descubrir mi nombre —Judi Orloff— escrito a mano y con fecha de noviembre de 1961, cuando yo tenía diez años. De niña, siempre escribía mi nombre en todos los libros por si los perdía. Cuando dejé la casa de mis padres tras terminar mis estudios en el instituto, doné montones de libros viejos. De alguna forma, veinte años después, uno de ellos terminó en Boulder y mi amigo lo encontró. Cuando Jack me lo contó, los ojos se me llenaron de lágrimas. La intimidad de esta sincronicidad, que reafirmaba la fuerza de nuestra amistad, hizo que se ganara aún más mi cariño. ¿Cómo podía haber sido planeado un incidente así? El hecho de que Jack estuviera en esa determinada librería, en el momento preciso, para descubrir uno de mis recuerdos favoritos de mi infancia, provocó en mí un torrente de sentimientos. Aunque el más tierno era la incontrovertible sensación de que todos estamos unidos por ese amor. Si lo buscamos, las pruebas están por todas partes.

La más pequeña de las sincronicidades, cuando la observas desde esta perspectiva, tiene significado, aunque sólo sea para reforzar la comprensión de que todos estamos relacionados de alguna forma. Aunque algunas sincronicidades pueden afectarte más que otras, todas son valiosas. Tanto si advierto su importancia justo cuando sucede como si no, he llegado a ver cada momento sincrónico como una extraña y perfecta armonía, similar a la precisión de dar en plena diana, un hoyo en uno en el golf o la impecable secuencia de una escalera real de color en el póker. La sincronicidad es una señal de que estamos intuitivamente sintonizados, no sólo con nuestros amigos más cercanos, sino también con el gran colectivo.

DÉJÀ VU

Mi amiga Rachel se dirigía a una entrevista de trabajo para un puesto de asesora en una residencia de desintoxicación de drogas y alcohol. Mientras se acercaba a su destino, ubicado en una peligrosa zona de Los Ángeles, descubrió que se hallaba en un vecindario lleno de traficantes de *crack*, prostitutas y bandas de delincuentes. Subió las ventanillas y bloqueó las puertas de su Mustang, y consideró seriamente si debía trabajar en esa zona. Pero en el momento en que giró a la derecha en Alvarado Street, algo cambió. Podía jurar que ya había estado allí antes. No sólo parecía reconocer la calle, sino que también conocía la distribución exacta de la destartalada casa victoriana en la que estaba a punto de entrar por primera vez.

Cuando entró en la casa, era exactamente como la había visualizado. La escalera que subía hasta el segundo piso, la sensación táctil del gastado tapizado de nailon del sofá de la oficina, los cuadros descoloridos en las paredes, hasta el collie del patio le resultaba extrañamente familiar. De repente, la situación adquirió una nueva dimensión. Había cierta incuestionabilidad en ese lugar, una inevitabilidad que era innegable.

Durante la entrevista con la directora del programa —una mujer con los ojos castaños, dura y espabilada—, se sintió como en familia. Ése fue el comienzo de un productivo empleo de tres años, que relanzó su carrera profesional hacia una dirección totalmente diferente y emocionante. Durante la mayor parte de su vida había estado recluida en el acomodado mundo del oeste de Los Ángeles, pero ese centro de rehabilitación para veinte adictos a las drogas y al alcohol —algunos recién salidos de prisión— se convirtió en su segundo hogar.

Rachel ya había experimentado en anteriores ocasiones esos instantes de reconocimiento, pero nunca los había sentido de una forma tan convincente. Los meses anteriores se había sentido perdida, incapaz de comprometerse con los trabajos que le ofrecían, y se había cuestionado si deseaba seguir en Los Ángeles. Sin embargo, con ese nuevo reconocimiento, sentía que había vuelto a su sitio. Y cuando supo con certeza que ése era el lugar donde tenía que estar, sintió una gran sensación de alivio. El deterioro y la pobreza del entorno no tenían importancia; lo que sí importaba era la sensación de propósito que sintió desde el primer momento en que llegó y la fuerza de su instinto de pertenecer a ese lugar.

El *déjà vu* es una forma común de experiencia intuitiva que la mayoría de nosotros hemos sentido. Puede suceder de un modo instantáneo o llegarnos poco a poco con el tiempo. Es una expresión francesa que significa «ya visto». Cuando nos sucede, parece provocar un recuerdo de un lugar donde ya hemos estado, de una persona que ya hemos conocido o de algo que ya hemos hecho. Se trata de una señal que nos indica que prestemos especial atención a lo que sucede, tal vez para recibir una lección específica o para terminar algo que hemos dejado inacabado.

Hay muchas teorías que tratan de explicar el fenómeno del *déjà vu*: el recuerdo de un sueño, una superposición coincidente de acontecimientos o, incluso, experiencias de vidas pasadas. Pero, a fin de cuentas, poco importa cómo decidamos definirlo. Lo significativo es que nos acerca a lo místico; es un regalo, una oportunidad para saber más de nosotros mismos y de los demás.

Cuando experimento un *déjà vu*, inmediatamente dejo aquello que tengo entre manos y presto atención. Puede ser un momento extraordinariamente claro, o ser evasivo y llegar como un rápido destello para desvanecerse poco después. Para ralentizar la experiencia, trato de observar todos sus aspectos: escucho con cuidado lo que se dice, busco cómo puede estar relacionado conmigo, y permanezco atenta a lo que puedo aprender o a lo que puedo hacer para contribuir positivamente a la situación. Cuando surgen recuerdos especiales, imágenes o sentimientos, permito que éstos trabajen a través de mí y observo hacia dónde se dirigen. Con cuidado para no analizar demasiado la situación, hago un esfuerzo especial por permanecer intuitivamente abierta y absorber la experiencia por completo.

Durante mi etapa de prácticas en psiquiatría, alquilé un apartamento en el paseo de Venice. Me encantaba estar allí. Su vibrante arquitectura, el aire fresco del océano, los imponentes atardeceres y la gran variedad de gentes satisfacían todas mis necesidades. Sin embargo, cuando comencé con mi consulta privada y mis ingresos aumentaron, mi asesor fiscal me aconsejó que comprara una casa para ahorrar impuestos. Durante mucho tiempo, me resistí a esa idea, pero, finalmente, accedí a hacerlo. Mi criterio de búsqueda era simple: quería vivir cerca de la playa. Pensé que sería fácil, pero nada de lo que veía me gustaba. Estaba frustrada y a punto de tirar la toalla, cuando una agente de una inmobiliaria me llamó con una nueva oferta. Aunque me sentía cansada y desanimada, accedí a ir a verla. En el momento en que entré en aquel lugar, supe instantáneamente que había entrado en mi casa. Me resultaba sorprendentemente familiar y acogedora, como si ya hubiera vivido antes allí. Me parecía reconocer cada una de las esquinas y no necesité a nadie que me la mostrara. Los alrededores eran hermosos, pero había algo más: intuitivamente, era como si la casa y yo volviéramos a estar juntas. Me llamaba y me daba la bienvenida. ¿Cómo no confiar en mi reacción? Me mudé allí dos meses más tarde y, a pesar de que siempre me había costado aclimatarme a un nuevo hogar, me adapté al cambio con facilidad.

Permanece atento a las experiencias de *déjà vu* en tu vida cotidiana. Es fácil no reparar en ellas y pasarlas por alto. Podrías tener una y pensar «qué interesante», pero no ir más allá de eso. Los *déjà vu* son momentos intuitivos en los que una puerta se abre, puntos especialmente críticos que te invitan a observar en detalle y explorar la situación que tienes ante ti. No dejes que esta experiencia pase inadvertida. Habla de ella con alguien conocido que pueda entenderla, para tener también su punto de vista. Cuando hablas de estas experiencias les das fuerza, reconoces su importancia y te ofreces la oportunidad de explorar su significado.

Cuando Carl Jung escribió sobre un viaje a África, describió una inconfundible sensación de *déjà vu* cuando vio a un hombre negro y delgado que se apoyaba sobre una larga lanza mientras observaba cómo su tren bordeaba una escarpada pendiente de camino a Nairobi. En *Recuerdos, sueños y pensamientos*, escribe: «Tenía la sensación de haber vivido ya ese momento y como si ya hubiera conocido este mundo separado de mí sólo por el tiempo. Me parecía como si regresara al país de mi juventud y como si conociera a aquellos hombres de piel oscura que me aguardaban desde hacía cinco mil años». Aunque ese mundo y ese hombre eran desconocidos para él y estaban fuera de su experiencia presente, Jung vio todo aquello como perfectamente natural y, en cierto sentido, no se sorprendió en absoluto. Lo llamó un reconocimiento de lo «inmemorialmente conocido».

En la cultura occidental nos educan para considerar como un extraño a cualquiera que no pertenezca a nuestro círculo de amistades o familia. Sin embargo, en ciertas ocasiones, encontramos personas que sentimos que conocemos desde hace años. Con ellas, las formalidades parecen innecesarias, podemos hablar de cualquier cosa y nos entienden, nos reímos juntos fácilmente y, tal vez, compartimos los mismos chistes. Un comentario sin importancia, el tono de la voz o la manera en que toman el café nos resultan familiares. No es que nos recuerden a alguien o que algunos rasgos de su personalidad nos parezcan atrayentes. No los vemos como extraños, sino como individuos con quienes hemos compartido parte de nuestra historia. Somos miembros de la misma tribu.

Ésta ha sido la base de mis relaciones más significativas y duraderas. A los pocos minutos de conocer a esa persona, estoy segura de que vamos a ser buenos amigos. El sentimiento de que la conozco de otro tiempo o lugar, y de que lo nuestro es un reencuentro y no una presentación, está siempre ahí. Al principio, se produce una conexión instintiva visceral y una sensación de comodidad entre nosotros que no está presente con otros amigos o conocidos.

A pesar de que he aprendido a confiar en mis instintos en ese tipo de situaciones, no es fácil que algunas personas lo comprendan. Especialmente cuando se trata de hombres. «Es un hombre tan encantador, ¿por qué no le das una oportunidad?», he oído de miembros de mi familia y amigos con buenas intenciones. Lógicamente, sabía que tenían razón y, por un tiempo, dudaba de mí misma. Al fin y al cabo, era yo la que deseaba tanto tener pareja...; tal vez me saboteaba a mí misma. De modo que probaba y pasaba un tiempo con esos hombres que tenían tan buenas cualidades, pero con los que no sentía esa conexión instantánea. Y, en todos los casos, la relación nunca funcionaba. Todas las relaciones importantes que he tenido han comenzado con un sentimiento de *déjà vu*. No te estoy sugiriendo que no sigas adelante con una relación que te interesa, ni que ésta no tendrá éxito si no hay un componente de *déjà vu* en ella. Siempre que tengas un fuerte sentimiento positivo, hónralo. Si tu sentimiento es neutral, tal vez desees investigar. Pero advierte si experimentas algún *déjà vu*. Es diferente a la química entre dos personas, a la atracción física o al hecho de congeniar inmediatamente. Aunque esos aspectos pueden estar presentes, el *déjà vu* es la sensación de que ya conocías a esa persona de antes. Es una sensación que no puedes forzar ni fingir que está ahí: la experiencia tiene vida propia. Observa en qué se diferencia ese tipo de relación de las demás. Usa el *déjà vu* como una indicación de que algo muy especial está en marcha e investiga los aspectos intuitivos de ese vínculo.

Carol, diseñadora de interiores, supo que se iba a casar con el que ahora es su marido el mismo día que lo conoció. Habían pasado tres años desde el angustioso divorcio que puso fin a su infeliz primer matrimonio. Carol todavía estaba en fase de recuperación y no deseaba involucrarse en una nueva relación. Su vida por fin se había restablecido y le gustaba tal como era. Se imaginaba que, cuando llegara el momento adecuado, iniciaría una nueva relación. Pero, por el momento, no tenía ninguna prisa.

Entonces, en una fiesta en casa de un amigo, vio a Tom. Su forma de sonreír, el brillo de su cuidado cabello gris, su voz y sus manos fibrosas le resultaron tan familiares que estaba segura de que ya lo conocía. Una vez que hablaron, resultó obvio que nunca se habían visto antes, pero ambos tenían la misma sensación. Tras una primera cita en la que fueron a comer, se hicieron inseparables. Carol me comentó:

—La forma en que nos relacionamos es extraordinaria. Desde el primer momento nos hemos sentido cómodos el uno con el otro. Pequeños detalles: su olor, su tacto, incluso la manera que tiene de decir mi nombre, inmediatamente me resultaron naturales. A veces, incluso sabemos instintivamente los gustos y las costumbres de cada uno. Como el otro día, que me regaló un ramo de lilas sin tener la menor idea de lo mucho que me gustan. O cuando le puse la semana pasada una canción poco conocida de Billy Holiday, resultó que él tenía el mismo disco. Con él, puedo ser yo misma; más que con ningún otro hombre con el que haya salido. Es una sensación tan maravillosa que resulta difícil acostumbrarse.

A las pocas semanas de conocer a Tom, Carol me anunció que iban a casarse. Me sentí dividida. Por una parte, pensé que probablemente sería mejor que esperaran un poco y se conocieran mejor. Pero también tenía en cuenta que Carol era muy intuitiva, y confiaba en sus sentimientos hacia Tom. No era una persona impulsiva. Además, todo lo que me había contado me hacía pensar que su experiencia era un *déjà vu*. Desde el principio hubo entre ellos una profunda intimidad, como la que normalmente se desarrolla en las parejas después de haber pasado muchos años juntos. Tanto Tom como Carol coincidían en la sensación de inevitabilidad de su encuentro, de predestinación, como si hubieran esperado aquel momento durante toda la vida.

Tres meses más tarde se casaron. Con el paso de los años, su relación se ha hecho más fuerte, y la cercanía y el entendimiento inicial les ayuda a sobrellevar los inevitables altibajos del matrimonio. Pronto celebrarán su décimo aniversario de boda.

Las relaciones que comienzan con la sensación de *déjà vu* pueden desarrollarse más rápidamente que las otras. No obstante, incluso aquellas que se inician como un torbellino suelen tener cierta base y firmeza. Se desarrollan a un ritmo natural y sin presiones, y parecen tener vida propia. Son relaciones agraciadas: más una «re-unión» que una unión. Al igual que las demás, necesitan compromiso y esfuerzo, pero todas las parejas que conozco que han «reconocido» al otro de esta manera han permanecido unidas. Esto no quiere decir que, si tienes una experiencia de *déjà vu* con una persona, vayas a casarte con ella. Tal vez inicies con esa persona una relación romántica corta que te ayude de un modo especial a crecer o comiences una amistad duradera basada en la confianza mutua. Sea cual sea el resultado, el *déjà vu* te indica que ocurre algo extraordinario y que debes permanecer atento.

También puede suceder que encuentres a alguien, a quien estás seguro de haber conocido antes, y que cada célula de tu cuerpo grite «¡aléjate!». ¡Y más vale que hagas caso! Existe cierta historia pasada que resuena en estos casos, que difieren de otras experiencias intuitivas. Tal vez no puedas identificar la naturaleza exacta de esa conexión, pero debes mantenerte firme y respetar tus sentimientos.

Eso fue lo que le sucedió a un amigo mío, un abogado que no tenía ninguna experiencia previa de *déjà vu*. Es un hombre amable, experto en su trabajo, y el tipo de persona que se lleva bien con todo el mundo. Sin embargo, en una reunión de negocios vio a otro abogado, a quien no conocía en absoluto, pero al que instantáneamente detestó. Me contó:

—No puedo explicármelo. Era como si lo supiera todo sobre ese hombre antes de ver su rostro. Como si, de alguna manera, cada uno hubiera estado implicado anteriormente en los negocios del otro, aunque no era así. De una cosa sí estaba seguro: no era de fiar.

Confiando en su *déjà vu*, lo evitó y no quiso mantener ni el más mínimo contacto con él. Unos seis meses más tarde, se sorprendió al ver la fotografía de ese hombre en la portada de la sección de negocios de *Los Angeles Times*. Aparentemente, había sido el cerebro de un escándalo financiero en el cual había malversado millones de dólares en fondos corporativos.

Tanto si tu reacción al *déjà vu* es positiva como negativa, puedes experimentarlo en todo tipo de relaciones, especialmente en las más cercanas. Puede sucederte en tus negocios, amistades y familia, y a menudo trae consigo consecuencias determinantes que afectan al rumbo de tu vida. Encontrar un maestro espiritual puede parecer también cosa del destino, algo muy similar a encontrar una pareja. Una de las sensaciones más fuertes de *déjà vu* que he tenido ocurrió cuando conocí por primera vez al hombre que, después, se convertiría en mi maestro. En el momento en que lo miré por primera vez, supe que era él. De repente, comprendí qué era lo que había buscado durante tanto tiempo. Y allí estaba, sentado frente a mí. La escena era tan sorprendentemente familiar que me parecía como si nos hubiéramos visto mil veces antes. Era más que un viejo amigo; instintivamente sabía que era mi guía espiritual, la persona que mejor me comprendía. Ese día, comenzó un viaje que ha durado diez años.

Hay situaciones en la vida en las que se producen fallos técnicos en el tiempo, las reglas no funcionan y reina el misterio. Son momentos de hechizo que brillan con luz etérea; momentos de *déjà vu*. Pueden suceder en cualquier lugar, en cualquier momento y con cualquier persona. Visitas por primera vez un país y descubres una calle adoquinada y serpenteante en un pequeño pueblo, y, por extraño que pueda parecer, sientes que ya has vivido allí anteriormente. O, tal vez, estás en un restaurante y experimentas una sensación de afinidad inexplicable con la mujer que está sentada en el reservado de la esquina. No dejes pasar esas oportunidades. Adviértelas, confía en tu instinto e investiga. No existe un modo de predecir a dónde pueden llevarte o qué te enseñarán. Identificar la intuición es el primer paso. Reúne el valor necesario para arriesgarte y actúa; tener fe en lo que todavía no es visible te ayudará a adueñarte de la experiencia.

CLARIVIDENCIA

La noche del 29 de abril de 1992, tuve la visión de una escena horrible mientras me duchaba. Estaba en el centro de una ciudad muy bulliciosa. Por encima de nuestras cabezas, un revólver gigante, de más de veinte metros, apuntaba hacia el suelo. De repente, una explosión atronadora silenció el ruido de la ciudad. El revólver había disparado mortíferas balas que, tras haber rebotado en prácticamente todos los edificios de oficinas, habían alcanzado a la gente. Todo era un caos: el sonido de los cristales al hacerse añicos, la gente que gritaba, el hedor del humo... Algunos testigos yacían heridos, empapados en sangre, sobre la acera. Noté la sacudida de la fuerte explosión, pero no sufrí ningún daño.

En un principio, me sentí inclinada a ver esta visión como algo personal. ¿Qué me enfadaba tanto para poder haber provocado una visión tan destructiva? No se me ocurría nada. No había discutido con mis familiares o amigos. No tenía ningún conflicto en mi trabajo. No estaba especialmente confusa. Eso era un indicio de que lo que había visto no tenía nada que ver con mi estado mental, sino que era una visión intuitiva —cuyo significado ignoraba totalmente—. Aunque la claridad de la visión me llamó fuertemente la atención, todo lo que podía hacer para descubrir de qué se trataba era esperar. Mientras me secaba, fui consciente de que, normalmente, las imágenes que tengo en la ducha no son tan vívidas. A menudo, las visiones ya aparecen en el momento en que pongo un pie allí, como si entrara en una cabina telefónica intuitiva. Libre de tensiones y relajada con el agua caliente, las imágenes (no sólo intuitivas) surgen espontáneamente y, después, desaparecen. Pero esa visión era especialmente gráfica y se me quedó grabada.

Unos minutos más tarde, cuando encendí el televisor para ver las noticias de las seis, comprendí. Aquella tarde se había anunciado el fallo del jurado en el caso Rodney King,[1] y los furiosos manifestantes incendiaron edificios, saquearon tiendas y asaltaron a varios transeúntes. Se produjeron fuertes tiroteos y, sobre la línea del horizonte, se cernió una espesa capa de humo marrón. Con los ojos pegados a la pantalla, me sentí horrorizada ante el aspecto apocalíptico que había adquirido la ciudad. Sin embargo, la naturaleza violenta de mi visión me había alertado. Me había preparado para arreglármelas con el tumulto, para que éste no me sorprendiera desprevenida. Aunque no había identificado mi visión como clarividencia (a veces, me resulta difícil saber si una impresión intuitiva sucede en el mismo momento en que me llega o va a tener lugar más adelante), ésta había mitigado el impacto inicial e hizo que me resultara más fácil permanecer centrada a pesar del caos que se había apoderado de Los Ángeles.

La palabra «clarividencia» significa «visión clara». Aunque a menudo se utiliza como sinónimo de intuición, hay una diferencia. La clarividencia no consiste en ver el futuro, sino que tiene que ver con sucesos que ocurren en el presente, tanto si tienen lugar en tu vecindario como al otro lado del mundo. Cuanto más carga emocional tenga la situación, más fácil te resultará percibirla intuitivamente. Te mantiene en contacto con tu comunidad. Ésta es la razón por la cual los conflictos sociales y políticos pueden activar la clarividencia. Los disturbios son un ejemplo perfecto. Este tipo de agitaciones a gran escala produce una señal intuitiva especialmente fuerte y clara, que podría compararse con subir al máximo el volumen de la radio. Mientras disfrutaba en la ducha, totalmente relajada y receptiva, los disturbios se intensificaban. Estaba preparada para captarlos. Cuanto más intenso sea el impacto físico y emocional de cualquier incidente, más se amplifica a nivel intuitivo, como un fogonazo de noticias frescas.

---

1. El 3 de marzo de 1991, un grupo de policías de Los Ángeles apaleó a Rodney G. King, un motorista negro que trataba de darse a la fuga y era considerado sospechoso. Aunque los informes policiales alegaron que trató de atacar a un oficial, un vídeo grabado por un aficionado desde su balcón mostró que King había recibido más de cincuenta golpes de porra y varias patadas en apenas minuto y medio. El jurado, integrado casi en su totalidad por blancos, absolvió a los agentes que aparecían en las grabaciones. La reacción popular no se hizo esperar (N. de la T.).

Todos tenemos potencial para ser clarividentes. No es algo que se limite a intuitivos profesionales o maestros espirituales iluminados. Aunque a menudo permanece en estado latente, la clarividencia es una habilidad humana que, con la orientación adecuada, puede salir a la superficie. En ciertos casos, como el de mi experiencia con los disturbios, sucede de un modo espontáneo. Pero siempre puedes entrenarte para desarrollarla y convertirla en una disciplina.

El primer paso es ser consciente de tus sentimientos. Comienza por vivir dentro de todo tu cuerpo, y no sólo en la mente. Algunos de nosotros vamos por la vida obsesionados de un modo enfermizo, insensibles del cuello para abajo. No es extraño que, entonces, las percepciones intuitivas nos parezcan ajenas. Pero si defines la manera en que sientes cada emoción —la rabia, el miedo, la tristeza, la alegría—, estarás mucho más preparado para advertir cómo reacciona tu cuerpo. Aprende a conocer tus sentimientos en sus manifestaciones más exageradas, de modo que puedas reconocerlos cuando se presenten a través de la clarividencia de una forma más sutil. Tu cuerpo actúa como un receptor intuitivo, y con frecuencia primero registra las impresiones en su núcleo más profundo.

Para sentir esos cambios, necesitas calmar la mente, ya que cuando está abarrotada de pensamientos, la intuición se bloquea. Intenta sentarte en un lugar tranquilo y sin interrupciones al menos diez minutos al día. Practica el silencio. La meditación, el yoga, los paseos contemplativos al borde del mar o los baños calientes liberan espacio en la mente. Ese tiempo de tranquilidad, cuando no haces nada y tan sólo te limitas a «ser», prepara tu mente para abrirse a una miríada de impresiones, algunas de ellas intuitivas.

La clave para cultivar la clarividencia es trabajar en ella con sinceridad. Incluso si nunca has disfrutado de ni una sola experiencia intuitiva, puedes entrenarte para lograrlo. Hay un ejercicio sencillo que enseño a mis pacientes —que yo misma utilizo cada vez que quiero sintonizar con alguien a través de la clarividencia— que tal vez tú también quieras probar. Primero, asegúrate de estar físicamente cómodo y de que nadie vaya a interrumpirte. Desconecta el teléfono y cierra la puerta. Es importante que nadie entre en el lugar donde estás e interrumpa tu concentración. Después, realiza unas cuantas respiraciones profundas, relaja tu cuerpo, deja a un lado tus preocupaciones y entra en un estado meditativo. No hay ninguna prisa. Tómate todo el tiempo que necesites. Ahora, piensa en un amigo a quien sientas especialmente cercano y comienza a centrarte en su nombre de un modo pasivo. Elige a alguien con quien puedas hablar después y que sepas que te responderá sinceramente cuando le preguntes sobre la lectura. Mantén su nombre con suavidad en tu mente. Intenta no pensar en nada más y visualiza sólo a esa persona. Al principio, puede resultar de ayuda plantear preguntas concretas. Comienza con cuestiones generales y, gradualmente, intenta dirigirte hacia asuntos más específicos. Por ejemplo, puedes preguntarte simplemente cómo se siente hoy esa persona. Ábrete a la totalidad de cada sensación que surja. No fuerces nada ni recurras a la lógica. Las impresiones te llegarán. Tal vez sientas que una ola de energía tonificante desciende sobre ti. O, quizá, te sientas increíblemente irritado sin ningún motivo. Revisa cada uno de los centímetros de tu cuerpo y busca hasta los cambios más insignificantes. ¿Te duele el estómago? ¿Sientes náuseas? ¿Estás deprimido? ¿Los músculos del hombro se han tensado y tienes una contractura? No te quedes con ninguna sensación durante demasiado tiempo. Permite que fluyan de un modo natural. Siente esos cambios en todas tus células.

Cuando estés preparado, puedes entrar en más detalles. Una vez más, empieza por formular una pregunta específica. ¿Dónde está ahora mismo mi amigo? ¿Qué lleva puesto? ¿Qué está pensando? ¿Está solo o con más personas? Analiza todos los elementos. Formula cada pregunta por separado y deja un tiempo para que te lleguen las respuestas. Puede que registres pequeños fragmentos de escenas o imágenes sueltas, o bien todo un escenario en acción. Deshazte de cualquier expectativa previa, déjate sorprender. La clarividencia puede ser como ver por primera vez. Hay algo sagrado en ella; sintonizamos tan íntimamente con un ser humano o suceso que sentimos que nos fundimos con la experiencia.

Las impresiones clarividentes a menudo llegan como ráfagas fotográficas: las imágenes, los olores, los sabores, los sonidos y las texturas son vívidos, pero fugaces. Normalmente, se presentan en series y no como una sola fotografía totalmente formada. Por ejemplo, si sintonizas con el lugar donde se encuentra tu amiga, tal vez veas primero el deslumbrante perfil de una cumbre gigantesca cubierta de nieve, y después tengas una segunda escena de una cabaña rústica de madera encaramada sobre el lecho de un riachuelo seco. Luego, la tercera imagen te revela que tu amiga está sola en el porche y hace punto sentada en una antigua mecedora. Las impresiones pueden ser muy detalladas y encajar unas con otras, como complejas piezas de un puzle que, en un principio, parece no tener sentido. Puedes percibirlas con cierto sentido de urgencia, como algo extremadamente llamativo, y tener una sensación muy palpable. Presta atención a los diferentes matices de tus reacciones y advierte cuándo sientes que algo está fuera de lugar, está bien o es inusual. Anota todas tus impresiones, pues se desvanecen fácilmente.

Cuando hayas terminado la lectura, llama a tu amiga tan pronto como sea posible para verificar tus impresiones. Eso te permite obtener una información directa sobre tu precisión. Si te has equivocado en algo, no te desanimes. Así es como aprendemos. Los errores que he tenido durante todos estos años poseen tanto valor para mí como los «aciertos». Si me equivoco en algo, trato de descubrir por qué. Muchas veces he pasado por alto algunas imágenes porque me parecían poco significativas, aunque más adelante he descubierto que eran acertadas. De esas experiencias, he aprendido que es esencial permanecer neutral durante la lectura, registrarlo todo y no hacer juicios arbitrarios ni analizar demasiado las imágenes. Las observaciones de la otra persona son esenciales para desarrollar la intuición. Pueden confirmar nuestras percepciones y permiten que la clarividencia madure.

El proceso que acabo de describir —sintonizar, permitir que las impresiones se formen sin importar lo extravagantes que parezcan y comparar los resultados de la lectura con la otra persona— es una fórmula básica para perfeccionar la clarividencia. Utilízala para aclarar cualquier circunstancia que te confunda. La clarividencia es un regalo que debe ser tratado con respeto. Con la práctica, puedes llegar a sentirla como algo natural que se entrelaza con todos los aspectos de tu vida.

છૐછૐછ

Dana, una paciente mía, es una enérgica y ambiciosa asistente de producción de una importante compañía cinematográfica de Hollywood. Últimamente, comenzaba a preguntarse si no se estaría volviendo loca. En el trabajo, nada de lo que hacía parecía acertado. Su jefe, un productor ejecutivo, le regañaba continuamente y por ninguna razón aparente. Siempre había sido un placer trabajar con él, pero hacía poco algo había cambiado, y Dana temía que la despidiesen. Aparentemente, nada tenía sentido. Puesto que era buena en su trabajo y nunca antes había tenido problemas con su jefe, le aconsejé que analizara la situación intuitivamente.

Dana no era una principiante en la intuición. Durante el año anterior, como parte de su psicoterapia, la había ayudado a desarrollar sus habilidades intuitivas. Como ya hacía lecturas por su cuenta, le sugerí que dedicara media hora a centrarse en su jefe. Le dije que, aunque obtuviera toda la información que necesitaba en los primeros minutos, era buena idea que dejara un margen suficiente de tiempo indefinido. Aprovechó que su hija de tres años estaba en la guardería y se sentó en la butaca de ante marrón de su estudio. Meditó tranquilamente y, poco a poco, comenzó a sintonizar con el nombre de su jefe. Sabía que no debía interpretar nada hasta que diera por finalizada la sesión, y confió en que, fueran cuales fueran sus impresiones, siempre estarían relacionadas con las respuestas.

A los pocos minutos, sintió una presión molesta en la frente, que ascendió gradualmente hasta que sintió como si la cabeza, que le palpitaba incesantemente, estuviera a punto de estallarle. Dana no solía tener dolores de cabeza y desconocía hasta qué punto pueden ser insoportables. No obstante, siguió con el dolor y no sucumbió a la tentación de abrir los ojos y terminar con la lectura. Se mantuvo centrada en su interior y preguntó: «¿En qué sentido afecta este dolor de cabeza a mi jefe?». Durante un rato no obtuvo ninguna respuesta. Después, vio una simple imagen nítida de él, en la cual parecía muy enfermo. Estaba en la fuente que había fuera de su despacho. Se inclinaba y tomaba una pastilla roja. La situación se aclaró por completo. No se le había ocurrido pensar que su jefe podía estar enfermo, lo que explicaba su comportamiento

Hizo unas cuantas preguntas en la oficina y descubrió que estaba en lo cierto. Supo por un compañero que su jefe sufría unas terribles jaquecas desde hacía meses. Sólo recientemente había ido a ver al médico, quien le había diagnosticado tensión alta y le había recetado un medicamento para tratarla. Con esa información, todos los elementos de su lectura encajaron: la pastilla, el dolor de cabeza y la sensación de que no estaba bien. Eso cambió su punto de vista sobre la situación. Decidió no tomar sus cambios de humor como algo personal y estar pendiente de lo que sucedía cuando él se sintiera mejor. Su estrategia mereció la pena. No mucho tiempo después, su jefe, visiblemente mejorado, dejó de hostigarla y volvió a convertirse en la persona de fácil trato que siempre había sido.

La clarividencia, como disciplina que es, puede aprenderse. Pero en ciertas ocasiones nos llega cuando menos la esperamos. Cuanto más urgente sea el problema que tratas de solucionar, cuanto más te preocupa, más fácilmente se pone en marcha. Cuando permaneces despierto toda la noche sin dejar de luchar con una complicada decisión, puedes enviar inconscientemente una señal de angustia que suscita una respuesta. Y, justo cuanto te convences de que has llegado a un punto muerto, la respuesta surge espontáneamente.

Un compañero de profesión, un respetado pediatra que no creía en la intuición, me contó en tono de broma lo que él describió como un «ensueño». Tomaba su almuerzo en el comedor de médicos del hospital Cedars-Sinai y estaba totalmente absorto en un artículo del periódico que describía los planes del gobernador para reducir el déficit. En un breve lapso de tiempo, que no pudo haber durado más de unos pocos segundos, inexplicablemente, vio una imagen del gobernador que le decía que ahora era el momento perfecto para refinanciar su casa. La verdad del asunto era que llevaba un tiempo preocupado por el dinero. Durante más de seis meses se había dedicado a recorrer sin descanso todos los bancos de la zona en busca de un préstamo hipotecario justo, pero no había tenido éxito. Había acudido a todas las entidades de crédito y estaba a punto tirar la toalla hasta que fue sorprendido por este mensaje no solicitado.

Todo aquello le parecía absurdo. Incluso en el caso de que creyera en la intuición, ¿por qué había recibido ese mensaje específico? Resultaba demasiado banal. Pero ¿y si era verdad? En realidad, no creía que esa ensoñación pudiera tener algún valor. Pero, por otra parte, no podía resistirse al impulso de comprobarlo. «¿Qué pierdo con intentarlo», se dijo antes de llamar a su banco. Sucedió que, ese mismo día, lanzaban un nuevo tipo de préstamo que se ajustaba perfectamente a sus necesidades financieras. Cuando le di un suave codazo y le pregunté si ahora ya creía en la intuición, se encogió de hombros y me respondió que simplemente había tenido un golpe de suerte. Me sonrió como si, ahora, compartiéramos un secreto prohibido. No lo admitió, pero sé que, de alguna forma, este acontecimiento ha cambiado algo en su interior.

A veces, sin embargo, nos vemos en situaciones en las que está en juego algo más que un préstamo hipotecario. Un sábado por la tarde, la madre de una paciente me llamó aterrada con la abrumadora sensación de que Katie, su hija de diecinueve años, tenía problemas. Le había dejado varios mensajes de voz en el contestador automático, pero Katie no devolvía sus llamadas. Últimamente, parecía deprimida y distante, pero se negaba a hablar de ello. Su madre no quería entrometerse en su vida, pero estaba demasiado preocupada.

—¿Qué debo hacer? –me preguntó–. ¿Crees que debería ir a su casa?

Yo sabía que Katie pasaba por un mal momento y también estaba preocupada. Sin embargo, le debía lealtad a mi paciente, no podía abusar de su confianza y tenía que mantener la confidencialidad. No obstante, sentí la veracidad del instinto de su madre y sabía lo importante que es prestar atención a esas sensaciones, de modo que, sin revelar nada más, la animé a confiar en su corazonada e ir a su apartamento.

Cuando llamó a la puerta y no obtuvo respuesta, utilizó su propia copia de las llaves para entrar. Al principio, pensó que no había nadie en casa. Pero inmediatamente después descubrió que su hija yacía inconsciente sobre la cama, con una caja de somníferos vacía y una botella de vodka casi terminada a su lado. Mientras trataba de asimilar la terrible escena, casi se le para el corazón. Si no hubieran llevado a Katie enseguida al hospital, habría tenido una alta probabilidad de no sobrevivir. La clarividencia puede servirnos como un mecanismo básico de supervivencia que nos envía señales de alerta roja. He oído muchas historias de padres que instintivamente sabían cuándo sus hijos enfermaban o necesitaban algo, aunque estuvieran a miles de kilómetros. La clarividencia alcanza su punto máximo cuando amas a alguien; estás atado a esa persona por una red intuitiva invisible. Si algo le va mal, puedes sentirlo. Esa conexión aviva la clarividencia y te permite recibir señales como si fueras una torre de control. Cuanto más abierto estás, más sutiles son las señales que puedes llegar a detectar y mayores tus recursos para advertir circunstancias potencialmente peligrosas.

En las decisiones importantes de mi vida, suelo utilizar una combinación de lógica e intuición, ya que ambas se complementan de un modo maravilloso. Tanto si estoy a punto de emprender un nuevo proyecto, explorar un rumbo diferente en mi profesión, hacer una inversión o planear unas vacaciones como si pienso en iniciar una relación amorosa, trato de analizarlo desde todos los ángulos posibles. Aunque los hechos concretos de cualquier situación son importantes para mí, si lo que investigo intuitivamente no me encaja, rechazo de forma invariable la proposición por muy atrayente que pueda parecer.

Para que las lecturas sean fiables, debo mantenerme neutral, pero eso no siempre es fácil. Si estoy demasiado implicada emocionalmente con la persona o situación en la que me centro, me resulta casi imposible dejar a un lado mis sentimientos. Siempre que deseo mucho algo o estoy demasiado interesada en los resultados, no me puedo distanciar lo suficiente como para formarme una opinión precisa. Mis deseos y expectativas enturbian la imagen y no puedo ver con claridad.

Una noche tuve una discusión terrible con mi novio. Sin saber cómo, comenzamos a discutir. Se enfureció por un comentario que yo había hecho, pero estaba demasiado disgustado para hablar de ello. No me decía nada, y cuanto más insistía yo en el asunto, más se enfadaba. Antes de que pudiera darme cuenta, cogió su cazadora tejana y salió disparado por la puerta. Me sentía como si hubiera cometido el crimen del siglo, pero no tenía ni idea de qué se trataba. Y, lo que era peor, no hay nada que me enfade más que sentirme excluida.

Desafortunadamente, no era mucho lo que podía hacer en aquel momento, así que traté de sintonizar con el motivo de su enfado. ¿Cómo podía esperar mantenerme neutral ante un suceso tan volátil? Estaba demasiado enfadada y herida para intentar hacer una lectura. Era ridículo. Si no podía distanciarme lo suficiente de mis sentimientos, ¿cómo iba a poder comenzar a sentir los suyos? El uso de la clarividencia requiere que podamos reconocer nuestras capacidades y limitaciones. Aunque no es un instrumento mágico ni infalible, te ofrece una visión más perspicaz de las cosas, una oportunidad para hacer elecciones acertadas y tratar con mayor sensibilidad a los demás. Tanto si estudias con un profesor especializado como si te entrenas por tu cuenta, debes emprender tu aprendizaje con un espíritu de amor: vívelo, comunícalo y difúndelo. Entonces, con ese conocimiento, tal vez puedas descansar, tomar aliento y encontrar verdadero consuelo en la sabiduría que has adquirido.

EMPATÍA INTUITIVA

¿Te ha sucedido alguna vez que comienzas a charlar en una fiesta con alguien que parece agradable y, de repente, sientes que te has quedado sin energía? ¿Alguna vez has ido al cine a ver una película ligera y, cuando termina, te sientes triste y deprimido? Si es así, es probable que se te haya pegado el ánimo de las personas que estaban cerca de ti. O tal vez te haya ocurrido que el compañero de trabajo que se sienta a tu lado esté de tan buen humor que sientes que su entusiasmo es contagioso. Te sientes increíblemente feliz, pero no sabes por qué. Éstos son algunos ejemplos de empatía intuitiva. Aunque muchos de nosotros la tenemos, a menudo no somos conscientes de ella. La empatía llega de un modo natural cuando te sensibilizas con las emociones o ideas de otra persona. Un buen amigo se casa y tú celebras su felicidad. Un socio pierde su trabajo cuando su empresa se declara en bancarrota y tú también te sientes perturbado. A tu hermana le diagnostican un cáncer y sientes su miedo y dolor. Cada vez que reaccionas ante otra persona con generosidad de espíritu, muestras que eres un ser humano bondadoso que realmente se preocupa por los demás.

La empatía intuitiva, sin embargo, va algo más lejos. Es la capacidad para fundirse con alguien y, durante un momento, poder ver el mundo a través de sus ojos y sentirlo a través de sus sentimientos. Los individuos con empatía intuitiva están tan misteriosamente sensibilizadas que pueden sentir lo que sucede en el interior de otra persona —tanto a nivel emocional como físico— como si les ocurriera a ellos. Si encajas en este perfil, puede que te resulte imposible diferenciar esas sensaciones de las tuyas propias, y es probable que eso te haga dudar de ti mismo.

Las personas con este tipo de empatía no tienen los mismos límites que el resto de la gente y, muy a menudo, sienten más de lo que pueden soportar. Además, puesto que la empatía tiende a automatizarse y a arraigarse en tus costumbres, puede que no llegues a apreciar el impacto que tiene en tu vida. De todos los fenómenos intuitivos, éste es el que más pasamos por alto y el menos comprendido. Aunque, con frecuencia, la empatía intuitiva nos confunde y desorienta cuando no está identificada, puede convertirse en un regalo si aprendemos a adaptarnos a ella. Desafortunadamente, como estas personas sufren tantos síntomas que no son suyos, los médicos, hartos de sus continuas quejas, a menudo las califican de hipocondríacos.

Murray —un buen ejemplo de este tipo de empatía— no sale con chicas. No puede hacerlo. Cuando estaba en sexto, sin saber qué le sucedía, experimentó la empatía intuitiva por primera vez. En clase, se le asignó un asiento al lado de Laura porque sus apellidos comenzaban con la misma letra. Laura sufría de terribles dolores de estómago. Murray también, pero sólo si ella estaba cerca. Cuando habló con sus padres de sus dolores de estómago, lo llevaron al pediatra y le hicieron un chequeo. Pero no descubrieron nada. Sus padres y profesores no sabían qué hacer. Finalmente, fue Murray quien se dio cuenta. En cierta ocasión, en la que Laura se ausentó durante una semana, observó que él no tenía problemas de estómago. Con una percepción excepcional para un niño de su edad, llegó a la conclusión de que sus síntomas, de alguna manera, debían de tener alguna relación con Laura. Para probarlo, le pidió a su profesor que le cambiara de asiento, y, a partir de ese día, dejó de dolerle el estómago.

Pero, aunque fue lo suficientemente perspicaz como para darse cuenta de que el problema de Laura le afectaba, nunca solucionó la cuestión esencial: cómo usar la empatía de una manera positiva sin absorber lo que los demás sienten. Puesto que los síntomas de la empatía se hacen más fuertes cuanto más cerca está la persona de la fuente que los origina, cuando más unido se siente a una persona, más agobio experimenta. Esto le impide salir con chicas.

Yo también experimenté ese tipo de empatía de niña, pero, a diferencia de Murray, no sabía que mis sensaciones estaban relacionadas con las de otras personas. Cuando me decían que era «demasiado sensible» y necesitaba endurecerme, me lo creía. Mis amigos esperaban ansiosos los fines de semana para ir a centros comerciales y fiestas, pero a mí nunca me apetecía tanto como a ellos. Puesto que, a veces, me sentía agobiada cuando estaba rodeada de muchas personas (no podía predecir cuándo), ciertas actividades normales de ocio podían convertirse en una pesadilla. En esos momentos, trataba de cerrarme y bloquear todo lo que me llegaba de fuera, temerosa de que, si bajaba la guardia, la intensidad me hiciese estallar en pedazos. Era una esponja gigante que absorbía, sin saberlo, los dolores y las emociones que tenía a mi alrededor, a menudo sin ningún tipo de filtro. Podía estar sentada en un autobús y, de repente, percibía un dolor indefinido en la parte baja de la espalda, sin sospechar jamás que posiblemente viniese del anciano que estaba sentado a mi lado. O hacía cola en el cajero del supermercado, al lado de una mujer que estaba triste, y, sin saber por qué, sentía ganas de llorar.

Me había convertido en un camaleón humano, una condición ingeniosamente retratada en la película *Zelig*, del director Woody Allen. Zelig tiene una identidad tan débil que, para poder agradar, se convierte en cada una de las personas que hablan con él. Durante la película, se convierte en un oficial nazi de la SS, un empleado chino de una lavandería, un rabino, un cantante de mariachi en México y un tipo obeso de más de 120 kilos.

No fue hasta que comencé a trabajar en el laboratorio de Thelma cuando tuve la oportunidad de hablar con otros empáticos intuitivos, muchos de los cuales eran sanadores. Me sorprendió descubrir que existía un nombre para lo que me sucedía y que esa habilidad podía tener alguna utilidad. Durante mucho tiempo, la había sentido como algo que me estorbaba. Pero la empatía era algo natural para esos sanadores. La aceptaban y se mostraban tan despreocupados por ella que, por primera vez, no me pareció extraña.

Un día, comí con una maravillosa mujer de unos ochenta años que llevaba una trenza gris hasta la cintura. Desde su infancia, había experimentado la empatía intuitiva. Era psicoterapeuta y sanadora, tenía una consulta floreciente y, a la hora de hacer diagnósticos, usaba su talento para sentir los problemas de sus pacientes en su propio cuerpo. Sin embargo, los síntomas que recibía no se quedaban en ella. A través de la meditación, había aprendido a sintonizar empáticamente con el estado físico y emocional de sus pacientes, pero sin tener que cargar con sus síntomas.

—¿Cómo lo haces? –le pregunté fascinada.

—Me veo simplemente como un canal –me dijo–. Dejo que los sentimientos fluyan a través de mí sin identificarme con ellos.

Eso parecía razonable, pero necesité años para entenderlo y llevarlo a la práctica. En cierta ocasión, un sagaz terapeuta me señaló que las cualidades que absorbía de otras personas eran precisamente aquellas que no reconocía en mí. La rabia, por ejemplo, que a veces llega sigilosamente sin que la note o puede dar vueltas justo por debajo de la superficie. Si paso mucho tiempo sin ser consciente de ella, mi empatía intuitiva me lo hace saber con toda su fuerza. Entonces, no sólo siento más vivamente la rabia de otras personas, sino que también la atraigo: todo el mundo a mi alrededor parece enfadado por algo y la negatividad queda registrada en mí. Pero una vez que voy al origen de mi enfado, ya no me quedo atrapada en esos sentimientos ni los absorbo empáticamente.

Parece magia, pero no lo es. El principio más básico de la empatía, el secreto para desengancharte de un aluvión de emociones no deseadas, es ser todo lo consciente que puedas de tus motivaciones. No permitas que la depresión, el miedo, la rabia o el resentimiento aniden en ti; de ese modo, evitarás atraer inconscientemente esas emociones. Cuanta más claridad emocional tengas, menos problemática será tu empatía. La diferencia es que si estás en un restaurante y te llega una molesta ola de angustia del hombre que se encuentra en el reservado de al lado, no te quitará energía ni te afectará. La energía únicamente se agota si algo similar está activado en ti. Si no te resistes ni te dejas atrapar por esa angustia, podrás advertirla y decir «¡ajá!, ¡qué interesante!», y después dejar que la emoción pase.

Pero, ¿qué sucede con los síntomas físicos? ¿Cómo puedes evitar cargar con ellos? Hay una pequeña diferencia. Es verdad que, si sueles padecer migrañas, tenderás a advertirlas empáticamente en otras personas. Tal vez puedas notarlas a un kilómetro de distancia. Eso, por lo general, se aplica a cualquier debilidad física. Sin embargo, también puedes percibir muchos otros problemas físicos que nunca has experimentado personalmente. La clave radica en aprender a distanciarte de ellos. La meditación puede ayudar. Tu cuerpo se convierte en tu guía. Al centrarte en ti mismo a través de esta disciplina diaria, puedes aprender a convertirte en un testigo neutral de tus sensaciones físicas. Si sientes un ligero dolor en la espalda, advierte cómo llega y se va, como si fuera una nube en el cielo. No te resistas a él ni le prestes demasiada atención. Simplemente observa. Tienes que distanciarte del dolor mientras permaneces, al mismo tiempo, consciente de él, como si miraras una película. Eso te da la flexibilidad que necesitas para decidir si quieres entrar en la sensación o no. Tal vez necesites un tiempo para aprender este procedimiento, pero ten paciencia. Si no te tensas ni entras en el dolor, éste se hará más fluido y suave, y podrá desaparecer. Hay una gran libertad en ello.

Mi amiga Hayden no era consciente del sufrimiento que le causaba la empatía intuitiva hasta que su marido se lo hizo ver. Hayden es una de las personas más amables que conozco, y siempre apoya desinteresadamente a sus familiares y amigos. Le encanta ayudar, pero eso tenía una desventaja para ella. Cada vez que hablaba con alguien que experimentaba ansiedad, depresión o dolor físico, enseguida comenzaba a sentir lo mismo. Solía terminar agotada y, con frecuencia, necesitaba varias horas para poder desprenderse de las molestias.

Su marido, que era un hombre muy sensible, estaba preocupado. Le insinuó que, tal vez, absorbía las sensaciones de los demás a través de su empatía intuitiva, y que si reconocía que era efectivamente así, podría comenzar a manejarse mejor con ese tipo de situaciones. Hayden valoraba su empatía —le permitía amar con todo su corazón y estar totalmente presente—, y no quería renunciar a ella. Pero, para mantener su energía, sabía que no podía cargar con las preocupaciones de todo el mundo. No era bueno para ella ni para los demás. Finalmente, para resolver ese dilema, concibió un nuevo estilo de ayudar a otras personas. Además de la meditación, un cambio estratégico de actitud puede ayudarnos a tomar distancia. Hayden sabía que no era responsable del dolor de los demás y que no podía solucionarlo. Pero, aunque ya había tratado de actuar anteriormente según esa comprensión, ahora, puesto que estaba en un aprieto, tenía que ponerla en práctica. Ésa era la clave; le permitía distanciarse un poco y ser igual de cariñosa, pero mantenía una actitud más centrada. De esa forma, podía hacer uso de su empatía y disfrutarla.

En mi trabajo, la empatía me ofrece un conocimiento previo de lo que mis pacientes sienten y me permite seguir su marcha, no sólo mentalmente sino también con mi propio cuerpo. Cuando abro la puerta de la sala de espera para saludar a un paciente, a menudo sé qué tal está antes de que comience a hablar. Es como si unos dardos invisibles salieran de su cuerpo y llegaran hasta mí. Me tocan, aunque no físicamente. Es una sensación tan delicada que me hace pensar en una mariposa que mueve las alas imperceptiblemente mientras se posa sobre la palma de mi mano.

La aguda sensibilidad que acompaña a la empatía intuitiva puede ser una extraña bendición. Algunos nunca llegan a experimentar sus bondades porque les parece una carga demasiado pesada. Creo que a muchos agorafóbicos les aterra abandonar sus casas porque, en realidad, son personas cuya empatía intuitiva no ha sido diagnosticada. No toleran las multitudes y harán cualquier cosa por evitarlas. Les agobia tanto estar en una calle concurrida, en grandes almacenes bulliciosos, en ascensores atestados de gente o sentirse como sardinas en lata en un avión que necesitan salir de allí, y rápido. La estimulación intuitiva que sienten cuando están rodeados de multitudes es excesiva. Ésa es la razón por la que se sienten más seguros en casa; se aíslan para poder sobrevivir. Pero no todos los casos de empatía intuitiva son tan extremos. Lo más normal es que surja en nuestra vida cotidiana de un modo más sutil. Soy amiga de una pareja de ancianos judíos, Bertha y Saul, quienes llevan más de cincuenta años casados. Después de tanto tiempo son como uña y carne, y, a veces, esto los vuelve locos. Sus ritmos están tan entrelazados que actúan como si fueran una sola persona y reaccionan mutuamente de un modo visceral. Si a él le duele la cadera, ella lo siente.

—¿Qué te pasa? –le pregunta ella sin decir una sola palabra.

Entonces, Saul siente una punzada en el corazón y le dice a su mujer:

—No lo niegues, Bertha. Estás deseando que tu hermana te llame.

—Eres un sabelotodo –contesta, molesta por lo fácil que le resulta a su marido ver a través de ella.

Han vivido juntos tantos años que se han convertido en uno. Esto también sucede con muchos padres e hijos. Una paciente mía, cuando su bebé tenía cinco semanas, se despertó en mitad de la noche con la garganta oprimida y dificultad para respirar. Como acababa de ser madre, su primer instinto fue ir a ver si su bebé estaba bien. Corrió a su habitación y descubrió que su hijo tenía un terrible catarro y mucha fiebre. En el momento en que mi paciente identificó el problema, su respiración se normalizó —eso sucede muchas veces con la empatía intuitiva—, e inmediatamente hizo una llamada de urgencia a su pediatra. El hecho de que desarrollara a través de la empatía los síntomas de su hijo resultó ser un regalo caído del cielo: captó su atención, lo que le permitió actuar rápidamente y obtener de inmediato el tratamiento que su bebé necesitaba.

Mi amiga Liz estaba tan empáticamente unida a su primo, quien estaba ingresado el hospital Cedars-Sinai, enfermo de sida en fase terminal, que podía sentir sus altibajos como si fueran suyos. Y no era que hiciese un esfuerzo por sentirlos; simplemente se hallaban muy unidos. Crecieron en el mismo vecindario, cerca de Hancock Park, y de niños eran inseparables. Antes de que él enfermara, solían hablar al menos una vez al día y se lo contaban todo. Había estado a su lado desde el comienzo de la enfermedad y lo compartían todo, hasta los detalles más insignificantes. Tanto si estaba en el hospital con su primo, como sola en la ciudad, de repente, cada vez que él tenía náuseas, se mareaba o se deprimía, ella sentía lo mismo. Hacia el final, también experimentó una sensación de paz poco común. Desde luego, eso no era cómodo para ella. Pero veía esa reacción tan intensa como una muestra del profundo amor que se profesaban. Se daba cuenta de que el amor es así, que ésa era su verdadera belleza. Esa conexión mutua le permitió estar totalmente presente para él cada vez que la necesitaba y participar afectuosamente en su muerte.

Para mí, la sensación de comunidad que aporta la empatía intuitiva es más natural que las murallas arbitrarias y las prisiones autoimpuestas que construimos para aislarnos de los demás. Cuando reconoces la empatía en ti por primera vez, tal vez necesites ayuda para acostumbrarte a ella. No dudes en consultarlo con alguien que tenga conocimiento de los desafíos que implica. Puede ser un terapeuta, una persona intuitiva especializada, un profesor de meditación o un sanador —lo ideal es que hayan tenido alguna experiencia directa con este tema—. Una vez que la empatía intuitiva deje de asustarte, podrás contemplarla como una extensión de tu amor con potencial para unirte a los demás. Su propia existencia sugiere una unidad, una hermandad que todos podemos abrazar. En ti surge una profunda compasión junto con un reconocimiento de aquello que nos hace semejantes. Creo que existe una red invisible que conecta a todos los seres sensibles, pero yace dormida hasta que la intuición actúa como el generador que la activa y le da vida. Nuestras existencias cotidianas nos proveen de un potente telón de fondo, un laboratorio a nuestro alcance donde podemos experimentar una plétora de posibilidades. Algo de tacto, una actitud de juego y un respeto permanente invitan a la intuición y nos muestran el estado de las cosas. No debemos exagerar ni menospreciar la intuición, sino que más bien hemos de recolocarla en el contexto de nuestro mundo moderno para poder integrarla. Debemos reconocerla en los muchos milagros que pasamos por alto y en las cuestiones simples de nuestra vida cotidiana. Entonces, el matrimonio entre lo místico y lo ordinario romperá el velo de las brumas para que Avalón pueda existir de nuevo. No como una isla remota encantada, sino como algo vivo y pulsante en nuestras calles y corazones.

10

LA PERSONA INTUITIVA
EN EQUILIBRIO

La humildad es la muestra más clara de fortaleza.

THOMAS MERTON

Las hileras de focos deslumbrantes hacían que todo en aquel estudio de televisión pareciera irreal. Estaba entre el público, al lado de una mujer cuya hermana aseguraba que la había maldecido una bruja, y esperaba mi turno para hablar en un programa de entrevistas que giraba en torno al fraude en el mundo de la intuición. En el escenario ya estaban la mujer maldecida —era la esposa de un abogado e iba elegantemente vestida—, su actual vidente —una mujer extravagante, teñida de rubio platino y con un escote excesivo— y un hombre de 150 kilos —también vidente— dueño de una línea telefónica de adivinación que hacía además de línea erótica durante las horas de poca afluencia.

Me moría de vergüenza. Cuando accedí a participar en el programa, me había imaginado que sería como una mesa redonda de personas normales y que hablaríamos de los posibles fraudes. ¡Pero no ese circo! Para colmo, tenía que aparecer la última, supuestamente como la experta en el tema, y comentar lo que cada persona había dicho para rematar el espectáculo. La hermana de la mujer maldecida, que se daba cuenta de la horrible posición en la que me encontraba, me apretó la mano compasivamente, suspiró y me deseó buena suerte.

Hasta ese momento, y tras tantos años de trabajo en este campo, mi contacto con ese tipo de flagrantes caricaturas de personas intuitivas había sido mínimo. Poco me importaba si eran auténticos o no. Lo que verdaderamente me irritaba era el descabellado y estrafalario estereotipo que proyectaban: una de las principales razones por las que las personas normales desconfían de los intuitivos. Por supuesto, el aspecto no lo es todo, pero, en este tema en particular, puede llegar a transmitir mucho.

La persona intuitiva equilibrada no viste largas túnicas blancas ni anda con una bola de cristal. No te agarra la mano en medio del supermercado para insistir en hacerte una lectura. No te suelta de buenas a primeras una información que no has solicitado. Es una persona normal. Y lo más extraordinario de ella es que parece totalmente normal. Su poder está interiorizado e integrado. No necesita hacer alarde de él. Cuando, con buen criterio, hace uso de su don, irradia una discreta sensación de calma, y vemos un individuo que no necesita ensalzar sus cualidades, un individuo que es profundamente sencillo.

Lamentablemente, se ha enturbiado la identidad de la intuición. Debe ser rehumanizada, y su integridad, restablecida. La esencia de lo sagrado tiene que ser restaurada. Hay una película titulada *Resurrección*, que me encanta. Cuenta la vida de una mujer que pasa por varias fases hasta llegar a aceptar que es sanadora intuitiva. Aunque, durante un tiempo, cae en hacer demostraciones públicas de sus poderes ante multitudes, finalmente opta por usar sus dones de una manera más humilde. En la escena final de la película, es propietaria de una gasolinera en un lugar aislado del desierto de California, y, cuando un niño enfermo de cáncer pasa un día por allí, lo abraza sin decirle ni una palabra y, secretamente y en silencio, lo cura. No lo hace por necesidad de reconocimiento, sino por humildad y por un simple deseo de ayudar.

Sin embargo, no es sólo a causa de los fraudes por lo que la gente ve la intuición con recelo. Consideremos la posición de la medicina convencional: si echas un vistazo al libro *Manual de Diagnóstico y Estadística IV* (DSM), la biblia de la Asociación Americana de Psiquiatría, podrás ver que la clarividencia se equipara con la psicosis. Sólo hace referencia a ella como síntoma de un problema mental, un desorden bioquímico que necesita ser erradicado con potentes fármacos antipsicóticos como la torazina. No dice nada positivo o razonable sobre ella. Lamentablemente, el sentimiento general entre la mayoría de los médicos convencionales es que la intuición no existe; que se trata de una farsa o una enfermedad.

Creo que este enfoque de la medicina presenta una gran miopía. Aunque es cierto que muchos psicóticos están convencidos de que pueden leer los pensamientos o predecir el futuro, también es verdad que una persona bien equilibrada puede desarrollar la intuición, y que en otros casos es una evolución natural del crecimiento espiritual. No sólo nunca me enseñaron esto, sino que, hasta que el DSM fue revisado en 1994, el tema de la espiritualidad no se tocaba en absoluto en ningún círculo de psiquiatría. En la actualidad, todo lo concerniente a este tema queda relegado al epígrafe «Otras categorías que pueden requerir atención clínica», que se limita a asuntos relacionados con el duelo y el cuestionamiento de la fe. No hace ninguna mención específica a la intuición. En nuestros días, sólo una minoría de psiquiatras la reconoce. Y son aún menos quienes la ven como un don.

Durante mi etapa de prácticas, los pacientes eran psicóticos —los cuales necesitaban medicación— o no psicóticos. Los límites estaban bien definidos. Por consiguiente, no es de extrañar que, a mitad de la década de los ochenta, la psiquiatría me pareciera un desierto espiritual. Había seguido el sendero de la psicoterapia y los fármacos, había comprobado sus ventajas e inconvenientes, pero deseaba algo más. Anhelaba encontrar alguna forma de incluir la intuición y la espiritualidad en mi consulta, pero no disponía de ningún modelo que pudiera seguir. Después, conocí el Spiritual Emergence Network (SEN), un centro médico y de aprendizaje en las afueras de San Francisco, fundado por el psiquiatra Stanislav Grof y su mujer Christina. El SEN establecía una importante distinción entre la enfermedad mental y la emergencia espiritual. Su principal premisa era que ciertas crisis personales pueden conducir a un crecimiento espiritual. Los voluntarios y el personal, por lo general, remitían a las personas que llamaban de todo el mundo a profesionales de la salud —psiquiatras, psicólogos y terapeutas— con formación clínica y experiencia en el tratamiento de la intuición. Ésa era exactamente la alternativa compasiva, inteligente y responsable que había buscado, y no oportunistas casposos ni líneas telefónicas de servicios de videncia. Era una bendición saber que un grupo así existía, «un amplio modelo de asistencia en salud mental con el objetivo de ayudar a personas en crisis a través de métodos científicos y espirituales». Contacté con ellos e inmediatamente me ofrecí como coordinadora del área de Los Ángeles.

A través del SEN recibí llamadas de todo tipo de personas, muchas de las cuales pasaban por poderosas experiencias místicas o intuitivas. Percibía el pánico en sus voces. A menudo, temían volverse locas y tenían que hacer acopio de valor para llamar. Todos eran muy conscientes de lo que la psiquiatría tradicional les podía ofrecer, y estaban aterrados. Obviamente, los fármacos muy potentes, la terapia de *electroshock* o la psicoterapia intensiva no les ofrecían ningún consuelo. En SEN aprendí a no alimentar sus miedos, a ayudarles a encontrar un contexto espiritual y a ver sus luchas desde un nuevo ángulo —no como una disfunción, sino como un acceso a algo mayor—. Observé que cuando, en lugar de ser juzgadas por las normas convencionales, recibían apoyo, sus crisis evolucionaban de un modo natural y, en muchos casos, tenían como resultado tremendos avances. Eso las llevaba a valorar la intuición en sus vidas, y en ciertas ocasiones se despertaban auténticos dones.

Al poco tiempo de comenzar mi colaboración, el SEN me envió a Theresa, una mujer latina, directora de publicidad, que apenas había podido dormir en diez años. Por la noche, lloraba de forma incontrolable, daba vueltas por la casa frenéticamente, se retorcía las manos y gemía. Nunca se había sentido así y le horrorizaba la idea de volverse loca. Había crecido en una diminuta aldea de una zona rural de Guatemala, y, durante la mayor parte de su vida, había creído firmemente en la hechicería y los remedios herbales. La habían entrenado como curandera y había aprendido a usar sus sueños intuitivos y visiones con fines curativos. Como resultado de ello, se mostraba recelosa de la psiquiatría convencional.

A los veinte años, tras haberse mudado a Los Ángeles, dejó de practicar sus tradiciones indígenas. Deseaba desesperadamente tener éxito, y nada iba a impedírselo. En el conservador y dinámico mundo de los negocios, sus ideas espirituales sólo le ayudarían a parecer extraña. Así que, como si hubiera memorizado todas las palabras de los libros de Dale Carnegie, acortó su nombre y se hizo llamar Teri, e iba siempre vestida para matar. Olvidó oportunamente sus antiguas costumbres y, durante ocho años, fue de ascenso en ascenso hasta ser reconocida como una de las mujeres más destacadas de su sector. Entonces, una noche, tuvo una visión inesperada. Cuando vino a verme, todavía trataba de mantener su fachada profesional, pero tenía profundas ojeras en el rostro.

—Probablemente querrás encerrarme en un hospital —soltó a bocajarro—. He tenido una visión horrorosa. El lunes pasado me desperté en mitad de la noche y allí estaba mi hermana mayor en una esquina de la habitación. Tenía un agujero enorme en el pecho, del tamaño de una pelota de baloncesto. De él, salía un chorro de luz blanca. Me quedé petrificada. Supe que va a morir.

Aquella noche dio vueltas en la cama sin descanso hasta el amanecer. Amaba a su hermana, pero le enfurecía que esa visión se hubiera entrometido en su nueva vida completamente occidental. Más tarde, ese mismo día, recibió una llamada de Guatemala. Era su hermana, a quien le acababan de diagnosticar cáncer de pulmón. Theresa había tratado de dejar atrás su pasado, pero éste la había alcanzado y ya no podía ignorarlo.

Yo estaba convencida de que Theresa no padecía psicosis. Más bien la premonición había provocado que su ansiedad se disparara. No estaba preparada para que esos dos mundos colisionaran de repente y había tratado de separarse de su parte visionaria, pero ésta no dejaba de avanzar. Inmediatamente comprendí el tremendo conflicto que esa situación creaba en su vida. Mi papel consistiría en ayudarla a unificar esos dos aspectos de sí misma.

—Eso es imposible —protestaba—. O soy curandera o soy mujer de negocios. Esas dos cosas no se pueden mezclar.

Sentí mucha pena por ella. Era como escucharme a mí misma unos cuantos años atrás. Pero sabía lo que tenía que hacer. Le hablé de mi propia historia, de mi lucha contra mi parte intuitiva y de cómo lo había superado. Si me hubiera mantenido más distante, mi enfoque habría perdido gran parte de su poder. Mi planteamiento fue similar al de los programas de doce pasos: me presenté como alguien que ha tenido el mismo problema, y hablé de los buenos y malos momentos de mi viaje. Al principio, parecía desconfiada. ¿Cómo podíamos ser tan parecidas? De hecho, los primeros meses que trabajamos juntas, creía que yo me limitaba a seguirle la corriente. Aunque escuchaba lo que le decía, no me creía. Mi desafío era ayudarla a ver sus cualidades intuitivas desde otra perspectiva. Creía que, para convertirse en una vidente moderna, tenía que deshacerse de su anticuado estereotipo de bruja de aldea. Conforme hablábamos de sus miedos y viejas ideas, y su pasado dejó de ser un secreto, su ansiedad comenzó a desaparecer lentamente. Sin embargo, nuestro trabajo avanzaba a paso de hormiga hasta el día en que decidió usar mi consulta como un lugar seguro para tratar de abrirse intuitivamente.

Un día, me anunció que quería hacer una lectura. Ése era el momento que yo había esperado. En esa sesión, y muchas otras veces más adelante, hizo una lectura de mi vida y yo comenté con ella la precisión de sus aciertos. Eso significaba que tenía que prepararme para revelar información que podía ser extremadamente personal. No tenía sentido negar lo que percibía sólo porque era demasiado privado; habría resultado contraproducente para nuestro propósito. Mostrar tanta cercanía con un paciente es una decisión que depende de la conciencia de cada uno. Pero sentí que Theresa podía asumirlo. Recuerdo cuando me dijo:

—Veo una imagen de ti con los pies cortados. Parece que no consigues equilibrarte.

En ese momento, no habría podido estar más acertada. Había tenido un día espantoso: una amiga que luchaba por no beber había terminado, una vez más, inconsciente en la unidad de tratamiento de dependencias químicas del hospital; la batería de mi coche se había estropeado justo cuando iba a verla; y, como tuve que alquilar un vehículo, llegué tarde a una cita con un paciente, quien se marchó antes de que yo hubiera llegado. Compartí abiertamente todo esto con ella, no para ventilar mi frustración, sino para que pudiera interpretar la metáfora de su visión. En otra sesión, me preguntó:

—¿Conoces a un hombre mayor que padece de problemas respiratorios? Tiene la cara muy redonda y mucho sentido del humor.

Supe inmediatamente de quién se trataba. Era el mejor amigo de mi padre, un eterno bromista a sus ochenta años. El día anterior había ingresado en la unidad de cuidados intensivos del Cedars-Sinai a causa de una fiebre peligrosamente alta provocada por una neumonía aguda. Hice las observaciones oportunas para que pudiera saber que estaba en lo cierto. Poco a poco, a través de ese tipo de ejercicios, su confianza en sí misma aumentó. Me sentía como si entrenara a un boxeador profesional que hubiera estado muchos años alejado del cuadrilátero. Aunque le faltaba experiencia y se sentía insegura, con la práctica se acostumbró a recurrir a la clarividencia y aprendió a usarla con comodidad, no sólo conmigo sino también en el mundo de los negocios, con su familia y, en especial, mientras su hermana estuvo enferma.

Theresa era una mujer inteligente, abierta y eficiente que simplemente se hallaba en mitad de una crisis; era el perfecto ejemplo de una persona abrumada por una emergencia espiritual. En el SEN me sorprendió ver la gran cantidad de gente que encajaba en esa categoría. Tenían visiones, oían voces y, a menudo, temían volverse locas. Catalogar esos síntomas como psicóticos y considerarlos propios de una enfermedad mental las habría perjudicado terriblemente. Sin la ayuda apropiada, probablemente no habrían llegado a ver el surgimiento de la intuición como un punto de inflexión espiritual en sus vidas.

A pesar de mi pasión por este enfoque, había situaciones en las que no era apropiado, especialmente en el caso de los enfermos mentales crónicos. Por mucho que creyera en las buenas intenciones del SEN, con algunos pacientes me sentía desesperadamente frustrada. Como coordinadora de la zona, lo más problemático era el aluvión de llamadas que recibía de personas con claros síntomas psicóticos que están convencidas de poseer habilidades intuitivas: el maníaco-depresivo que llevaba años entrando y saliendo de instituciones mentales o el esquizofrénico bajo tratamiento de torazina que juraba que el FBI le perseguía. Los casos más perdidos y desesperados llegaban a mí con la esperanza de que confirmara sus poderes especiales, algo que ningún psiquiatra había hecho anteriormente.

Eso me ponía en una situación delicada. Con aquellos pacientes cuya psicosis estaba muy arraigada, por mucho que deseara animarlos, no podía distinguir la intuición de la enfermedad. Con ellos sólo podía trabajar con métodos de la medicina convencional. Luchaban por tener un trabajo, ser independientes, comer bien y cuidar su higiene personal. Lo último que necesitaban era pensar en metafísica. Y los pocos pacientes que poseían algún tipo de habilidad intuitiva eran demasiado inestables emocionalmente como para correr el riesgo de desarrollarla: de haber enfatizado en la intuición, sólo habría agravado sus psicosis.

De modo que declaraba que era intuitiva, me ofrecía a desarrollar la intuición en los demás y, sin embargo, rechazaba ayudarlos. No podían imaginarse mis razones, y a menudo se sentían traicionados por lo que ellos percibían como hipocresía y falta de apoyo. Me resultaba desmoralizador que me vieran como una psiquiatra incomprensiva más, incluso peor que los otros, puesto que, para ellos, daba una imagen falsa de mí misma. Tenía que luchar contra mi impulso de ceder ante ellos. Pero sabía lo que era mejor. También tenía mis obligaciones éticas y legales: si alguno tenía intenciones homicidas, debía notificarlo a la policía; y si sentía un fuerte impulso suicida y no tenía familia, mi obligación era llamar a la policía o al servicio de urgencias psiquiátricas. Mi responsabilidad era proteger a la persona.

Por muy duro que me resultara, algunas veces estaba obligada a ver cómo estos pacientes me creían la mala de la película cuando salían de mi consulta. Los remitía a instituciones del condado, les daba listas de programas y volantes para otros terapeutas y, si era necesario, les sugería algunos albergues para personas sin techo. Algunos aprovechaban mis esfuerzos y trataban de dar un giro a su vida. Para otros, sin embargo, yo era otra psiquiatra más que les había defraudado. Podía percibir el dolor que sentían cuando no les ofrecía lo que deseaban.

En la psicosis, la intuición con frecuencia aparece distorsionada. Algunos individuos tienen un profundo desequilibrio bioquímico cerebral que provoca un fallo en sus conexiones internas. Por ejemplo, podía escuchar en mi consulta a una mujer totalmente sincera, que declaraba lo intuitiva que era y aseguraba que leía mis pensamientos, y sabía con toda certeza que no era así. Pero, por más cuidado que pusiera en decírselo, simplemente no me oían. Tenía la sensación de que iban en la dirección correcta, pero se quedaban enganchados en una falsa fachada, caían por una trampilla y se perdían. Las verdades que, supuestamente, veían eran, por regla general, inconexas, ajenas al mundo que conocemos. Muchos psicóticos se aferran al pensamiento de que son intuitivos, como si se tratara del último bote salvavidas de un barco que se hunde. Nada de lo que yo diga o haga les hace cambiar de opinión. Cuando intento que se centren en una dirección diferente, simplemente no se rinden. Es como si ser intuitivo legitimizara de alguna manera quiénes son, y dotara sus vidas de dignidad y significado.

Steve, alias *Solarus*, un paciente crecido en el seno de una familia judía conservadora de Brooklyn, pasó dos años en una prisión turca por posesión de marihuana. Si sus padres no hubieran llegado a un acuerdo con el gobierno turco, podría haber sido condenado a la pena de muerte. Steve pasó muchos meses incomunicado y sufrió brutales abusos por parte de los carceleros. Su lúgubre celda sólo contaba con un banco de madera para dormir. No tenía ventanas ni luz. Los malos tratos y las privaciones hicieron que se desmoronara. Durante ese tiempo, comenzó a «canalizar» unos entes llamados «Espíritus del Sol», quienes le convencieron de que tenía la misión de salvar el mundo. Seguro de que éstos le protegían, se creyó su mensajero.

Tras conseguir la libertad, se escondió en un apartamento de una sórdida zona de Los Ángeles. Apenas salía, se negaba a bañarse y deliraba continuamente sobre los Espíritus del Sol. Sus padres estaban desesperados y me lo enviaron un año después de su regreso de Turquía. Aseguró que accedía a venir a verme sólo porque era intuitiva y, por consiguiente, comprendería. Deseaba desesperadamente que le creyeran y trataba de demostrar que lo que experimentaba era real. Tenía un aspecto muy vulnerable y yo sentía un fuerte impulso de reconfortarlo. Toda su identidad estaba en peligro. Me hacía pensar en un niño extraviado que necesitaba que lo tuviesen en cuenta, pero debía tener cuidado de no dejarme atrapar por algunos sentimientos similares que yo misma había experimentado durante mi infancia. Para poder ayudarlo, tenía que mantener mi objetividad.

Steve canalizó los Espíritus del Sol en la consulta, pero nada de lo que dijo me pareció auténtico. Las voces que, supuestamente, llegaban a través de él eran, con frecuencia, críticas y crueles: «Eres feo y gordo. Es patético que con veintiséis años no puedas ganarte la vida». Inmediatamente después, afirmaba: «El amor lo es todo. Te hemos elegido para difundir nuestra palabra». Sentía compasión por Steve; era consciente del infierno por el que había pasado y del milagro de que hubiera salido con vida de la prisión. No quería quitarle la ilusión que le sostenía; sin embargo, tenía que ser honesta. Sus demostraciones no transmitían los sentimientos sanos y sinceros de una verdadera experiencia intuitiva. Tenían un tinte de psicosis, un estrafalario tono condenatorio que sonaba falso. Los Espíritus del Sol parecían, más bien, un reflejo de sus sentimientos no reconocidos, la mayoría de ellos negativos. Era evidente que, para poder soportar el trauma de la prisión y sobrevivir a él, una parte de su personalidad se había escindido.

Pero eso no era lo que él quería oír. Disponía de grandes planes para publicitarse y llevar su mensaje al público a través de charlas en los círculos espirituales. Además, ahora tenía una novia adorable, quien lo veía como un ser iluminado y planeaba acompañarle en sus giras para difundir el mensaje. Como nunca estuve dispuesta a admitir que sus canalizaciones eran intuitivas, no pude hacer mella en él. Nunca regresó a la consulta. La última vez que su familia supo algo de él, se hallaba con su novia en el medio oeste, sin dinero, e intentaba reclutar fieles.

A raíz de mi trabajo con Steve y muchos otros como él, aprendí a reconocer cuándo es apropiado trabajar con la intuición y cuándo no. El momento es decisivo. Lo más importante es comenzar con una sólida base emocional. De lo contrario, explorar la intuición sólo empeorará las cosas. Esto es especialmente cierto cuando nos forzamos a abrirnos intuitivamente sin estar preparados para ello. Participar en demasiados cursillos de espiritualidad o consultar con profesores muy a menudo puede crearnos mucha presión, lo que hará que, en nuestro afán por progresar, terminemos frustrados o agotados. Después, también están los casos de personas muy entusiastas y con aspiraciones visionarias que terminan con psicosis provocadas por el consumo de drogas alucinógenas. En todos estos años, he visto cómo muchos de ellos llegaban a urgencias, con las muñecas y los tobillos atados a la camilla con fuertes tiras de cuero, y recibían inyecciones de torazina. Del mismo modo que un árbol necesita tener sus raíces firmemente enterradas en el suelo para no salir volando con el viento, tu base debe ser robusta. Sólo así conseguirás evitar el peligro de verte arrollado.

Con paciencia, la intuición puede evolucionar de un modo natural. Una de las formas más saludables y positivas de desarrollar la intuición —tal vez la más poderosa— es la expresión creativa. Dejarse ir con el flujo de la creatividad nos equilibra. En esos momentos, das nacimiento a aquello que es más verdadero para ti, no sólo desde el punto de vista del intelecto, sino también desde tu parte más profunda y oculta. Pensar excesivamente mata la creatividad, y también la intuición. La magia viene cuando renuncias a controlar mentalmente y permites que una fuerza mayor se haga cargo. Cuando te hallas en ese lugar, puedes recibir un aluvión de ideas originales y percepciones intuitivas. Estás tan maduro para la inspiración que ésta fluye directamente a través de ti.

Mi amiga Janus es guionista y no se considera una persona intuitiva. Pero sí lo es. Una mañana temprano, se despertó con un sueño en el que vio claramente el argumento de una enrevesada historia. Versaba sobre un evangelista poco honrado que teme haber realizado un auténtico milagro cuando sana a un niño con sus manos. Janus salió disparada de la cama y corrió a la cocina, donde su marido tomaba un té. Cuando le contó el sueño, éste le dijo, entusiasmado, que lo escribiera y que era una idea buenísima. Inmediatamente encendió su ordenador y la historia pareció escribirse sola. Enseguida supo que tenía un buen guión. Su marido, que es productor, lo vendió y, con el tiempo, se convirtió en la película *El charlatán (Leap of faith)*, protagonizada por Steve Martin.

Janus con frecuencia sueña las tramas de sus guiones. Para ella es lo más natural del mundo. Dice:

—Los momentos más mágicos de mi trabajo vienen cuando me salgo de la rutina, y los sueños son el mejor medio para hacerlo.

Cada vez que se enfrenta con un problema en el desarrollo del guión, se sitúa conscientemente dentro de la escena problemática y se echa a dormir. Después, como una observadora en su propio sueño, ve la representación de la acción y la motivación de los personajes. Eso le permite encontrar una solución. Conozco a varios escritores que, de forma rutinaria, utilizan técnicas similares. Robert Louis Stevenson, por ejemplo, se inspiró en sus sueños para escribir *Dr. Jekyll y Mr. Hyde*, la historia de un reputado médico que se transforma en un asesino en serie. Cuando leí por primera vez la descripción de Stevenson de su proceso creativo, me sentí fascinada: «Llevaba bastante tiempo tratando de escribir un relato sobre este asunto, de encontrar una estructura, un medio para esa fuerte sensación de doble personalidad, la cual, a veces, hace acto de aparición y abruma la mente de todas las criaturas pensantes [...] Durante dos días me devané los sesos en busca de un argumento y, al segundo día, soñé con la escena de la ventana y una escena posterior, en dos partes, en la que Hyde, buscado por alguno de sus crímenes, toma la pócima y se transforma en presencia de sus perseguidores. El resto lo hice despierto y de forma consciente». Por esta descripción, supuse que Stevenson había entrado en contacto con una fuente intuitiva. Esa sospecha se confirmó cuando leí lo que decía sobre unas extraordinarias «personas pequeñas». Éstas le daban instrucciones, paso a paso, para cada sección del relato, e incluso tenían en cuenta las necesidades del mercado literario. Stevenson consideraba su parte consciente como el agente literario de esas «personas pequeñas» y transcribía sus ideas textualmente. Para mí, ése es el paradigma de la creatividad intuitiva. Cada vez que oigo que algún artista orienta su trabajo con la ayuda de sus sueños, voces o visiones, no puedo evitar emocionarme. En esos estados, se produce una fluidez extraordinaria y existen múltiples posibilidades. La intensidad del proceso creativo y la rendición, necesaria para alcanzar todo ese buen material interno, es lo que alimenta la intuición. El enfoque de Stevenson daba lugar a sus increíbles obras porque era capaz de viajar a los lugares internos más recónditos, a los cuales mucha gente nunca ha podido acceder. Su trabajo no era algo que elaborara tediosamente; su propio espíritu lo llevaba hasta allí.

Cuando te sumerges en proyectos creativos, tanto si piensas que lo que haces es intuitivo como si no, te sitúas en un estado de alta carga intuitiva. Te centras apasionadamente en tu trabajo, dejas a un lado tu intelecto y sales de la conciencia ordinaria. Una vez que entras en el ritmo creativo, una fuente de colores, sonidos e imágenes surge ante ti. Tú, como artista, te limitas a escribir el dictado. El pintor Joan Miró trabajaba precisamente de esa forma: más que interpretar sus sueños, hacía una réplica de ellos en brillantes colores sobre el lienzo.

Por supuesto, no vas a ir a toda velocidad constantemente. Los ritmos y los ciclos creativos tienen sus altibajos, al igual que la intuición. Cuando atravesamos esos días —o meses— frustrantes, en los que parece que no ocurre nada, es inútil forzar las cosas. No podemos presionar a una rosa para que florezca antes. Son momentos de pausa, intervalos de gestación, un tiempo para relajarnos y permitir que la sabiduría que hemos ganado haga su trabajo tranquilamente. El poeta Rilke describe el camino del artista cuando dice que «tras las tormentas de la primavera, llega el verano sólo para quienes son pacientes, quienes están allí como si la eternidad se extendiera ante ellos». Es fácil perder esto de vista. A veces, mientras escribo, me descubro a mí misma totalmente tensa delante del ordenador, con los músculos contraídos y la mandíbula apretada, y sin llegar a ninguna parte. Si veo que me esfuerzo demasiado, sé que necesito un descanso, tal vez dirigirme en coche a la costa. Con el cabello revuelto por el viento, mi espíritu puede remontar el vuelo. Cuando escucho una canción de Muddy Waters —el *blues* me vuelve loca—, recojo conchas marinas en la playa, observo cómo los niños dan vueltas en el tiovivo del embarcadero de Santa Mónica o no pienso en nada especial, hago espacio para que entren en mi mente las ideas frescas.

Después, están esos periodos de gracia en los que mi escritura sale sin esfuerzo y la intuición fluye tanto que difícilmente puedo registrarlo todo. Los días se me pasan volando e incluso me olvido de comer. Tengo que poner cuadernos cerca de la cama, al lado de la bañera, en el asiento del copiloto de mi coche. No dudo en detenerme y pararme a un lado de la carretera, dejar una conversación a la mitad o despertar en medio de la noche para escribir mis ideas. Son momentos entusiastas de estar en sincronía, en los que la energía que he acumulado durante la fase inactiva da sus resultados.

Creo que todas las formas de expresión creativa e intuitiva tienen su origen en una fuente espiritual infinitamente fértil. Del mismo modo que los artistas crean, los visionarios escudriñan lo invisible. El pintor Paul Klee reconoció esto cuando dijo: «El arte no reproduce lo visible. Lo hace visible». Para mí, tanto los artistas como los intuitivos comparten el desafío de convertir lo intangible en algo material. Puede tomar la forma de una novela, un cuadro o una canción, o llegar como una predicción sobre el futuro. El tipo de información que percibimos depende de nuestra intención. Cualquier tentativa creativa puede proveernos de un medio para ayudarnos a desarrollar la intuición.

Tenemos en Molly, una paciente que es pintora, un buen ejemplo de ello. Por mi cumpleaños me regaló una acuarela de un bosquecillo de robles californianos, con un verde intenso, sobre una cima salpicada de chaparros. Colgué el cuadro en una pared de mi consulta. Es más que hermoso; de hecho, parece crear luz. Los colores parecen de otro mundo y están vibrantemente dispuestos con cada pincelada; un ligero destello dorado parpadea a través de la pintura. Sentí inmediatamente su poder desde la primera vez que lo vi. En sus etapas creativas, Molly posee la misma presencia y apertura que yo he tenido el privilegio de sentir durante mis mejores lecturas intuitivas. Para ella no existe un momento más feliz. Le gusta decir:

—Ni siquiera tengo que pensar en lo que hago. Me siento llena de energía. Las ideas parecen saltar al lienzo a través de mí.

Ése es el estado intuitivo. Alimenta el arte de Molly y, a cambio, ella se alimenta de él.

Al igual que Molly, siempre sé cuándo me hallo en ese estado. Entonces, hacer una lectura me da la misma libertad que cabalgar un caballo sin silla a través de un campo de flores iluminado por el sol. Una profundidad de visión y ausencia de esfuerzo me invaden cuando puedo dejarme llevar lo suficiente como para rendirme. Eso es lo verdaderamente emocionante de la intuición; es la misma energía vital que alimenta el flujo creativo. Sin ella, mi clarividencia, con toda probabilidad, se vería mermada, y el artista quedaría reducido a un mero técnico. Una minúscula mota de luz comparada con un globo radiante.

Me asombra lo infinitamente creativa que puede ser la intuición. Cierto día, durante la comida, una amiga me habló emocionada del psicólogo y visionario brasileño Luis Gasparetto, a quien acababa de ver. Me contó que no tenía ningún tipo de formación artística académica, pero que aseguraba que un gran número de grandes maestros —Renoir, Picasso, Modigliani, Van Gogh y otros— se expresaban intuitivamente a través de él. En apenas nada, hacía un cuadro igual al original. Deseaba ir a verlo, pero, lamentablemente, aquélla era su última aparición en Los Ángeles durante un tiempo, de modo que fue imposible. Como sentía curiosidad, me hice con un vídeo de su actuación de aquella noche y lo observé atentamente para averiguar si era auténtico o si, de alguna manera, todo era una farsa. Cuando se trata de esas cuestiones puedo ser muy crítica. La integridad en la intuición es demasiado importante para mí. Si aceptara los «números de magia» y los fraudes, restaría valor a este don.

Me tumbé en la cama y vi el vídeo. Gasparetto era un hombre de aspecto juvenil, de unos cuarenta años. Apenas habló en todo el tiempo. Escuchaba música clásica a todo volumen y, con los ojos cerrados, usaba las manos y los pies simultáneamente para pintar hasta cuatro cuadros en cuestión de segundos. Todos eran tan parecidos a los de los grandes maestros que un ojo no entrenado en arte podría confundirlos fácilmente. Nunca miraba los tubos de pintura cuando los cogía. Más tarde señaló:

—Elijo los colores por instinto. Los percibo en mi cuerpo, los siento en mi piel.

Sin usar ningún tipo de pincel, echaba la pintura sobre el lienzo y la aplicaba con los dedos, la mano, los nudillos y los pies. La extendía enérgicamente y, a veces, incluso trabajaba cabeza abajo. Es un espectáculo verdaderamente impactante: se mueve a tal velocidad y sus extremidades están tan bien coordinadas que parece más un autómata que un ser humano.

No puedo saber si ese hombre en verdad canaliza a los grandes maestros, tal como él sostiene. Sin embargo, sí creo que está extremadamente abierto al flujo creativo y que su conexión intuitiva con el estilo de ciertos artistas le permite reproducir sus cuadros de un modo tan impresionante. En ese sentido, tiene un don especial. En él vi una elegante demostración de intuición y creatividad trabajando en armonía.

Desafortunadamente, también me he encontrado con personas con auténticos dones que no siempre los usan bien. He visto verdaderas habilidades intuitivas combinadas con falta de madurez y discernimiento. Esa combinación es letal. Tales individuos, movidos por sus gigantescos egos y seducidos por una insaciable necesidad de control, pierden de vista su equilibrio y sus prioridades. Muy frecuentemente, he visto cómo se aprovechan de la inocencia e ingenuidad de los buscadores más vulnerables. Me enfurezco cada vez que descubro que alguien entrega voluntariamente su poder a maestros irresponsables, quienes ávidamente se lo arrebatan.

Recientemente, conocí a un hombre así. Un amigo mío me llamó una noche para hablarme de un maravilloso chamán y sanador peruano que, según él, tenía que conocer. El chamán estaría en la ciudad sólo unos días, pero mi amigo me dijo que podía concertarme una cita con él. Normalmente, a excepción de mi maestro espiritual, no consulto con sanadores, pues prefiero mantenerme centrada en un solo camino. No obstante, la curiosidad, la posibilidad de aliviar un reciente problema de estómago y la insistencia de mi amigo me llevaron a probar.

Aquello me pareció inquietante desde el principio. El chamán cobraba unos honorarios desorbitados por sus servicios —sólo aceptaba dinero en metálico— y alardeaba de unas curaciones fantásticas. Mi amigo sostenía que era mejor que Don Juan de Carlos Castaneda y que el dinero no importaba si lo que hacía era verdadero. Todo aquello me olía mal. Sin embargo, a pesar de todos mis años de estudio, todavía había una parte de mí que deseaba un remedio mágico que lo curara todo, un sanador que pudiera darme un toque con su varita mágica y hacer que todo estuviera perfecto.

Una mañana después de desayunar, me dirigí en mi coche al lugar donde tenían lugar las sesiones: una casa en Brentwood que parecía salida de la revista *Architectural Digest*. Estaba tan solicitado que un tropel de pacientes aguardaba su turno en la sala de estar. Me sentía extraña y molesta, como una niña. Allí estábamos, con aspecto de profesionales de éxito, a la espera de que ese hombre nos arreglara. Era triste, absurdo e ingenuamente optimista al mismo tiempo. Finalmente, dos horas después, cuando ya no quedaba nadie en la sala, me llamaron por mi nombre y me condujeron a una habitación trasera como si me llevaran a un santuario. El chamán parecía tan auténtico que se hubiera podido pensar que provenía de una agencia de *casting*. Era un hombre de complexión delgada, encorvado y de sesenta y muchos años. No hablaba inglés. La mujer que había financiado su viaje a Estados Unidos hacía de intérprete. Tras saludarme con la cabeza, pronunció unas palabras en español.

—¿Qué síntomas tienes? –preguntó la intérprete.

—Últimamente tengo algo de ansiedad –dije con candidez–. No duermo bien y el estómago me está matando.

Sin mirarme a los ojos ni una sola vez, el chamán cogió un pequeño espejo y me lo pasó varias veces por el interior de los antebrazos. Después, me pellizcó la piel de las muñecas. Por último fijó gravemente la mirada en el suelo, sacudió la cabeza y susurró algo en español. La única palabra que reconocí fue «loco», y el resto no sonaba mucho mejor.

—¿Qué ha dicho? –pregunté. El pánico comenzaba a apoderarse de mí.

La intérprete dudó, como si no quisiera darme la mala noticia:

—Dice que lo lamenta, pero que no puede hacer nada por ti.

—¿De qué me hablas? –me las arreglé para decir.

—No me gusta tener que decirte esto –dijo la intérprete–, pero no hay esperanza para ti. Muy pronto tendrás el estómago tan mal que no podrás comer. Cada día perderás más peso y te sentirás más débil. Finalmente, te consumirás y morirás.

Me quedé estupefacta. Durante unos terribles segundos, una parte de mí creyó a ese hombre como si se tratara de un sabio omnisciente. Me sentí al borde de la muerte, con un pie ya en la tumba.

—¿No hay nada que me puedas aconsejar? –pregunté.

El chamán me dio la espalda, como irritado, y respondió que podría consultarlo con sus sueños. La intérprete me miró con tanta lástima que sentí repugnancia y susurró solemnemente que lo sentía mucho.

De repente, el melodrama de toda esta escena me estremeció. Me sentí como si fuera la protagonista de una película de serie B. ¿Por qué había escuchado a ese hombre? Había usado una táctica basada en el miedo para atraparme, y yo, una psiquiatra e intuitiva con muchos años de práctica espiritual, había mordido el anzuelo. Todo había sido un tremendo montaje. Por supuesto, la pregunta obvia que se suponía que tenía que hacer era: «¿Cuánto me costaría que consultaras tus sueños?». Pero, afortunadamente, no dije nada. Agradecida por haber recuperado el sentido común, supe que nada de lo que dijera ese hombre era verdad. El hechizo se había roto, estaba furiosa y les espeté:

—¡Me conoces de apenas cinco minutos, me condenas a sufrir una muerte horrible y me despides totalmente desprovista de esperanzas! ¿Cómo puedes ser tan irresponsable? Incluso si tuvieras razón, ¿dónde está tu compasión?

Me marché, todavía asombrada por lo dispuesta que me había mostrado a entregar mi poder a un completo desconocido, contagiada por el temor reverencial de sus seguidores. Esa devoción ciega debería haber sido una advertencia. El hecho de que alguien asegure que es un gran chamán no significa que lo sea realmente. Por desgracia, más tarde descubrí que al menos un par de personas se dejaron engañar por esa misma trampa que a mí me habían tendido y terminaron por desembolsar grandes sumas de dinero para que las sanara. La ironía es que se sintieron mejor. No puedo saber si eran muy sugestionables o si ese hombre tenía alguna habilidad real. Lo que sí sé, sin embargo, es que controlar a las personas con el miedo es inadmisible, y esa táctica debe ser contemplada como una señal de alerta que nos indica que el supuesto sanador o intuitivo no es un individuo equilibrado, y que debemos evitarlo.

Mi encuentro con ese hombre fue un duro recordatorio de los peligros de los presuntos sanadores que están motivados más por la codicia que por la compasión. El hecho de que atravesara un mal momento y buscara un alivio rápido me hacía más susceptible de ser engañada. Por muchos conocimientos que tengamos, siempre podemos sentirnos tentados de hacer lo que sea por estar bien de nuevo. Pero la curación duradera sólo puede tener lugar cuando el maestro es capaz de activar los recursos que ya tenemos en nuestro interior, y no cuando asegura que lo hace para nosotros, lo cual crea una falsa dependencia. También me enfurecen los intuitivos carismáticos y los maestros espirituales que abusan sexualmente de sus alumnos con la falsa promesa de una vía rápida para el progreso espiritual. Algunos de esos «gurús» incluso se lo creen; no tienen remordimientos.

En cierta ocasión, asistí, por pura curiosidad, a una charla que daba un conocido, pero controvertido, maestro espiritual de Los Ángeles. En aquella época era tristemente conocido por mantener relaciones sexuales con sus alumnas, pero, a pesar de ello, la sala donde tenía lugar la charla estaba abarrotada. Enseguida me di cuenta de que era un hombre increíblemente divertido, atractivo y carismático. De hecho, resultaba demasiado encantador. Perdí el interés de inmediato. Sin embargo, reconocí, a través de sus respuestas a las preguntas del público, que era un clarividente increíblemente preciso y que poseía una sagaz comprensión del movimiento de la energía. Seductor, engreído y con talento: una mezcla mortal.

Poco después de aquel día, aparecieron en la prensa algunos artículos sobre sus flagrantes aventuras sexuales con sus alumnas. Muchas mujeres, a quienes les había prometido la iluminación, accedieron a sus demandas no porque lo desearan, sino como un acto de rendición incondicional a su gurú. Les compraba joyas y regalos lujosos, las invitaba a cenar a hoteles caros, y después, pasaba a una nueva conquista. No era extraño que esas mujeres sintieran que había abusado de ellas y se mostraran agraviadas. Muchas le habían hecho importantes donaciones que no se podían permitir o habían abandonado sus trabajos e, incluso, sus familias. Finalmente, se hartaban y dejaban el grupo. En muchos casos tenían que luchar para reconstruir sus vidas desde cero. Al final, el hombre optó por dejar la ciudad, puesto que sus seguidores se dispersaron y la prensa le pisaba los talones.

Para crecer espiritualmente no hace falta tener relaciones sexuales con los maestros. Ni siquiera se impone en la antigua disciplina mística del tantra, que se enfoca en la sexualidad como vehículo para acceder a lo trascendental. Si un maestro insiste en que mantener relaciones sexuales con su alumna o alumno es el único camino para la iluminación, aléjate de él tan rápidamente como puedas.

En mi trabajo como terapeuta e intuitiva, me he esforzado por ser muy clara en relación con la sexualidad y mantener unos límites firmes con las personas a quienes hago lecturas. El hecho de analizar tan de cerca la vida de alguien, en especial si no lo conozco bien, puede generar una intimidad instantánea que resulta fácil malinterpretar. En cierta ocasión, cuando participaba en un proyecto de visualización remota, me presentaron a un hombre, que, cuando supo que era intuitiva, me preguntó si podía ir a mi consulta para que le hiciera una lectura. Eso no era infrecuente —suelo hacer lecturas para las personas con quienes trabajo—, y accedí de buena gana. Pero a partir de entonces no dejaba de decirme lo increíblemente sabia que era, al tiempo que se ponía colorado como un colegial. Claramente, había perdido la cabeza por mí. Me sentía adulada, pero sabía que eso no era real. Tenía la inconfundible mirada vidriosa de alguien totalmente dispuesto a renunciar a su propio poder y proyectarme en una posición elevada que no tenía nada que ver conmigo. Al darme cuenta de lo perjudicial que sería alimentar esa situación, le expliqué con mucho tacto lo que creía que sucedía y puse fin a ese asunto. He conocido a muchos intuitivos y maestros espirituales que han caído en la trampa de involucrarse sexualmente con sus alumnos. Es un desafío predecible que necesitamos tener en cuenta de antemano antes de que pueda llegar a ocasionar serios daños. Algunos maestros lo solucionan a través del celibato. Otros llegan a un cruce de caminos que pone a prueba su integridad, y muchos de ellos caen. Rodeados de alumnos adorables y dispuestos a todo, sucumben. En el mejor de los casos, admiten sus errores y aprenden sinceramente de ellos. Pero unos cuantos mantienen su hambre de poder; son ávidos depredadores de atención que pierden de vista su verdadero propósito.

Tanto las personas intuitivas como los maestros espirituales son seres humanos. Por muy sabios que sean, todos tienen obstáculos que superar. Presta atención a quienes están deseosos de impresionar, fomentan la dependencia o cobran cantidades desorbitadas por sus servicios. Los mejores intuitivos y sanadores que he conocido, aquellos con verdadera madurez, son humildes y honrados, y cobran tarifas razonables. No utilizan el miedo para coaccionar a sus pacientes y no tienen nada que demostrar. La habilidad de un verdadero sanador radica en su capacidad para activar tu propio poder.

En cualquier relación de sanación se crea un vínculo sagrado. Siempre que hago terapia con alguien, sé que hay algo más que nosotros dos. Nace una tercera entidad: el propio espíritu de la terapia, una chispa expansiva con inteligencia y carácter propios. Es una brújula que nos señala el camino y aclara mi trabajo cuando la escucho.

Mi horario de consulta, por lo general, es de nueve a cinco, sin descanso. Durante la mayor parte del tiempo, estoy totalmente abierta a nivel intuitivo. Me siento como si fuera una operadora telefónica, en una centralita gigantesca, que manejara una gran cantidad de llamadas entrantes. Al escuchar a mis pacientes, tanto con la intuición como con el intelecto, sigo simultáneamente el rastro de la miríada de imágenes y sensaciones que me producen sus palabras. Normalmente, la lógica prepara el terreno, y la intuición llena los espacios en blanco y aporta el color y el detalle. Me mantengo totalmente vigilante y con el cuerpo despierto, pero, al mismo tiempo, distanciada: presencio la sesión como una observadora.

Raras veces sé lo que voy a decir hasta el momento en que lo digo, ya que muy poco de lo que hago en terapia lo he planificado previamente. Trato de no ejercer un excesivo control y no impongo el ritmo. Cuando empecé a llevar la intuición a mi trabajo, temía que, si permitía que me guiasen, no haría lo suficiente. En la facultad de medicina me habían programado para mantener una actitud vigilante, analizar minuciosamente todas las situaciones y hacerme cargo de ésta por completo. Estaba convencida de que, a menos que no llevara sobre mis hombros toda la carga, mi trabajo sería un engaño. Por consiguiente, siempre me esforzaba más de lo necesario. Una noche, totalmente exhausta, me arrastré hasta mi casa. Parecía una muñeca de trapo. No tenía la menor idea de qué podía hacer para mantener mis fuerzas durante la jornada de trabajo.

En la actualidad, cada vez que percibo que he agotado mis energías, sé que tengo que darme un respiro. Las sesiones especialmente duras se cobran un precio. Para evitarlo, hago pausas para meditar y desconecto intuitivamente a lo largo del día. Cuando reconecto con mi fuente espiritual, siento como si estuviera al lado de una catarata, rodeada de aguas cristalinas. Es mi escudo y mi protección; alivia mi carga y me infunde luz una vez más. Sólo entonces puedo estar totalmente presente en mi trabajo.

A veces, mi papel se limita a reflejar la intuición en otra persona. Pero debo tener cuidado; con frecuencia, algunos pacientes esperan respuestas mágicas. Me convierten en una autoridad y pierden todo su poder al creer que ellos no pueden ser intuitivos. De vez en cuando, trato de que confronten esa ilusión, de que se den cuenta de lo destructiva que es. Sin embargo, ese impulso es sorprendentemente tenaz, incluso en aquellas personas que lo reconocen.

Sam, uno de mis pacientes, un prodigio de la informática que trabaja en un comité de expertos de la zona, me presionaba constantemente. Se sorprendía con ingenuidad por todo lo relacionado con la intuición y me creía omnisapiente. Y, lo que es peor, me suplicaba soluciones para sus problemas sin hacer el más mínimo esfuerzo por su parte, lo cual me irritaba bastante.

—¿No puedes decirme sólo una cosa? —persistía, y me interrogaba con su problema todo el día.

Si lo hubiera permitido, habría estado dispuesto a delegarlo todo en mí. No caía en la cuenta de que él mismo podía hacerlo.

—¿Por qué no lo intentas? –le animaba cada vez que me pedía una nueva lectura.

Pero él se resistía y enumeraba todas sus excusas:

—No sé qué hacer. ¿Qué pasa si me equivoco? Sólo la gente especial es intuitiva.

Tonterías. Como lo apreciaba y sabía que podía hacerlo, me mantuve firme.

Finalmente, llegamos a un acuerdo: se arriesgaría a hacer una lectura por sí mismo y, después, la comprobaríamos con una mía. Comenzamos por practicar. Por lo general, yo repetía el nombre de alguien que conocía bien, y a continuación se lo «enviaba». Él me contaba sus impresiones, y yo le informaba sobre sus aciertos y errores. Al proceder de esa forma, las imágenes intuitivas le llegaban con mayor libertad y, con el tiempo, empezó a unir las imágenes y los sentimientos como si se trataran de las piezas de un puzle. Más adelante, las percepciones que obtuvo con este método le ayudaron a encontrar soluciones a los dilemas que, anteriormente, me había pedido que resolviera para él. No existen sustitutos para lanzarse a hacer el trabajo por uno mismo.

No tengo normas rígidas a la hora de ofrecer una respuesta intuitiva directa. Es un asunto de discreción, y tengo que sentir que es el momento adecuado. Si se trata de alguien que no cree en absoluto, me mantengo alejada del asunto por respeto, a menos que manifieste interés en ello. Y, como he comentado anteriormente, tampoco hago énfasis sobre este punto con la gente emocionalmente inestable, pues puede malinterpretar la información. Después, hay personas como Sam, obsesivamente entusiasmadas con la intuición, que necesitan verla de una forma más realista. Esto también es verdad para quienes la utilizan con el propósito de controlar excesivamente sus vidas. «Sintonicemos con toda la semana», me demanda frecuentemente uno de mis pacientes, con la esperanza de obtener un informe detallado de los acontecimientos. No animo a que se hagan esas cosas. Tal vez en el caso de asuntos muy críticos, pero primero es el propio paciente quien tiene que hacer la lectura. Después, le ofrezco mis comentarios. Creo que el gozo de la vida se halla en el descubrimiento, y no en planificar cada uno de nuestros movimientos, en el caso de que eso fuera posible.

Pienso que emplear la intuición para definir y concretar los problemas es el mejor uso que puedo hacer de ella. Eso permite que la persona aplique el conocimiento de un modo constructivo. Cuando se trata de alguien con los pies firmemente en la tierra y que no glorifica demasiado la intuición ni abusa de ella, puedo ser más directa. Y si siento que existe un riesgo real —por ejemplo cuando un paciente vino a mí, alarmado porque sentía que su avión iba a estrellarse, y le confirmé intuitivamente la información—, soy totalmente franca.

Joan, una productora de películas y paciente desde hacía muchos años, llevaba un mes sintiéndose apática. En mitad de un rodaje, apenas podía mantener el ritmo de la agitada programación, cuando, normalmente, rebosaba de energía. Su fatiga era tan intensa que me llamó desde el lugar donde filmaban para pedirme que sintonizara con ella. Eso era muy raro en Joan, ya que nunca pedía ayuda intuitiva. Supe que se trataba de algo importante. Visualicé su cuerpo y lo escaneé intuitivamente para detectar cualquier posible problema, del mismo modo que un contador Geiger detecta la radiación. Ahí es cuando mis conocimientos de medicina entran en juego: hago un barrido desde la cabeza hasta los pies, visualizo cada uno de los órganos y compruebo mis reacciones, una a una, para ver si hay algún fallo. Aquello que no está bien resalta, se ilumina o cambia de textura y consistencia, como cuando pasamos la mano por una pieza de seda y encontramos un minúsculo nudo. Cuando me centré en la sangre de Joan, sentí que era poco espesa, como si le faltara un elemento esencial. Puesto que su agenda era tan ajetreada, le resultaba casi imposible disponer de tiempo para ir al médico. Pero cuando le conté lo que había visto, concertó una cita. El doctor descubrió que tenía una grave anemia, aunque el resto de su salud estaba bien.

Durante las lecturas intuitivas, no revelo nada sin haber considerado antes las consecuencias. Siempre me pregunto: «¿Puede ser de ayuda esta información?». Incluso en casos como el de Joan, cuando creo que sí puede ayudar, tengo cuidado con la forma de decirlo. Hay muchas maneras de meter la pata. Conozco el caso de una intuitiva con buenas intenciones a quien una madre soltera solicitó una lectura de su bebé recién nacido. La lectura reveló que el niño tendría dificultades de aprendizaje. Pero la madre reaccionó como si le hubieran dicho que un camión había atropellado a su hijo. Aquello era lo último que deseaba saber. En este caso, compartir la predicción no tuvo ninguna utilidad, y sólo sirvió para sembrar el miedo en la madre. Aunque puede haber alguien que desee saber algo así, comunicarlo es algo que depende de la conciencia de cada uno. El equilibrio entre cuándo es conveniente hablar y cuándo no es muy delicado, y resulta particularmente crítico en el caso de circunstancias en que la vida esté en peligro. Decirle de repente a alguien que tiene cáncer o sida, puede causar más daños que beneficios. Además, siempre está la posibilidad de que la percepción no sea acertada. Las lecturas no son infalibles. En ese tipo de situaciones, tiendo a ser más bien conservadora y a hacer hincapié en la intensidad de mi preocupación sin mostrarme específica. Les recomiendo que se hagan un chequeo médico y, de ese modo, indico la dirección adecuada, pero no digo nada más.

En algunos casos, resulta inapropiado hacer cualquier tipo de lectura. Del mismo modo que nunca entraría en la casa de nadie si no me han invitado, nunca analizo a nadie intuitivamente a menos que exista una abertura. Cuando trato de sintonizar y me siento como si golpeara un muro de ladrillos, sé que tengo que dejarlo. Un campo de fuerza invisible me echa hacia atrás. A veces, alguien me pide una lectura y, sin embargo, algo en su interior se resiste a ello. Entonces, las imágenes que percibo no cuajan o se hacen borrosas como una acuarela difuminada. En otras ocasiones, no llego a ninguna parte o siento que no hay nada importante que percibir. Cualquier intento de forzar esas barreras protectoras sería una violación de la privacidad.

El equilibrio intuitivo pasa por comunicar lo que sabes con respeto y tacto, pero también implica confiar en tu corazón para que guíe tus actos. La confianza no llega de un día para otro, pero cuando te esfuerzas por equilibrar tus dones intuitivos, ganas energía y estabilidad. En tu hogar, puedes entrar en nuevas realidades con tu clarividencia y, al mismo tiempo, mantenerte bien centrado. Como un maestro de artes marciales, preparado y centrado, intuitivamente conectado dondequiera que estés.

Eso no significa que no puedas estar relajado y libre de pretensiones, y formar parte del mundo cotidiano en cualquier situación. Algunas de mis percepciones intuitivas más impresionantes me han llegado mientras conducía, paseaba por la orilla del mar, o estaba de compras o sentada en los columpios de Venice Beach. A menudo me dirijo allí cuando me siento bloqueada y necesito aclarar alguna situación. Frente al paseo marítimo, me siento en uno de los columpios con las manos en las frías cadenas y me impulso con los pies descalzos sobre la arena. Cuando me columpio, observo el desfile de personas que pasan a pocos metros de mí: parejas que corren con pantalones cortos amarillos muy ceñidos, un grupo de adolescentes negros que bailan enérgicamente al ritmo de una canción de rap o patinadores con apariencias futuristas que parecen haber salido directamente de *Blade Runner*. Mientras me balanceo, mi mente se aclara y las imágenes intuitivas afloran. Las respuestas me llegan de una manera tan natural como si estuviera en la cumbre de una montaña solitaria. En medio de ese torbellino de actividad, siento una dulzura especial al saber que puedo ser una con todo.

11

EL CAMINO ESPIRITUAL
DE LA INTUICIÓN

Ver en la oscuridad es claridad [...] Usa tu propia luz
y regresa a la fuente de la luz.

TAO TE CHING

El cielo de la tarde es de un azul profundo, tan tranquilo y puro que mi espíritu se eleva y planea sobre la Tierra. Acariciada por la suave brisa de verano, observo la exuberante extensión de fértiles colinas onduladas. En medio de ellas se halla Weimar, una pintoresca aldea del este de Alemania. La escena es idílica. Oigo la voz de mi prima Irene, que me grita: «Judith, date prisa» y regreso a la Tierra. Echo un vistazo por última vez... antes de encontrarme con el horror que me aguarda a tan sólo unos pasos.

Es el verano de 1991. Camino por un árido sendero de cemento y estoy a punto de entrar en el campo de exterminio de Buchenwald. El contraste con el tranquilo paisaje que había más arriba es siniestro y escalofriante. Al observar la lúgubre torre de vigilancia, puedo distinguir cada uno de sus todavía intactos trípodes de metal. Me cuesta tragar saliva y me esfuerzo por mantener la compostura, pero hasta el suelo parece moverse bajo mis pies. No hay pasado ni futuro, sólo este momento. Siento los fantasmas de los muertos por todas partes.

Había llegado a Alemania el día anterior. En el aeropuerto de Fráncfort, el sonido de la lengua germana a través de los altavoces me resultaba espeluznantemente desconcertante. Sabía que el Holocausto había tenido lugar hacía cincuenta años. Pero soy intuitiva y judía; y un instinto interior reaccionaba. La amenaza de la aniquilación llegaba hasta lo más profundo de mi ser. Los alemanes con los que hablé no podrían haber sido más amigables. Era muy consciente de ello; sin embargo, una parte de mí no podía dejar de sentir que si hacía algo mal, me descubrirían y me llevarían. Hasta entonces, la persecución de todo un pueblo era un terror con el que sólo me había identificado vagamente cuando era niña y mi madre me hablaba de ello. Ahora entendía mejor sus sentimientos.

En el tren a Bavaria, compartí rosquillas y café con una doctora de Nuremberg que acababa de conocer, y charlé con ella como si todo estuviera bien. Pero, mientras miraba por la ventana aquel paisaje de cuento de hadas salpicado de castillos y prados de flores silvestres, me encogía al sentir intuitivamente la historia de ese escenario idílico grabada en mi mente como una imagen fantasma maligna.

Algo me obligaba a visitar un campo de concentración. Sentía curiosidad; era la curiosidad de ver por mí misma cómo eran, no con el propósito de entender mis orígenes judíos sino con el de percibir las formas más extremas de maldad a las que pueden llegar los seres humanos. No sabía cómo ni por qué, pero, de alguna manera, estaba segura de que ese conocimiento me haría sentirme más íntegra.

Estoy con Irene, que trabaja como profesora de inglés en una base americana de Alemania. Su nuevo BMW está aparcado en la zona de estacionamiento reservada para las visitas, a un millón de kilómetros. Y el infierno, limitado por un mar de alambre de espino, se extiende ante nosotras. Han conservado hasta los más mínimos detalles del campo, y lo mantienen tal y como era durante la guerra. La cuestión, por supuesto, es recordar.

Tiemblo a pesar de que es un día cálido. Pasamos por el arco que hay detrás de la siniestra torre, y una sensación sombría y perturbadora desciende sobre mí. Damos una vuelta por el terreno y entramos en el crematorio, las cámaras de gas horriblemente disfrazadas de duchas y el edificio donde practicaban los experimentos «médicos». Subimos la escalera de caracol y entramos en los barracones de los prisioneros, inhóspitos y mal ventilados. Algunos puñados de heno cubren las plataformas de madera, situadas a diferentes niveles, donde seres humanos han dormido; hasta tres en una cama, cientos en una habitación.

Percibo su presencia. Merodean por el campo y me rozan. Comienzo a sentir una ligera sensación de náusea y entumecimiento. Mi respiración se vuelve superficial, apenas perceptible. Me doy cuenta de que estoy sospechosamente en calma y helada por dentro. Siempre me siento así cuando estoy verdaderamente asustada. Sin embargo, la verdad que me llama es mayor que mi miedo.

Para poder entender mejor el significado de la oscuridad, continúo la visita sola —retirarme a mi interior cada vez que me siento demasiado agobiada es un viejo remanente de mi infancia—. Mientras lucho contra mi impulso de poner fin a la experiencia, me siento sobre los restos de una base de cemento en un extremo del campo. Es el lugar donde tenían lugar las ejecuciones. Irónicamente, a pesar del carácter sobrecogedor del escenario, me siento más segura sola. Cierro los ojos para meditar, sin saber a dónde me llevará todo esto. Siento que mi blusa de algodón puede desgarrarse en cualquier momento a causa de la acumulación de violencia inhumana que aquí se ha cometido y que todavía está presente. Cruzo los brazos sobre el pecho y me abrazo con fuerza.

Al tranquilizarme con la meditación, puedo sentir el eco de las atrocidades que aquí han tenido lugar, y mi cuerpo se vuelve pesado y frío. Cada detalle del campo vibra a una velocidad vertiginosa. Paralizada, me asombro de cómo la intensidad del movimiento desnuda la superficie de todo lo que está a la vista y revela un dominante manto de oscuridad. Es una capa tóxica y cruda que late levemente, se infiltra en la escena, priva hasta a la última molécula de su vitalidad y mancha hasta el aire que respiro. Al mismo tiempo, me veo inundada por las voces y las imágenes de quienes imagino que han sido prisioneros, aunque todo sucede tan rápido que no puedo retener ninguna de sus palabras. La oscuridad se me insinúa y me pierdo en ella. Nada de lo que he visto previamente puede compararse con esta pesadilla. Siento que me debilito. Afortunadamente, en un instante de lucidez, reconozco el poder que la oscuridad tiene sobre mí: sólo puedo pensar en huir inmediatamente de allí. Salgo de golpe de la meditación, abro los ojos y toco con ambas manos los fríos bloques de cemento de la muralla. Necesito tocar algo sólido y firme para asegurarme de que estoy bien. Me levanto con las piernas todavía temblorosas, paso apresuradamente por debajo del arco que hay junto a la torre de vigilancia y abandono el lugar.

ಐಐಐ

La memoria del campo me obsesionó durante el resto de mi viaje por Europa del este y semanas después de mi regreso. Me sentía letárgica y deprimida, y me dolía todo como si hubiera atrapado una gripe. Pero no estaba físicamente enferma; sólo me sentía profundamente derrotada por la oscuridad. Parecía demasiado feroz. Su fuerza destructiva era incomparable. No era la primera vez que era consciente de esa oscuridad; me había seguido de cerca desde mi infancia, aunque en menor grado. Cuando era una niña, era el hombre del saco, los golpes de las contraventanas de madera de mi habitación durante las noches de mucho viento o la espeluznante sensación de estar completamente sola en una casa grande y vacía. Estaba al acecho en las esquinas sombrías. Me intimidaba en la distancia, pero nunca mostraba totalmente su rostro. Siempre había contado con el triunfo final del amor sobre la maldad, pero ahora mi fe se tambaleaba. El amor parecía no tener demasiadas posibilidades.

Poco después de regresar a Los Ángeles, subí a una de las cumbres más altas del parque Malibu Creek State, para poder ver las cosas en perspectiva. La tierra aún conservaba el calor del sol de la mañana. Descubrí una roca suave y redondeada sobre la que me senté a meditar. Era en esa tierra, considerada sagrada por la tribu Chumash, donde me sentía más segura. Los cañones en forma de V me daban refugio entre sus brazos maternales y me deleitaba con la tierra alfombrada de mostaza dorada y los enormes robles que veneraban una sabiduría silente. En ese lugar había una paz que siempre esperaba a ser descubierta.

Con mis tejanos viejos favoritos, me senté con las piernas cruzadas, respiré profundamente y comencé a meditar. Sin embargo, en cuestión de minutos, me vi de nuevo en Buchenwald. Me sentía totalmente desorientada y necesité todo mi autocontrol para estar presente. «Otra vez no», pensé mientras me hundía en la visión. Sin embargo, allí estaba: aquella terrible oscuridad se extendía de nuevo ante mí. Pero esta vez no me escapé. Confortada por la seguridad que me ofrecía el cañón, miré con cautela más detenidamente. Aquí, en terreno conocido, resultaba más fácil llenarse de valor. Para mi sorpresa, reconocí una dimensión que no había advertido en el campo: un débil resplandor de luz parpadeaba en cada estructura, incluso en el propio suelo, y aumentaba a medida que me centraba en él. Observé con resolución, sin pensar en nada más, y sentí una creciente sensación de amor. Frente a mí, la luz iluminaba un espectáculo imponente, como si se creara a sí misma. Pura y luminosa, penetraba en las hendiduras más oscuras y se extendía más allá de las alambradas electrificadas hasta alcanzar el cielo.

Ante tal magnificencia, mis miedos se desvanecieron. Me empapé de la visión y memoricé todos los matices para no olvidarlos nunca ni volver a sentirme tan desolada. Al reconectar con esa luz, sentí como si hubiera encontrado, una vez más, el amor más profundo. Me di cuenta de que había estado ahí todo el tiempo, pero, consumida por el miedo, no había llegado lo suficientemente lejos como para descubrirlo. Mi cuerpo, antes rígido, se relajó, y sentí que la energía fluía a través de mí. Respiré con facilidad por primera vez en varias semanas, y percibí el aroma de la salvia y el romero que crecían en las laderas del cañón. La oscuridad, empequeñecida por la grandeza de ese resplandor, parecía minúscula, y, sin embargo, ambas estaban íntimamente conectadas. Era como si la luz guardara la oscuridad en lo más profundo de su vientre y compartieran la misma sangre. En ese momento empecé a comprender lo que más tarde entendí más claramente: la luz todavía puede existir en las peores perversiones. Sólo el miedo nos impide verla.

No puedo, por supuesto, considerar las inefables experiencias de Buchenwald como propias. En ningún sentido pretendo quitarle importancia a la miseria que tuvo lugar allí. Sin embargo, mi visita a ese campo de concentración me lanzó a explorar el significado de la oscuridad en el mundo. Aquél fue el primer paso de un largo proceso que aún continúa. Este tipo de cuestiones son más fáciles de expresar que de resolver, pero sigo con mi exploración para obtener una mayor claridad.

El psiquiatra Frankl, uno de mis héroes, ha guiado mi pensamiento. En *El hombre en busca de sentido*, describe valerosamente los años que pasó como prisionero en Auschwitz:

A pesar del primitivismo físico y mental de la vida en el campo de concentración, aún era posible desarrollar una profunda vida espiritual [...] Sólo así podemos explicarnos la aparente paradoja de que algunos prisioneros, a menudo los menos fuertes, parecían soportar mejor la vida del campo de concentración que aquellos de naturaleza más robusta. La salvación del hombre es posible sólo en el amor y a través del amor. Entendí cómo un hombre a quien no le queda nada en este mundo puede todavía conocer la dicha, aunque sólo sea por un breve momento, si contempla al ser querido. Por primera vez en mi vida pude comprender el significado de las palabras «los ángeles se pierden en la contemplación eterna de la gloria infinita».

Aunque no he tenido que pasar por lo que Frankl tuvo que enfrentar, he llegado a la convicción de que el camino espiritual de la intuición pasa por hacer frente tanto a la oscuridad como a la luz —y no cortar una porción de la vida y ver sólo aquello que nos agrada—. Muchas personas pueden inicialmente rechazar la idea de que todos poseemos un espectro de oscuridad y luz con potencial para vivir ambas. Pero debemos convertirnos en guerreros y permanecer vigilantes ante las múltiples fuerzas internas y externas. Hemos de buscar en lo más profundo de nosotros mismos para identificar y derrocar nuestros demonios más feroces. Y después sanar esa parte de nosotros mismos. Al mismo tiempo, debemos ocuparnos de lo más admirable de nuestro interior y abrazar nuestras fuerzas más auténticas. Todo con el objetivo de acercarnos cada vez más a la fuente de luz de la que procedemos.

Nuestra meta final es ser más conscientes, apreciar desde todos los ángulos la asombrosa complejidad de quienes somos y considerar que, incluso en las circunstancias más desesperadas, existe la posibilidad de magnificencia y conexión con el espíritu. Como Frankl sugiere, en cualquier lugar podemos crearnos una vida basada en el amor. La espiritualidad significa conectar con el corazón y un poder superior, y la intuición nos puede ayudar a hacerlo. Sin embargo, ésta no es la única forma de conseguirlo. Como dice el escritor Raymond Carver, es simplemente «otro camino para llegar a la cascada». A medida que tu clarividencia madura, te conviertes en un vehículo transparente, capaz de experimentar las múltiples capas de la realidad que intensifican tu comprensión espiritual. Se abre un camino, tu armadura se desmorona, sientes el amor más fácilmente y éste te conmueve.

Desde el punto de vista intuitivo, la espiritualidad no es un concepto abstracto. Está siempre ante ti —en forma de visiones, sueños e intuiciones—, pero debes darle vida. Vívela, respírala, reconócela hasta en los detalles más pequeños. Cuando lo haces, descubres que somos algo más que seres bidimensionales cubiertos de piel. La gente de India la reconoce en el dulce encanto de sus saludos. Dicen *Namasté*, que literalmente significa «respeto el espíritu que hay en ti», en lugar de simplemente «hola». El espíritu reside en todos nosotros, inmenso e intuitivamente inconfundible. El poeta Kabir lo describe de una forma maravillosa:

> En nosotros hay un Ser Secreto;
> los planetas y todas las galaxias
> pasan por sus manos como si fuesen cuentas.
> Es un rosario de cuentas que deberíamos mirar
> con ojos resplandecientes.

Nuestra clarividencia nos ofrece esto. La ventaja de ser intuitivo no radica simplemente en ver más, sino en encontrar sentido a lo que vemos. Cuando todo toma forma y hasta las piezas aparentemente más desconectadas empiezan a encajar, nuestros impulsos más curiosos se ven satisfechos. Sin embargo, si estamos espiritualmente abiertos, nuestra recompensa final como personas intuitivas es poder vislumbrar la increíble luz que descubrí en Buchenwald —que está en todas partes—. Para mí, descubrir ese amor, aunque sólo sea durante unos pocos minutos, es encontrar el cielo en la Tierra. Nada es más sanador. Mi viaje a Buchenwald y la percepción intuitiva que obtuve tienen mucho valor para mí. Al haber visto reafirmado el poder del amor, he llegado a ser más capaz de encontrarlo en cualquier situación por muy extrema que sea. Al contemplar cada experiencia como un regalo, mi vida se ha vuelto más plena y muchísimo menos dolorosa. Si miras con atención, hasta en las pendientes más frías y heladas encontrarás flores diminutas. Ése es el gran milagro. El desafío espiritual más exigente es hallar la luz en todas las situaciones, incluso en aquellas que nos parecen profundamente injustas. Con toda certeza, ha sido una dura lección. Pero una lección bien aprendida.

Encontrar la luz puede ser difícil porque tendemos a dejarnos hipnotizar por la oscuridad. Nuestro miedo a ella eclipsa la luz. Ese miedo es tan primitivo y está tan firmemente arraigado que se refleja poderosamente en nuestras reacciones a las fuerzas de la naturaleza. Tal vez ningún otro escritor haya captado esta idea tan magistralmente como Annie Dillard en su relato *Solar Eclipse*:

Personas de todas las colinas, incluida yo misma, creo, gritaron cuando el cuerpo negro de la luna se separó del cielo y rodó sobre el sol. Pero, en ese mismo instante, ocurría algo más y creo que fue eso lo que nos hizo chillar: un segundo antes de que el sol se apagara, vimos una muralla de sombra oscura que se dirigía hacia nosotros a toda velocidad. Apenas la habíamos visto y ya estaba sobre nosotros, como un trueno. Rugió por el valle. Cayó sobre nuestra colina y nos dejó boquiabiertos. Era el monstruoso cono de sombras de la luna [...]. Rodaba hacia ti por la tierra a 2.800 kilómetros por hora, arrastrando la oscuridad tras de sí, como una plaga [...]. Vimos acercarse la muralla de sombra y gritamos antes de que golpeara.

La oscuridad llega de muchas formas, desde el exterior y desde el interior. Sin embargo, creo que, cuando nos hacemos conscientes de nuestra parte más oscura, tenemos menos probabilidades de dejarnos seducir por ella —esa conciencia nos ayuda a no involucrarnos en ella—. Al confrontar nuestra rabia, dolor, miedo y resentimientos, podemos refinar nuestro espíritu como un diamante exquisitamente pulido. Como dijo Gandhi: «Nosotros debemos ser el cambio». Asumir nuestra propia oscuridad puede ayudarnos a encontrar la paz. Eso no sólo es liberador para nosotros, sino que también puede afectar profundamente el modo en que otras personas se comportan en nuestra presencia.

Una tarde de verano, me dirigía en mi Volkswagen blanco a China-town para cenar con un amigo. Aunque atravesaba un vecindario sórdido, hacía un calor tan pegajoso que no había tomado la precaución de subir las ventanillas. Cuando me paré en un semáforo en rojo, un hombre descomunal, tan corpulento que podría hacer placajes en los Raiders, salió disparado de la esquina de la parada del autobús y corrió hacia mí. Se subió de repente a la capota de mi coche y sentí un tremendo ruido sordo cuando comenzó a botar arriba y abajo como si estuviera en un trampolín. Antes de que tuviera la oportunidad de cerrar la ventanilla, me agarró por la cabeza. Estaba segura de que iba a golpearme. Pero en lugar de ello, su rabia se evaporó, y me rodeó suavemente el rostro con las manos. Me miró fijamente a los ojos y me sonrió de una forma tan dulce que no pude evitar sonreírle también. Después, tan bruscamente como había aparecido, se escabulló entre el tráfico, regresó a la parada del autobús y se sentó. Cuando el semáforo se puso en verde, continué mi camino. No daba crédito, pero me sentí agradecida de seguir con vida.

Aquel hombre podía haberme herido, pero no lo hizo, y no dejaba de preguntarme por qué. Tras volver a ver la escena en mi cabeza, una y otra vez, durante los días siguientes, finalmente llegué a comprender. Por una parte, yo no daba la impresión de sentirme amenazada; no voy por la vida emanando miedo ni pensando que me pueden atacar en cualquier momento —cualidades que, según las técnicas de defensa personal, influyen mucho—. Pero, a nivel energético, creo que la respuesta es más profunda. Todos irradiamos un campo de energía que se extiende más allá de nuestro cuerpo —un «aura»—, que refleja parcialmente nuestro estado emocional. Los demás pueden percibirlo, incluso si no lo identifican como tal. La rabia, en particular, se siente fácilmente. En determinadas situaciones, cuando alguien vive peligrosamente al límite, como el hombre que había encontrado, el hecho de percibirla puede hacerle estallar.

Ése es el tipo de situaciones en las que todo el trabajo que he hecho en mí misma me resulta realmente útil. Gracias a que hago un esfuerzo organizado por manejar mis emociones más difíciles, éstas no se acumulan, y por eso aquel hombre no pudo reconocerlas intuitivamente. En lugar de ello, a un nivel muy sutil, reaccionó a una parte más pacífica de mí y me sonrió en lugar de arrancarme la cabeza (aunque, probablemente, nada de eso hubiera sido deliberado). En ciertas ocasiones, no podemos detener la violencia por mucho que hagamos. Pero cuanto más pacíficos seamos, más oportunidades tendremos de despertar la paz de quienes nos rodean. Resulta demasiado tentador proyectar nuestra parte más oscura en algo diferente a nosotros mismos. Al fin y al cabo, los chicos malos que salen en las noticias son objetivos fáciles. Sus actos resultan tan flagrantes que no nos podemos identificar con ellos. No obstante, esto también sucede de una forma menos obvia. En mi trabajo, veo personas que proyectan continuamente. Los rasgos que menos aceptan de sí mismos son precisamente los que proyectan en los demás. Por ejemplo, en cierta ocasión traté a un dentista de mucho éxito que era un mentiroso patológico, pero siempre se quejaba de que todo el mundo le engañaba. Esa creencia era tan rígida que apenas pude hacer mella en él. Incluso después de que lo condenasen por fraude, juraba que le habían tendido una trampa y que ya no confiaba en nadie.

La proyección es un instinto primitivo e inconsciente aprendido en la infancia. Desaprenderlo puede implicar años de esfuerzo. El otro día me golpeé un dedo del pie contra la jamba de la puerta, y mi primera reacción fue culpar a la puerta en lugar de admitir mi torpeza. La proyección distorsiona nuestra visión del mundo, y nos impide comprender a los demás y a nosotros mismos. Pero la intuición exige claridad. De ese modo, podemos ver más allá de nuestras propias proyecciones. Sólo entonces somos capaces de apreciar las personas y las situaciones tal y como son, no como las imaginamos. El compromiso que acompaña al sendero espiritual nos empuja a aclarar nuestros actos en cada ocasión.

Durante dos años, trabajé como asesora médica en un programa residencial de desintoxicación de drogas y alcohol para criminales judíos. Como parte de nuestros servicios de asistencia, varias asesoras visitamos la prisión de alta seguridad de Chino para celebrar la pascua judía con algunos de los presos. Las otras mujeres conocían todos los detalles del sistema penitenciario y ya habían estado allí en varias ocasiones, pero para mí ésa era la primera vez. Deseaba ver cómo era una prisión por dentro para poder entender mejor a los hombres que participaban en nuestro programa. Sin embargo, mi interés iba más allá: deseaba aprender más sobre la libertad y, de alguna forma, intuía que aquellos hombres podían enseñarme.

Un grupo de guardias armados hasta los dientes que parecían clones de Arnold Schwarzenegger nos escoltaron desde la entrada principal del centro hasta el recinto donde tendría lugar la cena de pascua. Separados por un muro, cientos de hombres uniformados fumaban mecánicamente, apelotonados al aire libre en una superficie de cemento que equivalía a tres manzanas de una ciudad.

Cuando pasamos por allí, nos convertimos en la principal atracción. Me sentí invadida por esos hombres, cuyos ojos nos devoraban como si fuéramos carne fresca mientras se mofaban de nosotras con silbidos. Tenía la sensación de atravesar un mar de «almas hambrientas», las almas perdidas de las que habla el maestro vietnamita de zen Thich Nhat Hahn, aquellas que nunca pueden sentirse satisfechas, presas fáciles sobre las que proyectar todo lo que es terrible en el mundo. Lo sabía, pero me sentía amenazada y los juzgué en silencio. Sin embargo, no podía dejar de mirar aquel enjambre de rostros anónimos. Las voces de mis amigas sonaban lejanas y amortiguadas. Durante un breve momento, debí de caer en un trance, porque, una vez más, volvía a ver la oscuridad que había caído sobre Buchenwald, aunque en menor grado. Salía del cabello de los hombres, de sus respiraciones y sus pieles. Se escabullía entre los salientes de los edificios y se arrastraba hacia mí. No había luz. ¿Por qué no podía verla? Mi experiencia en el campo de concentración hizo que me lo cuestionara. Supe que algo en mí se había cerrado.

Llegar a nuestro destino fue un alivio. Agradecí lo conocido: el rabino, envuelto en un chal de oración azul y blanco; la kipá sobre el poco pelo que le quedaba; la Tora muy cerca; los cestos amontonados con pan ázimo y albóndigas de pescado a punto de ser servidos... Ya podía recuperar el aliento. Mientras esperaba a que la cena de pascua comenzara, el preso que estaba sentado a mi lado entabló conversación conmigo. Era un hombre musculoso y lleno de tatuajes, con el cabello negro, largo y ondulado. Enseguida se dio cuenta de mi incomodidad.

—Es la primera vez que estás en una prisión, ¿verdad?

—Sí –conseguí responder.

—Pues yo llevo más de diez años aquí.

—¿Por qué? –pregunté educadamente, como si no fuera gran cosa.

—Soy ladrón de bancos –se jactó.

—¡Caray!, ¿de verdad? –traté de parecer verdaderamente impresionada.

Sacudió la cabeza e hizo una mueca burlona. Me sentí estúpida. Después, le brillaron los ojos y dijo:

—¿Ves a esos gorilas tan feos de ahí? –Señaló en dirección al patio–. Podrían comerse a una niña pequeña como tú de un solo mordisco.

Aquello resultó tan absurdo que ambos estallamos en carcajadas. Se había roto el hielo. Durante la cena, descubrí que era un hombre extraordinario.

—Necesité estar en prisión para abrirme a la vida espiritual –me dijo.

Era un ávido lector y citó frases de Buda, Krishnamurti y Ramana Maharshi, a quienes consideraba sus maestros y de quienes tenía imágenes en las paredes de su celda. Fiel a su práctica espiritual, meditaba todos los días —más que muchas personas que yo conocía—. Pero lo que más me impresionó de él fue su extraordinario sentido del humor, la ligereza con que abordaba la vida. De un modo sorprendente, había sido capaz de sanarse bajo unas condiciones terribles.

Una vez que la cena hubo terminado, los guardias nos escoltaron de regreso, a través del patio, hasta la salida principal. El escenario material no había cambiado —la misma horda de hombres, el mismo humo de cigarrillos, las mismas burlas—, pero ahora mi forma de verlo era diferente. Intuitivamente, la oscuridad que percibí ya no era unidimensional. Su densidad se había disuelto y revelaba una capa inferior de pequeños puntos fluorescentes —no mayores que un grano de arena—, como si una noche totalmente oscura se hubiera llenado de repente de estrellas resplandecientes. Los átomos y moléculas de cada persona y cada cosa parecían brillar y agujerear todo el ambiente como un láser. Era una luz maravillosa, tan tranquilizadora que quería sentirla. Logré aislar visualmente una sola mota, y contemplé cómo sus ramas se multiplicaban y se hacían cada vez más brillantes. Era una visión extraña e impresionante. Observaba a duros criminales, que iban de un lado a otro iluminados como bombillas, y ni siquiera se daban cuenta de ello.

Mi compañero de cena, sin saberlo, había sido la clave. Hablar con él y ver que no se ajustaba en nada a mis proyecciones había disipado mis miedos. Su luz fue la chispa que encendió mi habilidad para ver. Es cierto que muchos de los presos resultaban intimidantes. Y también es verdad que, a nivel intuitivo, se hallaban rodeados de una oscuridad visible. Pero la distorsión estaba en que eso era todo lo que yo veía. Experimenté tanto miedo y tanta rabia por lo invadida que me había sentido que mis proyecciones se descontrolaron. En el momento en que empecé a alejarme de ellas y contemplé, más allá de las apariencias externas, nuestras similitudes y nuestros defectos comunes, la luz, que siempre había estado presente, pudo brillar. Mi visión miope de la prisión se rompió, y el nudo de tensión helada de mi interior se deshizo con ella. Me sentí libre. Ahora podía ver todo el cuadro, no únicamente una parte de él. Me di cuenta de que, bajo otro tipo de circunstancias vitales, yo también habría podido sentirme impulsada a cometer actos criminales. Nunca había atracado una licorería, ni me había unido a una banda, ni me habían sorprendido con drogas, pero podía comprender la desesperación que conduce a ese tipo de comportamiento. Todos sentimos rabia, desilusión y desesperación. Más allá de lo duro que es el ambiente del que provenimos y los peligros de la pobreza, la diferencia esencial radica en que algunos de nosotros controlamos mejor nuestras emociones y no las vivimos de un modo destructivo.

Cuando dejé de prejuzgar a los presos y comencé a verlos con un poco más de compasión, me liberé de mis proyecciones. La oscuridad ya no me consumía.

El sendero espiritual de la intuición pasa por reconocer nuestras proyecciones para que éstas no se interpongan en nuestro camino. Se necesita concienciación y coraje para poder detenerse y decir: «¡Un momento! Debo de haberme quedado enganchado en una proyección. Voy a verlo con calma». Créeme, eso cambia mucho las cosas. Una vez que comenzamos a contemplar la realidad exterior como un potente espejo que refleja lo que sucede en nuestro interior, ya no separamos lo interno de lo externo ni el «nosotros» del «ellos». Estar libre de proyecciones es una importante lección para todos, pero para una persona intuitiva que hace una lectura, es como poder fotografiar con mucha luz y el objetivo totalmente abierto.

La espiritualidad es una búsqueda que dura toda la vida. No experimentas una rápida epifanía, te iluminas y llegas a ella de repente. Como ha escrito Stephen Mitchell: «A veces, la transformación espiritual puede ser como limpiar el corazón con un estropajo de acero». Cuando leí su libro *The Gospel According to Jesus* (El Evangelio según Jesús), me conmovió especialmente la historia del viaje espiritual de Chao-Chou, un monje zen de la dinastía T'ang. Aunque había alcanzado la iluminación cuando sólo tenía diecisiete años, decidió permanecer con su maestro cuarenta años más. Lo hizo por amor, pero también para aumentar su percepción y purificar su carácter. Los otros monjes se marchaban para impartir sus enseñanzas a una edad más temprana, pero Chao-Chou era incomparable en su excelencia y paciencia. Finalmente, cuando llegó a los ochenta años, se sintió preparado para enseñar. La filosofía que proponía estaba basada en la humildad: «Si me encuentro con un hombre de cien años y tengo algo que enseñarle, se lo enseñaré; y si me encuentro con un niño de ocho años que tiene algo que enseñarme, aprenderé». De un modo asombroso, impartió sus enseñanzas hasta su muerte, a los ciento veinte años.

Chao-Chou puede ser un modelo para todos nosotros. Aunque nuestro mundo tiene muchas distracciones, no es necesario encerrarse en un monasterio remoto para poder llevar una vida espiritual. Nuestra tarea, al igual que la suya, es afirmar nuestra conexión con un poder superior, a través de disciplinas como la meditación o la oración, y dar prioridad al amor en nuestro pensamiento y comportamiento. Cuando vivimos de ese modo, es mucho más difícil guardar resentimiento cuando nuestro jefe nos trata de una manera que nos parece injusta o anunciar duramente que «nunca más volveré a hablar contigo» a un amigo que hiere nuestros sentimientos sin darse cuenta. Eso no significa que vayamos a transformarnos instantáneamente en santos. Lo que sucede es que, al ser más espiritualmente conscientes, tendemos hacia soluciones amorosas.

Existe algo sagrado en el hecho de ser humano. Entendí esto a través de un sueño sobre mi madre en un momento en el que estaba centrada en la escritura —mi meditación más poderosa—, aunque me sentía frustrada por lo emocionalmente agotadora que me resultaba. Mi madre había muerto hacía cerca de un año y, en el sueño, me dijo con su estilo inflexible: «No tienes ni idea de lo afortunada que eres por sentir tan apasionadamente. Ésa es la gran alegría de estar en la Tierra. Donde yo estoy, las cosas son diferentes. No hay la misma intensidad». Me desperté triste porque la echaba de menos, pero su mensaje me llegó alto y claro: es un gran regalo ser humano y tener verdaderas pasiones. Más profundamente, el sueño también me recordaba que debemos honrar toda la experiencia vital como algo sagrado, y no dividirnos en pequeñas categorías para designar lo que es espiritual y lo que no. Esa división no es más que una ilusión.

En la película *El cielo sobre Berlín*, un ángel se enamora de una hermosa trapecista y, al final, sacrifica sus alas para poder estar con ella. Pero nosotros no necesitamos hacer ese tipo de sacrificio. Podemos ser tan divinos como queramos, aquí mismo, en la Tierra. Nada nos lo puede impedir. Somos el patrón a partir del cual el amor comienza. Es una reacción en cadena. Cuanto más nos amamos y aceptamos a nosotros mismos, más capaces somos de amar y aceptar a los demás. Lograr esto, aunque sólo sea durante una milésima de segundo, es conocer el significado de lo sagrado.

Hace más de una década, cuando regresé de mi primer curso con Brugh Joy, el amor corría a través de mí como un gran río. Pensaba que aquello nunca acabaría. Estaba convencida de haber encontrado la respuesta, y de que, al fin, mi vida había cambiado. Con la mejor de mis intenciones, salí de mi reclusión en el desierto y, directamente, me dirigí en mi coche a un club de campo de lujo de Beverly Hills al que pertenecían mis padres, para comer con ellos. Aquel sitio, anteriormente, me ponía los pelos de punta porque allí me sentía totalmente fuera de lugar, pero en aquel momento, con todo ese amor en mi corazón, asumí que aquella tarde de septiembre las cosas serían diferentes. No fue así. En cuestión de minutos me convertí en la misma miserable marginada que había sido antes. La realidad era que no sentía que perteneciera a muchos sitios porque no estaba cómoda en mi propia piel. Mi tarea espiritual fue encontrar esa comodidad. La ruta en busca de mi auténtica voz pasaba a través de mis inseguridades. No aprendí golpeándome a mí misma, sino entrando, suave y pacientemente, en los miedos que me paralizaban. La enorme efusión de energía que experimenté en el curso de Brugh no duró para siempre. Fue simplemente una muestra de lo que era posible lograr si estaba dispuesta a seguir con ese trabajo por mi cuenta. Cuanto más amor incorporamos en nuestras vidas, más nos acercamos al cielo, lugar que no contemplo como un reino inalcanzable de otro mundo: está aquí ante nosotros, entremezclado con nuestra humanidad, a la espera de que lo descubramos.

Cuando iniciamos un camino espiritual, a menudo, y especialmente si trabajamos con un maestro, la energía que concentramos puede ser tan poderosa que rompe barreras internas que nos parecían impenetrables. Entonces eres libre para sentir esa elevada conciencia de amor, que puede dar origen a una apertura intuitiva: un doblete que, como mínimo, puede ser asombroso. En ese estado, es posible que observes luces brillantes alrededor de las personas, como los halos de los iconos bizantinos, o incluso en tu perro, tus plantas o las tarteras y sartenes de tu cocina. Literalmente, todo resplandece. O tal vez sientas una unidad con el universo que te aporta una sensación de dicha increíble. Son experiencias sublimes. Aunque resultan espectaculares y verdaderamente esclarecedoras, no son el único objetivo; simplemente son una señal más en el camino.

En 1986, pasé dos semanas en la costa norte de la isla de Kauai, en un curso de espiritualidad para mujeres. Tras haber meditado intensamente con el grupo con el objetivo de prepararnos para un periodo de tres días de silencio y ayuno, caminé por la exuberante jungla hasta la orilla del mar para mirar la puesta de sol. La noche era cálida y húmeda. Un viento ligero pasó a través de mi vestido de algodón mientras descansaba apoyada en el tronco de una fragante plumaria. Me perdí en el movimiento oscilante de sus flores violetas y sus hojas. Tenían aspecto de plumas y parecían hacerme señales. Para mi sorpresa, comencé a sentirme sexualmente excitada. La corteza del árbol empezó a emitir olas de calor que entraron en mi cuerpo y me subieron por la columna vertebral hasta la cabeza. Después, bajaron hasta los genitales y los pies. Era un éxtasis absoluto. Mantuve la espalda bien pegada contra el tronco, sin atreverme a moverme o analizar lo que sucedía por miedo a interrumpir la experiencia. Por una vez, mi mente cooperó. La intensidad sexual aumentó lentamente hasta que todo mi cuerpo explotó en un orgasmo.

Cuando todo terminó, descansé sobre la tierra fresca, bajo el árbol, y observé un manto de estrellas relucientes. Obviamente, sabía que todo ese incidente era muy extraño. Pero lo más raro era lo natural que me parecía. Me sentí suave como un bebé. Todo en mí se había suavizado, y cada uno de los centímetros de mi cuerpo vibraba. Desde que comencé a trabajar como médico, aprendí a pensar las cosas sobre la marcha. Tomaba las decisiones difíciles con rapidez y, a menudo, olvidaba que tenía un cuerpo. En mi obsesión por hacer siempre lo adecuado, me había vuelto tan civilizada y correcta que había sacrificado mi espíritu más salvaje. Pero ahora éste había regresado.

Anteriormente, siempre había dependido de un hombre para manifestar mi sexualidad y mi lado salvaje. En las relaciones, podía ser apasionada y juguetona. Pero cuando no tenía pareja, de alguna forma, me sentía menos femenina y carecía de cierta calidez. No poseía mi propia sexualidad. Sin embargo, aquella noche en particular, mientras era testigo de cómo los árboles, las flores, las rocas y la propia tierra irradiaban sensualidad, me di cuenta de que también estaba dentro de mí. Me sentí femenina y completa, en contacto con esa parte de mí que podía correr desnuda por la playa sin sentir vergüenza y aullaba bajo la luz de la luna llena.

Sabía por mi profesor que, a pesar de lo fascinante que había sido aquel momento, no debía pensar demasiado en él. Ese tipo de experiencias intuitivas tan sublimes son transitorias. Existen cientos de diferentes tipos que van y vienen a medida que nuestra práctica se hace más profunda. Si te centras en ellas durante demasiado tiempo, su belleza puede despistarte y, entonces, pierdes de vista lo que tienes delante. Nunca olvidaré lo que sucedió en la playa de Kauai. Incluso en la actualidad, no puedo evitar sonreír cada vez que observo las hojas que se mueven con la brisa. Sin embargo, sé que, para mí, es tan peligroso perderse en la luz como en la oscuridad. Asumí lo que aprendí aquella noche y continué con mi vida.

Lamentablemente, dejarse seducir es bastante fácil. Un amigo mío llevaba sólo unos meses de práctica meditativa cuando, de repente, comenzó a tener unas visiones «pirotécnicas» verdaderamente llamativas. Podía ver su propio cuerpo mientras flotaba sobre él, fantásticos espectáculos de luces con efectos estroboscópicos salían de su frente y un grupo de pícaros monjes en túnicas anaranjadas y con las cabezas afeitadas se reía a carcajadas mientras las imágenes pasaban en la meditación. Ese espectáculo de luces continuó durante días, y mi amigo estaba bastante impresionado. Después, de repente, todo terminó. Disgustado por lo que había perdido y convencido de que fallaba en algo, fue a hablar con su maestro espiritual. Éste lo escuchó pacientemente, sin mostrarse preocupado, y lo tranquilizó.

—Todas las experiencias son valiosas. Continúa con la meditación –le dijo.

Con eso le indicaba que, para poder continuar en el presente, no debía aferrarse a ninguna experiencia, por muy espectacular que fuera, y que el secreto residía en ver el valor y la divinidad de cada momento, hasta del más sencillo. Estas experiencias culminantes son como las «celebridades» de nuestro viaje, no necesariamente una señal de logros espirituales. Percíbelas, aprende lo que puedas de ellas, pero no te dejes seducir. En *Un despertar gradual*, Stephen Levine dice: «La iluminación es libertad, pensar en la iluminación es estar en prisión». En el instante en que te entusiasmas con lo evolucionado que crees que estás, tu ego se queda atrapado en ello y sales despedido de tu camino.

En cierta ocasión conocí a un adicto a los talleres espirituales que iba de maestro en maestro simplemente para obtener una dosis de energía. Sin embargo, nunca se quedaba con ellos el tiempo suficiente para poder hacer un verdadero trabajo. Podía divisar a kilómetros su sucedáneo de resplandor y su perpetua sonrisa congelada. Cuando se dejó caer por la clase de mi maestro, vino directamente a mí y me dio un gran abrazo —lo cual me pareció bien, puesto que, en verdad, me alegraba de verlo—. Pero observé un tono forzado, como si se esforzara demasiado. Parecía innegablemente dichoso, demasiado feliz. La auténtica espiritualidad abarca un gran abanico de experiencias y no sólo alimenta los puntos más álgidos. El maestro y autor Ram Dass dice: «Si te vuelves falsamente santo, terminarás por recibir una patada en el trasero». El más espiritual de los actos es ser plenamente humano en cada momento.

No podemos predecir cuándo nos llegarán las percepciones espirituales. Nuestros momentos de lucha pueden ser tan cruciales como aquellos en los que nos sentimos realmente conectados. Todo lo que podemos hacer es trabajar para abrirnos intuitivamente, sin preocuparnos de los resultados. La vida se encarga del resto. La idea es no sentarse a meditar simplemente a la espera de alcanzar la iluminación. La riqueza de nuestras emociones y los acontecimientos de nuestra vida nos ofrecen un poderoso trampolín para crecer. En mis momentos más bajos, cuando siento que ya no puedo continuar, a menudo me llega una comprensión intuitiva o una visión que me devuelve el ánimo. Siento el efecto de una sanación instantánea y regreso a mí misma.

Una noche, entré en el aparcamiento del hospital Saint John para ir a ver un paciente que acababa de sufrir una sobredosis de cocaína. Di varias vueltas por las rampas de cemento hasta que encontré un espacio libre para aparcar. Cansada y deprimida (mi madre acababa de enfermar), no me quedaba ni una pizca de energía que dar a los demás. Sin embargo, allí estaba en el asiento del coche, tratando de alisarme el pantalón para tener un aspecto más «profesional», transformándome en «médico» una vez más. No podría haberme sentido menos espiritual. Mi cuerpo se quedó allí sentado, como un peso muerto. Durante unos instantes, crucé los brazos alrededor del volante y reposé en él la cabeza para descansar. Antes de que me diera cuenta, entré en una visión. Estaba en mitad de un cielo interminable y absolutamente despejado, con un ser que me conocía de arriba abajo y me amaba totalmente. No era humano y tenía la forma de un palo, como los que podemos ver en los dibujos de los niños. Sin embargo, estaba segura de que no existía nadie que me importara más que él. Estábamos en un lugar enorme e infinito; la Tierra, abajo, parecía una mota de polvo. En un instante, me mostró una repetición detallada de mi vida: todas las persona, lugares y sucesos. Comprendí que, por muy importantes que éstos me hubieran parecido, no eran en absoluto comparables con la inmensidad que ahora me rodeaba. Entusiasmada, advertí que mi perspectiva había cambiado. No existía principio ni final, tan sólo una unidad en la que todos estábamos conectados. A causa de mi depresión, había perdido todo eso de vista. Pero gracias a ese alegre recordatorio, me sentí liberada de mi limitada actitud mental. Sería maravilloso poder mantener siempre esa visión. Sin embargo, por muy inspiradoras y verdaderas que sean las visiones, tienden a desvanecerse por naturaleza. Nuestro desafío es recordarlas y saborearlas, integrarlas en nuestra vida. El suministro es ilimitado. El hecho de ser intuitivos nos permite crear espacio para las nuevas visiones. Y unas dan lugar a otras. Por ejemplo, la visión que tuve en el hospital Saint John no salió por sí sola. El tema de la unidad ya me había llegado anteriormente para reforzar la base de mis creencias espirituales: todos estamos interconectados en una red cósmica gigantesca. Mi clarividencia me ayuda a recordarlo.

A medida que te centras cada vez más en la intuición, tienes más libertad para apreciar la extraordinaria belleza del espíritu y sentir su unidad. Cuando experimentas esto personalmente, tu perspectiva acerca del mundo cambia radicalmente y sientes una conexión natural con todas las formas de vida —para mí, ésta es la razón por la que seguimos un camino espiritual—. Busca esa unidad en tus sueños, meditaciones, lecturas intuitivas o, simplemente, cuando camines al borde del mar o en el bosque. Nuestra conexión con los demás y con todo el universo está en todas partes, aunque ciertos lugares del mundo tienen un carácter mágico; parecen rezumar energía y activarnos. Son tesoros intuitivos que evocan algo más que una conexión; lugares sagrados como Machu Pichu, Stonehenge, las pirámides de Egipto o los colosales monolitos de piedra de la isla de Pascua. Su suelo, su paisaje y su arquitectura parecen guardar su historia y preservar la memoria de lo que sucedió allí con la precisión de un microchip. Cuando te mantienes intuitivamente abierto, puedes unirte a la antigüedad de la Tierra, escuchar su voz y sentir la enormidad de su espíritu.

Hace unos años, visité el muro de las lamentaciones en Jerusalén, un lugar sagrado al que acuden en peregrinaje personas de muchas religiones desde todos los lugares del mundo. Para los judíos, ese muro es especialmente sagrado. Es todo lo que queda de un templo ancestral destruido en el año 70 a. de C., cuando se vieron forzados al exilio. Durante siglos, los judíos han viajado a ese lugar para llorar y lamentar la pérdida de su tierra natal. Sin embargo, el muro es algo más que un monumento histórico. Muchos judíos lo contemplan como un referente físico hacia una mayor santidad.

A medida que me acercaba a la parte del muro reservada a las mujeres, sentí como si un tornado me atrajera hacia su vórtice. Al menos cien mujeres, con las cabezas cubiertas con pañuelos de discretos colores, gemían a pleno pulmón. Me sentí abrumada ante la efusión de aquel llanto. Aunque deseaba escapar, me limité a permanecer allí. Como me suele suceder cada vez que me siento agobiada, mi primera reacción fue insensibilizarme. Mecánicamente, elevé el brazo y, siguiendo la costumbre, puse mi oración, que ya había doblado con cuidado, en una rendija del muro, entre dos piedras inmensas de tonalidades ocres y doradas.

Después, como si se hubiera accionado un interruptor, mis sentimientos regresaron, pero a una escala magnificada. Como en un hechizo mágico, los llantos y gemidos de las mujeres me indujeron a entrar en la emoción. No tenía intención de llorar, pero pronto los ojos se me llenaron de lágrimas. Me sobresalté. Últimamente me encontraba bien y estaba segura de que no tenía nada por lo que llorar. No obstante, una oleada de tristeza me golpeó y mi cuerpo comenzó a temblar de un modo incontrolable. De repente, me llegaron al mismo tiempo muchas de mis pérdidas personales: recuerdos de pequeñas desilusiones, la muerte de mi abuelo y relaciones que habían fracasado. Pero mi llanto no se quedó en eso. Lloré no sólo por mí, sino por mi familia y amigos, y por todos los problemas e injusticias del mundo que llegaron a mi mente. Por último, lloraba por llorar. En un tremendo impulso de liberación, me solté completamente. Era una limpieza, una catarsis purificadora. La desesperación se lavaba en mí y se convertía en algo más. Mi llanto y los gemidos de todas las mujeres se mezclaron con todo lo que nos precedía y se fundieron en un único sonido. Estaba inmersa en una vorágine de dolor, no sólo el mío, sino un dolor inmenso que parecía surgir del corazón de la colectividad.

Como si hubiera salido de un trance, observé que el cielo se oscurecía. Por toda la ciudad, se oía el triste eco de las oraciones nocturnas de los musulmanes que salía de la mezquita central. Miré el reloj de la torre y me sorprendí al descubrir que llevaba allí dos horas cuando, en realidad, había planeado quedarme tan sólo unos minutos. La vieja ciudad de Jerusalén resplandecía con los últimos rayos de sol que se reflejaban en las serpenteantes calles empedradas. Me dirigí con paso enérgico al hotel. Estaba exhausta y deseaba darme un baño de agua caliente. Pero también me sentía eufórica: bajo todo el dolor del muro, había sentido una unidad colectiva, una fuerza extática y compasiva que nos unía.

En aquel momento, llevaba apenas un año de meditación y, hasta entonces, sólo había obtenido un pequeño destello de esa unidad. Sin embargo, allí estaba ante mí, totalmente gloriosa.

Necesité muchos meses para asimilar por completo lo que había sucedido. Sí, había sido catapultada, en cierto sentido, a una profunda sensación de conexión. Pero ¿cómo había llegado hasta allí? Necesitaba descubrirlo. Al analizar en detalle lo que había ocurrido, llegué a entender que el muro de las lamentaciones estaba ubicado en una especie de polvorín energético, cuyo poder había aumentado a través de los siglos con cada una de las personas que había acudido a él. Incluso los que no se consideran intuitivos no pueden evitar sentir su atracción. Yo no había llegado a sospechar lo poderoso que podía ser y, en cuestión de minutos, el muro me había lanzado a un estado intuitivo hiperalerta. Primero, sin ninguna intención por mi parte, había comenzado a llorar. Pero eso fue sólo el inicio, una fase que enseguida se fundió con la siguiente. Al rendirme a mi tristeza, permití que ésta me guiara, mientras su intensidad crecía, hasta que su fuerza me elevó más allá de mis propias emociones para poder experimentar el dolor colectivo. Por nada del mundo hubiera deseado que eso sucediera. Y, sin embargo, sin resistirme a ese frenesí de dolor colectivo, sentí cómo éste evolucionaba hasta convertirse en una unidad sublime. Sabía que todos éramos un solo corazón. La antigua memoria del amor nos unía a través del tiempo.

El amor nos hace ir más allá de los límites artificiales que nos hemos creado. Es el ingrediente unificador, sea cual sea el camino que hayamos elegido, y trasciende las diferencias religiosas. Pertenecer a una determinada fe no tiene por qué impedirnos apreciar lo bueno de las demás. Sin amor, estamos espiritualmente perdidos. El mundo puede parecernos empobrecido, cargado con una serie de problemas irresolubles. La principal causa de nuestro dolor es separarnos del amor; con éste, reunimos el coraje necesario para poder tomarnos con calma las dificultades y, entonces, las convertimos en muestras de fe.

A medida que nuestra intuición madura, adquirimos mayor capacidad para percibir el amor, no sólo en nosotros mismos, sino también en nuestra familia e, incluso, en los lugares más oscuros de la Tierra. Tanto si acabamos de ganar la lotería como si hemos perdido el trabajo, nuestro desafío final siempre será convertirnos en seres más compasivos y bondadosos. Entonces seremos capaces de vivir nuestra vida plenamente. Ya no nos tratamos con dureza a nosotros mismos ni nos consideramos víctimas de cada bache del camino. Nuestra vida cambia y rezuma vitalidad y significado cuando la vemos con una mirada amorosa. Como Raymond Carver sugiere en su poema *Último fragmento*, el objetivo se convierte en «considerarme amado, y sentirme amado en la Tierra».

Ser intuitivo significa mucho más que ser capaz de ver el futuro. Puede ser nuestra puerta de entrada a una amplia vida espiritual, donde mora el amor y todo tiene un propósito. Desde el principio sospechamos que es así, pero, con una clarividencia perfeccionada, podemos sentir que es como estar en una habitación iluminada por la luna y observar que las siluetas poco definidas y las sombras se convierten gradualmente en formas reconocibles. Cada paso del viaje espiritual, por muy pequeño que sea, nos acerca a la sabiduría intuitiva de nuestro corazón y al amor. Nos hacemos cada vez más fuertes. El amor nos da el poder de transformar cada aparente desastre en una ventaja y fuente de bienestar. Es una poción mágica que nos permite transformar el plomo en oro y convertirnos en alquimistas para crear un futuro más pleno y luminoso.

12

HONRAR EL DON

Mirando la luna,
al amanecer,
solitaria, en mitad del cielo,
me conozco a mí misma por completo:
ninguna parte queda excluida.

IZUMI SHIKIBU (974-1034)

La historia que he contado sobre mi vida —cómo luché con mis habilidades intuitivas en mi infancia, cómo las perdí durante mi etapa como estudiante de medicina y cómo las descubrí de nuevo— es la historia de mi despertar. Con el paso del tiempo, he aprendido a honrar el gran regalo que he recibido. Al principio, sin embargo, no me parecía en absoluto un regalo. A menudo me sentía confusa y la mayoría del tiempo me inquietaba la idea de que algo estuviera terriblemente mal en mí. Me salvaron los ángeles que aparecieron por mi camino —mentores y profesores que habían viajado por este mismo sendero antes que yo y compartieron conmigo su sabiduría.

La intuición pasó de ser una fuente de confusión y miedo a convertirse en mi gran pasión. Mi empeño por encontrarle sentido y hacer buen uso de ella me ha convertido en la persona que soy en la actualidad. No puedo imaginar cómo habrían sido las cosas si hubiera recibido este conocimiento en una bandeja de plata. Posiblemente más fáciles. Pero, entonces, las circunstancias eran diferentes a las actuales: durante muchos años no tuve a quien dirigirme para pedir consejo.

Hoy en día tienes más elecciones. Mi deseo es que mis experiencias puedan guiarte en tu viaje para que no te sientas tan perdido como yo me sentí. Luchaba por encontrar mi voz intuitiva, pero el apoyo que me ofrecían aquellos tiempos era escaso. Tal vez por eso he llegado a valorarla tanto —la sangre de mi vida, mi fuerza—. No voy a volver a perderla. Sin embargo, cuando miro hacia atrás, sé que no cambiaría ni una sola cosa de mi pasado. La intuición fue un regalo que me hizo crecer.

De ninguna manera estoy sola. Ahí fuera, son muchas las personas que ya no están dispuestas a callarse, avergonzarse o mantener sus visiones en secreto, y que por fin reúnen el valor necesario para hablar de su verdad. Recientemente me invitaron a participar en un programa de televisión matinal que giraba sobre el tema de lo paranormal, y me impactó la fuerza que ha alcanzado esa protesta colectiva. Para preparar la grabación, me enviaron una montaña de cartas. Los productores se vieron inundados por cartas de espectadores que parecían clones de quien yo había sido. Las preguntas que hacían y las preocupaciones que expresaban me resultaban tan conocidas que me parecía como si yo misma hubiera escrito esas cartas. El aislamiento que sentían esas personas me estremeció. Su mayor deseo era que las comprendiesen. Vickie F., de Charlevoix, Michigan (3.100 habitantes), escribía sobre el hecho de ser intuitiva: «En la escuela tenía amigos que pensaban que era rara, así que aprendí a reprimir mis sentimientos. ¿Puede alguien ayudarme?». Desde Big Springs, una ciudad del oeste de Texas, Theresa decía: «Cada vez que voy a casa de alguien, tanto si siento violencia como cordialidad, me pongo hecha un manojo de nervios. O me he vuelto loca o soy extremadamente intuitiva. Te escribo esta carta porque no sé qué hacer». Y desde la diminuta localidad pesquera de Homer, Alaska, Vickie G. contaba la misma experiencia que yo había tenido con nueve años: «Mi abuelo vino a despedirse de mí la noche en que murió. Nunca lo olvidaré. Tenía miedo de que la gente pensara que estaba loca».

Esas mujeres, junto con otras tres más, fueron seleccionadas para participar en el programa y llegaron en avión desde lugares alejados y aislados, donde no podían contar con el apoyo de nadie. Estaban completamente solas. ¡Y yo pensaba que lo había tenido difícil! La idea de que esas personas tan sensibles estuvieran geográficamente aisladas y no pudieran contar con modelos intuitivos saludables me resultaba difícil de imaginar. Sentí una empatía instantánea hacia ellas. Yo estaba en una posición ideal para ayudarlas. Era una oportunidad increíble para poner en circulación todo el conocimiento que había recibido. El viaje trata precisamente de eso, de crear una cadena en la que cada persona comparte con otra lo que sabe y, de ese modo, transmitir la sabiduría.

A petición de los productores, la tarde de la grabación todas llegamos con unas horas de antelación y nos encontramos en los camerinos. Las siete mujeres, entre las cuales yo me encontraba, todas con vidas muy diferentes, nos sentamos en la sala de espera de un estudio en torno a un abundante bufet. Una a una, comenzaron a hablarme de sus historias —algunas con cierta reticencia, otras incapaces de contar todos los detalles con suficiente rapidez—, como un grupo de amigas reunidas alrededor del calor de una hoguera. Sus relatos me emocionaron y me sorprendieron. Las experiencias que contaban eran muy similares entre sí, como si nos uniera una sola mente. Ninguna había hablado de ello en público con anterioridad. De hecho, muchos de sus amigos y familiares ignoraban que eran intuitivas. Me inundaron de preguntas: «¿Por qué hago predicciones?», «¿Debo hablar con la gente de esto?», «¿Cómo hice para saber que mi primo iba a morir», «¿Podría haberlo evitado?», «¿Llegas a acostumbrarte a esto?», «¿Tienes miedo?», etc.

Compartí con ellas mi historia personal y observé cómo se relajaban. Una de mis fortalezas es que he dejado el miedo atrás y puedo hablar de este tema con seguridad. Además, el hecho de ser psiquiatra me da credibilidad. En la cultura occidental, un médico es un símbolo de autoridad, y eso me ayuda en esta área todavía tan poco aceptada. Claramente, todas las integrantes del grupo, a pesar de sentirse confusas a causa de sus habilidades, eran bastante sensatas.

Lo que más les molestaba era percibir tragedias antes de que ocurrieran —muertes, accidentes y enfermedades—, especialmente las de personas cercanas. Pero sus intentos por advertir a sus seres queridos resultaban siempre frustrados.

—Algunas personas no se creen ni una palabra de lo que les digo. Simplemente no quieren escucharme –declaró Theresa.

Y, en el que caso de que las creyeran, las advertencias no eran suficientes para evitar el desastre. El mensaje que traté de comunicarles era doble: los intuitivos principiantes suelen recibir sólo imágenes negativas porque, a nivel intuitivo, éstas son las más fuertes y emocionalmente cargadas. Pero con entrenamiento podrían abrirse a todo tipo de impresiones y recibir también información positiva. Además, el hecho de que tuvieran una visión no significaba que tuvieran el poder o la responsabilidad de hacer algo. No siempre es posible intervenir. Sabía que ese punto les resultaría difícil de aceptar —el impulso de querer evitar el sufrimiento a los demás siempre está ahí—; sin embargo, mi objetivo era que se deshicieran de su sentimiento de culpa al reconocer sus limitaciones.

Me sentí privilegiada por el hecho de estar en una posición en la que podía ofrecer esperanza. Las experiencias de esas mujeres nos hacen recordar que las visiones, los conocimientos intuitivos y los sueños no son ajenos a nuestra naturaleza. Equivocadamente, los vemos como algo que no tiene que ver con nosotros mismos, pero, en realidad y en el sentido más profundo, nos nutren tanto como nuestra respiración. A nivel más práctico, la intuición me permite comunicarme con las personas más importantes de mi vida —entre ellas mis pacientes— de una manera elegante y completa, lo cual me ayuda a comprenderlas mejor y a profundizar en todas mis relaciones. Al sentir sus energías puedo saber mejor quiénes son y, consecuentemente, responder a sus necesidades con sensibilidad. Mi padre, por ejemplo, no hablaba demasiado de sus sentimientos. Pero tanto si estaba cerca de él como si no, gracias a nuestro vínculo intuitivo, sentía en los huesos cuándo estaba enfadado o percibía olas de alegría cuando estaba contento. Eso mismo me sucede con mis amigos más cercanos. Son una parte de mí, estamos íntimamente conectados y nuestras almas se hallan entrelazadas. Como intuitiva nunca estoy realmente sola; rara vez me siento aislada. Si estas habilidades se desvanecieran, mi vida perdería muchas de sus riquezas; sería como ver primero en colores brillantes, y después sólo en blanco y negro. Los mensajes intuitivos que recibo a diario me satisfacen de un modo extremo, casi a nivel celular. La guía que recibo es una bendición, pero, más allá de la información que recibo, cada vez que sintonizo alimento mi conexión con mi fuente espiritual al acceder directamente a la energía original. Todas las partes de mi ser se conmueven con ello.

Entrar en contacto por primera vez con la elevada conciencia del espíritu, lo cual a menudo se produce a través de las experiencias intuitivas, puede dejarte boquiabierto. La libertad que sientes, el amor que fluye de tu corazón y su absoluta belleza pueden llegar a producirte escalofríos. Aunque, con frecuencia, tal intensidad dura poco, el verdadero regalo de estar tan abierto es poder llevar a tu vida cotidiana la sabiduría que has vislumbrado. Tal vez desconocías que dentro de ti existiera ese amor. Y ahora te espera, dispuesto a que lo saques en cualquier momento, hasta en las situaciones más mundanas.

Ve más allá del mundo corriente en el que vives. Usa este libro como un mapa que te conducirá a un mundo inaccesible para la mayoría de las personas. En cualquier momento puedes entrar en contacto con una vida de amor y comprensión. Externamente, es muy poco lo que necesitas cambiar; lo más importante es el cambio que haces en tu pensamiento. Lo primero es que quieras andar este camino. No hay ninguna prisa. Abre tu corazón, permítete soñar y deja que tu espíritu remonte el vuelo. Imagina grandiosamente lo que es posible.

Considera cualquier paso como un comienzo. En la actualidad, hay más recursos disponibles que nunca, especialmente en las grandes ciudades. Las librerías y las bibliotecas son lugares mágicos. Leer sobre intuición o espiritualidad puede llevarte a importantes avances y enciende la llama de la curiosidad que te inspira para continuar. Paso mucho tiempo en la librería metafísica que hay cerca de mi casa, donde, sentada en una banqueta, hojeo todo lo nuevo. Sin embargo, ese tipo de tesoros no es tan fácil de encontrar en las zonas rurales. Una de las mujeres que salieron conmigo en el programa de televisión que mencioné anteriormente me comentó que, para encontrar ese tipo de material de lectura, tenía que trasladarse noventa y cinco kilómetros. La pequeña librería de su ciudad no tenía ese tipo de libros porque sus propietarios cuestionaban su valor y los encontraban «extraños». Me entristecí al pensar que algunos lugares todavía están atrapados en las «edades oscuras» y en lo mucho que nos queda por avanzar. Por esa razón, he incluido al final de este libro una guía de recursos, así como un listado de lecturas recomendadas.

Si deseas continuar y explorar más, la meditación es la ruta más segura que conozco para acceder a la intuición. Te permite eliminar el ruido de la mente y amplifica tu voz intuitiva. Cíñete a lo principal; el ritual, la oración y el altar pueden llevarte también en la dirección deseada. Tu forma de abordar la práctica puede ser tan simple como desees. Experimenta. Mantente informado de las conferencias y cursos, y asiste a cualquier taller que te parezca interesante. Son innumerables los eventos a los que he asistido que me han ayudado a encontrar una nueva pieza perdida del puzle. Está bien probar con varios profesores y aprender de aquellos a quienes respetas. Mi maestro ha sido la influencia más poderosa en mi crecimiento intuitivo y espiritual. Crea un círculo de amistades que apoye incondicionalmente tu camino. Nadie puede hacer esto solo. Nos necesitamos los unos a los otros. Abona el suelo sobre el que creces. Cada una de tus acciones te prepara para la intuición, no para hacer uso de ella en el momento, sino como un camino de vida, y dispone el escenario para que puedas ver las cosas de un modo diferente. Todos tenemos talentos especiales. La intuición puede llegarnos de muchas formas: visiones, sueños, conocimiento y sonidos. Cuanto más tiempo pases en calma contigo mismo, más llegarás a conocer esas diferentes formas. Tenderás hacia aquellas que sientas más naturales. Para mí, son los sueños. Dependo de su lucidez para ver las cosas. En el estado onírico me siento totalmente en casa. Para ti, pueden ser las lecturas intuitivas, sentir la energía o sanar con las manos. Prueba con todo. Descubre cuál es la tuya.

Espero que te animes a emprender este viaje. Está jalonado de desafíos y nos transforma constantemente. No existe un límite para lo que podemos aprender. Sigue tu voz interna —directa al centro de las cosas—, observa con todo el poder y la pasión que yace en tu interior y déjate ir. Mi deseo es que te identifiques al menos con una parte de mi historia y des el salto desde allí.

Incluso ahora el mundo cambia. Muchas personas con las que me encuentro son dolorosamente conscientes de que en sus vidas falta algo. Ninguna ganancia material puede llenar ese vacío. Anhelan poder contactar con una integridad y un significado profundo. A raíz de esa necesidad, muchos buscan respuestas espirituales. La intuición puede ser un camino, cada vez más aceptado, para encontrarlas. Hace veinte o treinta años a nadie se le habría ocurrido pensar en un programa diario de televisión sobre lo paranormal. Sin embargo, en la actualidad no sólo los medios de comunicación se esfuerzan por abordar seriamente este tema sino que todo tipo de personas reúnen la suficiente valentía para hablar abiertamente de sus experiencias intuitivas.

Cada vez es más común que la policía cuente con la ayuda de personas intuitivas para sus investigaciones; los líderes más destacados del mundo de los negocios reconocen lo indispensable que es su intuición para su trabajo; los profesionales de la salud hacen uso de sus propias habilidades intuitivas para realizar diagnósticos y tratamientos. Poco a poco, se está produciendo un cambio. La intuición es un factor creativo que aviva todos los elementos de la vida; nos lleva a vivir más plenamente y a crecer. Al comenzar con tu propio corazón y tu hogar, puedes formar parte de este cambio.

¿Qué mejor lugar que tu familia para poner esta fuerza en movimiento? Por ejemplo, tu pareja y tú podéis atravesar una situación económica difícil, pero cuando sintonizáis con vuestro interior advertís claramente que esa dificultad se resolverá por sí sola en cuestión de meses. Eso os librará de un periodo innecesario de preocupación y ansiedad. La intuición puede reforzar las interacciones familiares: al intuir los sentimientos, ver más allá de las motivaciones superficiales y observar el cuadro en su totalidad, puedes acercarte a los tuyos con amor y de una forma más constructiva. El instinto intuitivo de mi amiga Susan, en calidad de madre, surgió antes del momento de la concepción. Una noche, mientras cocinaba para preparar una fiesta en su casa, distraída y con la mente en un millón de cosas diferentes, se sintió de pronto invadida por una sensación intuitiva extraordinaria.

—Un alma se abrió paso en mí, como si se anunciara. Tenía una urgencia absoluta. Supe que pedía nacer –dijo.

Con el paso de los años, Susan y su marido han aprendido a escuchar su intuición. Aquella misma noche, más tarde, le contó lo que le había sucedido. Llevaban varios años casados y habían hablado de tener hijos, pero hasta entonces no habían encontrado el momento adecuado. A pesar de que anteriormente habían dudado, la fuerza del sentimiento de Susan y su deseo genuino de tener un hijo los llevó a intentarlo. Unos días después, Susan se despertó por la mañana con la absoluta certeza de que ese día se quedaría embarazada.

—Fue algo increíble. Cuando hicimos el amor, supe con seguridad el momento exacto en que concebí –explicó.

A las pocas semanas, descubrió que estaba embarazada, lo cual confirmaba que lo que sentía era cierto. Estaba encantada, pero no se sorprendió en lo más mínimo.

Durante el embarazo estableció una relación intuitiva con el niño que llevaba en su vientre. Supo intuitivamente que se trataba de un varón, además de otros detalles sobre su personalidad y aspecto, que más tarde comprobó que eran acertados. Al meditar diariamente para estar cerca de su hijo, pudo establecer con él una profunda relación que continuó tras su nacimiento.

Mientras su hijo era pequeño, comprobaba intuitivamente cómo se sentía en la escuela. No deseaba entrometerse ni escudriñar cada pequeño detalle (en el caso de que hubiera podido hacerlo), sino simplemente hacerse con una idea general acerca de si su hijo se sentía bien o no, respetando su intimidad. La intuición le servía principalmente como un sistema de alarma. Muchas madres, aunque no se consideren intuitivas, sienten si sus hijos tienen problemas de ese mismo modo. Creo que esa sensibilidad es una extensión natural del vínculo maternal, al igual que el poder sanador del tacto. Susan, por ejemplo, sostenía a su hijo entre los brazos cuando estaba enfermo y le enviaba energía con las manos para aliviar sus síntomas y tranquilizarlo. Era algo totalmente natural para ella, y cuando el niño se hizo más mayor, se comunicó con él con la misma naturalidad.

Imagina cómo sería el mundo si se animara a los niños a exteriorizar sus habilidades intuitivas en lugar de estigmatizarlos o juzgarlos por ello. Imagina a toda una generación que crece feliz y equilibrada, capaz de expresar sus dones y sin fingir que son diferentes a como son. Hubiera dado cualquier cosa por esa libertad. Tú, ahora, puedes ofrecérsela a tu hijo. Brinda espacio para que pueda improvisar y jugar con la intuición sin miedo a ser silenciado. He visto surgir la luz más hermosa en los rostros de los niños cuando reciben permiso para explorar la intuición. Es maravilloso observar cómo un universo totalmente nuevo se revela ante sus ojos. Incluso en el caso de que no seas una persona intuitiva y no sepas qué hacer si tu hijo lo es, siempre hallarás recursos para asesorarte —algunos de ellos al final de este libro—. Ciertas personas, como terapeutas, intuitivos y sanadores, podrán aclarar tus dudas, aquietar tus miedos y mostrarte cómo fomentar esta cualidad en tu hijo.

Recientemente he conocido a Laura, una madre que estaba desesperada. Su hija de diez años veía lo que ella suponía que eran «auras» y «pequeñas bolas de luz que se movían a toda velocidad».

—Las ve a todas horas: en casa, en el colegio, en el coche, en el centro comercial, dondequiera que vaya. Las observa alrededor de su profesor en la escuela, alrededor de nuestro perro, alrededor de la bandera e, incluso, alrededor de sí misma –me explicó.

Kate llevaba dos años con esas visiones y se sentía asustada. De noche, parecían más intensas, hasta el punto de que llegó a desarrollar miedo a la oscuridad.

—Su padre y yo pensamos que se trataba de miedos infantiles, pero al cabo de dos años se nos agotó la paciencia –contó Laura.

Ella no tenía ninguna experiencia relacionada con la intuición y, aunque no estaba del todo segura, sentía que la habilidad de Kate podía ser un don. Sin embargo, le preocupaba la ansiedad que le acompañaba. Por encima de todo, quería comprender para poder ayudar a su hija. Cuando vi por primera vez a Kate y a Laura, enseguida supe que deseaban orientación sinceramente. Ambas eran muy hermosas, aunque sus rostros reflejaban la tensión vivida durante los últimos años. El único objetivo de Laura era poder ayudar a su hija; ésta es la actitud ideal para poder lograr algo. Me impresionó verla tan dispuesta a deshacerse de sus ideas erróneas y tan ansiosa de escuchar lo que tenía que decirle. Kate era una niña encantadora e inteligente, pecosa y de ojos castaños, que por encima de todo deseaba saber si lo que le sucedía era malo.

Me senté con ambas, las tranquilicé y les expliqué que las habilidades de Kate eran algo similar a tener una gran sensibilidad auditiva o visual. A la pequeña le costaba comprenderlo y estaba llena de preguntas, la mayoría de ellas relacionadas con los colores que veía.

—¿Qué significa el rojo? ¿Por qué unas personas tienen color violeta a su alrededor y otras verde? –me preguntó.

—No estoy segura –le contesté–, pero, a través de los siglos, algunos místicos que han podido ver colores como tú han estado de acuerdo en ciertas cosas. Por ejemplo, cuando una persona emite mucho verde, tiende a ser bondadosa y a actuar desde el corazón. El amarillo significa que esa persona es lógica e intelectual; el rojo es el color de la ira, el dolor o la pasión; el violeta es el color de la intuición, y a menudo está vinculado con la creatividad.

Insistí en que sus visiones no tenían nada de extraño y que podrían serle de gran ayuda cuando creciera.

Kate y Laura tenían tal carga de preocupaciones que me di cuenta de que necesitarían más tiempo del que podíamos pasar juntas aquel día para poder hacer mella en ellas. Lamentablemente, estaban a punto de regresar a su hogar en Montana. Pero se trataba de un sólido comienzo; su primera experiencia con otra persona intuitiva, un marco de referencia que les ayudaría a comprender lo que sucedía. Laura se sintió particularmente aliviada al verse orientada en una dirección positiva. Aunque había hecho todo lo que había podido, se había sentido especialmente sola. En cierta ocasión, había confiado ingenuamente en que su hija abandonaría sus miedos cuando, como medida desesperada, decidieron trasladarse a una nueva ciudad. Por supuesto, ese plan bienintencionado salió mal. Los miedos de Kate sólo fueron en aumento.

Aquello no me sorprendió. Por mis experiencias intuitivas durante mi infancia, sabía que la ansiedad de Kate provenía de estar ante el umbral de una nueva dimensión. Le asustaba lo desconocido. Pero también estaba segura de que, una vez que integrara y usara la intuición en su vida, sus miedos se desvanecerían. No tiene ningún sentido tratar de evitar estas habilidades; reprimirlas sólo conduce a una nueva serie de problemas. El miedo no desaparece, sino que surge bajo formas diferentes, como miedo a la oscuridad, a las personas o a abandonar la casa. Animé a Kate y a su madre a contactar con un centro de sanación de su ciudad para que ambas tuvieran la oportunidad de trabajar con otras personas que hubieran abordado con éxito este miedo y pudieran ayudar a Kate a superarlo. Sólo así podría hacerse con su don y disfrutar de él.

Mi amigo Stephan Schwartz me habló de cuando lo invitaron a dar una charla sobre la intuición y las energías corporales en un campamento de verano para niños en Virginia. Fiel a su estilo práctico, les habló de los mismos tipos de colores que Kate veía y de cómo todos estamos constituidos de energía que algunas personas pueden percibir intuitivamente. Cuando terminó, un grupo de niños de nueve y diez años lo rodearon y exclamaron emocionados:

—¡Yo también puedo hacer eso!

Tras escucharlos con detenimiento, descubrió que también tenían miedo de sus habilidades. Inmediatamente, Stephan decidió trabajar con esos niños para mostrarles que ver colores era algo totalmente natural y de lo que no deberían asustarse. Durante las siguientes semanas, diseñó diferentes juegos con el objetivo de disipar sus miedos y hacer de esas experiencias algo divertido. Por turnos, observaban la energía de sus compañeros, determinaban de qué color era ese día y, después, les preguntaban cómo se sentían. Con la práctica, comenzaron a vincular los colores con determinados sentimientos. En poco tiempo, sentir la energía se convirtió en algo natural para ellos y ya no les asustaba.

Tú también puedes hacer juegos similares con tus propios hijos. Por ejemplo, puedes sentarte frente a ellos con los ojos cerrados y, por turnos, enviar y recibir información intuitiva. Haz que resulte ligero, ríete tanto como puedas y crea un ambiente que invite a la exploración. Si eres el emisor, selecciona una imagen claramente definida, como una naranja, un número o el rostro de una persona que ambos conozcáis bien, y concéntrate pasivamente en ella. Pídeles a tus hijos que te informen de los colores, texturas, sensaciones o imágenes que reciban. Hazles saber sus aciertos y errores, y destaca los primeros. También puedes probar con otro juego mientras vais en coche. Cuando os paréis en un semáforo, pídeles que predigan el momento exacto en que éste se pondrá en verde. Asegúrate de que saben que no es importante acertar. Se trata de un sencillo ejercicio de sintonización que les permitirá practicar. También puedes intentar hacer el juego de Stephan mientras vais de compras. Si tus hijos pueden ver colores alrededor de las personas, anímalos a que te cuenten cómo son. Reconoce que sus percepciones son reales, pero hazlo sin que parezca que se trata de algo extraordinario. Los niños que son educados de esa forma probablemente no verán la intuición como algo raro, sino que la apreciarán por lo que es: una habilidad que es innata en muchas personas.

Se requiere algo más que una actitud tolerante hacia la intuición para ser un buen padre. Es necesario aceptarla totalmente, del mismo modo que aceptarías cualquier otro talento de tu hijo. Incluso si la intuición es algo nuevo para ti o si nunca has tenido ningún tipo de experiencia intuitiva, es crucial que creas en ella y apoyes esa sensibilidad de tu hijo. Cuando los niños crecen con la seguridad de que son totalmente aceptados tal como son, se sienten fortalecidos de un modo natural y reaccionan con amor. Al nutrir lo mejor de cada uno, tu familia puede convertirse en un microcosmos de paz y contribuir a la creación de una sociedad más armoniosa.

La paz y la bondad de las personas tienen un valor incalculable. En ningún lugar se muestra esto más claramente como en la historia de Sodoma y Gomorra, del libro del Génesis. Dios aceptó la petición de Abraham de salvar esas dos ciudades plagadas de crímenes si en ellas había al menos diez hombres buenos. Aunque no pudieron encontrarlos y Sodoma y Gomorra fueron destruidas, lo que me impacta es la idea de que la bondad de unas pocas personas podría haber salvado las ciudades. La conciencia positiva de diez personas hubiera sido suficiente no sólo para vencer la corrupción de muchos, sino también, en algunos casos, para cambiar el mundo.

Debemos comenzar con el amor de nuestros propios corazones, y extenderlo, en círculos cada vez más amplios, a nuestros amigos y familia, a nuestro lugar de trabajo y finalmente a todo el mundo. Una vez que nos damos cuenta de lo interconectados que estamos, vemos que la integridad de nuestras acciones, en cada aspecto de nuestra vida, afecta a la totalidad. Considera que, más allá de la esfera personal, existe un área donde cada uno de nosotros puede ejercer una influencia positiva en un amplio número de individuos, tanto si esperamos una mesa en un restaurante como si dirigimos una importante multinacional. Las buenas intenciones combinadas con la creciente sensibilidad hacia los demás que aporta la intuición pueden proporcionar un gran significado a cualquier tipo de trabajo.

Me entusiasma observar que un número cada vez mayor de empresas reconoce el valor de la intuición y la ponen regularmente en práctica. No es sorprendente, sin embargo, que reconocidos empresarios suelan rehuir del término «vidente» (el estereotipo de la gitana adivina todavía parece rondar de cerca), e insistan en el término neutral «intuición», cuyas connotaciones son más realistas. Conozco a abogados que admiten usar la intuición en sus negociaciones, y a ejecutivos de alto nivel que buscan en ella el apoyo necesario para tomar decisiones acertadas, hacer predicciones financieras y detectar situaciones problemáticas antes de que se produzcan. Más de mil consultores en Estados Unidos han sido contratados por empresas líderes para impartir programas de entrenamiento intuitivo para sus empleados. Incluso la Escuela de Negocios de la Universidad de Stanford ofrece un curso en el que se enseña la intuición como una habilidad estratégica. Tammel Crow, uno de los promotores inmobiliarios más influyentes de Estados Unidos, va directo al grano: «Creo que los líderes del mundo de los negocios adoptan ciertas posturas y toman algunas decisiones de un modo trascendental. No de forma mágica, sino intuitivamente».

Me impresionó Intuition Network, una organización integrada por miles de personas provenientes del mundo de los negocios, gobierno, ciencia y salud, que se comprometen a integrar la intuición en su trabajo, su vida privada y el mundo en general. Su prioridad es confiar en sus recursos internos. Lo que más me emociona de este grupo es que no se limita a teorizar: son emisarios que actúan basándose en sus convicciones, ofrecen sabiduría intuitiva vanguardista a través de conferencias y seminarios, y dirigen programas para la pequeña y gran empresa. Hace apenas treinta años, una organización así habría sido objeto de hilaridad o ignorada. En la actualidad, los integrantes del grupo aplican la intuición a todos los tipos de trabajo imaginables.

Me intrigó especialmente el trabajo de una mujer empleada en el servicio forestal del Noroeste. Viajaba por las exuberantes áreas forestales de Washington, Oregón e Idaho, y su trabajo, en calidad de consultora intuitiva, consistía en promover un mejor entendimiento entre los dirigentes gubernamentales y los miembros de las tribus nativas en relación con la política de explotación de la tierra. Antes de que comenzara con su trabajo, ambas partes mantenían unas posiciones diametralmente opuestas; la comunicación entre ellos había fracasado estrepitosamente. Sin embargo, en un retiro de cuatro días, programado con el objetivo de salir de ese punto muerto, y que incluía cabañas de sudación, ceremonias nativas y muchas horas de interacción entre los grupos, la mujer logró que los directivos del parque abandonaran su actitud inflexible y no sólo escucharan las palabras de los nativos sino que también sintieran sus pensamientos y sentimientos más profundos para encontrar las mejores soluciones. Una vez que el retiro hubo terminado, tanto los nativos como los oficiales del servicio forestal sintieron que se los había escuchado y llegaron a alcanzar un compromiso mutuo. Para mí, éste es el mejor ejemplo de cómo la intuición y la mente racional pueden complementarse para crear armonía en situaciones previamente irreconciliables.

En tu trabajo, puedes contar con las mismas técnicas intuitivas que utilizas en tu vida privada. Sólo cambia el escenario. Esto subraya el carácter flexible y multifacético de estas técnicas: las lecturas intuitivas, los sueños, la búsqueda de sincronicidades, la meditación, la escucha atenta del cuerpo, las visualizaciones y sentir la energía. Todas son poderosas, misteriosas, y están siempre a tu alcance. Cuando las adoptas en tu trabajo, puedes establecer un puente entre lo práctico y lo sagrado, y reforzar tu resolución interna acerca de qué es adecuado y correcto para ti.

Peter, un cazatalentos de treinta y pico años, llevaba más de un año como paciente mío. Al principio, había manifestado interés en utilizar la intuición en su trabajo y con el tiempo había aprendido a hacer un buen uso de ella. Su especialidad era encontrar respuestas en sus sueños. En una sesión, me habló de un obstáculo con el que se había encontrado durante las acaloradas negociaciones de una película en la que se hallaba inmerso, la más importante de su carrera. Nada relacionado con el contrato era sencillo, pero eso no le molestaba. Sin embargo, antes de nuestra sesión, el estudio había adoptado una actitud extravagante de cara al contrato. Peter, enfurecido, se sentía tentado de abandonar la negociación. Como sabía lo mucho que estaba en juego, lo animé a no reaccionar de un modo temerario y a que pidiera orientación en un sueño. Todavía enfadado y con dudas, accedió a hacerlo.

Aquella noche, tras haber solicitado que los sueños le mostraran lo que debía hacer, soñó que el director del estudio flotaba alegremente en un globo aerostático. Despreocupadamente, el hombre lanzaba un enclenque helicóptero de papel maché al cielo. En tierra, Peter, vestido con un traje militar y flanqueado por un regimiento armado, respondía con artillería pesada. Sin darse cuenta de que el helicóptero estaba hecho de papel, trataba de hacerlo estallar en pedazos. Todos sus intentos eran fallidos, y, lo que era peor, sus tiros regresaban y dañaban gravemente a sus tropas. Peter se despertó con la certeza de que había recibido un mensaje: el sueño le indicaba que la estratagema del director del estudio era insustancial; lo comprendimos con la divertida imagen gráfica que a ambos nos hizo sonreír. Sin ninguna duda, por lo que el sueño señalaba, aquel hombre estaba lleno de aire caliente. Y no sólo eso: su helicóptero era totalmente inofensivo. Además, Peter había recibido una advertencia: si trataba de contraatacar y devolver el golpe con una propuesta igualmente absurda, o si dejaba de lado la negociación, terminaría por dañar a su cliente y a sí mismo. Necesitaba moderarse, no excederse. Peter lo comprendió inmediatamente. Con esa nueva orientación, prosiguió las negociaciones sin reaccionar de manera exagerada ante las rarezas del director del estudio y llegó a un acuerdo enormemente satisfactorio para su cliente. Me complació que no actuara de forma impulsiva y que hubiera aprendido a dejar a un lado su rabia para buscar en sus sueños una buena solución.

Las percepciones intuitivas pueden ser útiles no sólo en las negociaciones, sino también para iluminar avances tecnológicos o inspirar la creación de nuevos productos. Recientemente leí un elegante artículo sobre un descubrimiento realizado por un ingeniero, que constituía todo un ejemplo de cómo una imagen puede inspirar el pensamiento creativo. Recién llegado de Taiwán, el ingeniero se sintió extasiado al ver por primera vez la nieve. La forma en que ésta caía sobre la parte superior de los coches sin pegarse a los costados le dio inmediatamente una idea para mejorar los microchips de silicona en los que trabajaba. Con la nieve como modelo, reconfiguró de un modo ingenioso la estructura interna de las láminas de silicona, lo cual incrementó radicalmente la capacidad de actuación del microchip. Aunque no sé prácticamente nada de ingeniería, me sorprendió que la naturaleza pudiera proveer de un catalizador intuitivo tan poderoso para un importante avance tecnológico, sin mencionar lo profundamente receptivo que se mostró este hombre.

Cuando sintonizas intuitivamente con tu entorno y te dispones a seguir las señales que recibes en cualquier momento, tu trabajo puede transformarse en un sorprendente tapiz de acciones y respuestas. Es algo dinámico. A nivel interno, todo este movimiento se produce constantemente, en un despliegue de descubrimientos. El doctor Jonas Salk ha captado la esencia de esta magia: «Siempre me despierto emocionado ante la perspectiva de lo que me puede ofrecer la intuición, como regalos que el mar arroja a la orilla».

Esos regalos y mensajes pueden esclarecer todo tipo de asuntos relacionados con el trabajo, entre ellos la elección de la carrera profesional adecuada. O podemos sentir en el estómago cuándo uno no se adapta a nosotros, aunque sobre el papel nos parezca el trabajo perfecto. También puede ayudarte a decidir cuándo es el momento de cambiar. No tienes por qué desperdiciar años de tu vida en trabajos que no te satisfacen ni te conducen a ninguna parte. Te mereces estar a pleno rendimiento en uno que te ofrezca la mayor de las satisfacciones. Pero ¿cómo puedes encontrarlo? Supongamos que ya sabes que tienes un trabajo que no te conviene, aunque no tienes la menor idea de lo que deseas hacer. Esperas y esperas, pero la idea no te llega y nada cambia. Entonces, ¿qué hacer?

Lo más sencillo es comenzar con un diario de sueños, imágenes inspiradoras, pensamientos e ideas. No dejes de plantearte la pregunta «¿qué dirección debo seguir?» y de esperar una respuesta que te oriente. Te garantizo que, con paciencia, la respuesta te llegará. Pero no te detengas ahí. Haz uso de toda la serie de propuestas intuitivas que he planteado a lo largo del libro. El simple hecho de decidir escuchar a la intuición puede producir cambios. Eso es algo que sabía muy bien el magnate Conrad Hilton: «Cuando tengo un problema y he hecho todo lo posible por resolverlo, escucho una especie de silencio interno hasta que algo encaja y siento que he encontrado la respuesta correcta». Confía en ese tipo de respuestas, no como rarezas o golpes de suerte, sino como una faceta esencial de tu vida laboral.

Los mismos principios intuitivos que operan tan bellamente en tu profesión pueden aplicarse también al mundo de los negocios en general. En la actualidad, existe una creciente conciencia de que los sistemas de la Tierra están interconectados. Si dañas uno, dañarás también los demás. La intuición nunca deja de recordarnos que, en el nivel más primario, nuestra interconexión es innegable. Por esa misma razón, aquellos sectores del mundo de los negocios que valoran la intuición son una señal esperanzadora de lo que todavía está por llegar. Han sacado partido de una verdad fundamental: para garantizar la supervivencia, los negocios deben comenzar a trabajar en asociación, y seleccionar proyectos que reafirmen la vida y consideren sus transacciones en términos globales.

Hemos completado el círculo. Nuestros antepasados más recientes nos transmitieron una rica herencia intuitiva: las profecías, los oráculos, los chamanes y los sanadores constituyen una parte vital de nuestra historia. Sin embargo, al iniciarse la era de la exploración, se comenzó a venerar la ciencia, y lo que se había contemplado como algo natural durante miles de años fue calificado de superstición u obra del diablo. Los videntes fueron condenados por brujería a morir en la hoguera a causa de sus presuntos crímenes. Más adelante, la industria y la tecnología —siempre enfocadas en las explicaciones más racionales— insertaron más clavos en el ataúd de la intuición. Pero, en la actualidad, en pleno siglo XXI, hay un creciente movimiento de personas que se dan cuenta de lo mucho que hemos sacrificado nuestra alma. Esa división no es necesaria. Imagina un futuro donde todos los logros analíticos y la intuición trabajen mano a mano y manifiesten lo mejor de ambos mundos. Allí es hacia donde creo que nos dirigimos.

Para mí, esta idea encaja a la perfección en el campo de la medicina. Cuando me licencié en esta disciplina, hice el juramento hipocrático: «Juro por Apolo, el médico, por Esculapio y por Higía y Panacea y por todos los dioses y diosas, que cumpliré mi juramento hasta donde tenga poder y discernimiento [...] pasaré mi vida y ejerceré mi arte en la pureza y el discernimiento». Sin embargo, a pesar de los asombrosos avances tecnológicos de la medicina moderna, orientados a salvar vidas, debemos recordar que ésta nació de una tradición espiritual con raíces en la intuición. Muchos de nosotros no consideramos que la medicina tenga raíces espirituales. Pero las palabras de este juramento, honradas durante siglos, nos recuerdan lo luminoso y sagrado de los fundamentos de esta práctica. Con el paso de los siglos, nos hemos desorientado.

En mi ejercicio de la psiquiatría, los hospitales fueron prácticamente mi segundo hogar durante muchos años. Siento un gran respeto por todo lo bueno que hay en ellos; sin embargo, también sé que se necesita hacer muchos cambios para alcanzar el futuro global que anhelo. Podemos aprender mucho de otras culturas. En China, por ejemplo, desde tiempos inmemoriales, los médicos saben que todos los seres contienen energía espiritual. La reconocen y trabajan con ella cuando tratan al paciente en su totalidad. En la actualidad, en casi toda China, los pacientes pueden elegir entre las diferentes medicinas que tienen a su disposición. En numerosos hospitales clínicos, la medicina occidental y la china coexisten de un modo eficaz. Las salas de espera están normalmente llenas; en un lado administran medicinas modernas y, en el otro, hierbas medicinales. Es una visión verdaderamente alentadora.

Dao, un acupuntor que conozco, médico y profesor de medicina tradicional china en Los Ángeles, anima a sus alumnos a desarrollarse a nivel espiritual, intuitivo y físico para convertirse en médicos bien equilibrados. Proviene de una familia de treinta y ocho generaciones de médicos. Escuché fascinada la historia que me contó sobre su padre, un hombre tan habilidoso e intuitivamente inteligente que era conocido con el sobrenombre de Shen Zeng, la aguja divina. Dao nunca olvidará la primera vez que observó a su padre diagnosticar la enfermedad de una paciente antes de mirarla, únicamente a través del sonido de su voz: la firma de un verdadero maestro.

Sin embargo, China no ha monopolizado el mercado de la sanación y el diagnóstico intuitivo. En mis viajes al Reino Unido, me sorprendió gratamente ver que los sanadores comienzan a recibir su debida consideración. Su trabajo se extiende lentamente, pero está ganando el respeto que se merece. Algunos sanadores se hallan justo en el centro de la acción: trabajan en unidades de cuidados coronarios y pabellones de cáncer, y utilizan técnicas de sanación energética a través de las manos para ayudar en el tratamiento de la enfermedad y aliviar el dolor. Otros trabajan como empleados en consultas médicas. También me impresionó que el Servicio Nacional de Salud haya llegado a pagar por sus servicios, una señal de que, finalmente, los sanadores emergen como una fuerza que se tiene en cuenta. De hecho, han creado sus propias organizaciones profesionales, a las que sólo pueden pertenecer quienes hayan realizado un determinado periodo de aprendizaje y demostrado un cierto dominio intuitivo. Incluso el príncipe Carlos y otros miembros de la familia real británica apoyan abiertamente la medicina alternativa. Esa aprobación es tan reconocida que, cuando un amigo mío compró en Londres un remedio homeopático para la gripe, en la botella figuraba el sello «Proveedores de la Casa Real», lo cual indica que han sido clientes. El respaldo con que cuenta la medicina no convencional en el Reino Unido es algo que hace que me sienta optimista.

Sería maravilloso que en Estados Unidos se abordara la sanación y la intuición con el mismo espíritu, aunque esto no quiere decir que no hayamos progresado. El nuevo Departamento de Medicina Alternativa del Instituto Nacional de Salud, a pesar de estar en sus comienzos, contempla la dieta y la nutrición, la relación mente-cuerpo y las terapias energéticas. Actualmente, la unidad de intervención mente-cuerpo analiza la eficacia de la sanación espiritual y el uso terapéutico de la oración. El hecho de que una agencia gubernamental esté detrás de todo eso ya es un milagro para mí.

De todos los proyectos financiados por el Instituto Nacional de Salud, aquellos que se centran en el toque terapéutico me han llamado la atención especialmente. El toque terapéutico es la forma de sanación energética más practicada en Estados Unidos; sus programas han sido desarrollados por una enfermera, Dolores Krieger, y emplean a más de 30.000 enfermeras y otros profesionales de la salud. Imagina al sanador como un conducto —con las manos a pocos centímetros de tu cuerpo, que dirige la energía como un sol radiante hacia cada uno de tus poros—; el amor, la calidez que entra en ti reaviva tu energía y te llena de vida. Las similitudes entre este tipo de sanación y lo que yo he aprendido de mis maestros son innegables.

En tu vida, puedes hacer cosas que te permitan estar intuitivamente en armonía con tu propio cuerpo y observar cómo te sientes física y energéticamente. Aprende a conocer tu organismo y los cambios sutiles que se producen en él. Familiarízate con las señales que emite cuando está bien y cuando está mal. Escucha la información que te llega sobre tu salud a través de sueños e intuiciones, y aprende a solicitarla. Entonces, cuando necesites ayuda médica, podrás hablar con autoridad sobre tu trabajo interno, colaborar con tu médico y asumir un papel activo en tu curación. Siempre que sea posible, elige médicos de atención primaria, que son más sensibles a las diferentes formas de abordar la medicina. No es necesario que crean totalmente en la intuición —aunque sería ideal que así fuera—, pero, al menos, busca aquellos que respeten tus aportaciones y las consideren con seriedad. Tal vez tengas la buena suerte de contar en tu zona con algunos de esos pocos médicos pioneros que salen del armario intuitivo y practican la intuición. Conozco a una reputada ginecóloga que cuenta con una sanadora intuitiva entre el personal de su clínica. Su trabajo consiste en elaborar diagnósticos intuitivos, como parte del examen inicial, para tener una primera lectura de la condición de la paciente. Al igual que yo hago en mi consulta, se funde empáticamente con el cuerpo de la paciente, se centra en todos los órganos e identifica el origen de la enfermedad. En ocasiones, da con ella antes de que los síntomas físicos hayan aparecido. Si es necesario y la paciente lo solicita, también hace sesiones de sanación con las manos.

El diagnóstico intuitivo no es ningún misterio insondable. Se trata de un método que podría enseñarse en las facultades de medicina como parte del programa de estudios. Además de auscultar el corazón y los pulmones del paciente, o de palpar el hígado, los estudiantes podrían también aprender a sentir intuitivamente los órganos. Mi propio entrenamiento como médico me ayudó a ser intuitiva. Uno de los mayores milagros de la facultad de medicina es que me preparó para sentir y ver la anatomía humana. Como estudiante pude asistir a importantes intervenciones y tuve la maravillosa experiencia de ver un corazón conectado a un laberinto de vasos sanguíneos que late en un paciente; de tocar un útero, ovarios, riñones y pulmones. Ése es un privilegio que debería estar al alcance de todo aquel que lo deseara, como una simple iniciación al significado de ser humano. Me resulta extraño que la mayoría de la gente vaya por la vida sin la más mínima noción de nuestra apariencia interna. En mi memoria llevo grabadas las energías de cada órgano; su suavidad, su textura y humedad, incluso su tonalidad. Cuando sintonizo intuitivamente con los diferentes órganos, sus cualidades varían y, con la práctica, me resulta cada vez más fácil sentirlas. Mi sueño es que los médicos exploraran el diagnóstico intuitivo —no es infalible y todavía es algo muy nuevo—, de forma que, combinado con la sanación, nuestros conocimientos clínicos se vieran ampliados. Cuando nuestra formación sobre el funcionamiento del cuerpo y la mente —una enseñanza sagrada en sí misma— se combina con la intuición que todos poseemos, nuestro trabajo resulta beneficiado. La gente siempre me dice: «¡No puedo creer que seas psiquiatra e intuitiva! ¡Qué mezcla más rara!». Sin embargo, eso no tiene por qué resultar extraño. ¿Qué puede ser más natural para un médico con percepción intuitiva que sanar no sólo con la medicina sino también con la energía? De ese modo, podemos centrar nuestras fuerzas y ofrecer todo lo posible.

Más allá de la tecnología y de los grandes logros del intelecto, nuestros cuerpos y espíritus anhelan la sanación física y espiritual. Para conseguirlo es necesario que la medicina evolucione y respire al ritmo de nuestros espíritus, al tiempo que crecemos cada vez más. Es el momento de honrar el conocimiento de nuestro cuerpo —que obtenemos por el simple hecho de ser intuitivos— y buscar una tranquilidad interna que pueda nutrirnos. La medicina debe ser capaz de satisfacer las necesidades del corazón humano. No obstante, se quedará corta mientras no abarque la esencia fundamental de la sanación: que anhelamos amar y ser amados, así como sentir y conocer la naturaleza de nuestro origen divino. Cuando la ciencia y la espiritualidad unan finalmente sus fuerzas, la medicina alcanzará su pleno poder. Y los médicos, al sentir reanimados sus propios espíritus, volverán a ser de nuevo auténticos sanadores.

଼ଫ଼ଫ଼ଫ

Como civilización, no podemos silenciar la intuición durante más tiempo. Nuestro éxito pasa por permanecer en contacto con nuestro instinto interno, con aquello que sabemos intuitivamente que es verdad, no menospreciando el valor del intelecto, sino enriqueciéndolo.

En caso contrario, corremos el riesgo de representar una y otra vez la trágica leyenda de Casandra, la profetisa maldecida por Apolo para que sus visiones no tuvieran credibilidad. Aunque predijo la destrucción de Troya, sus palabras sólo encontraron oídos sordos. No debemos permitir que eso suceda en nuestro mundo. Un visionario debe ser merecedor de la mayor estima.

Creo que existe una fuerza que proviene de ser intuitivo. No es algo frágil ni débil que se marchita cuando más lo necesitamos. Cuanto más madura mi fe en la intuición, más asume ésta una autoridad que hace sombra a los círculos de miedo que he conocido. Recientemente, he vuelto a apreciar, una vez más, cómo esa claridad es lo único que a veces puede salvarme y restaurar en mí el sentido de la perspectiva. Durante los últimos años, estuve desarrollando un proyecto de investigación intuitiva con una mujer que era perfecta para aquel trabajo. Catherine y yo nos llevábamos muy bien; no podía haber imaginado a nadie más preparada o dedicada, y no tenía ninguna razón para pensar que no llevaría a cabo el proyecto hasta el final. Sin embargo, hace seis meses, soñé que Catherine y yo hablábamos sobre el proyecto en una hermosa habitación de un hotel de Manhattan con vistas a Central Park. De repente, oí la voz entusiasmada de una mujer que se hallaba en una habitación contigua, que decía: «Me encanta el trabajo que hacéis». No llegué a ver su rostro y estaba segura de que no la conocía, pero supe que desempeñaría un papel importante en el proyecto, y que, quizá, incluso reemplazaría a Catherine —algo que en aquel momento me resultaba demasiado abrumador—. De modo que dejé esa información en un rincón de mi mente, sin prestarle mayor atención.

Unos meses después, Catherine me anunció que le habían ofrecido un trabajo que no podía rechazar y que tenía que dejar Los Ángeles. Se me encogió el corazón inmediatamente. Me alegraba por ella, pero me aterraba que el proyecto fracasara y me sentí devastada por la pérdida de su apoyo. En el pasado, el miedo me habría consumido y me habría sentido profundamente derrotada. Sin embargo, esta vez no caí en esa trampa. Recordé el sueño y no me dejé llevar por el pánico. Durante varias semanas, me quedé sola frente al proyecto, pero la paz mental que el sueño me ofrecía me mantuvo a flote hasta el día en que recibí una llamada: era una amiga de Catherine que acababa de llegar de Nueva York, una mujer brillante y enérgica, y tan emocionada con el proyecto como Catherine.

Conectamos inmediatamente y nuestro trabajo para terminar el proyecto acaba de comenzar. Una vez más, siento que he sido bendecida con la persona correcta en el momento adecuado.

La razón por la que esta experiencia es valiosa para mí y lo que espero trasmitirte es que ser intuitivo no significa que estemos libres de dudas y miedos. Simplemente sucede que, cuando tenemos fe en nuestras convicciones intuitivas, adquirimos más poder. Nuestros conocimientos son tan poderosos que hacen frente a la negatividad que amenaza con desestabilizarnos, y la balanza cambia a nuestro favor. Por una parte, podría pensar: «Oh, Dios mío, va a abandonarme». Sin embargo, un sentimiento más fuerte, un regocijo, me hace estremecer y me señala que algo bueno, quizá mejor que lo que tenía anteriormente, está a punto de suceder. Entonces, sigo mi intuición. No hay ninguna lucha. Cualesquiera que sean los mensajes que recibamos, no son más que indicadores orientados hacia nuestro crecimiento, un hilo conductor entre nosotros. Los lazos que nos unen.

Si hay algo que nunca dejará de asombrarme en mi trabajo y en mis conversaciones con todo tipo de personas —desde la mujer de la tintorería hasta los empleados del aparcamiento o los psicólogos clínicos—, es que todos, ante la menor señal de permisividad, tienen una historia relacionada con la intuición que contar. Existe un anhelo de reconexión con nuestro lado visionario que he presenciado en muchas personas. Ese estallido de electricidad intuitiva, que surge a través de todos nosotros, como colectividad, es sólo una señal más de los cambios que están por venir. Todos poseemos capacidades extraordinarias: la realidad es que podemos prever el futuro, ver el pasado e intuir con precisión el presente. Aunque eso en sí ya es asombroso, sólo es la punta del iceberg. La intuición nos permite trasladarnos con fluidez a través del tiempo y nos provee de una puerta, cada vez más ancha, a través de la cual podemos vislumbrar lo divino.

Creo que el principal propósito de nuestra vida es dar y recibir amor. Con frecuencia nos lo recuerdan en iglesias y sinagogas, y hacemos todo lo posible por ser buenas personas. Sin embargo, muchos de nosotros todavía no hemos tenido una experiencia directa y convincente de lo divino. La intuición puede manifestarla. Puede retirar la barrera intangible que nos mantiene alejados del amor y revelar el misterio.

Lo divino está justo ante nosotros, pero, a menudo, no lo reconocemos; es el gran enigma del universo. Caminamos por la vida sin despertar, dolorosamente desconectados de lo sagrado que hay en ella. Para sentir lo divino de primera mano, puede ayudarnos aprender a ser más sensibles a las energías sutiles de nuestro cuerpo —principalmente la energía intuitiva y la del corazón— y hacer todo lo que está en nuestras manos para avivarlas, de forma que puedan crecer. Entonces, la gama de aquello que podemos sentir intuitivamente aumenta de forma considerable y lo divino se magnifica. Tranquilizarte diariamente a través de la meditación, por ejemplo, con la intención específica de contactar con lo divino, es como depositar unas monedas en el banco. Cada vez que meditas, tu energía aumenta. Al comienzo, tal vez no sientas nada, pero poco a poco llegarás a traspasar un umbral invisible, y, antes de que te des cuenta, tendrás esa experiencia.

Sea cual sea el modo que elijas para afinar tu sensibilidad —centrándote en la belleza que te rodea, equilibrando tu energía con la ayuda de un sanador o un maestro, dando y recibiendo amor cada vez que te resulte posible—, te acercarás a lo divino. Puede sucederte una noche mientras contemplas las estrellas aunque lo hayas hecho miles de veces antes. De repente, ves realmente: te sientes hechizado ante la pálida luz brillante; se produce un cambio y ahora el cielo nocturno te parece mucho más hermoso de lo que nunca hubieras imaginado, perfecto e inequívocamente sagrado. Te sientes asombrado y aprecias lo divino, tal vez por primera vez en tu vida.

El objetivo de nuestro viaje —la cosecha de la intuición— es el conocimiento directo de lo divino. Con ternura, nos lleva por encima del abismo que nos separa de un futuro iluminado. Incluso en nuestro problemático mundo actual existe la esperanza, que se nutre de nuestro amor, nuestros actos bondadosos y nuestro anhelo de alcanzar la luz. De ese modo preparamos las bases para la transición que está por llegar. Con la intuición de nuestro lado, sentimos la verdad de que lo divino siempre está con nosotros y recordamos que un mundo lleno de amor no es una mera fantasía: alcanzarlo depende de nosotros.

El amor crea un flujo entre las personas. Una vez que somos capaces de ofrecernos amor a nosotros mismos, éste empieza a fluir y, entonces, tratamos a los demás con la misma atención. Dar amor es algo que nos hace sentirnos bien —ningún alimento en la Tierra es tan nutritivo—. Al ayudar a los demás también nos ayudamos a nosotros mismos. Ésa es nuestra sanación. El amor fluye a través de nosotros cuando lo extendemos hacia los demás y nos convertimos en sus mensajeros. No tenemos que hacer grandes gestos. Hasta en el más simple de los actos, siempre hay algo que ofrecer. Una palabra de aliento, una sonrisa, una pregunta acertada en el momento adecuado, eso es todo lo que necesitamos hacer.

Cuando la intuición y el amor van juntos, cuando nos tomamos el tiempo necesario para descubrir nuestra fuente espiritual, nos encontramos finalmente a nosotros mismos y satisfacemos las necesidades de nuestro corazón. Aquello que permanecía latente en nuestro interior cobra vida. La profundidad de nuestro espíritu es ilimitada. Debemos confiar hacia donde nos lleva —hasta el centro de nuestro ser— y aferrarnos a él a través de la luz y la oscuridad. Tal como Rilke aconsejaba al joven poeta: «Entra en ti mismo y explora las profundidades de donde mana tu vida». Éste es tanto el punto de inicio de nuestro viaje como la última epifanía. No hay final. El camino está lejos de ser solitario. Caminamos juntos, nos apoyamos los unos a los otros, y forjamos así un nuevo sendero. Uno a uno, todos encendemos una luz interna, firme y pura. Nos estamos convirtiendo en un mar luminoso de velas parpadeantes en donde antes sólo había sombras. El cambio ya está aquí, con la promesa de un despertar colectivo espiritual e intuitivo, y comienza a liberarnos de viejos miedos e ideas erróneas. La fuerza que brota en nuestro interior no puede pararse. Todas las acciones anteriores de la humanidad nos han preparado para esta era que está a punto de llegar. No es un cambio silencioso, sino que tiene un claro sonido distintivo. Por la noche, si escucho con atención, puedo oír el movimiento de un viento suave que emana del corazón de la Tierra. Es cálido y tranquilizador, y llega a cada rincón del mundo. Puedo sentir, en mi sangre y en mis huesos, cómo asciende con la precisión de un rayo láser y la suavidad de la memoria del vientre de mi madre. Sopla a través de todos nosotros. Alcanzará a toda la humanidad; sólo es cuestión de tiempo.

EPÍLOGO

Escribir este libro ha sido un viaje a mi propia libertad. Durante muchos años, como psiquiatra e intuitiva, me sentí exiliada entre dos mundos diferentes. Estas dos partes de mi ser me resultan igualmente queridas; las corrientes de ambas fluyen profundamente. En mis años como estudiante de medicina, cultivé un gran respeto por la mente racional. También entré en contacto con una esfera que muchas personas todavía desconocen, tan real para mí como la tierra que se halla bajo mis pies. He luchado por sanar la separación entre esos dos mundos. Mi espíritu no se conformaba con menos.

Mi búsqueda de la integridad sólo es inusual en el sentido de no haber reconocido que se trataba de un sendero común. Todos somos visionarios. Incluso si no te consideras una persona intuitiva, nuestra clarividencia permanece en estado latente, como un legado compartido que todos tenemos derecho a reclamar. El hecho de que algunos de nosotros hayamos caído en la farsa de vernos obligados a reprimir nuestras experiencias intuitivas es una consecuencia tóxica de una forma de ignorancia que lucho por erradicar. Espero que mi vida te sirva como una guía que te facilite el camino, de modo que puedas evitar los obstáculos con los que yo tropecé o, al menos, llegar a preverlos. El asombro que sentí cuando descubrí la versatilidad y la amplitud del espíritu te espera también a ti.

Mi camino fue complejo, a menudo casi como un laberinto. Tardé una década en encontrar mi centro: diez años de oscilaciones para entender que esa división era una ilusión. No es que la intuición se halle en una esfera y el resto de la vida en otra. La barrera entre lo consciente y lo inconsciente es mucho más permeable de lo que creemos. Esos dos reinos, aparentemente separados, pueden ser engranados de un modo natural. El secreto reside en la inmensidad de nuestro ser, nuestra capacidad para unir lo que, desde el exterior, parecen extremos opuestos. No tenemos que hacer ningún sacrificio ni elegir vivir únicamente en un lado. Existe un lugar común mucho más sensato. Podemos abarcarlo todo.

Tras el terremoto de Northridge, los incendios de Altadena y Malibú, y las recientes inundaciones, continué durante dos años con la redacción de *Sexto sentido*. A pesar de esas catástrofes y el caos que crearon, cada día que transcurría sentía que me acercaba más a mí misma. Mi tendencia durante muchos años fue refugiarme en el anonimato, sin querer llamar la atención, pues temía resultar dañada si lo hacía. Pensaba que no era prudente expresar mi voz más auténtica —no con un susurro sino con una seguridad absoluta—. El hecho de que haya tenido una madre fuerte e intensa tal vez me haya llevado a vivir bajo su sombra. Allí encontraba una zona de seguridad donde no tenía que arriesgarme. Pero cuando me hice cargo de mí misma como mujer intuitiva, comencé a desear poder expresar los anhelos más profundos de mi corazón cada vez más. Este libro ha sido mi salvación, pues revela los secretos que he guardado en mí durante tanto tiempo. En él se hallan muchas de mis emociones al desnudo. Eso me ha hecho fuerte. Ha sido mi sanación.

Para mí, la belleza de ser intuitiva radica en el hecho de acercarse a la sabiduría del corazón. Aunque la intuición puede ser un simple método para obtener información, he descubierto que su mayor valor reside en que penetra las diferentes capas de la realidad, lo cual revela la interconexión que existe entre todas las cosas. Mi esperanza es que, al volverte hacia tu interior mientras sigues tu camino intuitivo, puedas comenzar a sentir una conexión contigo mismo, con los demás y con el mundo que te rodea, pero, sobre todo, con el espíritu. Entonces, nuestras punzadas de soledad y añoranza se verán finalmente aliviadas, terminará el exilio en nosotros mismos y, por fin, llegaremos a nuestro hogar.

Cuando contemplo mi vida y mi evolución hasta que llegué a acostumbrarme a mis habilidades intuitivas, puedo ver una imagen que persiste. Estoy al lado de un bloque de piedra e, ininterrumpidamente, le doy forma con un cincel. Sé que la roca es sagrada. Sé que debo continuar con mi trabajo, por mucho tiempo que éste me lleve. Hay un enorme goce en ello, así como una gran dedicación y voluntad de regresar a él un día tras otro, aunque, a veces, mi progreso resulte imperceptible. A medida que trabajo en la roca, ésta se hace más brillante. Sus ángulos, curvas y hendiduras son infinitos.

Lo que esa imagen evoca en mí y lo que he mantenido en mi mente, una y otra vez, mientras escribía *Sexto sentido*, es la libertad. La libertad que he sentido al liberar mi auténtica voz intuitiva y al dejar de fingir que era insignificante y de conformarme con las nociones de otra persona acerca de cómo debo ser. La libertad de volar tan alto y sumergirme tan profundamente como mi espíritu me lleve, para expresar con convicción y orgullo mi propia verdad. Y así me siento bendecida. Con todo mi corazón, deseo esa misma libertad para ti.

GUÍA DE LECTURAS
RECOMENDADAS

Broughton, Richard. *Parapsychology: The Controversial Science.* New York: Ballantine Books, 1992.

Bruyere, Rosalyn. *Wheels of Light.* New York: Simon and Schuster, 1994.

Crichton, Michael. *Viajes y Experiencias.* De bolsillo, 2006.

Dossey, Larry, *Palabras que curan: el poder de la plegaria y la práctica de la medicina.* Obelisco, 1997.

Garrett, Eileen J. *My Life.* Salem, NH: Ayer Company, 1986.

Grof, Stanislav, *La mente holotrópica: los niveles de la conciencia humana.* Kairós, 2009.

Grof, Stanislav y Christina Grof. *El poder curativo de las crisis.* Kairós, 2008.

Joy, Brugh, *Joy's Way: A Map for the Transformational Journey.* Los Angeles: Jeremy Tarcher, 1979.

Krieger, Dolores. *El toque terapéutico.* MR ediciones, 1997.

Le Shan, Lawrence. *Cómo meditar: guía para el descubrimiento de sí mismo.* Kairós, 2006.

Levine, Stephen. *Un despertar gradual.* Los libros del comienzo, 1997.

_____*Meditaciones, exploraciones y otras sanaciones.* Los libros del comienzo, 1997.

Mishlove, Jeffrey. *The Roots of Consciousness.* Revised 2nd ed. Tulsa, OK: Council Oak Books, 1993.

Moyers, Bill. *Healing and the Mind.* New York: Doubleday, 1993.

Murphy, Michael. *The Future of the Body: Explorations into the Further Evolution of Human Nature.* New York: Putnam/Jeremy Tarcher, 1992.

Ostrander, Sheila y Lynn Schroeder. *Intuitive Discoveries Behind the Iron Curtain.* New York: Prentice-Hall, 1970.

Rhine, J. B. *ESP after Sixty Years.* Boston: Brandon Publishing Company, n. d.

Targ, Russell y Keith Harary. *The Mind Race: Understanding and Using Intuitive Ability.* New York: Villard Books, 1984.

Targ, Russell y Harold Putoff. *Mind-Reach: Scientists Look at Intuitive Ability.* New York: Dell, 1977.

GUÍA DE RECURSOS

Spiritual Emergence Network
c/o Association for Transpersonal Psychology
P.O. Box 50187
Palo Alto, CA 94303
415-453-1106

The Intuition Network
475 Gate 5 Road, Suite 300
Sausalito, CA 94965
415-331-5650

The Institute of Noetic Sciences
101 San Antonio Road
Petaluma, CA 94952
707-775-3500

The International Society for the Study
of Subtle Energies and Energy Medicine (ISSSEEM)
356 Goldco Circle
Golden, CO 80401
303-278-2228

Spirit Rock Meditation Center
P.O. Box 909
Woodacre, CA 94973
415-488-0164

Esalen Institute
Big Sur, CA 93920
408-667-3000

The John E. Fetzer Institute
1292 West KL Avenue
Kalamazoo, MI 49009
616-375-2000

The Institute of Transpersonal Psychology
1069 East Meadow Circle
Palo Alto, CA 94303
650-493-4430

National Institutes of Health Office of Alternative Medicine
6120 Executive Blvd, Suite 450
Rockville, MD 20892 9904
301-402-2466

The Association for Comprehensive Energy Psychology (ACEP)
303 Park Avenue South, Box 1051
New York, NY 10010-3657
619-861-2237

AGRADECIMIENTOS

Son muchas las personas cuyo aliento me dio la fuerza necesaria para escribir este libro:

Stephen Mitchell, escritor y guía, y Vicki Chant, sanadora, ambos amigos desde el comienzo.

Michael Katz, agente literario, la comadrona que imaginó y presentó este proyecto, que jamás hubiera llegado a nacer sin su perspicacia y dedicación.

Mis extraordinarios editores, Colleen Kapklein, cuyo entusiasmo me ayudó a finalizar el libro, y Nancy Neiman LeGette, cuyas tiernas atenciones le dieron forma y lo perfeccionaron.

Richard Pine, mi ángel de agente literario.

Shaye Areheart, editora, amiga y defensora de mi trabajo.

El increíble equipo de Three Rivers Press: Philip Patrick, Kate Kennedy, Jay Sones y Dyana Messina.

Stephan Schwartz, mentor, sabio consejero y pionero; un hombre generoso con su tiempo y su sabiduría.

Agradezco a Thomas, Paula Cizmar y Andrea Cagan su dedicada participación y paciencia a la hora de ayudarme a definir y planificar este libro.

Muchos otros también han realizado importantes contribuciones, y quiero agradecer la ayuda de Hal Bennett, Diana Baroni, Jonathan Cott, Burnard LeGette, Daniel Kaufman, Mark Kuo, Thelma Moss, Jeffrey Mishlove, Daoshing Ni, Mark E. Pollack, Terry Schoonhoven, Hayden Schwartz, Barry Taff y Jollyn West.

Mi más profundo agradecimiento a mi familia y amigos por su apoyo: Mila Aranda, Barbara Baird, Ann Buck, Janus Cercone, Janis Clapoff, Melissa Friedman, Linda Garbett, Berenice Glass, Michael Manheim, Richard Metzner, Mignon McCarthy, Dean Orloff, Theodore Orloff, Phyllis Ostrum-Paul, Sindy Paul, Marc Seltzer, Chris Snyder, Elizabeth y Nate Snyder, y Leong Tan.

Finalmente, quiero expresar mi gratitud a mis pacientes, de quienes nunca he dejado de aprender en nuestro viaje por este sendero.

SOBRE LA AUTORA

Judith Orloff es psiquiatra y profesora de psiquiatría clínica en la Universidad de Los Ángeles. Autora de los éxitos de ventas *Emotional Freedom, Positive Energy*, y *Dr. Judith Orloff's Guide to Intuitive Healing*, también es conferenciante internacional y dirige cursos sobre la relación entre medicina, intuición y libertad emocional. Su trabajo ha aparecido en las cadenas de televisión CNN, PBS y NPR, en el periódico *USA Today*, y en las revistas *O* y *Self*. Ha creado el canal Intuition and Emotional Freedom, en www.youtube.com/judithorloffmd. Vive cerca del mar en Los Ángeles, California.

Para más información sobre sus libros y talleres, visita DrJudithOrloff.com o envía por correo ordinario tus preguntas a:

Judith Orloff, M.D.
2080 Century Park East, Suite 1811
Los Angeles, CA 90067

ÍNDICE